Alexander Benczek

Die Beurteilung gemischter Know-How- und Patentlizenzverträge nach EG-Kartellrecht

Verlag Dr. Kovač

VERLAG DR. KOVAČ

Arnoldstraße 49 · 22763 Hamburg · Tel. 040-39 88 80-0 · Fax. 040 - 39 88 80-55

Albert-Ludwigs-Universität / Juristische Fakultät
Werthmannplatz; 79085 Freiburg im Breisgau

Die Deutsche Bibliothek - CIP-Einheitsaufnahme

Benczek, Alexander:
Die Beurteilung gemischter know-how- und
Patentlizenzverträge nach EG-Kartellrecht/
Alexander Benczek. - Hamburg: Kovač, 1996
Zugl.: Freiburg (Breisgau), Univ., Diss., 1995

ISBN 3-86064-266-9

Literaturverzeichnis

Albrechtskirchinger, Georg — Die Gruppenfreistellung für Patentlizenzverträge, in: GRUR Int. 1984, 565 f.

ders. — Gruppenfreistellungsverordnungen und Lizenzverträge in: Wettbewerb als Herausforderung und Chance; Festschrift für Werner Benisch; Köln,Berlin Bonn, München 1989, 435 f.

Alexander, Willie — Block Exemption for Patent Licensing Agreements : EC Regulation No. 2349/84, in: IIC 1986, 1 f.

ders. — The Horizontal Effects of Licensing a Technology as Dealt with by EEC-Competition Policy in: Fordham Corporate Law Institute, 1989, chapter 11, S. 12.

Aubrey, J.M. — The EEC Regulation on the Licensing of Patents in: Swiss Review of International Company Law, 1984, 39 f.

Axster, Oliver — Offene Fragen unter der Gruppenfreistellungsverordnung für Patentlizenzverträge, in: GRUR 1985, 581 f.

ders. — Die EG Gruppenfreistellungsverordnungen für Patent- und Know-How-Verwertungsverträge im Vergleich und im Verhältnis zueinander, in: Festschrift für Otto Friedrich Frhr. v. Gamm; Köln,Berlin,Bonn München 1990, 505 f.

Baden Fuller, Charles — Price Variations - the Destillers Case and Art. 85 EEC Treaty, in: 28 ICLQ, 128 f.

van Bael, Ivo — Heretical Reflections on the Basic Dogma of EEC Antitrust: Single Market Integration, in: RSDIC 1980, 39 f.

ders. — Réflections sur l'Arrêt "Semences de Mais": Des Semences d'Espoir? Cahier de Droit Européen 1983,176 f .

van Bael, Ivo/Bellis, Jean Fraçois — World Law of Competition; Unit B, Western Europe, Volume B 2 "European Economic Community"; General Editor: von Kalinowski, Julian O.; New York 1987.

Baillic, Jan C. — Licensing under the EEC Treaty. Practical Problems and Solutions, in: Anti Trust Law Journal 1985, 689 f.

Basedow, Jürgen — Entwicklungslinien des internationalen Kartellrechts. Auswirkung und Differenzierung des Auswirkungsprinzips, in: NJW 1989, 627 f.

Bechtold, Rainer — Die Stellung der Kommission und der Unternehmen im EWG Kartellverfahren, in: Europarecht 1992, S.41 f.

Bauer, Miklos — Technologietransfer- Verträge - Strukturmerkmale und typische Probleme, in: Nicklisch (Hrsg.), Der komplexe Langzeitvertrag, Heidelberg 1987, S. 207 f.

Bellamy, Chistopher W./Child,Graham D. — Common Market Law of Competition, 3.Aufl., London 1987.

Bellis, Jean François — After Polydor - The Territoriality of the Community - Doctrine of Exhaustion of Industrial Property Rights, in: 16 Swiss Review of International Anti Trust Law, 1982, 17 f.

Benkard, Georg — Patentgesetz, Gebrauchsmustergesetz; Kurzkommentar, begründet von Georg Benkard. Fortgeführt von Karl Bruchhausen, 7.Auflage, München 1981.

Bleeke/Rahl — The Value of Territorial and Field of Use Restrictions in the International Licensing of Unpatented Know-How: An Empirical Study; in: New Journal of International Law and Business, 1979, 450 f.

Blum,Rudolf E./Pedrazzini, Mario M. — Das Schweizerische Patentrecht, 2.Auflage, Bern 1975.

Bohlig, Manfred — Möglichkeiten und Grenzen der Gruppenfreistellung für Lizenzverträge, in: GRUR Int. 1986, 97 f.

Brandi-Dohrn, Mathias — Meistbegünstigungsklauseln in Lizenzverträgen, in: Der Betriebsberater 1982, 1082 f.

Brühl, Raimund — Das kartellrechtliche Preis- und Konditionenbindungsverbot, Berlin 1982.

Bunte, Hermann Josef — Das Verhältnis von Deutschem zu Europäischem Kartellrecht, in: Wirtschaft und Wettbewerb 1989, 7 f.

Bunte/Sauter — EG Gruppenfreistellungsverordnungen, Kommentar 1988.

Chard, John — The Economics of the Application of Article 85 to Selective Distribution Systems, in: ELR 1982, 83 f.

Demaret, Paul — Patents, Territorial Restrictions and EEC Law, in: IIC Studies 1978, 62-76 und 86-93.

Dreiss, Uwe — Die kartellrechtliche Beurteilung von Lizenzvertragssystemen, Köln,Berlin,Bonn,München 1972.

Dressel, Lothar — Die Gruppenfreistellungsverordnung für Know-How Verträge, in: GRUR Int. 1989, 186 f.

Easterbrook, Michael — Vertical Agreements and Rule of Reason, in: Antitrust Law Journal 1984, 185 f.

Ebel, Hans Rudolf — Lizenzverräge nach EWG Kartellrecht, in: WRP 1985, 387.

Ehricke, Ulrich — Staatliche Regulierung und EWG Wettbewerbsrecht, in:WuW 1991,183 f.

Emmerich, Volker — Die Auslegung von Art. 85 Absatz 1 EWGV durch die bisherige Praxis der EG - Kommission, in: Europarecht 1971, 295 f.

ders. — Kartellrecht, 6. Auflage, München 1991.

Faull, Jonathan — Joint Ventures under EEC Competition Rules, in: ECLR 1984, 358 f.

Frieden, Georges — Recent Developments in EEC Intellectual Property Law: The Distinction Between Existence and Exercise Revisted, in: CMLR 1989 Vol. 26, S. 193 f.

Forrester, Jan/Norall, Christopher — The Laicization of Community Law: Selfhelp and Rule of Reason. How Competition Law is and Could Be Applied, in: CMLR 1984, 11 f.

Gijlstra, Douwe J./Murphey, D.F. — Leading Cases and Materials on the Competition Law of the EEC;Deventer/Antwerp/Boston/London/Frankfurt 1984 .

Gleiss/Hirsch — Common Market Cartel Law, 3. Auflage 1981.

Gormley, Laurence W. — Prohibiting Restrictions on Trade within the EEC: the Theory and Application of Articles 30 and 36 of the EEC Treaty; Amsterdam 1985.

Grabitz, Eberhard — Kommentar zum EWG-Vertrag, Loseblattsammlung, Berlin 1983 (Stand: Juni 1990).

Griffin, Joseph P. — The Demise of the "Nine No - Nos" and Other Significant Changes in US- Antitrust Policies Concerning Transnational Technology - Licensing, in: Swiss Review of International Antitrust Law 1982, II 39 f.

v.d.Groeben/Thiesing/Ehlermann — Kommentar zum EWG - Vertrag,Band II (Art.85-109) 4.Auflage, Baden Baden 1991.

Gruber, Joachim — Zum Verhältnis EWG Kartellrecht und nationales Recht, in: Wettbewerb in Recht und Praxis, 1991, 458 f.

Guttuso, Sebastiano — Die Rechtslage von Know- How Verträgen nach den Wettbewerbsregeln des EWG - Vertrages, in: Die Stellung von Know - How Verträgen im Kartellrecht. Ergebnisse einer internationalen Diskussion des FIW in: FIW Schriftenreihe, Heft 118, 1986, 1 f.

Guy, Diana — Recent Developments in EEC Competition Law Affecting Intellectual Property in: International Antitrust Law Towards 1992 - The Development of International Antitrust. By Julian Maitland-Walker, Oxford 1989.

Gyselen, Luc — Vertical Restraints in the Distribution Process: Strength and Weakness of the Free - Rider - Rationale under EEC - Competition Law, in: CMLR 1984, 647 f.

Hawk, Barry — The American (Antitrust) Revolution: Lessons for the EEC? in: ECLR 1988, 53 f.

ders. — Patents under EEC - Competition Law, in: Antitrust Law Journal 1984, 737 f.

Hay, George — The Free - Rider Rationale and Vertical Restraints Analysis Reconsidered, in: Antitrust Law Journal 1987, 27 f.

Hermanns, Ferdinand — Extraterritoriale Rechtsanwendung, in: Wettbewerb als Herausforderung und Chance; Festschrift für Werner Benisch, Köln,Berlin,Bonn,München 1989, 439 f.

Hesse, Hans - Gerd — Die kartellrechtliche Behandlung von Verträgen über geheimes technisches Know - How, in: GRUR 1985, 661 f.

Hocks, Peter/Pfeifer, Hans-Peter — Innovationsschutz als maßgeblicher Faktor für die Wettbewerbsfähigkeit eines modernen Industriestaates, in: GRUR Int. 1985, 805 f.

Hoffmann, Dieter/O'Farrel, Orlagh — The Open Exclusive Licence - Scope and Consequences, in: EIPR 1984, 104 f.

Hopt, Klaus/Wymeersch, Eddy — European Company and Financial Law; Berlin/New York 1991.

Horn, Norbert — Die Anpassung lanfristiger Verträge im internationalen Wirtschaftsverkehr. Vertragsklauseln und Schiedspraxis, in: Die Anpassung langfristiger Verträge; Horn/Fontaine/Maskow/Schmitthoff, Frankfurt/M 1984.

Hoyng, W.A./Biesheuvel, M.B.W. — The Know - How Group Exemption, in: CMLR 1989, 219 f.

Hug, Pierre — Gescheiterter Versuch der EU zur Neuordnung von Technologietransfers; Ein Trauerspiel mit negativen Auswirkungen, in: Neue Züricher Zeitung, 28.12.1995, S. 10.

Jakob - Siebert, Thinam — Franchise - Vereinbarungen und EG - Kartellrecht; Die neue EG-Gruppenfreistellungsverordnung, in: CR1990, 241 f.

Jeanrenaud, Yves — Exclusive licenses of Patent Rights and Territorial Restraints in the EEC: Certainity versus Flexibility, in: Swiss Review of International Competition Law 1986, 21 f.

Johannes, Hartmut — Technologie Transfer under EEC Law - Europe between the Divergent Opinions of the Past and the New Administration: A Comparative Approach, in: B.Hawk, Fordham Corporate Law Institute, chapter 4, S. 65 f.

ders. — Industrial Property and Copyright in European Community Law, 1976, 11 f.

Joliet, René — Markenrecht und freier Wettbewerb in: GRUR Int. 1991, 177 f.

ders. — The Rule of Reason in Antitrust Law. American, German and Common Market Law in Comparative Perpective. The Hague; Martinus Vijhoff, 1967.

ders. — Zielkonflikte zwischen gewerblichem Rechtsschutz und Gemeinschaftrecht, in: GRUR 1992, 240 f.

ders. — Trademark Licensing Agreements under the EEC Law of Competition, in: Northwestern Journal of International Law and Business, 1983/84, 755 f.

ders. — La Licence de Marque et le Droit Européen, in: Revue Trimestrielle de Droit Européen 1984, 1 f.

ders. — Geistiges Eigentum und freier Warenverkehr; Die Entwicklung der Rechtsprechung des EuGH in den Jahren 1987 und 1988, in: GRUR Int. 1989, 177 f.

ders. — Patented Articles and Free Movement of Goods within the EEC, in: 28, Current Legal Problems 1975, 15 f.

Kantzenbach, Erhard — Die Funktionsfähgkeit des Wettbewerbs, Göttingen 1967.

Kiortsoglou, Konstantinos — Der Know-How Vertrag nach Deutschem und Europäischem Kartellrecht; Frankfurt 1990.

Knebel, Hans-Werner — Die Extraterritorialität des Europäischen Kartellrechts; Art. 85/86 EWGV: Die Rechtsprechung des EuGH, in: EuZW 1991, 265.

Koch, Norbert | Article 30 and the Exercise of Industrial Property Rights to Block Imports, in: B.Hawk, Fordham Corporate Law Institute 1986, chapter 23.

Koenigs, Volkmar | Die EG Gruppenfreistellungsverordnung für Patentlizenzvereinbarungen, in: Der Betrieb 1984,2442 f.

ders. | Die EG Gruppenfreistellungsverordnung für Know-How Vereinbarungen, in: Der Betrieb 1989, 915 f.

Körner, Eberhard | Ausübungsverpflichtungen und Wettbewerbsverbote des Lizenznehmers aus kartellrechtlicher Sicht, in: Der Betriebsberater 1980, 1262 f.

Kon, Stephen | Article 85 para 3: A Case for Application by National Courts, in: CMLR 1982, 541 f.

Korah, Valentine | The Group Exemption for Patent and Know-How Licences, in: International Review of Competition Law 1989, 15 f.

dies. | EEC-Competition-Policy - Legal Form or Economic Efficency, in: Current Legal Problems 1986, 85 f.

dies. | From Legal Form Toward Economic Efficency - Article 85 (1) of the EEC Treaty in Contrast to US-Antitrust, in: Antitrust Bulletin 1990, 1009 f.

dies. | The Limitation of Copyright and Patents by the Rules for the Free Movement of Goods in the European Common Market, in: Case Western Reserve Journal of International Law 1987, 7 f.

dies. | European Commission's Tentative View on Know-How-Licensing, in: EIPR 1986, 379 f.

dies. | Critical Comments on the Commission's Recent Decisions Exempting Joint Ventures to Exploit Research that Needs Further Development, in: ELR 1987, para 46, S.18 f.

dies. | Goodbye, Red Label: Condemnation of Dual Pricing by Distillers, in: ELR 1978, 62 f.

dies. | The Rise and Fall of Provisional Validity - The Need for a Rule of Reason in EEC Antitrust, in: Northwestern Journal of International Law and Business 1981, 320 f.

dies. | Exclusive Licences of Patent and Plant Breeders' Rights under EEC Law after Maize Seed, in: Antitrust Bulletin 1983, 699 f.

dies. | Patent Licensing and EEC Competition Rules; Regulation 2349/84; Oxford 1985.

dies. | Know-How Licensing Agreements and the EEC Competition Rules ; Regulation 556/89; Oxford 1989.

Kruithof, Robert M. | The Application of the Common Market Antitrust Provisions to International Restraints of Trade, in: CMLR 1964, 69 f.

Lehmpfuhl, Rolf-S. | Stellungnahme zur kartellrechtlichen Problematik von Vertriebsbindungssystemen unter Berücksichtigung aktueller Entwicklungen, in: Ahlert, Dieter (Hrsg.): Vertragliche

Vertriebsbindungssysteme zwischen Industrie und Handel, S. 437 f.

Leip, Wolfgang — Die kartellrechtliche Beurteilung von Know-How Verträgen nach EWG Recht (Disskussionsbericht), in:GRUR Int. 1987, 782 f.

Lewin, Russel — Patent Licensing in the EEC, in: The Company Lawyer 1985, 62 f.

Lüddecke, Wolfgang/Fischer, Ernst — Lizenzverträge; Weinheim/Bergstraße 1957.

Lutz, Helmut/Broderick, Terry R. — The EEC Commission's Group Exemption for Patentlicensing Agreements, in: International Business Lawyer 1984, 437 f.

diess. — EG Patentlizenz - Formularvertrag in: RIW 1985 349 f.

diess. — Know-How Lizenzvertrag nach der EG Gruppenfreistellungsverordnung Nr. 556/89, in: RIW 1989, 278 f.

Macneil, Ian-R. — The New Social Contract; New Haven and London 1980.

Mailänder, K.-Peter — Vereinbarungen zur Know-How Überlassung im Wettbewerbsrecht der EWG, in: GRUR Int.1987, 523.

Maltzahn, Falk Frhr.v. — Zur rechtlichen Beurteilung von Nichtangriffsabreden über technische Schutzrechte, in: Festschrif für Otto Friedrich Frhr.v. Gamm; Köln,Berlin,Bonn,München 1990.

Massaguer-Fuentes, José — Zur Beurteilung von Patentlizenzverträgen nach EG Recht, in: GRUR Int. 1987,217 f.

Mercke, Gerd — Gruppenfreistellungsverordnung für Know-How Vereinbarungen; Anmerkungen aus wirtschaftspolitischer Sicht, in: CR 1989, 457 f.

Mestmäcker, Ernst Joachim — Über das Verhältnis des Rechts der Wettbewebsbeschränkungen zum Privatrecht, in: AcP 168, 235 f.

ders. — Eüropäisches Wettbewerbsrecht, München 1974.

Mittag, Heiko — Technologiemarketing; Die Vermarktung von technischem Wissen unter besonderer Berücksichtigung des Einsatzes von Lizenzen; Bochum 1985.

Möschel, Wernhard — Recht der Wettbewerbsbeschränkungen ; Köln,Berlin,Bonn München 1983.

Müller-Graff, Peter-Christian — Die Freistellung vom Kartellverbot, in:Europarecht 1992, 1f.

ders. — Unternehmensinvestitionen und Investitionssteuerung im Marktrecht; 1984.

ders. — Die Erscheinungsformen der Leistungssubventionstatbestände aus wirtschaftsrechtlicher Sicht, in: ZHR 152 (1988), 403 f.

Münchener Kommentar zum BGB — Band 5 (Schuldrecht Band II), 3. Auflage, München 1992.

Neumann, Carl-Wolfgang — Lizenzverträge im EWG Kartellrecht, in: RIW 1985, 88 f

Nicklisch, Friedrich — Vorteile einer Dogmatik für komplexe Langzeitverträge, in: Nicklisch, F., Der komplexe Langzeitvertrag, Heidelberg 1987.

Nicolaysen, Gert — Inländerdiskriminierung im Warenverkehr, in: EuR 1991, 95 f.

Odle, Alexander/Zeyn, Christoph — The EC Block Exemption Regulation 556/89 on Know-How: Practical Difficulties and Legal Uncertainities, in: ECLR 1991, 231 f.

Orr, Anthony/Farr, Sebastian — Know-How and the Competition Rules of the EEC Treaty, in: World Competition 1988, 5 f.

Peters, Joachim — Ausschließlichkeitsbindung und Kartellrecht; Köln 1990.

Pietrek, André — Durchsetzung des EG - Kartellrechts durch Deutsche Gerichte, in: RIW 1990, 611 f.

Plottier, Sandra — EEC Regulation on Patent Licensing and Research & Development: Analysis, Developments and Interface, in: Swiss Review of International Competition Law 1987, No.27, S.25 f.

Posner, Richard — The Next Step in the Antitrust Treatment of Resricted Distribution: Per Se Legality, in: Chicago Law Review 1981, 22 f.

Price, D.R. — The Secret of the Know-How Block Exemption, in: ECLR 1989, 273 f.

Reinhart, Gert — Zulässigkeit von Patentlizenzverträgen nach dem Maissaatgut-urteil, in: RIW 1982, 825 f.

Riggenbach, Dieter — Die Patentlizenzverordnung der EG-Kommission, in: Schweizer Aktiegesellschaft 1988, 59 f.

Rittner, Fritz — Ausschließlichkeitsbindungen in dogmatischer und rechtspolitischer Betrachtung, Düsseldorf 1957.

Sauter, Herbert — Gruppenfreistellungsverordnungen für Know-How Vereinbarungen, in: WuW 1989, 383 f.

Smit, Hans/Herzog, Peter — The Law of the European Community; A Commentary on the EEC Treaty; Columbia Law School Project on European Legal Institutions, Band 2, New York 1984.

Sucker, Michael — Die Gruppenfreistellungsverordnungen für Patent- und Know-How Vereinbarungen -Vergleich und Abgrenzung, in: CR 1990, 369 f.

Schade, Peter — Die Ausübungspflicht bei Lizenzen dargestellt an Verträgen über Patent- Gebrauchsmuster- und Know-How- Lizenzen; Köln,Berlin,Bonn,München 1967.

Scheckter, Mark — The Rule of Reason in European Competition Law, in: LIEI 1982/2, 1 f.

Scherer, F.M. — The Economics of Vertical Restraints, in: Antitrust Law Journal 1982, 687 f.

Schlecht, Otto — Die Bedeutung des Wettbewerbs für die europäische Integration, in: Festschrift für Werner Benisch, Köln, Berlin Bonn, München 1989.

Schmelbrock, Rolf-Ferdinand	Die Gruppenfreistellung nach Art.85 Abs.3 EWGV, in: Auf dem Weg nach Europa, 1991, 61 f.
Schmidt, Karsten	EG Gruppenfreistellung und nationale Gerichtsbarkeit, in: Festschrift für Quack; Berlin,New York 1991, 669 f.
Schmidt, Leo	Gebietsbeschränkungen in Patentlizenz- und Know-How Lizenzverträgen im Wettbewerbsrecht der EG und der USA; Bern 1988.
Schrödermeier, Martin	Die vermiedene Auswirkung; Anmerkungen zum Papierstoff - Urteil des EuGH, in: WuW 1989, 21 f.
Schultz-Süchting, Rolf	Kritische Bemerkungen zum Vorentwurf der EG Kommission für eine Freistellungsregelung über Know-How Verträge, in: WuW 1987, 482 f.
Steindorff, Ernst	Art. 85 para 3: No Case for Application by National Courts, in: CMLR 1983, 125 f.
Stocker, Bruno	Benutzungsrechte und Benutzungspflicht des Lizenznehmers bei technischen Lizenzverträgen; Zürich 1970.
Stumpf, Herbert	The Know-How Contract in Germany, Japan and the US; Antwerpen,Boston,London,New York 1984, 99 f.
Telser, Lester G.	Why Should Manufacturers Want Fair Trade? in: Journal for Law and Economics 1960, 86 f.
Theune, Ulrich	Die Beurteilung ausschließlicher Patentlizenzverträge nach Art. 85 EWGV, in: GRUR Int. 1977, 63 f und 111 f.
Ubertazzi, Luigi Carlo	Die Maissaatgutentscheidung und die Patentlizenzen, in: RIW 1983, 924 f.
de Ulloa, Gonzalo	Licensing Contracts and Territoriality Clauses: Parallel Imports, in: ECLR 1991, 220 f.
Ullrich, Hanns	Die wettbewerbspolitische Behandlung gewerblicher Schutzrechte in der EWG, in: GRUR Int. 1984, 89 f.
Ulmer, Peter	Rule of Reason im Rahmen von Art. 85 EWGV, in: RIW 1985, 517 f.
Venit, James S.	EEC PatentLicensing Revisted: The Commission's Patent Licensing Regulation, in: The Antitrust Bulletin 1985, 457 f.
ders.	In the Wake of Windsurfing: Patent Licensing in the Common Market, in: Fordham Corporate Law Institute 1986-87, 517 f.
ders.	Know-How Licensing under EEC Law: Where We Have Been, Where We Are, and Where We May Be Heading, in: The Antitrust Bulletin 1987, 189 f.
Walz, Wolfgang Rainer	Der Schutzinhalt des Patentrechts im Recht der Wettbewerbsbeschränkungen; Tübingen 1973.
Wedekind, Hasso	Die Anwendung der Kartellvorschriften des EWG Vertrages auf Patentlizenzverträge; Baden-Baden 1989.

Wettbewerbsberichte der Kommission — Nr.6 (1977); Nr.11 (1982); Nr. 13 (1984); Nr. 14 (1985); Nr.15 (1986).

White, Lawrence J. — Vertical Restraints in Antitrust Law: A Coherent Model, in: The Antitrust Bulletin 1981, 327 f.

Wiedemann, Gerhard — Erste Erfahrungen mit den EWG Gruppenfreistellungsverordnungen, insbesondere für Patentlizenz- und Know-How-Vereinbarungen, in: GRUR Int. 1990, 807 f.

ders. — Kommentar zu den Gruppenfreistellungsverordnungen des EWG-Kartellrechts, Band 1 und 2, Köln 1989/1990.

Williamson, Oliver — Assessing Vertical Market Restrictions: Antitrust Ramification of the Transaction Cost Approach, in: U.Penn. Law Rev. 1979, 953 f.

Winn, David B. — Commission Know-How Regulation 556/89: Innovation and Territorial Exclusivity: Improvements and Quid pro Quo, in: ECLR 1990, 135 f.

Winzer, Wolfgang — Probleme des Technologietransfers im europäischen Wirtschaftsrecht, in: Schwarze/Bieber (Hrsg.); Das europäische Wirtschaftsrecht vor den Herausforderungen der Zukunft, S. 85 f; Baden- Baden 1985.

Zuleeg, Manfred — Der Rang des europäischen im Vergleich zum nationalen Wettbewerbsrecht, in: Europarecht 1990, 123 f.

GLIEDERUNG

EINLEITUNG

TEIL I 8

Einleitung

A. Einführung in die Thematik

Die Überlassung technischen Wissens jeder Art von einem Unternehmen (Technologiegeber) an ein anderes Unternehmen (Technologienehmer) umfaßt im Wesentlichen das bei der Forschung und Entwicklung auf technischem Gebiet entstehende Wissen, dem bei der Fertigung und der Produktion neuartiger oder verbesserter Produkte oder auch bei der Projektierung von Anlagen eine entscheidende Rolle zukommt. Diesen Vorgang kann man allgemein als Technologietransfer bezeichnen.

Teilweise wird dieses technische Wissen vor seiner Verbreitung patentiert, teilweise zieht es der Erfinder vor, seine Entwicklungen durch schlichte Geheimhaltung zu schützen. In beiden Fällen wird der Technologiegeber seine Erfindung auch durch Überlassung an Dritte verwerten wollen. Patentiertes Wissen wird an Technologienehmer in der Form von Lizenzen zur Nutzung überlassen. Oftmals werden potentielle Technologienehmer den Gegenstand der sie interessierenden Technologie schon vor dem Abschluß des Lizenzvertrages durch Einsicht in die Offenlegungsschrift beim Patentamt kennen und deshalb an den Technologiegeber herantreten. Nicht patentiertes, geheimes technisches Wissen wird der Technologiegeber nur einem von ihm ausgewählten Personenkreis zugänglich machen. Dieser Vorgang vollzieht sich auf der Grundlage umfangreicher Überlassungsverträge.

In beiden Fällen werden die Verträge zum größtmöglichen Schutz der Interessen beider Parteien ausgestaltet sein.

Dem Technologienehmer kommt es im Regelfall darauf an, die Technologie exclusiv nutzen zu können. Die Verwertung erfolgt in einem bestimmten Gebiet unter Ausschluß anderer Technologienehmer; Märkte und Gebiete werden zugeteilt. Bei Technologietransfers mit internationalen Bezügen erfolgt die Gebietsaufteilung oftmals entlang nationaler Grenzen. Darüber hinaus werden dem Technologienehmer Vertriebsbeschränkungen bezüglich des einem dritten Technologienehmer zugeteilten Gebietes auferlegt. Dies dient dem Schutz der Exclusivität in den jeweils zugeteilten Gebieten.

Der Technologiegeber hat ein Interesse daran, seine Erfindung vor unbefugtem Zugriff schützen, sie optimal ausnutzen und ihre Nutzung zu kontrollieren. In besonderem Maße gilt dies für die Übermittlung technischen Wissens ins Ausland. Es besteht deshalb das Bedürfnis, dem Technologienehmer weitreichende Beschränkungen aufzuerlegen, wie z.B. Preisbindungen oder das Verbot, gleichartige Technologie anderer Anbieter zu verwerten (Wettbewerbsverbot).

Viele dieser Beschränkungen bedürfen einer kartellrechtlichen Überprüfung. Innerhalb der europäischen Rechtsordnung ist ein Verstoß gegen die wettbewerbsrechtlichen Bestimmungen des EGV möglich. Insbesondere kommt ein Verstoß gegen das Kartellverbot des Art. 85 Abs. 1 EGV in Betracht. Allerdings tragen Vereinbarungen der oben genannten Art auch dazu bei, wirtschaftliche und letztendlich politische Zielsetzungen zu verwirklichen. Darunter fällt insbesondere Fortschritt auf technischem Gebiet durch die Verbreitung von Technologie. Daher erscheint es in vielen Fällen wünschenswert, Ausnahmen vom Kartellverbot zu gewähren. Die Europäische Kommission hat die wettbewerbs- und kartellrechtlichen Grenzen solcher Vereinbarungen sowie Ausnahmen vom Wettbewerbsverbot, sogenannte Freistellungen, in der Gruppenfreistellungsverordnung für Patentlizenzverträge (im folgenden: PLGFVO) und der Gruppenfreistellungsverordnung für Know-How-Verwertungsvereinbarungen (im folgenden: KHGFVO) niedergelegt. Die erstgenannte Verordnung trat 1984 in Kraft. Ihre Geltungsdauer war ursprünglich auf den 31.12.1994 befristet. Sie ist bislang zwei Mal für

jeweils ein halbes Jahr verlängert worden. Die KHGFVO trat 1989 in Kraft. Ihre Geltungsdauer ist auf den 31.12.1999 befristet.
Seit geraumer Zeit bestehen Pläne seitens der Europäischen Kommission, die beiden Verordnungen zu einer einheitlichen Gruppenfreistellungsverordnung für den Technologietransfer zusammenzufassen. Dies ist wohl hauptsächlich darauf zurückzuführen, daß die Übermittlung von Technologie als reine Patent- oder Know-How- Lizenz von der Praxis wirtschaftlich als nahezu bedeutungslos angesehen wird. Im Vordergrund stehen gemischte Vertragsformen. Letztere werden zwar in den Anwendungsbereich von beiden genannten Verordnungen einbezogen, jedoch ergeben sich gerade daraus Anwendungsprobleme für die Praxis, wie immer wieder in oft scharfer Form hervorgehoben wurde.
Daher hat die Kommission Mitte 1994 einen Entwurf für die Freistellung von Technologietransfervereinbarungen (im folgenden: Entwurf) veröffentlicht. Dabei handelt es sich nicht um eine bloße Zusammenfassung der beiden zuvor genannten Verordnungen. Seine Systematik weicht von derjenigen der beiden aktuellen Verordnungen erheblich ab. Die vertragsgestaltende Praxis hat dies in einem Anhörungsverfahren im Januar 1995 in ungewöhnlich scharfer Form kritisiert. Es folgten weitere Entwürfe der Kommission, auf die die Praxis jeweils mit neuen Eigaben und Vorschlägen reagierte. Jedoch hat auch die letzte bekannt gewordene Fassung des Entwurfes der Europäischen Kommission den Kern der Kritik nicht berücksichtigt. Auch diese Fassung wurde in der Fachpresse heftig kritisiert. Ende Oktober 1995 kamen Gerüchte auf, die Kommission wolle die PLGFVO bis zum Ablauf der KHGFVO verlängern, also bis Ende 1999. Kurze Zeit später war zu hören, weder eine Verlängerung der PLGFVO, noch der Erlaß einer vereinheitlichten Verordnung sei geplant. Es wurde gemutmaßt, „die Kommission habe sich in den Schmollwinkel zurückgezogen“[1]. Kurze Zeit später - am 31.1.1996 - ist entgegen der oben genannten Vermutung die Verordnung (EG) der Kommission zur Anwendung von Art. 85 Absatz 3 EGV auf Gruppen von Technologietransfer-Vereinbarungen (TTGFVO) erlassen worden. Auf den ersten Blick scheint die Kommission der Kritik an der Systematik des Entwurfs Rechnung getragen zu haben.

B. Ziel und Aufbau der Untersuchung

Ziel dieser Arbeit ist es darzustellen, in welcher Form die neue Konzeption des Entwurfs der TTGFVO in die endgültige Fassung der TTGFVO übernommen wurde. Außerdem sollen die sonstigen Veränderungen der TTGFVO verdeutlicht werden, die sich im Vergleich zur „alten“ Rechtslage ergeben. Beide Punkte sind für die vertragsgestaltende Praxis von Interesse.

Zu diesem Zweck bedarf es zunächst der systematischen Aufarbeitung des Stoffes. Grundlage ist eine vergleichende Darstellung von PLGFVO und KHGFVO (zusammenfassend im folgenden: die GFVOen). Dies umfaßt insbesondere eine Beschreibung des Standortes der Verordnungen innerhalb des Europäischen Wettbewerbsrechts, eine Abgrenzung des Anwendungsbereichs der Verordnungen in mehrere Richtungen sowie eine Gegenüberstellung der bislang gültigen Regeln über die Verwendung bestimmter Vertragsklauseln bei der Überlassung technischen Wissens. Zu diesen Punkten wird an geeigneten Stellen der wirtschaftliche Hintergrund dargestellt oder es erfolgt eine Überprüfung anhand der in der Praxis gewonnen Erfahrungen.

---

1 Pierre Hug, Gescheiterter Versuch der EU zur Neuordnung von Technologietransfers; Ein Trauerspiel mit negativen Auswirkungen, in: Neue Züricher Zeitung, 28.12.1995, S. 10.

Zu jedem einzelnen Punkt wird in wenigen Worten berichtet, welche Änderungen die TTGFVO mit sich bringt. Auf den Entwurf wird an den Stellen Bezug genommen, die für das Verständnis und die Beurteilung der Systematik bedeutsam erscheinen.

Eine zusammenhängende Beschreibung der Veränderung in der Systematik unter dem Entwurf der TTGFVO folgt in einem zweiten Kapitel. Sodann wird ausgeführt, welche Elemente davon in die TTGFVO eingearbeitet wurden. Abschließend wird erörtert, ob sich dieser Ansatz in das System der Gruppenfreistellung einfügt, ob er zur wettbewerbsrechtlichen Bewertung von Technologielizenzen geeignet ist und ob er für eine gruppenweise Freistellung von Vereinbarungen praktikabel ist.

Im einzelnen läßt sich die Untersuchung wie folgt beschreiben:

Zur Einführung in die Thematik wird kurz das System des Art. 85 EGV dargestellt. Es wird mit der herrschenden Lehre als Verbot wettbewerbsbeschränkender Vereinbarungen (Art. 85 Abs. 1 uns 2 EGV) mit Erlaubnisvorbehalt (Art. 85 Abs. 3) charakterisiert. Ein Verstoß gegen dieses Verbot hat die Nichtigkeit des gesamten Vertrages zur Folge (Art. 85 Abs.2 EGV). Sodann wird festgestellt, daß auch die Bestimmungen aus Technologieüberlassungsverträgen an diesem System zu messen sind. Es handelt sich um Vereinbarungen im Sinne der Bestimmung.
Die Strukturmerkmale der Ausnahmevorschrift des Art. 85 Abs. 3 EGV werden nachgezeichnet. Insbesondere werden die Techniken des Einzelfreistellungsverfahrens einerseits und der Freistellung von Gruppen von Vereinbarungen auf dem Verordnungswege andererseits aufgezeigt. Nach dem erstgenannten Verfahren wird jeder einzelne Lizenzvertrag in einem stark formalisierten Verwaltungsverfahren auf seine Freistellungsfähigkeit hin überprüft. Nach dem Gruppenfreistellungsverfahren ist ein Vertrag automatisch dann freigestellt, wenn die vertragsschließenden Parteien ihre Vereinbarung so gestalten, daß sie den allgemeingültigen Vorgaben der Gruppenfreistellungsverordnung entspricht.
Die Kommission ist für beide Verfahren zuständig.

Ein kurzer Abschnitt ist der Entstehungsgeschichte der Gruppenfreistellungsverordnungen gewidmet. Entscheidende Erwägungen für den Erlaß der Gruppenfreistellungsverordnungen auf dem Bereich der Technologielizenzierung waren das Masseproblem auf Seiten der Kommission im Rahmen des Einzelfreistellungsverfahrens sowie das Bedürfnis nach Rechtssicherheit auf Seiten der Praxis.

Gemeinsamkeiten in der Struktur der beiden Gruppenfreistellungsverordnungen werden aufgezeigt. Dabei ist an dieser Stelle insbesondere auf das in beiden Verordnungen enthaltene Widerspruchsverfahren hinzuweisen. Danach kann eine Vereinbarung, deren Freistellung nach einer Gruppenfreistellungsverordnung zweifelhaft erscheint, bei der Kommission einzeln zur Freistellung angemeldet werden. Erhebt die Kommission innerhalb einer bestimmten Frist keine Einwände, so gilt die Vereinbarung als freigestellt. Der Entwurf sieht die Streichung des Widerspruchsverfahrens vor. An seine Stelle tritt in Einschränkung der Bestimmung des Art. 85 Abs. 2 EGV eine Vorschrift, nach der nur die wettbewerbsbeschränkende Klausel, nicht hingegen der gesamte Vertrag nichtig sein soll. Dies ist einer der Punkte, welcher Auswirkungen auf die Struktur des Entwurfs zeitigt. Dazu wird zusammenhängend in einem dritten Teil Stellung genommen.

Im Rahmen der Darstellung der Anwendungsbereiche wird eine Abgrenzung von Herstellungs- und Vertriebslizenzen im Rahmen des Technologietransfers zu reinen Vertriebslizenzen vorgenommen. Ferner wird erörtert, in wie weit Vereinbarungen über andere geistige Schutzrechte von den Verordnungen erfaßt sind.

Für die weitere Beurteilung der teilweise unterschiedlichen Regelungen der PLGFVO und der KHGFVO zu thematisch identischen Bereichen ist es angezeigt, den Begriff des Know-Hows und die Wesensmerkmale von Know-How-Vereinbarungen vorab herauszuarbeiten. Ferner ist eine Abgrenzung von dem in den Gruppenfreistellungsverordnungen vorausgesetzten, gegenständlichen Umfangs des Know-Hows vorzunehmen, um diejenigen Bereiche zu bestimmen, auf die die Gruppenfreistellungsverordnungen nicht anwendbar sind.

Ferner wird der Frage nachgegangen , in wie weit die Gruppenfreistellungsverordnungen auf Unterlizenzen anzuwenden sind. Die Gruppenfreistellungsverordnungen enthalten nur fragmentarische Regelungen zu diesem Punkt. Welche Konstellationen im Hinblick auf die Gebietsaufteilung sich ergeben können, wird anhand des Zwecks der Gruppenfreistellungsverordnungen und der wirtschaftlichen Zielsetzung bestimmt.

Auf die Problematik der Anwendbarkeit der Gruppenfreistellungsverordnungen auf gemischte Vereinbarungen, welche die Verwertung von Know-How und Patenten zum Gegenstand haben, wird nur kurz eingegangen, da dieser Punkt nach der Vereinheitlichung der Gruppenfreistellungsverordnungen nicht mehr problematisch ist.

Kurz soll das Verhältnis der Gruppenfreistellungsverordnungen zum nationalen Wettbewerbs- und Kartellrecht beleuchtet werden. Gegenstand einer ausführlichen Darlegung wird die Frage der Anwendbarkeit der Gruppenfreistellungsverordnungen auf Technologieüberlassungsvereinbarungen mit Drittstaatenbezug sein. Auch zu diesem Punkt enthalten die Gruppenfreistellungsverordnungen nur sehr knappe Ausführungen in den Erwägungsgründen. Die möglichen Fallkonstellationen werden darzustellen sein. Daneben wird auf die Regelungen des EWR-Abkommens mit den EFTA-Staaten eingegangen.

In einem zweiten Teil werden zunächst die wettbewerbsrechtlichen Grenzen für Exclusivklauseln im Rahmen von Herstellungs- und Vertriebslizenzen anhand der Maissaatgutentscheidung des EuGH untersucht. Sodann wird dargestellt, daß die Freistellung dieser Klauseln unter den Gruppenfreistellungsverordnungen nach Maßgabe dieser Rechtsprechung erfolgt ist. Die Erörterung dieser Frage wird untrennbar mit der Problematik um die Aufrechterhaltung paralleler Einfuhren zu behandeln sein. Ferner wird verdeutlicht, daß eine Freistellung nach den ursprünglichen Gruppenfreistellungsverordnungen unabhängig von der Stellung der Unternehmen am Markt erfolgt. Es reicht aus, daß der Wortlaut der einzelnen Vertragsklauseln nicht über den bloßen Wortlaut der Gruppenfreistellungsverordnungen hinausgeht. Im Gegensatz dazu enthält der Entwurf eine weitere Voraussetzung für die Freistellung einer Exclusivklausel. Der Marktanteil der Parteien darf gewisse Grenzwerte nicht überschreiten. Dies erfordert genaue wirtschaftliche Berechnungen der Parteien, die von der Kommission beanstandet werden können und gegebenenfalls einer gerichtlichen Bewertung unterworfen sind. Diese Regelung stellt den oben erwähnten Kern der Änderung im Konzept der Gruppenfreistellung dar. In der TTGFVO findet sich ein solcher Marktanteilstest nicht als Voraussetzung für die Freistellung, dafür ist er in den Vorschriften über ihren Entzug enthalten. Was dies für die Vertragsparteien bedeutet, wird am Ende der Untersuchung beurteilt.
Daneben werden die in den Gruppenfreistellungsverordnungen niedergelegten Freistellungen von territorialen Herstellungs- und Vertriebsbeschränkungen analysiert. Sie dienen nach der Vorstellung der Kommission dazu, den Technologietransfer zu erleichtern und zu be-

schleunigen. Auf der anderen Seite sind aber auch die wettbewerbs- und kartellrechtlichen Grenzen territorialer Beschränkungen zu bestimmen, da es nach dem EG-Vertrag die vordringliche Aufgabe der Kommission ist, den Wettbewerb auf Gemeinschaftsebene zu schützen. Für den Ausgleich dieser beiden gegensätzlichen Positionen spielt die Aufrechterhaltung von Parallelimporten eine wesentliche Rolle.

Eingehend sind die Bestimmungen zu Beginn und Dauer der Freistellung zu erörtern, da diese für die verschiedenen Klauseln einerseits und in den beiden Gruppenfreistellungsverordnungen andererseits größtenteils unterschiedlich geregelt sind.

In einem weiteren Teil werden die in beiden Gruppenfreistellungsverordnungen vorhandenen Listen mit sogenannten schwarzen und weißen Vertragsklauseln analysiert und gegenübergestellt. Diese Listen enthalten Vertragsklauseln, welche entweder als nicht wettbewerbsbeschränkend beurteilt werden und daher bedenkenlos in einen Lizenzvertrag aufgenommen werden können (weiße Liste) oder welche als wettbewerbsbeschränkend und generell nicht freistellungsfähig angesehen werden und nicht in einem Lizenzvertrag verwendet werden dürfen (schwarze Liste). Die aufgelisteten Klauseln decken identische Themenbereiche in den unterschiedlichen Gruppenfreistellungsverordnungen ab. Allerdings werden die einzelnen Themenbereiche in den beiden Gruppenfreistellungsverordnungen zum Teil unterschiedlich geregelt. Im Rahmen der Arbeit werden diese Klauseln nicht der Reihenfolge nach abgehandelt, sondern vielmehr systematisch nach ihrem Sinn und Zweck geordnet. Zudem sollen die jeweiligen weißen Listen nicht getrennt von den jeweiligen schwarzen Listen behandelt werden. Vielmehr sollen die Regelungen der schwarzen Listen zu denen der weißen Listen in einen systematischen Zusammenhang gestellt werden, wo ein thematischer Zusammenhang zwischen ihnen besteht. Aufgrund des neuen Konzepts unter dem Entwurf und unter der vereinheitlichten Gruppenfreistellungsverordnung sind einige Klauseln weggefallen. Darauf wird bei der Analyse nur kurz hingewiesen. Eine Bewertung erfolgt im Schlußteil.
Veränderungen, die die einzelnen Klauseln unter dem Entwurf und unter der vereinheitlichten Gruppenfreistellungsverordnung erfahren haben, werden eingehend analysiert, soweit sie nicht ausschließlich auf die veränderte Struktur des Entwurfes und der vereinheitlichten Gruppenfreistellungsverordnung zurückzuführen sind. Als Beispiel für eine solche Veränderung seien nur die Regelungen über die Gegenleistungspflicht des Lizenznehmers genannt, die unter den beiden ursprünglichen Gruppenfreistellungsverordnungen nach der hier vertretenen Ansicht die Vertragsfreiheit über das zum Schutz des Wettbewerbs und des Verbrauchers erforderliche Maß hinaus beschränken.
Unterschiede der beiden ursprünglichen Gruppenfreistellungsverordnungen zu den Regeln über

- Erfahrungsaustausch und Rücklizenzierung
- die zeitliche Ausdehnung
- Qualitätsvorschriften und Bezugsverpflichtungen
- Mengenfestsetzungen und Wettbewerbsverbote
- Meistbegünstigungsklauseln

werden dargestellt. Ferner werden diese Regelungen mit denjenigen in der TTGFVO verglichen. Die Bewertung von Unterschieden und Veränderungen erfolgt anhand der Frage, ob es der Kommission gelungen ist, einen fairen Interessenausgleich zwischen Lizenzgeber

und Lizenznehmer herbeizuführen und zwar unter Berücksichtigung der Interessen der Allgemeinheit, die am besten durch größtmöglichen Wettbewerb gewährleistet sind.
In einer Zusammenfassung werden noch einmal diejenigen Bestimmungen der ursprünglichen Gruppenfreistellungsverordnungen herausgestellt, die die für den Anwender vergleichsweise günstigeren Regelungen enthalten. Diese werden dann mit den Bestimmungen im Entwurf und in der vereinheitlichten Gruppenfreistellungsverordnung verglichen.

Abschließend wird in einem gesonderten Teil das neue Konzept zur Anwendung der Gruppenfreistellung bewertet. Dabei wird einerseits von der Überlegung auszugehen sein, daß die bisherige Konzeption als zu formalistisch kritisiert wurde. Die Forderung nach einer eher wirtschaftlichen Beurteilung des Einzelfalles im Rahmen einer Gruppenfreistellungsverordnung ist in diesem Zusammenhang maßgebend. Andererseits werden die Dogmatik des europäischen Wettbewerbsrechts, der Zweck der Gruppenfreistellungsverordnungen sowie die Bedürfnisse der vertragsgestaltenden Praxis zu berücksichtigen sein.
Das oben angesprochene System der Beurteilung einer Freistellung nach einem Marktanteilskriterium ist in den ersten Entwurf eingeführt und auch im letzten bekannt gewordenen Entwurf beibehalten worden. Es soll kurz beschrieben werden. Dabei wird seine Entstehungsgeschichte berücksichtigt. Ferner sollen die Auswirkungen des neuen Systems auf weitere Veränderungen in der neuen Konzeption im Zusammenhang dargestellt werden. Außerdem wird auf die in der Generaldirektion IV der Europäischen Kommission offensichtlich geführte Auseinandersetzung zu der Frage der Streichung oder Beibehaltung des Widerspruchsverfahrens einzugehen sein. Im ersten Entwurf ist das Widerspruchsverfahren gestrichen worden. Auch dies hatte Auswirkungen auf die Konzeption. Diese Auswirkungen sollen dargestellt werden.

Ein weiterer Abschnitt des dritten Teils ist der Darstellung des US - Amerikanischen Rechts im Hinblick auf die wettbewerbsrechtliche Beurteilung von Technologielizenzen gewidmet, da ein Hauptkriterium dort der Marktanteil der Parteien ist. Es ist zu vermuten, daß Absicht der Kommission war, den Entwurf an diese Regelung anzulehnen. Erst nach dieser Darstellung wird es möglich sein, die dogmatischen Zweifel an der neuen Konzeption des Entwurfs anhand der Unterschiede zum US - Amerikanischen System zu verdeutlichen.

Zudem wird auf Gefahren hingewiesen, die die Anwendung des neuen Konzepts für die vertragsgestaltenden Parteien in sich birgt. Eine Fehleinschätzung des Marktanteils durch die Parteien kann zu einem Verlust der Freistellung und zur Nichtigkeit des Vertrages führen. Um dieser Gefahr vorzubeugen, muß nach der hier vertretenen Ansicht mit einer höheren Zahl von Anmeldungen im Einzelfreistellungsverfahren gerechnet werden. Dies dürfte dem Ziel der Arbeitserleichterung zuwiderlaufen, welches die Kommission mit dem Erlaß der Gruppenfreistellungsverordnungen ursprünglich einmal verfolgte.

Ein Marktanteilstest ist nach der TTGFVO in erster Linie im Verfahren über den Entzug der Freistellung vorgesehen und nicht mehr als deren Voraussetzung. Der Verfasser gelangt abschließend dennoch zu der Einschätzung, daß auch unter der TTGFVO die Gefahr der richtigen Einschätzung des Marktanteils bei den Vertragsparteien verbleibt. Wenn sie hohe Investitionen zur Herstellung des Lizenzgegenstandes zu verantworten haben, werden sie auf den Bestand der gruppenweisen Freistellung vertrauen wollen. Dies erscheint allerdings im Hinblick auf eine von der Kommission angekündigte neue Rücknahmepraxis auf der Grundlage eines Marktanteilstests nicht möglich. Daher werden die Parteien in vielen Fällen auf das Einzelfreistellungsverfahren zurückgreifen müssen. Der letzte Absatz der

Erwägungsgründe zur TTGFVO darf sogar als dahingehende Empfehlung der Kommission verstanden werden.

Teil I

A. Die Gruppenfreistellungsverordnungen (GFVOen) im Gefüge der kartellrechtlichen Bestimmungen des Artikels 85 EGV

I. Das Verbotssystem mit Erlaubnisvorbehalt des Artikels 85 EGV

Nach europäischem Kartellrecht gilt gemäß Artikel 85 EGV für wettbewerbsbeschränkende Maßnahmen zwischen Unternehmen ein Verbotssystem mit Erlaubnisvorbehalt.

Grundsätzlich sind gemäß Artikel 85 Absatz 1 EGV alle Vereinbarungen zwischen Unternehmen, Beschlüsse von Unternehmensvereinigungen und aufeinander abgestimmte Verhaltensweisen verboten, die den Handel zwischen den Mitgliedstaaten zu beeinträchtigen geeignet sind und eine Verhinderung, Einschränkung oder Verfälschung des Wettbewerbes innerhalb des gemeinsamen Marktes bezwecken oder bewirken.[2]

Artikel 85 Absatz 2 EGV ordnet die Nichtigkeit solcher Verhaltensweisen an.

Artikel 85 Absatz 3 EGV räumt die Möglichkeit ein, die Bestimmungen des Absatzes 1 für ausnahmsweise nicht anwendbar zu erklären im Falle von

- Vereinbarungen oder Gruppen von Vereinbarungen zwischen Unternehmen,
- Beschlüssen oder Gruppen von Beschlüssen von Unternehmensvereinigungen,
- aufeinander abgestimmten Verhaltensweisen oder Gruppen von solchen,

die unter angemessener Beteiligung der Verbraucher an dem entstehenden Gewinn, zur Verbesserung der Warenerzeugung oder Verteilung, oder zur Förderung des wirtschaftlichen oder technischen Fortschritts beitragen, ohne daß den beteiligten Unternehmen

a) Beschränkungen auferlegt werden, die für die Verwirklichung dieser Ziele nicht unerläßlich sind, oder

b) Möglichkeiten eröffnet werden, für einen wesentlichen Teil der betreffenden Waren den Wettbewerb auszuschalten.

Mit dieser Regelung stellt Artikel 85 EGV ein Verbotssystem mit Erlaubnisvorbehalt auf.[3] Dieser Technik bedient sich der EWG-Vertrag an verschiedenen Stellen, wie zum Beispiel im Verhältnis der Artikel 30/34 zu Artikel 36[4] und im Verhältnis von Art 92 Absatz 1 zu dessen

---

2 Es folgt an dieser Stelle im Vertrag eine nicht abschließende, beispielhafte Aufzählung von Fällen, die von dem Verbot erfaßt sind.

3 siehe z.B. Mailänder, GRUR Int. 1987, S. 523 f (527). Ein klassisches Regel-Ausnahme Verhältnis wird dabei aber z.T. neuerdings bestritten (Wiedemann, Kommentar, AT Rdnr.81), um nicht an die i.d.R. enge Auslegung von Ausnahmen gebunden zu sein. Vgl. für die herrschende Ansicht: Bunte/Sauter, Kommentar, Einführung, Rdnr 105.

4 Die genannten Artikel betreffen die wettbewerbseröffnende Grundfreiheit des Verbotes mengenmäßiger Ein - und Ausfuhrbeschränkungen innerhalb des gemeinsamen Marktes, sowie Maßnahmen gleicher Wirkung in der weiten Fassung der "Dassonville-Formel" des EuGH (Slg. 1974,837,847) im Verhältnis zur Rechtfertigung entsprechender staatlicher Maßnahmen zum Schutz "nicht wirtschaftlicher" Güter in der dem Grundsatz der gegenseitigen Anerkennung Ausdruck verleihenden Fassung der "Cassis de Dijon"- Rechtsprechung des EuGH (Slg. 1979, S. 649 f).

Absätzen 2 und 3[5], um jeweils Verhaltensweisen zu legalisieren, die trotz Erfassung durch ein Verbot als marktgerecht oder wettbewerbsfreundlich eingestuft werden sollen.
Es läßt sich also eine Funktionsgemeinsamkeit der genannten Legalisierungsnormen im Verhältnis zu ihren Verbotsnormen feststellen.[6]
Im Gegensatz zu Artikel 36 EGV bildet Artikel 85 Absatz 3 EGV jedoch keine Legalausnahme, die bei Vorliegen ihrer Voraussetzungen automatisch und "ex tunc" Wirkung entfaltet. Nach der VO 17/62[7] bedarf es zur Durchsetzung einer Ausnahme vielmehr der Anmeldung bei der Kommission sowie einer entsprechenden positiven Entscheidung[8] auf der Grundlage eines förmlichen Verfahrens.
Es wird jedoch kritisch angemerkt[9], daß die Trennung zwischen Erlaubnisvorbehalt und Legalausnahme im Begriff sei zu verschwimmen. Dies werde durch die wachsende Anzahl von Gruppenfreistellungsverordnungen bewirkt, wenn jedoch auch nur auf sekundärrechtlicher Ebene. Entscheidend ist aber, daß die Vereinbarung von Anfang an wirksam ist.

Im Folgenden ist auf die Merkmale des Artikels 85 Absatz 1 EGV und 3, sowie auf ihre Entwicklung kurz einzugehen.

II. Die Merkmale des Artikels 85 Absatz 1 EGV und ihre Bedeutung für die Beurteilung von Technologielizenzen durch die Kommission.

1. Die Kategorisierung der Merkmale des Artikels 85 Abs. 1

a. Vereinbarungen

Absprachen über die Lizenzierung von Technologie vollziehen sich in der Regel in Form von konkreten Verträgen, so daß dieses Merkmal hier weiterer Erörterung nicht bedarf.

b. Horizontale und vertikale Vereinbarungen

Von Bedeutung in dem hier untersuchten Zusammenhang ist die Tatsache, daß von Artikel 85 Abs.1 horizontale wie vertikale Vereinbarungen gleichermaßen erfaßt werden.

Als horizontal werden Vereinbarungen eingestuft, bei denen die Vertragspartner bei Abschluß der Vereinbarung in einem aktuellen oder potentiellen Wettbewerbsverhältnis zueinander stehen, also ohne die Mithilfe des jeweils anderen oder Dritter über die Möglichkeit verfügen, jeweils selber ein Produkt derselben Art herzustellen oder zu vertreiben. Sie stehen im Markt-

---

5 Die genannten Bestimmungen betreffen das Verbot staatlicher Subventionierung im Verhältnis zur ausnahmsweisen Zulässigkeit staatlicher Wirtschaftsförderung zu regional- oder sektoralpolitischen Zwecken.

6 Müller-Graff , Leistungssubventionstatbestände , ZHR 152 (1988) 403 f ; ders. , Gruppenfreistellung, Europarecht 1992, 1 ff (10/11).

7 AblEG 1962, Nr. 13, S. 204/62; bezüglich des Inhaltes der VO 17/62 siehe auch Teil I, A III 2 a.

8 Es handelt sich dabei um einen privatrechtsgestaltenden und erga omnes wirkenden Verwaltungsakt mit konstitutiver Wirkung; siehe Bunte/Sauter, Kommentar, S.170, Rdnr.35; Grabitz/Koch, Art. 85, Rdnr.155; Groeben / Thiesing / Ehlermann, Art. 85; Rdnr.202.

9 Groeben/Thiesing/Ehlermann, Art. 85, Rdnr 200; Müller - Graff, Gruppenfreistellung, Europarecht 1992, 1 ff(12); vergleiche dort auch die übrigen Faktoren der "pragmatischen Abmilderung der Sperrwirkung des Freistellungsmonopols der Kommission".

geschehen auf der gleichen Stufe bei Produktion oder Vertrieb. Es besteht keinerlei gegenseitiges Abhängigkeitsverhältnis.
Im einzelnen kommen in Betracht Absprachen über Preise[10], Absatz[11], Marktaufteilung[12], Erzeugung[13], technische Entwicklung[14], Marktinformationssysteme[15], Investitionen[16], aber auch Lizenzen [17].

Als vertikal werden dagegen Vereinbarungen eingestuft, bei denen die Parteien im Zeitpunkt des Abschlusses des Vertrages *nicht* in einem Wettbewerbsverhältnis zueinander standen, da nur einer der Partner über die Möglichkeit verfügt, selbständig auf einem bestimmten Markt zu operieren. Die Parteien stehen im Marktgeschehen in einem Stufenverhältnis zueinander. Der untergeordnete Vertragspartner begibt sich zu einem gewissen Grad in ein Abhängigkeitsverhältnis.
Es kommen dabei insbesondere Bezugsbindungen[18], Gemeinschaftsunternehmen[19], Preisbindungen[20], Vertriebsbindungen[21], aber auch Lizenzbindungen[22],insbesondere wenn sie Exclusivabsprachen enthalten, in Betracht.

c. Wettbewerbsbeschränkung

Es ist für das Verständnis der in den GFVOen enthaltenen Wertungen angezeigt, kurz auf die Frage einzugehen, welches Verhalten unter Artikel 85 Abs.1 als wettbewerbsbeschränkend beurteilt wird.

Eine Definition im EGV findet sich weder für den Begriff des Wettbewerbs, noch für den der Wettbewerbsbeschränkung. Die Bestimmung der Begriffe ist anhand der Zielsetzung des EGV zu treffen[23].

Wettbewerb ist nach herrschender Ansicht[24] als ein Prozeß anzusehen, bei dem Anbieter und Nachfrager um geschäftliche Kontakte zu Kunden oder Lieferanten nachsuchen und zwar durch jeweils günstigere Bedingungen oder bessere Qualität der Erzeugnisse.

Für die Bestimmung des Begriffs der Wettbewerbsbeschränkung stellt sich die Situation weniger eindeutig dar.

---

10 Art 85 Abs.1 lit a EGV.
11 Art.85 Abs.1 lit.b EGV.
12 Art.85 Abs.1 lit.c EGV.
13 Art.85 Abs.1 lit.b EGV.
14 Art.85 Abs.1 lit.b EGV.
15 Groeben/Thiesing/Ehlermann, Art.85, Rdnr.53 f.
16 Groeben/Thiesing/Ehlermann, Art. 85, Rdnr.37 ff
Art.85 Abs.1 lit.b.
17 Groeben/Thiesing/Ehlermann, Art. 85, Fallgruppen, Rdnrn.456 f, 477 f.
18 Groeben/Thiesing/Ehlermann, Art.85, Fallgruppen, Rdnrn.260 f.
19 Groeben/Thiesing/Ehlermann, Art.85, Fallgruppen, Rdnrn.167 f.
20 Grabitz/Koch, Art.85, Rdnr. 118.
21 Groeben/Thiesing/Ehlermann, Art.85, Fallgruppen, Rdnrn. 220 f; 300 f.
22 Groeben/Thiesing/Ehlermann, Art. 85, Fallgruppen, Rdnrn. 456 f/477 f.
23 Groeben/Thiesing/Ehlermann, Art.85, Rdnr. 2o m.w.N.
24 Immenga/Mestmäcker; § 1, Rdnrn.191 f; Grabitz/Koch, Art.85, Rdnrn.32 f.

In der Literatur wird übereinstimmend die Beschränkung der Handelsautonomie einer Partei als konstitutives Merkmal der Wettbewerbsbeschränkung angesehen [25].
Artikel 85 Absatz 1 EGV stellt aber darüber hinaus darauf ab, daß eine Vereinbarung dazu geeignet sein muß, den Handel zwischen den Mitgliedstaaten zu beeinträchtigen. Von einer solchen Beeinträchtigung sind aber in erster Linie nicht die Mitgliedstaaten selber betroffen, sondern die dort ansässigen Unternehmen. Insofern ist das erstgenannte Kriterium in seiner Beschränkung auf die Vertragspartner nicht ausreichend.
Es bedarf daher für die Definition des Begriffs der Wettbewerbsbeschränkung der Ergänzung um das Erfordernis, daß sich gerade für Dritte, die nicht an der Vereinbarung beteiligt sind, Auswirkungen ergeben müssen [26].

Die Bewertung einer Vereinbarung als Wettbewerbsbeschränkung darf nicht allein auf ihren Wortlaut und ihren Sinn und Zweck gestützt werden, sondern es ist eine Würdigung des gesamten Vertrages samt seiner tatsächlichen Praktizierung in wirtschaftlich-funktionaler Gesamtsicht vorzunehmen. Entscheidend ist also der Gesamteffekt für die Marktverhältnisse[27].

d. Unternehmensbegriff

An den nach Artikel 85 Absatz 1 EGV zu beurteilenden Vereinbarungen müssen Unternehmen als Vertragspartner beteiligt sein.
Dabei gilt ein sehr weiter, wirtschaftlich-funktionaler Unternehmensbegriff, wonach einzige Voraussetzung ist, daß natürliche oder juristische Personen als Anbieter am Markt auftreten[28].
Als Unternehmen in diesem Sinne wird auch der Einzelerfinder angesehen, der seine Erfindung am Markt anbietet oder dies potentiell tun könnte [29].
Auch juristische Personen des öffentlichen Rechts können als Unternehmen gelten[30], wenn sie nur am Marktgeschehen teilhaben.

e. Eignung zur Beeinträchtigung des zwischenstaatlichen Handels

Artikel 85 Abs.1 EGV greift nur, wenn die Vereinbarung geeignet ist, den zwischenstaatlichen Handel zu beeinträchtigen. Auf dieses Merkmal soll im Zusammenhang mit der Frage nach dem räumlichen Geltungsbereich der GFVOen eingegangen werden.

f. Spürbarkeitskriterium

Nach der Bagatellbekanntmachung[31] der Kommission findet Artikel 85 Absatz 1 EGV von vornherein keine Anwendung auf Vereinbarungen von geringer Bedeutung. Die

---

25 Grabitz/Koch, Art.85, Rdnrn. 45 f: Groeben/Thiesing/Ehlermann, Art.85, Rdnr. 24.

26 So z.B. auch Emmerich, Die Auslegung von Art. 85 EGV, Europarecht 1971,S.295 f (315) m.w.N.

27 siehe Neumann, Lizenzverträge, RIW 1985, 89 ff (90).

28 EuGH, Slg.1961, S.171; Slg 1962,S.687; Bellamy/Child, Common Market Law of Competition, chap. 2-03.

29 Entscheidungen der Kommission in Sachen
- AOIP/Beyrard, AblEG 1976 L6/8
- Vaessen/Morris, AblEG 1979,L19/32.

30 EuGH Slg.1977,1127 (Ameyde/UCI); EuGH Slg.1977,2145 (ATAB/INNO).

Wettbewerbsbeschränkung darf insofern nicht spürbar sein. Darunter fallen Vereinbarungen zwischen Unternehmen, deren Produkte einen so geringen Marktanteil haben oder deren Umsatz so gering ist, daß die Auswirkungen am Markt nicht spürbar sind .

Die Kommission hat bereits in einigen Einzelfällen das Spürbarkeitskriterium konkretisiert.

Die Spürbarkeit wurde in den folgenden Fällen und unter den folgenden Umständen nicht festgestellt :

In Sachen Borroughs/Delplanque[32] hat die Kommission die Spürbarkeit einer Exclusivvereinbarung zur Herstellung von Durchschlagpapier ("blue-print"-Papier) mit dem geringen, jedoch nicht näher spezifizierten Marktanteil des Lizenznehmers und der Vertriebsberechtigung aller anderen Lizenznehmer im Gebiet der gesamten EWG verneint.
Ebenfalls verneint wurde die Spürbarkeit in Sachen Raymond/Nagoya [33]. Es ging um ein durch den Französischen Lizenzgeber gegenüber seinen in Japan ansässigen Lizenznehmern erteiltes Exportverbot für das gesamte Gebiet der EWG. Die in Japan durch die Lizenznehmer gefertigten Befestigungsteile für PKW (Nieten;Teppichknöpfe), auf die sich das Verbot bezog, waren speziell auf in Japan produzierte PKW-Modelle zugeschnitten, so daß eine Nachfrage auf dem europäischen Markt und damit auch die Beeinträchtigung des Wettbewerbes durch die Klausel im höchsten Maße unwahrscheinlich erschien.

Als spürbar wurde die Wettbewerbsbeschränkung allerdings in den folgenden Fällen erachtet.

In Sachen Nungesser/Eisele[34] wurde die Spürbarkeit von absoluten Gebietsschutzklauseln - also von Gebietsschutzklauseln unter Ausschluß jeglichen Parallelhandels auf allen Vertriebsstufen - mit dem bedeutenden Marktanteil des Lizenzgegenstandes begründet.
Mit dem Marktanteil des Lizenzgebers hingegen wurde in Sachen Velcro/Aplix[35] die Spürbarkeit begründet.
In Sachen Carlsberg[36] wurde eine besonders auffällige Spürbarkeit der dort festgestellten Wettbewerbsbeschränkung mit dem hohen Konzentrationsgrad des Industriesektors begründet.

Im Anschluß an die EuGH-Rechtsprechung in Sachen Brasserie de Haecht[37] bejahte die Kommission in einer anderen Entscheidung[38] u.a. die Spürbarkeit der Wettbewerbsbeschränkung einer Verpflichtung zur Rücklizenzierung aller Mutationen an den lizenzierten Rosen-Sortenschutzrechten, da zum einen eine einzige Mutation so erfolgreich

---

31 siehe Bekanntmachungen der Kommission in: AblEG 1970,C64/1; AblEG 1977,C313/3; AblEG 1986,C231; die Wettbewerbsbeschränkung ist danach nicht spürbar, wenn der Lizenzgegenstand in dem Gebiet, auf das sich die Vereinbarung auswirkt, nicht mehr als 5% des Marktes sämtlicher gleichartiger Waren ausmacht und der Gesamtumsatz der Vertragspartner in einem Geschäftsjahr 200 Mio. ECU nicht überschreitet.

32 Entscheidung der Kommission, AblEG 1972, Nr. 13, S.50.

33 Entscheidung der Kommission, AblEG 1972, Nr.13, S.31 f.

34 Entscheidung der Kommission, AblEG 1978, Nr. L 286, S. 23 f.

35 Entscheidung der Kommission, AblEG 1985, Nr. L 233,S.22u.31.

36 Entscheidung der Kommission, AblEG 1984, Nr. L 207, S.26.

37 EuGH Slg. 1967,S.543

38 Entscheidung der Kommission, AblEG 1985, Nr. L 369, S. 9 f (16) (Schutzrechte Rosensorte Piticia/Kyria).

sein kann, daß sie eine herausragende Stellung erreichen könnte, und zum anderen die kumulative Wirkung der wettbewerbsbeschränkenden Klausel in einer Vielzahl von Verträgen zu berücksichtigen war.

Als Kriterien zur Beurteilung des Spürbarkeitskriteriums zog die Kommission also

- die Existenz eines Marktes innerhalb der EWG für das Produkt überhaupt,
- den Marktanteil des Lizenznehmers,
- den Marktanteil des Lizenzgegenstandes,
- das Vorliegen von Betriebsbeschränkungen Dritter,
- die kumulative Wirkung von einer Vielzahl gleichartiger Beschränkungen zwischen dem Lizenzgeber und mehreren Lizenznehmern

heran.

In der genannten Bagatellbekanntmachung wird ausdrücklich nur der Marktanteil des Produktes - ausgedrückt in Prozent - sowie der Marktanteil der Parteien - ausgedrückt durch Umsatzzahlen - angesprochen. Allerdings wird vorausgesetzt, daß sich die Vereinbarung auf ein bestimmtes Gebiet auswirkt. Damit wird das Vorhandensein eines Marktes impliziert. Alle anderen Kriterien sind nicht ausdrücklich von der Bagatellbekanntmachung erfaßt.

2. Die Entwicklung der Beurteilung von Lizenzen als Wettbewerbsbeschränkung durch die Kommission

Die Ansicht der Kommission bei der Beurteilung von Technologielizenzen läßt sich in mehrere Schritte untergliedern.

Anfänglich beurteilte die Kommission einzelne Vertragsklauseln aus einer "ex-post"-Sicht[39] im Hinblick auf die Auswirkungen auf den Wettbewerb .
In späteren Entscheidungen läßt sich die Tendenz einer "ex-ante"-Beurteilung[40] der einzelnen Klauseln im Kontext der Struktur des gesamten Vertrages erkennen. Die letztgenannte Sichtweise ermöglicht eine weitergehende Einbeziehung der eingangs genannten Prognoseerfordernisse des Artikels 85, als die anfänglich von der Kommission verfolgte "ex-post"-Sicht.

Zusammenfassend ergibt sich folgendes Entwicklungsbild :
Eingangs beurteilte die Kommission solche Vereinbarungen[41] als wettbewerbsbeschränkend, in denen Exclusivvereinbarungen und Territorialbeschränkungen der Lizenznehmer vereinbart

---

39 Die Kommission beurteilte den Einzelfall aus der Perspektive nach Aufnahme von Produktion und Vertrieb seitens des Lizenznehmers, der dann meist bereits als Wettbewerber eingestuft wurde.

40 Dies bedeutet eine Beurteilung vom Zeitpunkt des Vertragsschlusses aus; damit bleibt die Möglichkeit gewahrt zu prüfen, ob der Lizenznehmer erst durch die Erteilung der Lizenz in die Lage versetzt wird, auf dem Markt des Lizenzgegenstandes in den Wettbewerb einzutreten und ob Beschränkungen gerechtfertigt sind, die zwischen Wettbewerbern unterbleiben müßten.

41 Entscheidungen der Kommission in Sachen Borroughs/Delplanque AblEG 1972, Nr. 13, S.50 (53); Raymond/Nagoya, AblEG 1972, Nr.13, S.31 f; Davidson Rubber AblEG 1972, Nr.13, S.39 ; Kabelmettall/Luchaire, AblEG 1975, Nr. L 222, S.34 f; Reuter/BASF, AblEG 1976, Nr. L 254, S.40.

waren[42], da der Lizenzgeber seine Freiheit aufgebe, anderen Lizenznehmern im Exclusivgebiet eine Lizenz zu erteilen, die zudem in einen anderen Mitgliedstaat exportiert haben könnten.

Diese Vorgehensweise wird als rein formalistisch angesehen, da diese Hypothesen kaum dem Marktgeschehen entsprechen.

Dies wird um so deutlicher, wenn man sich vor Augen hält, daß die Kommission regelmäßig diese Vereinbarungen freigestellt hat und zwar regelmäßig mit der unausgesprochenen Erwägung, daß ohne diese Klausel ein Lizenznehmer sich nicht bereit finden würde, zur gewünschten Verbreitung der Technologie beizutragen; er verlangt nach Schutz vor Konkurrenz zum Zwecke der Amortisation seiner Eingangsinvestitionen. Diese realistischen Erwägungen läßt die Kommission nur unter Artikel 85 Absatz 3 EGV zum Zuge kommen. Nur hier bezieht sie den gesamten Facettenreichtum der Marktsituation ein.

Auch nach der Maissaatgutentscheidung[43] des EuGH, in der nach grundsätzlichen Ausführungen zu Sinn und Zweck von Exclusivvereinbarungen mit Territorialbeschränkungen deren Freistellung aus den genannten Gründen als geradezu geboten angesehen wurde, sah die Kommission sich nicht veranlaßt, ihre Betrachtungsweise grundsätzlich zugunsten der ex ante Sicht zu verändern. Sie nahm lediglich eine deutlichere Unterteilung in spürbare und nicht spürbare Wettbewerbsbeschränkungen vor. Dabei wurden neben Verpflichtungen zum Erfahrungsaustausch und Rücklizenzierungspflichten von Verbesserungserfindungen auch Geheimhaltungspflichten als nicht spürbar wettbewerbsbeschränkend kategorisiert[44]. Ausschließlichkeitsabsprachen mit Territorialbeschränkungen waren danach weiterhin spürbar wettbewerbsbeschränkend .

Erst in den Entscheidungen in Sachen Rich Products/Jus Rol[45] und Delta Chemie/DDD[46] nimmt die Kommission anhand von Sinn und Zweck einzelner Klauseln eine Gesamtbeurteilung des Marktes vor, und zwar im Rahmen einer ex-ante-Betrachtung im Zeitpunkt des Vertragsabschlusses unter Berücksichtigung des Investitionsschutzes und der Möglichkeit zur Gewinnung eines Marktes. Allerdings wird diese Beurteilung aus der Sicht der Parteien anhand der Klausel über die Geheimhaltung des Know-Hows während und nach der Vertragszeit getroffen. Sie wird hier aufgrund der Sachstruktur (!) des Know-How-Vertrages als notwendige Verpflichtung zur Erhaltung des Wertes des Know-Hows angesehen. Die erwähnten Exclusivklauseln bleiben jedoch weiterhin von der Sichtweise ausgeschlossen, da die Vertragsfreiheit auf beiden Seiten beschränkt sei und eine Veränderung der Position potentieller dritter Verkäufer zu befürchten sei. Es ist kritisiert worden[47], daß die Kommission die Gelegenheit nicht genutzt hat, ihre statische Beurteilung aufzugeben, da der Lizenznehmer ohne die Lizenz gar nicht zum Kreise der Wettbewerber gehört hätte, und zudem auf dem betreffenden Markt bereits reger Wettbewerb herrschte. Die Kommission sollte nach der zitierten Ansicht für die Beurteilung eines exclusiven Lizenzvertrages als wettbewerbsbeschränkend von der Situation der Vertragsparteien, insbesondere von der des Lizenznehmers, ausgehen; wird dem Lizenznehmer durch die Lizenzierung erst das Vordringen in einen für ihn neuen Markt ermöglicht, so soll eine Wettbewerbsbeschränkung nicht angenommen werden.

---

42 Es handelt sich um Beschränkungen, außerhalb des ihnen zugewiesenen Gebietes herzustellen oder zu verkaufen.

43 EuGH Slg. 1982,2015 f.

44 siehe Entscheidungen der Kommission in Sachen Boissois/Interpane AblEG 1987, Nr.L S. 50, 30 f; Mitchell Cotts/Sofiltra AblEG 1987, Nr. L41, S.31.

45 Entscheidung der Kommission, AblEG 1988, Nr. L 69, S.21 (25 f).

46 Entscheidung der Kommission, AblEG 1988, Nr.L 309, S.34 (39 f).

47 Korah, Know-How-Licensing, S. 43 f.

Im Rahmen der Besprechung einzelner Vertragsklauseln wird auf diese Kritik im Einzelnen zurückzukommen sein.

III. Die Freistellungskriterien des Artikels 85 Absatz 3 EGV sowie die Technik der Einzel- und Gruppenfreistellung

1. Die Kriterien

Nach klassischem Verständnis werden die Freistellungsvoraussetzungen in zwei positive und zwei negative Kriterien aufgeteilt [48].

Die für die Freistellung positiven Kriterien sind

- die Beteiligung der Verbraucher am entstehenden Gewinn und
- die Förderung des wirtschaftlichen oder technischen Fortschritts.

Die negativen Kriterien sind

- der Ausschluß der Beschränkung von Unternehmen, es sei denn, solche sind für die Verwirklichung der in der Vorschrift genannten Ziele unerläßlich und
- der Ausschluß der Möglichkeit, für einen wesentlichen Teil der Waren den Wettbewerb auszuschalten .

Eine kurze Systematisierung und Erläuterung der Kriterien des Artikels 85 Absatz 3 EGV ist angebracht[49] .

a. Legitimierendes Rechtsgut

Als "legitimierendes Rechtsgut" wird in Artikel 85 Absatz 3 EGV die Warenerzeugung und Verteilung sowie der technische und wirtschaftliche Fortschritt genannt. Ziel dieser weiten Formulierung ist es, eine möglichst weitreichende, nicht durch Gegenstand und Anwendungsbereich der Absprache begrenzte Freistellungsmöglichkeiten zu schaffen[50], soweit die gesamtwirtschaftlichen Auswirkungen positiv sind.
Dabei werden bislang unter dem Begriff der Warenerzeugung die Parameter Produktpalette, Erzeugnisqualität, Produktionsverfahren, Kapazitätsauslastung, Produktionskosten und Rationalisierung erfaßt [51]. Der Begriff des technischen und wirtschaftlichen Fortschritts wird trotz des weiten Wortlautes bislang lediglich durch die Merkmale Forschung und Entwicklung, sowie Technologieverbreitung durch Lizenzen gefüllt [52]. Dieses Kriterium darf allerdings nicht zu einer allgemeinen Wohlstandsmaximierung in dem Sinne führen, daß der entstehende Gewinn für die Hersteller größer ist, als der Verlust für die Verbraucher, und die Beeinträchtigung der Rechte einzelner hingenommen werden muß. Insbesondere müssen die durch den Wettbewerb bedingten Steuerungs-, Antriebs-, und insbesondere

48 Groeben/Thiesing/Ehlermann, Art.85, Rdnr. 213.
49 siehe hierzu Müller-Graff, Gruppenfreistellung, Europarecht 1992, S. 1 f (16 f).
50 Groeben/Thiesing/Ehlermann, Art.85, Rdnr. 214; ähnlich Grabitz/Koch, Art.85, Rdnr.162.
51 Groeben/Thiesing/Ehlermann, Art.85, Rdnr. 218; Grabitz/Koch, Art. 85, Rdnr.167; zusammenfassend : Müller-Graff, Gruppenfreistellung, Europarecht 1992, S.19.
52 Grabitz/Koch, Art. 85, Rdnr. 172.

Verteilungsfunktionen zu einer optimalen wirtschaftlichen Gesamtbilanz[53] beitragen unter Vermeidung der oben genannten allgemeinen Wohlstandsmaximierung, die auf einem größeren Nutzen für die Hersteller, als für die Verbraucher beruht.

b. Zielverwirklichungsgewinn

Die beschränkende Maßnahme muß erforderlich und geeignet sein für die Erreichung eines "Zielverwirklichungsgewinns". Es muß durch die Maßnahme eine Verbesserung der Situation der legitimierenden Rechtsgüter im Verhältnis zum Marktgeschehen ohne die Beschränkung zu erwarten sein. Es muß nach der Formulierung des Artikels 85 Absatz 3 EGV ein "Beitrag zur Verbesserung" des legitimierenden Rechtsgutes vorliegen.
Dabei ist zu beurteilen, ob der Verbesserungseffekt nicht auch ohne die beschränkende Vereinbarung eintreten könnte. Lautet die Prognose, daß der Verbesserungseffekt auch ohne die Maßnahme eintreten kann, ist die Vereinbarung nicht freistellungsfähig. Lautet die Prognose hingegen, daß der Verbesserungseffekt nicht durch den unbeschränkten Wettbewerb allein zu erreichen ist, muß es sich für eine positive Beurteilung zudem um einen spürbar wirtschaftlich ins Gewicht fallenden Verbesserungsbeitrag handeln[54].
Es kommt hier zu einer Abwägung der positiven und negativen Auswirkungen der Absprache, wobei die positiven Auswirkungen eindeutig überwiegen müssen[55].

c. Größtmögliche Wahrung des Verbotszwecks

Im Hinblick auf die Verwirklichung des Verbotszwecks des Artikels 85 Absatz 1 EGV darf aber von dem Unternehmen gegenüber dem anderen Unternehmen von mehreren Mitteln nur das mildeste gewählt werden. In Artikel 85 Absatz 3 EGV findet dies seinen Ausdruck in der Form, daß den beteiligten Unternehmen keine Beschränkungen auferlegt werden dürfen, die für die Verwirklichung des genannten Ziels nicht unerläßlich sind. Die Wettbewerbsbeschränkung muß unerläßlich sein für die genannten Ziele.

d. Gemeinwohlgewinn

Als den erforderlichen Gemeinwohlgewinn[56] benennt Artikel 85 Absatz 3 EGV eine angemessene Beteiligung der Verbraucher am Gewinn. Ausgeschlossen ist dieser Gewinn, wenn den Unternehmen die Möglichkeit eröffnet wird, für einen wesentlichen Teil der Waren den Wettbewerb auszuschließen, da der unbeschränkte Wettbewerb das Wohl des Verbrauchers im Grundsatz sichert.
Die Beteiligung der Verbraucher muß sich im Vergleich zum unbeschränkten Wettbewerb deutlich darstellen, und es müssen im Hinblick auf die Verbesserungen die Vorteile die Nachteile überwiegen.

e. Zeitliche Begrenzung

---

53 Kantzenbach, Funktionsfähigkeit Wettbewerb, S.16 f; vergleiche auch den Hinweis auf entsprechende, konkreter formulierte Erwägungen in Urteilssprüchen Englischer Richter aus dem Beginn des 17. Jahrhunderts zum Spielkartenmonopol bei Müller- Graff, Gruppenfreistellung, aaO, S.19.

54 Entscheidung der Kommission in Sachen Wand-und Bodenfliesen, AblEG 1971, Nr. L 10, S.15 (22); Entscheidung der Kommission in Sachen Zuckerrüben, AblEG 1990, L 31, S.31 (34).

55 siehe dazu Müller-Graff, Gruppenfreistellung, aaO, S.25.

56 Gemeinwohlgewinn als Überlagerung der negativen Wirkungen durch die positiven Wirkungen einer solchen Vereinbarung; siehe Müller-Graff, Unternehmensinvestitionen, 1984, S.355.

Als in Artikel 85 Absatz 3 EGV nicht ausdrücklich genanntes Kriterium ist von der Praxis[57] eine zeitliche Begrenzung der Freistellung eingeführt worden, da die erforderlichen prognostischen Entscheidungen auf sich u.U. verändernden Daten und Fakten basieren[58] .

2. Die Freistellungsverfahren

Nach den derzeit unter Artikel 85 und 87 EGV praktizierten kartellrechtlichen Verfahren kann man grundsätzlich das Einzelfreistellungsverfahren und das Gruppenfreistellungsverfahren unterscheiden .

a. Einzelfreistellungsverfahren

Für die Einzelfreistellung[59] sind die verfahrensrechtlichen Grundsätze in der Verordnung 17/62[60] niedergelegt. Diese VO beruht auf der Ermächtigung des Artikels 87 EGV, der den Rat zum Erlaß von Verordnungen und Richtlinien zur Verwirklichung der in Artikel 85 EGV genannten Grundsätze ermächtigt. Insbesondere geht es darum,

- die Beachtung des Verbots aus Artikel 85 Absatz 1 EGV durch Geldbußen und Zwangsgelder sicherzustellen und
- die Einzelheiten für die Möglichkeiten der Freistellung vom Verbot gemäß Artikel 85 Absatz 3 EGV festzulegen.

Die folgenden Regelungen sind hier kurz herauszustellen :

- Für die Freistellung bedarf es einer förmlichen Anmeldung der Vereinbarung bei der Kommission (Artikel 4 VO 17/62).
- Freistellungen können nur durch die Kommission erteilt werden. Es bedarf insofern einer förmlichen Einzelfallentscheidung (Artikel 6 i.V.m. Artikel 9 VO 17/65).
- Die Freistellung gilt nur für eine festgelegte Zeit (Artikel 8 Absatz 1 VO 17/65).
- Die Kommission kann auf Antrag ein sogenanntes Negativattest ausstellen.[61](Artikel 2 VO 17/65).
- Die Kommission kann Verstöße gegen Artikel 85 Absatz 1 EGV und Artikel 86 EGV mit Geldbußen bis zu 10% des Gesamtjahresumsatzes der Unternehmen belegen und Zwangsgelder festsetzen, um die Aussetzung verbotener Vereinbarungen zu erzwingen(Artikel 15/16 VO 17/65).
- Die Kommission wird ermächtigt, Ausführungsbestimmungen zu dieser VO zu erlassen[62](Artikel 24 VO 17/62).

b. Die Gruppenfreistellung

---

57 Siehe Entscheidungen der Kommission, AblEG 1976, Nr. L 19, S. 18 (20) in Sachen Transocean II sowie AblEG 1976, Nr. L 163, S. 10 in Sachen Transocean I.

58 Gleiss/Hirsch, Art. 85, Rdnr. 536 f; Groeben/Thiesing/Ehlermann, Art. 85, Rdnr. 220.

59 Siehe zum Verfahren unter der VO 17/62 Bechtold, Europarecht 1992, S.41 f.

60 AblEG 1962, Nr. 13, S. 204/62 zuletzt geändert durch VO (EWG) Nr. 2872/71 in AblEG 1971, Nr. 285, S.49.

61 Siehe dazu unten, Teil I, B II 3 a.

62 Zu den Antragsformalitäten siehe die Verordnung EWG Nr. 27/62 (AblEG 1962, Nr. 35, S. 1118/62), zuletzt geändert durch die Verordnung EWG Nr. 2526/85 (AblEG 1985 Nr. L 240, S.1).

Im Gegensatz zum stark formalisierten Einzelfreistellungsverfahren steht das Gruppenfreistellungsverfahren.
Nach Artikel 85 Absatz 3 EGV kann sich die Freistellung auch auf ganze Gruppen von Vereinbarungen erstrecken, sofern dafür die Voraussetzungen vorliegen. Nach Artikel 87 EGV ist der Rat auch befugt, die Einzelheiten für diese Art der Freistellung zu regeln. Von dieser Befugnis hat der Rat in der VO 19/65[63] Gebrauch gemacht. In Artikel 1 Absatz 1 der VO 19/65 hat der Rat niedergelegt, daß die Kommission gemäß Artikel 85 Absatz 2 EGV durch Verordnung den Artikel 85 Absatz 1 EGV auf Gruppen von Vereinbarungen für nicht anwendbar erklären kann. Darin hat er die Kompetenz zum Erlaß von Verordnungen über die generelle Freistellung für bestimmte Gruppen von Vereinbarungen an die Kommission delegiert.
Die Ermächtigung bezieht sich nach Artikel 1 Absatz 1 b der VO 19/65 unter anderem auf Gruppen von Vereinbarungen, welche "Beschränkungen enthalten, die im Zusammenhang mit dem Erlaß oder der Nutzung von gewerblichen Schutzrechten - insbesondere von Patenten, Gebrauchsmustern, Geschmacksmustern oder Warenzeichen - oder im Zusammenhang mit Rechten aus einem Vertrag zur Übertragung oder Gebrauchsüberlassung von Herstellungsverfahren oder von zum Gebrauch und zur Anwendung von Betriebstechniken dienenden Kenntnissen auferlegt sind."
Nach Artikel 1 Absatz 1 der VO 19/65 dürfen auch nur jeweils zwei Parteien an der freizustellenden Vereinbarung beteiligt sein.
Die VO 19/65 gibt weiterhin bestimmte Strukturmerkmale für die GFVOen vor. So müssen die GFVOen eine Beschreibung der Gruppen von Vereinbarungen, auf die sie Anwendung finden und insbesondere

- diejenigen Beschränkungen oder Bestimmungen, die nicht in der Vereinbarung enthalten sein dürfen (Artikel 1(2)a) und
- Bestimmungen, die in den Vereinbarungen enthalten sein müssen, oder sonstige Voraussetzungen, die enthalten sein müssen (Artikel 1(2)b) bestimmen.

Anlaß zum Erlaß einer solchen GFVO wird in dieser VO vom Rat dann gesehen, wenn aufgrund von Einzelentscheidungen ausreichende Erfahrungen gewonnen sind und sich bestimmen läßt, für welche Gruppe von Vereinbarungen die Voraussetzungen des Artikels 85 Absatz 3 EGV regelmäßig als erfüllt angesehen werden können [64]. Es handelt sich damit um ein Instrument der Legalausnahme. Es definiert eine Gruppe von gleichgelagerten Fällen, bei denen die Freistellungsvoraussetzungen regelmäßig als erfüllt angesehen werden können.[65]

Auf der Grundlage der VO 19/65 des Rates hat die Kommission unter anderem die GFVO Nr. 2349/84[66] über Patentlizenzverträge (im Folgenden PLGFVO genannt) und die GFVO Nr. 556/88[67] über Know-How-Verträge (im Folgenden KHGFVO) erlassen. Vereinbarungen, welche den Erfordernissen einer GFVO entsprechen, sind automatisch vom Verbot des Artikels 85 Absatz 1 EGV freigestellt. An die Stelle der Einzelfreistellung sind die Vorgaben der GFVOen getreten.

---

63 AblEG 1965, Nr.36 S. 533/65 f.

64 AblEG 1965, Nr.36, S.533/65 (534/65), Erwägungsgründe, Absatz 5.

65 Albrechtskirchinger, Gruppenfreistellungsverordnungen, Festschrift für Benisch, S. 435 f (436).

66 AblEG 1984, Nr. L 219, S. 15 f; in Kraft getreten am 1.1.1985 (Vgl. Art. 14 der VO).

67 AblEG 1989, Nr. L 61, S. 1 f; in Kraft getreten am 1.4.19989 (Vgl. Art. 12 der VO).

In wie weit die für die Einzelfreistellung entwickelten Kriterien unter den GFVOen Veränderungen unterworfen waren und ob gegebenenfalls Änderungen geboten sind, soll exemplarisch anhand der beiden genannten GFVOen untersucht werden.

B. Geschichte und dogmatische Grundpositionen

I. Entstehungsgründe

1. Die Gruppenfreistellungsverordnung für Patentlizenzverträge (PLGFVO)

Für die Entstehung der PLGFVO waren zwei Beweggründe ausschlaggebend, nämlich das Masseproblem und das Bedürfnis nach Rechtssicherheit.

a. Masseproblem

Von entscheidender Bedeutung für den Erlaß der PLGFVO war für die Kommission das sogenannte Masseproblem, also die hohe Anzahl der angemeldeten Lizenzvereinbarungen. Nach Erlaß der VO 17/62 wurden trotz der in ihr enthaltenen Ausnahmebestimmung des Artikels 4 II 2 b[68] über 5000 Patentlizenzverträge bei der Kommission angemeldet [69].
Auch die Ankündigung einer moderaten Haltung der Kommission gegenüber Patentlizenzverträgen in der Weihnachtsbekanntmachung von 1962[70] veränderte die Anmeldungslage nicht[71].
Bei Inkrafttreten der PLGFVO lagen der Kommission immer noch 2000 unerledigte Anmeldungen vor[72]. Allerdings verringerte sich die Zahl im Jahre 1986 auf ca. 1150 Vereinbarungen[73], was jedoch in erster Linie auf deren Ablauf zurückzuführen war. Dieses Aufkommen an zu beurteilenden Vereinbarungen hatten - neben anderen Aufgaben - im Jahre 1985 ca. 80 Fachbeamte der Generaldirektion Wettbewerb zu bewältigen, die auf diesem Gebiet den Schutz von 280 Millionen Konsumenten vor Wettbewerbsvefälschungen zu gewährleisten hatten.[74]
Bezüglich der Bewältigung von "Altvereinbarungen" bei Inkrafttreten der PLGFVO behalf sich die Kommission mit einer "task-force", die ca. 150 nicht im Einklang mit der neuen GFVO stehende Vereinbarungen aufspürte. Sie stellte den entsprechenden Vertragsparteien anheim, ihre Vereinbarungen entweder der GFVO anzupassen, oder sie auf eigenes Risiko fortzusetzen[75].

---

68 Darin wird eine Ausnahme vom in Artikel 4 Absatz 1 der VO 17/62 enthaltenen Erfordernis einer formellen Anmeldung festgelegt, wenn Vereinbarungen dem Erwerber oder dem Benutzer von gewerblichen Schutzrechten - insbesondere von Patenten (...) - oder dem Berechtigten aus einem Vertrag zur Übertragung oder Gebrauchsüberlassung von Herstellungsverfahren oder vom zum Gebrauch und zur Anwendung von Betriebstechniken dienenden Kenntnissen Beschränkungen hinsichtlich der Ausübung der Rechte auferlegen.

69 Zahlen entnommen bei Wiedemann, GRUR Int. 1990, S.807 f.

70 AblEG 1962, S. 2922.

71 So Wiedemann, GRUR Int. 1990, S. 807 f.

72 14. Wettbewerbsbericht der Kommission, 1985,Tz.13.

73 15. Wettbewerbsbericht der Kommission, 1986,Tz.21.

74 Zahlen entnommen bei Neumann, RIW 1985,88 ff (97), der vergleichsweise darauf hinweist , daß sich mit den damals 8 Millionen EG-Landwirten 800 Mitglieder der Generaldirektion Landwirtschaft beschäftigten.

75 Wiedemann, GRUR Int. 1990, S.807 f.

Nach Inkrafttreten der PLGFVO sind nur 12 weitere Vereinbarungen angemeldet worden[76].

b. Rechtssicherheit

Als weiterer Entstehungsgrund ist das Bedürfnis der Parteien nach Rechtssicherheit zu nennen.
Die Kommission ging davon aus, daß es für den Technologietransfer förderlich sein könnte[77], wenn die Parteien die Beurteilung bestimmter Vertragsklauseln als wettbewerbsbeschränkend oder nicht wettbewerbsbeschränkend von vornherein kennen würden und als Folge die zivilrechtliche Durchsetzbarkeit im Hinblick auf die Nichtigkeitsfolge des Artikels 85 Absatz 2 EGV einschätzen könnten.

2. Die Gruppenfreistellungsverordnung für Know-How-Vereinbarungen (KHGFVO)

Auch hier sind zwei Gründe darzustellen, die zum Erlaß der KHGFVO führten.

a. Forderungen der Praxis

Wenn es auch als wahrscheinlich gelten kann, daß ein großer Teil der oben erwähnten Einzelanmeldungen aus reinen Know-How-, oder zumindest gemischten Patent- und Know-How Lizenzen war, so ist nicht davon auszugehen, daß das Masseproblem für den Erlaß der KHGFVO ausschlaggebend war.
Es dürfte vielmehr das von der Praxis geäußerte Bedürfnis nach einer solchen Regelung gewesen sein[78], nachdem deutlich darauf hingewiesen wurde, daß das Know-How für die Vermittlung von Technologie die führende Rolle habe, während Patente fast nur noch Verbesserungen im Detail enthielten .

b. Rechtssicherheit

Hingegen dürften auch bei der KHGFVO die Erwägungen über die Rechtssicherheit ausschlaggebend gewesen sein[79] und in engem Zusammenhang mit den genannten Forderungen aus der Praxis zu sehen sein.

In wie weit jedoch diese Sicherheit durch die Einführung kompliziert ausgestalteter Klauseln zum Verhältnis der beiden GFVOen zueinander sowie die Einfügung unbestimmter Rechtsbegriffe relativiert wird, bleibt zu untersuchen.

3. Die Gruppenfreistellungsverordnung für Technologielizenzvereinbarungen (TTGFVO)

Die TTGFVO soll die Regelungen der PLGFVO und KHGFVO vereinheitlichen. Der beschriebene Zweck ist geblieben.

---

76 15. Wettbewerbsbericht der Kommission,1986,Tz.21.

77 14. Wettbewerbsbericht der Kommission,1985,tz. 31.

78 siehe z.B.: Winzer, Probleme des Technologietransfers, aaO, S. 85 f (94); Mailänder, GRUR Int. 1987,523.

79 Presseerklärung der Kommission vom November 1988, IBl 1989, S.2.

II. Aufbau der GFVOen

1. Einteilung in Erwägungsgründe und VO-Text

Die hier behandelten GFVOen beinhalten nicht nur den in Artikel eingeteilten Verordnungstext, sondern auch eine Reihe von ausführlichen Erwägungsgründen, die dem Text vorangestellt sind und zum Teil Aussagen enthalten, zu denen der Text selber nichts aussagt.

2. Aufbau der GFVO-Texte selber

a. Anlehnung an die ErmächtigungsVO 19/65

In Anlehnung an die Vorgaben der ErmächtigungsVO 19/65 enthalten die GFVOen folgende strukturelle Merkmale :

aa. Freistellungen (Artikel 1 der GFVOen)

Die hier zu untersuchenden GFVOen stellen in ihrem jeweiligen Artikel 1 diejenigen Bestimmungen an den Anfang, die von der Kommission als wettbewerbsbeschränkend, aber generell freistellungsfähig angesehen werden.
Es handelt sich dabei um diejenigen Vertragsklauseln, in denen der Lizenzgeber seinen Lizenznehmern ein exclusives Vertragsgebiet für Herstellung und Vertrieb des lizenzierten Gegenstandes zusichert, indem er die Verpflichtung eingeht, sich selber, sowie dritte Lizenznehmer im Hinblick auf Herstellung und Vertrieb im Vertragsgebiet weitestgehend zu beschränken[80]. Umgekehrt wird der Lizenznehmer in bezug auf Gebiete des Lizenzgebers und dritter Lizenznehmer weitgehenden Beschränkungen hinsichtlich des Vertriebes unterworfen sein. Die GFVO-Texte legen damit die Voraussetzungen fest, die nach Artikel 1 (2)b der VO 19/65 erfüllt sein müssen, um eine Freistellung zu erreichen.

bb. "Weiße Listen" (Artikel 2 der GFVOen)

Der jeweilige Artikel 2 der GFVOen enthält Vertragsklauseln, die von der Kommission als regelmäßig unbedenklich für den Wettbewerb eingestuft werden .Zugunsten dieser Klauseln besteht die Vermutung, daß sie den Verbotstatbestand des Artikels 85 Absatz 1 EGV gar nicht erst erfüllen. Die Artikel 2 der GFVOen beinhalten also in erste Linie keine Freistellung der dort aufgeführten Klauseln, sondern eine Klarstellung aus Gründen der Rechtssicherheit. Die GFVOen erteilen insofern "Gruppennegativatteste"[81], was jedoch in der VO 19/65 nicht ausdrücklich vorgesehen ist.
Es wird jedoch in den Artikel 2 Absatz 2 ausnahmsweise die Freistellung der Klauseln für den Fall angeordnet, daß aufgrund besonderer Umstände[82] die Vermutung des Nichtvorliegens einer Wettbewerbsbeschränkung als widerlegt anzusehen ist [83]. Insofern handelt die Kommission hier am Rande der ihr in der VO 19/65 zugewiesenen Kompetenz.

---

80 siehe ausführlich dazu unten Teil II, A I.

81 Zur Funktion und Bedeutung von Negativattesten siehe Teil I, B II 3 b.

82 Besondere Umstände können sich aus besonderen wirtschaftlichen oder rechtlichen Konstellationen ergeben; siehe Albrechtskirchinger, GRUR Int.1984, S. 565 f (568).

83 Die GFVOen formulieren dies mißverständlich. Nach beiden Texten ist lediglich die Anwendung des Art.1 nicht ausgeschlossen, wenn eine der in Art. 2 aufgezählten Klauseln in der Vereinbarung enthalten ist. Der

Es brauchen jedoch nicht alle der in Artikel 2 aufgeführten Klauseln im Vertrag enthalten zu sein.
Im übrigen sind die weißen Listen der beiden GFVOen nicht erschöpfend [84].

cc. Die schwarzen Listen (Artikel 3 der GFVOen)

Die schwarzen Listen der Artikel 3 beider GFVOen folgen dem durch Artikel 1(2a) der Verordnung 19/65 als Regelungssystem vorgegebenen Katalog der nicht gruppenfreigestellten Regelungen[85]. Grundsätzlich unterfallen die dort genannten Klauseln dem Verbot des Artikels 85 Absatz 1 EGV und sind auch nach Artikel 85 Absatz 3 EGV grundsätzlich nicht freistellungsfähig. Sie stellen Voraussetzungen i.S.v. Artikel 1 (2)a der VO 19/65 dar, welche in einer Vereinbarung nicht enthalten sein dürfen.
Die Formulierung des EG 19 PLGFVO läßt aber den Rückschluß zu, daß dies nicht in allen Fällen so sein muß. Es heißt dort, daß die in Artikel 3 aufgeführten Klauseln unter das Verbot des Artikels 85 Absatz 1 EGV fallen können und - lediglich - keine allgemeine Vermutung für das Vorliegen der in Artikel 85 Absatz 3 EGV geforderten positiven Wirkungen besteht[86]. Es ist nach dieser Formulierung mithin nicht ausgeschlossen, daß eine der Klauseln nicht unter das allgemeine Verbot des Artikels 85 Absatz 1 EGV fällt. Ebensowenig ist ausgeschlossen, daß im Falle einer Kollision mit diesem Verbot die positiven Wirkungen doch vorliegen und eine Freistellung möglich ist. Dennoch fallen solche Klauseln nicht unter die Quasi-Legalausnahmen der Gruppenfreistellung [87]. Es ist insofern das Einzelfreistellungsverfahren zu bemühen .

dd. Das Verhältnis der Artikel 1 bis 3 innerhalb der jeweiligen GFVO zueinander

Für das Verhältnis der Artikel 1 bis 3 in der jeweiligen GFVO zueinander[88] gilt folgendes .
Die Klauseln des Artikels 3 entfalten gegenüber denjenigen der Artikel 1 und 2 eine Sperrwirkung. Sobald also eine der in Artikel 3 genannten Klauseln im Vertrag enthalten ist, ist die Freistellung nach der betreffenden GFVO ausgeschlossen.
Im Verhältnis zwischen Artikel 1 und 2 gilt, daß die Klausen des Artikel 2 unabhängig vom Vorliegen der Klauseln des Artikels 1 ihre positive Bewertung im Hinblick auf den Wettbewerb nicht verlieren und auch alleine anwendbar bleiben. Das Vorliegen der in Artikel 1 genannten Klauseln ist nicht Anwendungsvoraussetzung für Artikel 2. So können Klauseln des Art 2 auch auf Lizenzverträge angewendet werden, die keine Exclusivitäts- und Gebietsschutzklauseln des Artikel 1 enthalten .
Umgekehrt gilt, daß auch die Freistellung der in Artikel 1 genannten Klauseln unabhängig vom Vorliegen der Klausen des Artikel 2 gewährt wird. Es brauchen also nicht alle Klauseln des Artikels 2 vorzuliegen, wie es die Formulierung des Artikels 1 (2b) der VO 19/65[89]

Sinn wird erst deutlich im Zusammenhang mit EG 18 PLGFVO, wo erläutert wird, daß in Art. 2 Vorschriften aufgelistet sind, die als nicht wettbewerbsbeschränkend gelten.

84 EG 18 PLGFVO, letzter Satz; EG 10 KHGFVO.

85 Siehe Schultz-Süchting, WuW 1987,482 ff (483).

86 Dies ergibt sich auch daraus, daß nach dem Entwurf der PLGFVO die Klauseln regelmäßig unter das Verbot des Art. 85 Abs.1 EGV fielen. (Entwurf 1979, Art.3 Ziff.10 und 11).

87 Auch eine Freistellung im Widerspruchsverfahren erscheint ausgeschlossen, da dieses nur anzuwenden ist, wenn eine Klausel nicht unter die schwarze oder weiße Liste fällt.

88 Siehe hierzu Albrechtskirchinger, GRUR Int.1984, S. 565 f (567).

89 Es heißt dort, daß in die GFVOen Bestimmungen aufgenommen werden,die für eine Freistellung vorliegen müssen.

vermuten lassen könnte. So wird in Artikel 2 Absatz 1, Satz 1 zum Ausdruck gebracht, daß das zusätzliche Vorliegen der dort im folgenden aufgeführten Klauseln der Anwendung des Art nicht entgegensteht.

b. Weitere gemeinsame Strukturmerkmale

aa .Das Widerspruchsverfahren in den GFVOen

Das Widerspruchsverfahren ist jeweils in Artikel 4 der GFVOen vorgesehen .
Im Rahmen dieses Verfahrens wird eine Freistellung im Einzelfall erteilt, jedoch ohne die aufwendigen prozeduralen Erfordernisse nach der VO 17/62, ohne die Befassung der Kommission als Kollegialorgan, ohne vorherige Beteiligung des beratenden Ausschusses und ohne die Veröffentlichung im Amtsblatt.
Zur Anwendung kommt das Widerspruchsverfahren, wenn Vertragsklauseln, welche weder als wettbewerbsbeschränkend verboten oder in Artikel 1 freigestellt sind, noch als nicht wettbewerbsbeschränkend in Artikel 2 aufgeführt oder im Falle ihrer wettbewerbsbeschränkenden Eigenschaft dort vorsorglich freigestellt sind, noch in Art. 3 der GFVOen als nicht freistellungsfähig aufgeführt sind. Kurz : Das Widerspruchsverfahren kommt in Betracht bei Klauseln, die nicht in den GFVOen erwähnt sind, oder stärker ausgeprägte Wettbewerbsbeschränkungen enthalten, als in Artikel 1 vorgesehen[90].

In einem solchen Fall muß der Vertrag bei der Kommission - genauer gesagt bei der Generaldirektion Wettbewerb - zu diesem Zweck vollständig und wahrheitsgemäß angemeldet werden in Entsprechung der Verfahrensvorschriften der VO 17/62.
Sodann hat die Kommission 6 Monate Zeit, Widerspruch einzulegen. Dies kann sie aus eigener Beurteilung heraus oder auf Verlangen eines Mitgliedstaates. Letzteren ist die Anmeldung zuvor durch die Kommission mitgeteilt worden.
Widerspricht die Kommission der Vereinbarung innerhalb der genannten Frist, muß der Vertrag durch die Parteien geändert werden, oder es greift das Einzelfreistellungsverfahren (VO 17/62, Artikel 4 a).
Widerspricht die Kommission nicht, oder zieht sie den Widerspruch zurück[91], so ist die Vereinbarung freigestellt i.S.d. Artikel 85 Absatz 3 EGV, unterliegt aber auch der Mißbrauchsaufsicht des Artikels 7 der Verordnung 19/65, die speziell ausgestaltet ist in Artikel 9 PLGFVO und Artikel 7 KHGFVO. In den letztgenannten Vorschriften sind die Voraussetzungen für den Entzug des Rechtsvorteils der Freistellung geregelt.
Auf Besonderheiten wird im Rahmen der Erörterung einzelner Vertragsklauseln einzugehen sein.

Bedenken sind gegen das Widerspruchsverfahren insofern angebracht, als es eine Verwaltungsentscheidung nach sich zieht, die durch bloßes Unterlassen ergeht. Die Entscheidung wird demzufolge nicht bekanntgegeben. Dies birgt z. B. die Problematik in sich, daß Rechtsschutzmöglichkeiten- insbesondere für durch die Lizenzvereinbarungen belasteten Dritte - erschwert oder sogar faktisch ausgeschlossen werden. Die Kommission hat im Entwurf der TTGFVO das Widerspruchsverfahren gar nicht mehr aufgenommen. Dies ist wohl weniger auf die oben dargestellten grundsätzlichen Bedenken gegen das

90 Sie werden allgemein als „graue Klauseln“ bezeichnet.

91 Die Rücknahme erfolgt meist nach Änderung des Vertrages durch die Parteien auf Veranlassung der Kommission durch anfänglichen Widerspruch. Bei Widerspruch auf Veranlassung eines Mitgliedstaates muß die Generaldirektion Wettbewerb zunächst den beratenden Ausschuß konsultieren, Art. 4 (6) KHGFVO und PLGFVO.

Widerspruchsverfahren zurückzuführen, als vielmehr auf die Beobachtung, daß in der Praxis kaum vom Widerspruchsverfahren Gebrauch gemacht wurde.
Anstelle des Widerspruchsverfahrens (Art. 4) befindet sich im Entwurf der TTGFVO die Regelung, daß die "Grauen Klauseln" unmittelbar den Regelungen des Art. 85 (1) und (2) EWG-Vertrag unterworfen sind. Allerdings ist auch bestimmt, daß lediglich jede einzelne dieser Klauseln für den Fall ihrer Wettbewerbswidrigkeit unwirksam ist, jedoch im übrigen die Wirksamkeit des Vertrages unberührt läßt. Der Vertrag ist also im Gegensatz zu der Konzeption der PLGFVO und der KHGFVO nicht insgesamt unwirksam, sondern eben nur teilweise, sobald einer Teilnichtigkeit Bestimmungen des nationalen Rechtes nicht entgegenstehen (Erwägungsgrund 13). Die "Grauen Klauseln" müssen also nach der Maßgabe der Verordnung 17/62 notifiziert werden und sind dem klassischen Einzelfreistellungsverfahren unterworfen. Allerdings hat die Kommission in Erwägungsgrund 13 des Entwurfes zur TTGFVO Maßstäbe für die Einzelfallbewertung angedeutet. Sie kündigt danach an, besonderes Augenmerk auf die günstigen Auswirkungen eines Lizenzvertrages zu legen, wenn die Marktanteile der vertragsschließenden Parteien relativ gering sind. Verfügen die Parteien jedoch über beachtliche Marktanteile, so wird die Kommission genauestens überprüfen, ob nicht die wettbewerbsbeschränkenden Aspekte der Grauen Klausel die wettbewerbsfördernden Aspekte des Lizenzvertrages überwiegen. Letzteres wird insbesondere dann der Fall sein, wenn die Parteien Wettbewerber sind oder wenn der relevante Produktmarkt oligopolistisch strukturiert ist oder wenn die Vereinbarung geschlossen ist zwischen Unternehmen mit marktbeherrschender Stellung.

Die endgültige Fassung der TTGFVO hat die im Entwurf vorgesehene Regelung nicht übernommen. Wie schon unter den GFVOen so ist auch unter TTGFVO ein Widerspruchsverfahren in Art. 4 vorgesehen. Damit ist auch die Regelung, wonach bei Verstoß einer Klausel gegen die Vorschriften des EGV nur diese nichtig ist, nicht Gegenstand der nunmehr gültigen Regelung. Die Wirksamkeit der gesamten Vereinbarung steht in Frage.
Wesentliche Änderungen im Vergleich zu den GFVOen sind zu sehen in der auf vier Monate verkürzten Widerspruchsfrist[92] und in der ausdrücklichen Angleichung von Verfahrensvorschriften an andere bereits bestehende Regelungen, namentlich an diejenigen der Verordnung (EG) Nr. 3385/94[93], welche im Wesentlichen die Formalien der Anmeldung betrifft, und an diejenigen der Kartellverordnung Nr. 17/62[94]. Als Beispiele für die Anwendung des Widerspruchsverfahrens nennt die TTGFVO Klauseln über technisch nicht notwendige Qualitäts- und Bezugsverpflichtungen des Lizenznehmers sowie Nichtangriffsklauseln auf den Bestand der lizenzierten Schutzrechte. Auf die Klauseln wird im einzelnen zurückzukommen sein. Eine zusammenfassende Darstellung zu der Frage, welche Klauseln daneben Gegenstand des Widerspruchsverfahrens sind, erfolgt im Zwischenergebnis bzw. in der Schlußbetrachtung.
Darüber hinaus hat die Kommission angekündigt, wie sie das Verfahren handhaben wird und welche Bewertungskriterien sie hauptsächlich anwenden wird. In EG 25 TTGFVO heißt es dazu, daß die Kommission auf Grund der Angaben, welche die Unternehmen ihr nach den Vorschriften der Verordnung (EG) Nr. 3385/94 zu erteilen haben rasch feststellen kann, ob eine Freistellung in Betracht kommt. Die Kommission könne die Unternehmen von allen im Formblatt A/B geforderten Angaben befreien, deren Beibringung ihr nicht erforderlich erscheine. Im Allgemeinen werden sich die Kommission mit der Übermittlung des

92 Art. 4 (1) TTGFVO.
93 Vgl. Art. 4 (1) und 4(3) TTGFVO.
94 Vgl. Art. 4 (9) TTGFVO.

vollständigen Wortlauts des Lizenzvertrages sowie mit einer Schätzung der Marktstruktur begnügen, die auf sofort erhältlichen Situationen beruhe.
Entscheidendes Kriterium zur Bewertung eines Vertrages scheint danach der Marktanteil des Lizenznehmers zu sein. Eine Bewertung vor dem Hintergrund der Entwicklungsgeschichte der TTGFVO soll der Schlußbetrachtung vorbehalten bleiben.

bb. Die Rücknahme der Freistellung

Die Kommission kann nach beiden GFVOen (Artikel 9 PLGFVO und Artikel 7 KHGFVO) den Rechtsvorteil der Gruppenfreistellung entziehen, d.h. die Freistellung widerrufen, wenn sie feststellt, daß eine Vereinbarung die in Artikel 85 Absatz 3 EGV geforderten Voraussetzungen für die Freistellung nicht aufweist, obwohl sie nach den GFVOen freigestellt ist. Die GFVOen spezifizieren damit nicht abschließend die in Artikel 7 der ErmächtigungsVO 19/65 enthaltenen allgemeinen Rücknahmevoraussetzungen. Artikel / KHGFVO und Artikel 9 PLGFVO räumen der Kommission die Möglichkeit ein, den Rechtsvorteil dieser Verordnungen zu entziehen, wenn sie in einem Einzelfall feststellt, daß eine nach diesen Verordnungen freigestellte Vereinbarung gleichwohl Wirkungen hat, die mit den in Artikel 85 Absatz 3 EGV vorgesehenen Voraussetzungen unvereinbar sind.
Einzelne Tatbestände für einen möglichen Widerruf werden sodann in beiden GFVOen aufgezählt.
Dabei sind die ersten fünf genannten Einzeltatbestände unter beiden GFVOen gleich; unter der KHGFVO finden sich drei weitere Regeltatbestände für eine Rücknahme. Wegen seiner erweiterten Fassung unter de TTGFVO soll nur auf einen Tatbestand hingewiesen werden, wonach die Rücknahme erfolgen kann, wenn die Wirkung der Vereinbarung darin besteht, daß die Vertragserzeugnisse im Vertragsgebiet nicht mit gleichen Waren oder solchen, die vom Verbraucher aufgrund ihrer Eigenschaften, ihrer Preislage und ihres Verwendungszwecks als gleichartig angesehen werden, in wirksamem Wettbewerb stehen.
Einzelheiten sollen hier nicht gesondert vertieft werden. Es werden im Verlaufe der Untersuchung an den Stellen entsprechende Bezüge herzustellen sein, an denen die Widerrufsmöglichkeit der Kommission für die vertragsgestaltenden Parteien von besonderer Bedeutung sein kann.

Vorab soll aber auf die teilweise Neuregelung der Rücknahmevorschriften unter der TTGFVO eingegangen werden. Im Vergleich zur KHGFVO sind vier spezielle Rücknahmetatbestände nicht mehr erwähnt. Inhaltlich soll hier darauf nicht näher eingegangen werden. Wie bereits erwähnt, ist der oben zitierte Rücknahmetatbestand erweitert worden. Er soll nach Art. 7 Nr.1 TTGFVO insbesondere dann vorliegen, wenn der Lizenznehmer einen Marktanteil von mehr als 40% hält[95]. Damit ist die Anwendung der Vorschrift faktisch an einen Marktanteilstest geknüpft. Die Beweislast für die Überschreitung des Schwellenwertes trägt die Kommission.
Sinnvoll erscheint es, im Zusammenhang mit dieser Regelung auf eine Bestimmung in den EGen[96] und ihre Bedeutung einzugehen. Die Kommission weist darauf hin, daß Lizenzverträge, die den Voraussetzungen der TTGFVO entsprechen, nicht mehr angemeldet zu werden brauchen. Dennoch bleibe den vertragsschließenden Parteien nach der Verordnung 17/62 die Möglichkeit, dies zu tun. Insbesondere könnten sie dies mit Vereinbarungen tun, wenn sich der Lizenzgeber verpflichte, im Lizenzgebiet des Lizenznehmers keine weiteren

95 Erläutert wird diese Bestimmung in EG 26 TTGFVO. Das Fehlen eines wirksamen Wettbewerbes wird danach indiziert, wenn der Lizenznehmer eine starke Marktstellung hat. Die Kommission werden ihr besonderes Augenmerk auf die Märkte richten, auf denen der Lizenznehmer einen Anteil von mehr als 40% hält.
96 EG 27 TTGFVO.

Lizenzen zu erteilen und wenn der Marktanteil des Lizenznehmers tatsächlich oder möglicherweise oberhalb von 40% liege.

Da die Freistellung einer Vereinbarung nach der TTGFVO nicht von einem Marktanteilstest abhängt, kann diese Ausführung nur bezwecken, die Parteien zu einer vorsorglichen Anmeldung der Vereinbarung zu veranlassen. Kommt die Kommission im Rahmen dieses Verfahrens zu der Einschätzung, daß der Marktanteil des Lizenznehmers größer als 40% ist, so wird sie in der Regel den Ausschluß eines wirksamen Wettbewerbs annehmen und die Freistellung verweigern. Vorteilhaft für die Parteien ist dabei, daß sie der Rücknahme der Freistellung entgegenwirken bzw. zuvorkommen können.

Eine abschließende Bewertung dieser Regelung soll dem abschließenden Kapitel dieser Arbeit vorbehalten werden. Hier soll nur als erfreulich herausgestellt werden, daß die Kommission durch diese Regelung bestätigt, daß sie die Vereinbarungen aus einer „ex-ante"-Sicht heraus beurteilt. Wenn es richtig ist, daß durch diese Regelung dem Rücknahmeverfahren vorgebeugt werden soll, so steht fest, daß für die Kommission der Marktanteil bei Abschluß der Vereinbarung entscheidend ist. Es kann daher auch die Schlußfolgerung gewagt werden, daß die Kommission auch dann auf diesen Zeitpunkt abstellen wird, wenn es im Einzelfall zu einem Rücknahmeverfahren kommen wird. Das Rücknahmeverfahren kann m.a.W. nicht darauf gestützt werden, daß der Marktanteil des Lizenzgebers erst während der Laufzeit der Vereinbarung die 40%-Grenze überschritten habe.

Dies wirft aber die Frage auf, ob die Kommission den Vorteil der Freistellung auch mit rückwirkender Kraft entziehen wird, also gekoppelt an den Zeitpunkt des Entstehens der wettbewerbswidrigen Lage, oder ob sie die Freistellung nur für die Zukunft entziehen wird.

Nach wohl herrschender Ansicht[97] kann die Kommission die Freistellung nur mit Wirkung für die Zukunft entziehen. Zur Begründung wird darauf verwiesen, daß nach dem ausdrücklichen Wortlaut der Bekanntmachung der Kommission zur GFVO 1983/83 der Entzug des Vorteils nur mit Wirkung für die Zukunft angeordnet werden darf. Dies gelte auch für die Ermächtigung zum Entzug der Freistellung in der VO 19/65. Im Unterschied zu den entsprechenden Vorschriften in den GFVOen sehe Art. 8 Abs. 3 VO 17/62 unter bestimmten Voraussetzungen den Widerruf einer Freistellungserklärung auch mit rückwirkender Kraft vor.

Gleichwohl laufen die Parteien Gefahr, ihre Investitionen nicht amortisieren zu können, wenn die Kommission die Freistellung zurücknimmt, sei es auch nur mit Wirkung für die Zukunft.

cc. Die Minusklausel

Weiterhin ist in den Artikeln 1 Absatz 3 PLGFVO, 1 Absatz 6 KHGFVO sowie in den Artikeln 2 Absatz 2 Satz 2 PLGFVO, 2 Absatz 3 KHGFVO eine Bestimmung enthalten, nach denen Klauseln der gleichen in den jeweiligen Absätzen 1 genannten Art, die jedoch einen weniger weiten Umfang aufweisen, ebenfalls die günstige Bewertung des jeweiligen Absatz 1 erfahren. Diese Klausel war keineswegs selbstverständlich[98], da Bestimmungen von geringerem Umfang eben auch einen geringeren positiven Einfluß auf die Verbesserung des Wettbewerbs haben können.

c. Auslegungsprobleme

---

97 Wiedemann, Kommentar AT, Rn. 266.

98 Etwa aus einem "erst recht"-Schluß heraus.

Sowohl in den weißen, als auch in den schwarzen Listen sind immer wieder von den erlaubten "weißen" Klauseln oder den verbotenen "schwarzen" Klauseln Ausnahmen vorgesehen, die zumeist mit den Worten "es sei denn...", "....bleiben unberührt" oder "sofern nicht..." beschrieben werden.
Diese Ausnahmevorschriften finden sich teilweise als reziproke Bestimmung unter den grundsätzlichen Bestimmungen in der Liste der jeweils anderen Couleur wieder, so daß eindeutig beurteilbar ist, ob die Klausel gefahrlos verwendet werden kann oder nicht.
Es gibt aber auch einige Fälle, in denen zwar eine Ausnahme von einer Listenbestimmung mit den genannten Wendungen eingeführt wird, sich dann jedoch nicht als Reziprokvorschrift in der jeweils anderen Liste wiederfindet[99]. Es ist nicht klar , wie eine solche Vorschrift zu bewerten ist.
Folgende Ansatzpunkte sind denkbar:

Zum einen kann argumentiert werden, diese Ausnahmebestimmungen seien keiner der Listen eindeutig zuzuordnen. Von der einen ist sie gerade ausgenommen, in der anderen ist sie nicht enthalten. Die Listen können bezüglich dieser Vorschrift ihrer Funktion nicht gerecht werden. Folglich unterfallen sie dem Widerspruchsverfahren oder sogar der Einzelfreistellung.
Anders könnte man argumentieren, daß diese Ausnahmen immer der Liste der jeweils anderen Couleur zufallen, da mit den einleitenden Worten "es sei denn, daß...." o.ä. eben keine neutrale Haltung der Kommission für die Beurteilung im Widerspruchsverfahren zum Ausdruck kommen sollte, sondern die jeweils genau entgegengesetzte Wertung. Dies würde bedeuten, daß Ausnahmen von der schwarzen Liste immer als zumindest freistellungsfähig anzusehen wären, Ausnahmen von der weißen Liste hingegen als grundsätzlich nicht freistellungsfähig.
Für die letztere Betrachtungsweise spricht vorab - zumindest für die Aufnahme der Ausnahmen aus der schwarzen in die weiße Liste -, daß beide GFVOen gerade die weiße Liste für nicht erschöpfend und mithin ergänzungsfähig halten.
Zur endgültigen Beantwortung der Frage ist jedoch die Untersuchung der einzelnen Klauseln abzuwarten .

3. Anwendungssystematik

a. Vertragsparteien als Adressaten

Aus dem Charakter der GFVOen als quasi-Legalausnahmen ergibt sich, daß deren Vorgaben sich an die vertragsgestaltenden Parteien richten. Die Parteien tragen in vollem Umfang das Risiko der Subsumption ihrer Vertragsklauseln unter die Vorgaben der GFVOen. Darunter fällt sowohl bei komplexer Technologielizenzierung bereits die "Auswahl" der richtigen GFVO für das jeweilige Vorhaben, als auch im Anschluß die richtige Grenzziehung und Bewertung im Rahmen unbestimmter Rechtsbegriffe.

b. Konsequenzen fehlerhafter Anwendung

Konsequenz einer fehlerhaften Bewertung oder der Einbeziehung einer nicht freigestellten Klausel ist die zivilrechtliche Undurchsetzbarkeit des Vertrages.
Dies beruht auf der Wertung des Artikels 85 Absatz 2 EGV, der Verträge für insgesamt und von Anfang an für nichtig erklärt, die wettbewerbsbeschränkende Klauseln enthalten. Ein

---

99 Vgl. z.B. die "best-endeavours-clause" , die von Art 3 (9) KHGFVO ausdrücklich ausgenommen ist. In Art 2 Abs.1 Nr.9 sind hingegen nur 2 spezielle Formen erfaßt.

entsprechender Vertrag genießt auch keine vorläufige Wirksamkeit bis zu einer etwaigen Einzelfreistellung.
Artikel 85 Absatz 2 EGV ist von den nationalen Gerichten zu beachten und anzuwenden. Auf der anderen Seite haben es die Gerichte auch zu beachten, wenn ein Vertrag aufgrund einer Einzelfreistellung oder Übereinstimmung mit den Erfordernissen einer GFVO nicht der Folge des Artikels 85 Absatz 2 EGV unterliegt. Er kann dann von dem nationalen Gericht zumindest nicht mehr auf der Grundlage des Artikels 85 Absatz 2 EGV für nichtig erklärt werden.

c. Negativattest und "comfort-letter"

Sind sich die Parteien nicht sicher, ob die von ihnen vereinbarten Klauseln gegen Artikel 85 Absatz 1 EGV verstoßen, und wollen sie wegen der wirtschaftlichen Bedeutung das mit dieser Unsicherheit verbundene Risiko ausschließen oder zumindest verringern, stehen ihnen neben der zeitraubenden Möglichkeit der Einzelfreistellung und dem für bestimmte Fälle unter den GFVOen vorgesehenen Widerspruchsverfahren auch noch die Institute des Negativattestes und des "comfort-letters" zur Verfügung.

Das Negativattest bestätigt, daß die Vereinbarung aus Sicht der Kommission nicht dem Verbot des Artikels 85 Absatz 1 EGV unterfällt und somit eine Freistellung nicht notwendig ist. Diese Möglichkeit ist in Artikel 2 der VO 17/62 vorgesehen. Sie kommt zur Anwendung, wenn die Parteien unsicher sind, ob Klauseln ihrer Vereinbarung überhaupt unter das Verbot des Artikels 85 Absatz 1 EGV fallen .

Die Kommission hat aber auch die Möglichkeit, ein einfaches Verwaltungsschreiben zu verfassen, in dem bescheinigt wird, daß sie aufgrund der ihr bekannt gewordenen Tatsachen entweder

- die Regelung nach Artikel 85 Absatz 1 EGV nicht beanstandet oder
- die Regelung nach Artikel 85 Absatz 3 EGV als freistellungswürdig ansieht

In beiden Fällen wird die Kommission ihre Akte schließen. Völlige Rechtssicherheit haben die Parteien aber weder aufgrund des Negativattestes, noch aufgrund des "comfort-letters". Keine der Varianten hat nämlich bindende Wirkung gegenüber Dritten oder nationalen Gerichten.
Ein nationales Gericht kann die Nichtigkeit feststellen oder zumindest den EuGH gemäß Artikel 177 EGV zur Beantwortung der Frage anrufen, ob Artikel 85 Absatz 1 EGV das Verhalten der Parteien erfaßt.

Es ist auch nicht davon auszugehen, daß ein Negativattest größere Rechtssicherheit schafft, als ein comfort-letter. Ersteres legt dar, daß ein Verstoß gegen Art 85 Absatz 1 EGV gar nicht erst vorliegt. Letzterer impliziert aber - jedenfalls in der Variante, daß die Freistellungswürdigkeit der Regelung anerkannt wird - gerade die Verletzung von Artikel 85 Absatz 1 EGV, stellt aber auf der anderen Seite keine Freistellung dar.
Im ersten Fall wird das Gericht geneigt sein, der Beurteilung der Kommission zu folgen, was aber nicht sicher ist.
Im zweiten Fall liegt weder eine formelle Freistellung auf der Grundlage der VO 17/62, noch eine nach einer GFVO vor. Das Gericht wird geneigt sein, dem durch die Kommission

implizit zum Ausdruck gebrachten Verstoß gegen Artikel 85 Absatz 1 EGV zuzustimmen, kann aber selber auf der anderen Seite keine Freistellung aussprechen.[100]
Verbindlich sind Negativattest und comfort-letter lediglich für die Kommission selber. Sie darf dann z.B. keine Bußgelder mehr verhängen, weil es aufgrund der erörterten Bescheide regelmäßig am gemäß Artikel 2 a der VO 17/62 erforderlichen Verschulden fehlen wird und auf Seiten der Kommission eine Selbstbindung eingetreten ist.

Es bleibt in diesen Fällen bei der innerstaatlichen Durchsetzung der Vereinbarung ein erhebliches Maß an Rechtsunsicherheit.

d. Zusammenfassung

Es ergibt sich für den Anwender folgende Vorgehensweise.
Zunächst ist die Frage aufzuwerfen, ob der Vertrag wettbewerbsbeschränkende Klauseln im Sinne des Artikels 85 Absatz 1 EGV enthält.

- Ist dies nicht der Fall, kann der Vertrag bedenkenlos abgeschlossen werden.
- Ist die der Fall, ist zu prüfen, ob die Klauseln in einer einschlägigen GFVO enthalten und freigestellt sind.
    - Ist dies der Fall, kann der Vertrag abgeschlossen werden .
    - Ist dies nicht der Fall und gehören sie zur schwarzen Liste, sollte geprüft werden, in wie weit die Einzelfreistellung Aussicht auf Erfolg hat .
    - Handelt es sich um eine Klausel, die zwar nicht ausdrücklich freigestellt ist, oder der weißen Liste angehört, aber nicht ausdrücklich als nicht freistellungsfähig beurteilt wird, ist das Widerspruchsverfahren zu bemühen.
- Besteht Unsicherheit bezüglich der Frage, ob Artikel 85 Absatz 1 EGV greift, können sich die Parteien mit der Erteilung eines Negativattestes oder comfort-letters behelfen.
- Ist keine der GFVOen einschlägig (oder ist eine Klausel nach den schwarzen Listen nicht gruppenfreistellungsfähig), ist zu prüfen, ob das Einzelfreistellungsverfahren Aussicht auf Erfolg hat.

C. Anwendungsbereiche der Gruppenfreistellungsverordnungen

I. Sachlicher Anwendungsbereich bei reinen Vertragsformen

1. Gemeinsame Abgrenzungsbestimmungen in PLGFVO und KHGFVO

a. Das Verhältnis der GFVOen zu reinen Vertriebslizenzen

aa. Einleitung

Beide GFVOen enthalten sowohl im VO-Text als auch in den Erwägungsgründen (EGe) Abgrenzungsbestimmungen zu reinen Vertriebslizenzen[101].
Beide VO-Texte[102] gehen dabei übereinstimmend von dem Grundsatz aus, daß die Freistellung von Vertriebsbeschränkungen, die sich aus den in Artikel 1 (1) 2, 3, 5 und 6 der jeweiligen VO genannten Voraussetzungen ergibt, unter der Voraussetzung "ergeht, daß der

---

100 Joliet, Northwestern J. of Int'l Law and Bus.1983/84, 755 f(764).
101 Vgl. Art. 5 Nr. 5 TTGFVO: Danach ist die TTGFVO auf reine Vertriebslizenzen unanwendbar.
102 Vgl. Art. 1(2) PLGFVO und Art. 1(5) KHGFVO.

Lizenznehmer" die Lizenz- bzw. Vertragserzeugnisse entweder selbst herstellt, oder er sie durch ein verbundenes Unternehmen[103] oder einen Zulieferer[104] herstellen läßt .
Die KHGFVO enthält in ihrem Text darüber hinaus den Fall, daß der Lizenznehmer lediglich beabsichtigt, die Vertragserzeugnisse herzustellen.

In der PLGFVO wird hierzu in den Erwägungsgründen[105] erläutert, daß diese VO keine Anwendung auf reine Vertriebslizenzen findet; für solche Vereinbarungen wird ausdrücklich auf die GFVO für Alleinvertriebsvereinbarungen[106] verwiesen.
Nach der vorsichtigeren Formulierung der KHGFVO[107] sieht es die Kommission als nicht zweckmäßig an, "in den Geltungsbereich der Verordnung auch Vereinbarungen einzubeziehen, die ausschließlich zum Zweck des Verkaufs getroffen wurden". Ausgenommen wird jedoch davon der im VO-Text erwähnte Fall, daß der Lizenznehmer beabsichtigt, die Produktion selber aufzunehmen. Für die Übergangszeit bis Produktionsbeginn ist gemäß EG 5 KHGFVO dann auch der reine Vertrieb des Vertragsgegenstandes noch von der KHGFVO erfaßt. Der Lizenznehmer wird oftmals in dieser Zeit den Lizenzgegenstand bereits vom Lizenzgeber fertig beziehen .

Die Regelung erscheint eindeutig. Weder die PLGFVO noch die KHGFVO gelten im Grundsatz für reine Vertriebslizenzen, die eher den GFVOen für Alleinvertriebs[108]- und Alleinbezugsverträgen[109] zuzuordnen sind.[110]

Dennoch ergibt sich eine Reihe von Auslegungsproblemen.

bb. Auslegungsprobleme

Die zentrale Themenstellung für die Abgrenzung, wann eine Vereinbarung unter die GFVO für Alleinvertriebsverträge (im Folgenden AVGFVO) oder unter eine der beiden hier untersuchten GFVOen fällt, ist die Bestimmung des Begriffs "Herstellung". Es ist zu überlegen, welcher Grad an Weiterverarbeitung durch den Lizenznehmer an einem zum Zwecke des Weitervertriebs vom Lizenzgeber stammenden Produkt die Vereinbarung aus dem Anwendungsbereich der AVGFVO ausscheiden läßt, wo oder ab wann die PLGFVO und die KHGFVO das Merkmal der Herstellung greifen lassen, und ob Lücken dazwischen bestehen, die einen "freistellungsfreien" Raum beschreiben, auf den wiederum das Einzelfreistellungsverfahren anwendbar wäre.
Die PLGFVO weist einen direkten Bezug zur AVGFVO auf und nimmt ausdrücklich Vereinbarungen aus dem Anwendungsbereich der PLGFVO aus, die durch die AVGFVO gedeckt sind[111].
Dies kann so verstanden werden, daß mit Hilfe der für die AVGFVO geltenden Definitionen indirekt die Grenze zum Begriff der Herstellung bestimmt wird, der dann auf die PLGFVO

---

103 Definition in Art 1(7) 13 KHGFVO und Art. 12 (1) PLGFVO.

104 Der Zulieferer wird wegen der regelmäßig engen wirtschaftlichen Verflechtung dem Verbundenen Unternehmen gleichgestellt.

105 EG 7 PLGFVO.

106 AblEG 1983, Nr. L 173, S. 1 f.

107 EG 5 KHGFVO.

108 VO EWG 1983/83, AblEG 1982, Nr. L 173, S. 1 f.

109 VO EWG 1984/83, AblEG 1983. Nr. L 173, S. 5 f.

110 siehe Axster, Festschrift für v.Gamm , aaO, S.513.

111 EG 5 PLGFVO.

anwendbar ist. Herstellung fängt genau dort an, wo der Begriff des Vertriebes aufhört. Zwischen Herstellung und Vertrieb gibt es unter der PLGFVO danach keine Sachverhalte, die nicht von einer der Alternativen erfaßt wären.

Dazu ist aber hier zu bestimmen, ob und in welchem Ausmaß bestimmte Weiterverarbeitungshandlungen noch vom Begriff des Vertriebes umfaßt sind.
Aufschluß darüber gibt eine Empfehlung der Kommission.[112] Grundgedanke danach ist, daß die wirtschaftliche Identität des Produktes nicht verändert werden darf. Danach hat es z.B. keinen Einfluß, wenn die Größe der Verpackungseinheiten geändert werden. Dadurch wird die Qualität des Produktes nicht berührt.
Nicht mehr vom Begriff des reinen Vertriebes sind Qualitätsverbesserungen erfaßt, die nach der Verkehrsanschauung und dem Handelsbrauch eine nicht unerhebliche Wertsteigerung bedeuten.

Auch unter der KHGFVO ergibt sich die Fragestellung, ob alle Vereinbarungen erfaßt sind, in deren Rahmen der Lizenznehmer zu viele Weiterverarbeitungshandlungen ausführt, um eine Freistellung nach der AVGFVO zu erfahren.
Die KHGFVO ist hier jedoch weniger eindeutig. Sie erwähnt die AVGFVO 1983/83 nicht ausdrücklich als Abgrenzungskriterium. Artikel 1 (5) KHGFVO führt hier nur das Merkmal des Herstellens an, ohne den Begriff zu definieren, oder eine entsprechende Abgrenzungsmöglichkeit zu schaffen. EG 5 der KHGFVO hingegen versucht dazu beizutragen, das Problem von einer anderen Seite zu skizzieren, indem er als Ansatzpunkt den "bloßen Vertrieb" wählt und darauf gerichtete Vereinbarungen aus dem Anwendungsbereich der KHGFVO ausschließt.
Ob damit jedoch auch die von der Kommission zum Begriff des Vertriebes entwickelten Kriterien gelten, und eine der PLGFVO entsprechende Auslegung möglich ist, bleibt mangels eindeutigen Bezuges unklar.
Es ist jedoch kein sachlicher Grund ersichtlich - insbesondere nicht in der Natur des Know-How -, mit dem eine unterschiedliche Behandlung gerechtfertigt wäre. Bei abweichender Behandlung, also einer engeren Auslegung des Begriffes "Vertrieb", entstünde ein freistellungsfreier Raum. Auch dieser könnte im Vergleich zur PLGFVO nicht gerechtfertigt werden .

Es kann ein weiteres Auslegungsproblem in dem Fall auftreten, daß der Lizenznehmer beabsichtigt, unter Verwendung lizenzierter Patente oder lizenzierten Know-hows zu produzieren, jedoch Zeit benötigt, um die Produktionsstätten einzurichten oder umzugestalten. Er kann in dieser Zeit noch nicht selber produzieren. Auch kann sein Interesse dahin gehen, sich bereits eine Marktposition zu erarbeiten, indem er bereits beim Lizenzgeber gefertigte Stücke ankauft und in seinem Gebiet weitervertreibt. Dies kann u.U. auch zeitgleich mit der Errichtung der Produktionsstätten geschehen.
Dann ergibt sich die Frage, ob die Freistellungen nach der PLGFVO oder der KHGFVO bereits ab Aufnahme des Vertriebes gelten, insbesondere, ob die unter diesen GFVOen geltenden Freistellungen für Territorialbeschränkungen Anwendung finden.
Ausdrücklich nimmt nur die KHGFVO dazu Stellung [113]. Sie stellt auch den Fall frei, daß der Lizenznehmer beabsichtigt, die Produktion erst später selber aufzunehmen.
In der PLGFVO findet sich kein entsprechender Passus. Allerdings kann u.U. die Formulierung des Artikels 1 (2) PLGFVO weiterhelfen. Danach ergeht die Freistellung der in

112 siehe AblEG 1983 ,C 355, S. 7; korrigiert in AblEG 1984, C 101, S.2, Abschnitte 9 und 10.
113 Art. 1(5) und EG 5 KHGFVO.

Artikel 1 (1) genannten Beschränkungen "unter der Voraussetzung, daß" der Lizenznehmer selber herstellt. Die englischsprachige Version der VO ergibt Aufschluß über die Frage, ob diese erwähnte Voraussetzung rein konditioneller Natur ist, also u.U. auch eine zeitliche Verschiebung des Produktionsbeginns ausreichen läßt, oder auch eine zeitliche Komponente enthält, die die Freistellung strikt an den Zeitpunkt der tatsächlichen Produktionsaufnahme bindet. Die dort gewählte Konjunktion lautet "if", nicht etwa "when", und läßt somit die Auslegung zu, daß auch die bloße Absicht zu produzieren genügt, und daß die Freistellung nicht an den Produktionsbeginn geknüpft ist.

Ein besonderes Problem stellt die Frage dar, ob der produzierende Lizenznehmer vor Importen von Alleinvertriebshändlern des Lizenzgebers, aus anderen Gebieten nach den Bestimmungen der PLGFVO und der KHGFVO geschützt werden kann, oder ob für Bestimmungen, die sich auf das Verhältnis zu dem Alleinvertriebshändler beziehen, Rücksicht auf die Regelungen unter der AVGFVO zu nehmen ist.
Dem liegt folgender Konflikt zugrunde: Die Beschränkungen unter der PLGFVO und der KHGFVO sind bei wörtlicher Interpretation nur auf produzierende Lizenznehmer anwendbar. Diese können danach an passiven Verkäufen[114] in Gebiete anderer Lizenznehmer gehindert werden. Der Alleinvertriebshändler in dem anderen Gebiet hingegen kann unter der auf ihn allein anwendbaren AVGFVO nicht daran gehindert werden, passive Verkäufe in die Gebiete anderer, auch herstellender Lizenznehmer durchzuführen.
Dies stellt jedoch die Wertung auf den Kopf, daß gerade der produzierende Lizenznehmer angesichts seiner wesentlich höheren Eingangsinvestitionen schutzwürdiger ist, als der reine Vetriebshändler; jedoch erscheint es nach dem Text der GFVOen kaum möglich, das Erfordernis des "Herstellens" ausschließlich auf den zu schützenden Lizenznehmer zu beziehen.

b. Beschränkung auf technische Erfindungen

Weiteres gemeinsames Abgrenzungskriterium ist die Beschränkung auf technische Erfindungen [115].
Bei der Lizenzierung von Patenten ergibt sich dies aus ihrer Natur, bei der Überlassung von Know-How aus der Definition in Artikel 1 (7) 1 KHGFVO, wonach Know-How als "eine Gesamtheit technischer Erfindungen" behandelt wird. Außerdem ist unter der KHGFVO noch einmal die Übertragung kommerziellen Know-hows ausgeschlossen, welches gemäß EG 5 der KHGFVO der GFVO 4087/88[116] über Franchise-Verträge zuzuordnen ist.
Unklar bleibt allerdings, ob alle potentiellen Fallgruppen von den Anwendungsbereichen der beiden GFVOen erfaßt sind, oder ob es Bereiche gibt, die von keiner der beiden GFVOen erfaßt sind. EG 5 der KHGFVO bezieht sich bei der Formulierung der nicht dieser VO unterfallenden Vereinbarungen seinem Wortlaut nach auf Franchise - Vereinbarungen im allgemeinen, verweist jedoch in einer Fußnote[117] auf die GFVO für Vertriebs- und Dienstleistungsfranchising. Daraus kann geschlossen werden, daß die Nichtanwendbarkeit der KHGFVO lediglich auf Vereinbarungen beschränkt ist, die bereits unter der Franchise -

114 Passive Verkäufe erfolgen aufgrund einer nicht vom Verkäufer durch Werbung oder die Unterhaltung von Auslieferungslagern verursachte Nachfrage aus Exclusivgebieten anderer Lizenznehmer; siehe Artikel 1(1)6 PLGFVO und KHGFVO.

115 siehe z.B. Axster, Festschrift für v.Gamm, S. 505 f (513/514).

116 AblEG 1988, Nr. L 359, S. 46 f.

117 EG 5 KHGFVO.

GFVO freigestellt sind. Für den Fall, daß im Rahmen eines Dienstleistungsfranchisings auch technische Informationen übermittelt würden, wäre hier lediglich eine Reihe von deckungsgleichen Bereichen erwähnt ,für deren Behandlung der Franchise - GFVO der Vorrang eingeräumt würde. Die Erwähnung dieser deckungsgleichen Bereiche hätte dann jedoch keinerlei Abgrenzungsfunktion mehr, da es völlig unschädlich ist, wenn eine Vereinbarung alle Voraussetzungen sowohl der einen, als auch der anderen GFVO erfüllt .[118]
Es könnte aber u.U. eine Grauzone von Vereinbarungen zu bestimmen sein, die nicht von vornherein aus dem Anwendungsbereich der KHGFVO ausgenommen sind, weil sie nicht von der Franchise-GFVO erfaßt sind. Es müßte sich dabei allerdings um die Mitteilung technischer Informationen handeln.
Die Einbeziehung unter den Anwendungsbereich der KHGFVO wird im Einzelnen noch davon abhängen, ob es sich um reines Vermarktungsknow-How handelt, oder ob dieses soweit mit technischen Informationen verknüpft ist, daß es als Herstellungsfranchising nicht mehr unter die auf Vertriebs - und Dienstleistungsfranchising beschränkte Franchise-GFVO fällt und sich u.U. als Know-How-Vereinbarung qualifiziert. Es ist davon auszugehen, daß die Anwendungsbereiche der beiden GFVOen hier aneinander anknüpfen. Liegt aufgrund der im Vordergrund stehenden Übermittlung technischen Wissens kein Dienstleistungsfranchising mehr vor, so ist der Anwendungsbereich der KHGFVO eröffnet, deren Voraussetzungen im Einzelnen dann zu beachten sind.

c. Mitlizenzierung von Warenzeichen

Beide GFVOen sehen in ihrem jeweiligen Artikel 1(1)7 die Möglichkeit vor, daß der Lizenzgeber an den Lizenznehmer Warenzeichen mitlizenziert, zu deren Benutzung der Lizenznehmer verpflichtet werden kann, wenn er auf seine Herstellereigenschaft hinweisen darf[119].

aa. PLGFVO

Unter der PLGFVO ist die Lizenzierung weiterer Schutzrechte nicht ausdrücklich vorgesehen, auch nicht in Ergänzung zu den lizenzierten Patenten. Ausdrücklich aus dem Anwendungsbereich der PLGFVO ausgenommen sind Rechte über Pflanzenzüchtungen. (Artikel 5(4)PLGFVO) Andere Vorschriften finden sich zur Anwendbarkeit der PLGFVO auf Lizenzierungen weiterer Rechte nicht.

bb. KHGFVO

Unter der KHGFVO finden sich neben Artikel 1(1)7 weitere Vorschriften über andere gewerbliche Schutzrechte (außer Patenten) in den Artikeln 1 (1) sowie 5(1)4. Art 5(1)4 KHGFVO schreibt den Grundsatz fest, daß die KHGFVO auf die Lizenzierung anderer

---

118 Die Vereinbarung ist dann nach beiden GFVOen freigestellt. Es schadet aber auch nicht, wenn sie nur nach einer GFVO, z.B. der Franchise-GFVO freigestellt ist, hingegen der Anwendungsbereich der zweiten GFVO zwar eröffnet ist, aber ihre Voraussetzungen im einzelnen nicht gegeben sind. Schließlich handelt es sich um Freistellungen, die greifen, sobald alle Voraussetzungen vorliegen; es reicht dabei, wenn sie nach einer GFVO freigestellt sind. Ein Konflikt mit einer anderen GFVO kommt nicht in Frage, weil auch sie eben keine Verbotsnormen beinhaltet, die eine Freistellung nach einer anderen GFVO ausschließen könnte.

119 Zweck dieses Hinweises ist es, dem Lizenznehmer zu ermöglichen, sich einen Namen als Hersteller zu erarbeiten, um nach Vertragsende bei weiterer eigener Produktion nicht mehr auf das Warenzeichen des Lizenzgebers angewiesen zu sein, vgl. EG 10 der PLGFVO.

Rechte des gewerblichen und geistigen Eigentums als Patente (insbesondere Warenzeichen ,Urheber- und Geschmacksmusterrechte) oder die Lizenzierung von Software nicht anwendbar ist, es sei denn, daß diese Rechte oder diese Software dazu beitragen, den mit der Überlassung des Know-How verfolgten Zweck zu erreichen[120]und keine weiteren wettbewerbsbeschränkenden Verpflichtungen damit verbunden sind, als diejenigen, die auch in bezug auf die Know-How-Lizenzierung von der KHGFVO freigestellt sind[121].

Es ist betont worden, daß grundsätzlich nur reine Lizenzformen anderer geistiger Schutzrechte vom Anwendungsbereich der GFVO ausgeschlossen sind.[122]

Dem ist in dieser Absolutheit nicht zuzustimmen. Reine Lizenzen dieser Rechte sind zwar erfaßt und vom Anwendungsbereich der GFVO grundsätzlich ausgenommen. Der Wortlaut läßt jedoch offen, ob auch Know-How-Lizenzen, die mit Elementen anderer Schutzrechte bestückt sind, erfaßt werden. Dafür spricht die Gegenüberstellung von anderen geistigen Schutzrechten und Patenten ("...andere Rechte als Patente..."). Patente werden auch nicht in ihrer reinen Form ohne die Mitlizenzierung von Know-How von der KHGFVO erfaßt. Sie werden aber in gemischten Patent - und Know-How-Vereinbarungen unter bestimmten Voraussetzungen von der KHGFVO erfaßt[123]. Die Gegensatzbildung von Patenten und anderen geistigen Schutzrechten kann also nur so zu verstehen sein, daß auch und gerade gemischte Lizenzen, die aus Know-How-Elementen und Elementen anderer geistiger Schutzrecht bestehen, grundsätzlich nicht von der KHGFVO erfaßt sind.

Von diesem Grundsatz macht Artikel 5(1)4 Ausnahmen unter der Voraussetzung, daß diese Rechte oder diese Software dazu beitragen, den mit der Überlassung des Know-How verfolgten Zweck zu erreichen und keine anderen wettbewerbsbeschränkenden Verpflichtungen damit verbunden sind als diejenigen, die auch an das Know-How geknüpft und aufgrund der KHGFVO freigestellt sind.

Im Rahmen des Artikels 1(1) KHGFVO wird noch einmal Bezug auf andere geistige Schutzrechte genommen. Dort sind Absprachen über Warenzeichen oder andere geistige Schutzrechte mit in die Freistellung eingeschlossen [124].

Offensichtlich nimmt Artikel 1(1) damit das Ausnahmekonzept des Artikel 5(1)4 KHGFVO auf. Dafür spricht, daß unter der PLGFVO in Artikel 5 eine Ausnahmeregelung an der entsprechenden Stelle nicht vorgesehen ist - es ist dort nur die Nichteinbeziehung von Rechten an Pflanzenzüchtungen geregelt - und ebensowenig eine Ergänzung des ersten Abschnitts von Art 1 PLGFVO. Dort fehlt jeder allgemeine Hinweis auf die Einbeziehung anderer geistiger Schutzrechte unter die Freistellung.

Die Regelung des Artikels 1 der KHGFVO stellt insoweit die Umsetzung und Konkretisierung des in Artikel 5(1)4 KHGFVO beschriebenen, durch die Ausnahmeregelung erweiterten Anwendungsbereich dar. Insofern ist Artikel 5(1)4 nicht bloße Ergänzung des Artikels 1 KHGFVO, wie zum Teil angenommen wird[125], sondern gerade Grundlage für dessen Existenz in der jetzigen Fassung. Dies wird zudem dadurch bestätigt, daß die weitere Voraussetzung des Artikels 5(1)4 - keine weiteren Wettbewerbsbeschränkungen, als in der

---

120 Siehe zu den weiteren Voraussetzungen sogleich, Teil I, C I 1 c.

121 EG 2 KHGFVO führt dazu aus, daß es zweckmäßig sei, den Anwendungsbereich der GFVO auch auf solche Vereinbarungen auszudehnen.

122 Wiedemann, Kommentar, GFVO 556/89, Art.5, Rdnr. 14.

123 Teil I, C II 2 und 4.

124 Die eingangs erwähnte, in beiden GFVOen gemeinsam enthaltene Freistellung in Art.1(1)7 hat unter der PLGFVO die Funktion, die spezielle Voraussetzung bei der Mitlizenzierung von Warenzeichen einzufügen, daß der Lizenznehmer die Möglichkeit behalten muß, auf seine Herstellereigenschaft hinzuweisen. Zum Zweck dieser Einschränkung siehe oben, Fußnote 110.

125 Wiedemann, Kommentar, GFVO 556/89, Art. 5, Rdnr.13.

Know-How-Lizenz - durch die systematische Einbindung seiner Anwendungsbereichserweiterung in die allgemeinen Freistellungsvoraussetzungen für Know-How-Lizenzen in Artikel 1 der KHGFVO bestätigt.
Diese Sichtweise hat auch Auswirkungen auf die Auslegung des Begriffs des begleitenden Charakters der Absprache in Artikel 1. Er ist im Sinne der Voraussetzung des Artikels 5(1)4 zu verstehen, nach der ein Beitrag zur Erreichung des mit der Überlassung des Know-How verfolgten Zweckes erforderlich ist. Dies bedeutet, daß Artikel 1 keine weniger strengen Anforderungen stellt, als Artikel 5(1)4[126]. Würde Artikel 1 weniger einschränkende Anforderungen stellen, als Artikel 5(1)4, so beinhaltete er eine Regelung für einen Fall, der über Artikel 5(1)4 gar nicht vom Anwendungsbereich der KHGFVO erfaßt ist. Nach der letztgenannten Vorschrift sind solche Klauseln erst dann von der KHGFVO erfaßt, wenn sie die "Hürde" des Zielverwirklichungsgewinns genommen haben.
Aus diesem Grund wird sich auch die Kommission in Sachen Moosehead/Whitbread[127] nicht dazu veranlaßt gesehen haben, gesondert zu diesem Problemkreis Stellung zu nehmen [128].

Insofern sind solche Vereinbarungen weder vom Anwendungsbereich der KHGFVO erfaßt, noch von Artikel 1 freigestellt, die Absprachen über andere geistige Schutzrechte mit nur begleitendem Charakter haben. Dies sind solche Rechte, ohne die die lizenzierte Technologie gleichwohl hergestellt und erfolgreich vertrieben werden könnte.
Die entgegenstehende Ansicht[129], welche die Absprachen mit "nur" begleitendem Charakter durch einen "erst recht" Schluß in die Freistellung einbezieht, scheint nicht zu berücksichtigen, daß dadurch die Wettbewerbssituation des Lizenznehmers beinahe willkürlich beeinträchtigt werden könnte, wenn er für ergänzende Lizenzen, die keinen Einfluß auf den Erfolg des Lizenzproduktes haben, Gebühren zahlen muß.

Inhaltlich besteht jedoch ein Unterschied von Artikel 5(1)4 zu Artikel 1 KHGFVO. Letzterer gewährt über die Möglichkeit der Einbeziehung von geistigen Schutzrechten auch die Einbeziehung von Softwarelizenzen. Diese Möglichkeit der Einbeziehung ist in Artikel 1 sodann nicht näher aufgenommen und ausgeführt[130]. Es ist aber kein Grund ersichtlich, sie aus der Freistellung des Artikels 1 auszunehmen, da sie für den Zielverwirklichungsgewinn von gleicher Bedeutung sein kann, wie andere geistige Schutzrechte [131].

Generelle Auslegungsprobleme können sich aber ergeben für die Frage, wann ein Warenzeichen überhaupt zur Verfolgung des mit der Technologie verfolgten Zwecks beiträgt. Dies mag der Fall sein, wenn das Warenzeichen durch seinen Bekanntheitsgrad dazu verhilft,

---

126 So aber Wiedemann, Kommentar, GFVO 556/89, Art.5, Rdnr.17 , der geringere Anforderungen an die Auslegung des Begriffs des begleitenden Charakters anlegt .

127 Entscheidung der Kommission, AblEG 1990, Nr.L 100/32 ff, Tz.16.1.

128 Dies vermißt aus seiner Sicht heraus Wiedemann, Kommentar, GFVO 556/89, Art.5, Rdnr.17.

129 Wiedemann, Kommentar, GFVO 556/89, Art. 5, Rdnr.18.

130 Dies liegt darin begründet, daß dies keine einschränkende Voraussetzung für die Eröffnung des Anwendungsbereiches unter Art. 5(1)4 ist, sondern die bloße Gewährung einer Gestaltungsmöglichkeit.

131 Beispiel : Eine Ingenieurfirma stellt unter Verwendung von Technologielizenzen einen "mobile conveyer" her: Es handelt sich dabei um ein technisch aufwendiges Fließband für den Einsatz im Bergbau unter Tage, welches sich im Bedarfsfall hydraulisch absenken auf seinem eigenen Transportband fortbewegen läßt und zudem durch Segmentbauweise Knicke und Kurven in fast beliebigem Radius bewältigen kann. Für die Ausführung dieser Bewegungen ist eigens eine Steuerungssoftware vom Lizenzgeber entwickelt worden. Diese trägt ebenso zur Verwirklichung des Erfolges bei, wie ein etwa mitlizenziertes Warenzeichen des Lizenzgebers.

die Nachfrage und damit die Produktion zu erhöhen oder auf einem bestimmten Stand zu halten.

Weiterhin sind Bedenken vorgetragen worden[132], daß vom begleitenden Charakter der Schutzrechte der Fall nicht mehr erfaßt werde, nach dem das Know-How (oder die Technologie) und die Schutzrechte gleichbedeutenden Anteil an der Verwirklichung des Zwecks haben, oder das Know-How im Wert hinter den anderen Rechten zurückbleibt. Damit würde eine Reihe von Produktionsfranchisen[133] weder von der KHGHFVO, noch von der Franchise-GFVO 4078/88[134] erfaßt[135].
Nach der hier vertretenen Auslegung wird diese Schwierigkeit vermieden. Es ist nicht ausgeschlossen, daß auch ein wertmäßig hoher Anteil der anderen Schutzrechte zur Zweckerreichung der Technologie beitragen kann. Allerdings darf die Technologie nicht so unbedeutend sein, daß ihre Lizenzierung offensichtlich nur dazu dienen soll, für die hauptsächlich bezweckte Lizenzierung anderer Schutzrechte oder von Software die Freistellungswirkung der KHGFVO zu erschleichen. Es muß ein hinreichender sachlicher Zusammenhang bestehen. Auf dieser Linie ist auch die Entscheidung der Kommission in Sachen Moosehead/Whitbread[136] zu sehen - zumindest unter Zugrundelegung der Sachverhaltsbewertung , die die Kommission getroffen hat. Nach Ansicht der Kommission war das Hauptinteresse der Parteien darauf gerichtet, das Warenzeichen zu verwerten[137].

bb. Vergleich

Die KHGFVO bezieht unter ihre Freistellung begleitende Absprachen über andere geistige Schutzrechte als Patente ein, soweit sie zur Verwirklichung des Zwecks der lizenzierten Technologie beitragen. Dies gilt auch für gemischte Patent- und Know-How Vereinbarungen. Die PLGFVO schließt lediglich Warenzeichenlizenzen unter den speziellen Voraussetzungen des Artikels 1(1)7 mit ein. Andere Absprachen, die die Patentlizenz (oder gemischte Patent- und Know-How Lizenz) im oben genannten Sinne begleiten sollen, sind unter der PLGFVO bestenfalls dem Widerspruchsverfahren vorbehalten.

cc. TTGFVO

Eine negative Abgrenzung zu der Frage der Mitlizenzierung anderer geistiger Schutzrechte findet sich unter der TTGFVO in Art. 5 (1) Nr.4. Danach sind Lizenzvereinbarungen, die Bestimmungen über andere Rechte geistigen Eigentums als Patente enthalten, nicht vom Anwendungsbereich der TTGFVO erfaßt. Ausgenommen von dieser Regelung sind Nebenbestimmungen[138].

---

132 Korah, Know-How-Licensing, S. 76.

133 Bei dieser Art des Franchising stehen neben der Lizenzierung von Technologie die Warenzeichen des Lizenzgebers maßgeblich im Vordergrund .

134 Die GFVO 4087/88 bezieht sich lediglich auf Dienstleistungsfranchiseverträge . Nicht eingeschlossen sind reine Produktionsfranchise, siehe EG 4 der GFVO 4087/88.

135 Dies wäre ein Ausnahmefall zu der bereits gewonnenen Einschätzung zum Verhältnis der KHGFVO und der Franchise-GFVO.

136 AblEG 1990,L 100/32 ff, Tz 16.1.

137 Nach anderer Ansicht (Wiedemann, Kommentar, GFVO 556/89, Art.5, Rdnr.19) hat die Kommission den Sachverhalt nicht richtig gewertet. Da das Vorhaben ohne das Know-How nicht zu realisieren gewesen sei, falle die Vereinbarung unter Art. 1(1)Satz 1, und zwar sogar nach der von dieser Ansicht vertretenen engen Auslegung.

138 Eine knappe Erläuterung bietet EG 6 TTGFVO.

2. Patentlizenz - GFVO

Nach der Maßgabe der PLGFVO wird Technologie lizenziert, für die Patentschutz besteht. Dies geht aus Artikel 1 (1) 1 der Verordnung hervor, wo von Patentlizenzen die Rede ist.
Unter Patenten werden sowohl alle Patente, die unter den Rechtssystemen der Mitgliedstaaten der Europäischen Gemeinschaften als nationale Patente absolute Schutzrechte darstellen, als auch "europäische Patente" nach dem Münchener Abkommen[139] sowie über Gemeinschaftspatente nach dem Luxemburger Abkommen[140] verstanden.
Darüber hinaus stellt die PLGFVO in Artikel 10 Patentanmeldungen, Gebrauchsmuster, Gebrauchsmusteranmeldungen sowie certificats d'utilité nach französischem Recht den zuvor genannten Patenten gleich. Ferner werden in Art 10 (2) PLGFVO Erfindungen erfaßt, soweit sie innerhalb eines Jahres zur Patentanmeldung führen.
Dem Wortlaut dieser Bestimmungen zufolge sind zukünftige Erfindungen und Erfindungen, die nicht innerhalb eines Jahres zur Patentierung führen, nicht von der PLGFVO erfaßt. Dagegen bestimmt Artikel 3 (2) PLGFVO, daß die Dauer der Lizenzvereinbarung "durch die Einbeziehung eines neuen Patentes des Lizenzgebers sich nicht automatisch über die Dauer der ursprünglich lizenzierten Patente verlängern darf, ohne daß nach Ablauf des letztlaufenden Patentes der Lizenznehmer ein Kündigungsrecht erhält". Die Möglichkeit der Einbeziehung auch zukünftiger Erfindungen wird mithin in dieser Vorschrift inzident vorausgesetzt.
Die - soweit ersichtlich - einzige Stimme im Schrifttum[141], die diesen Widerspruch behandelt, schließt auf ein Redaktionsversehen und schließt die genannten Vereinbarungen generell mit in den Geltungsbereich der PLGFVO ein.
Dies aber wird dem Wortlaut des Artikels 10 nicht gerecht. Eine Lizenzierung von ausschließlich noch nicht patentierten oder zukünftigen Erfindungen fällt nicht unter die GFVO. Der Lizenznehmer wäre an den Lizenzgeber bis zum tatsächlichen Entstehen einer Erfindung gebunden und der Wettbewerb wäre insofern beeinträchtigt.
Allerdings kann nach dem Wortlaut des Artikels 3 (2) PLGFVO eine Lizenzierung zukünftiger Patente dann nicht ausgeschlossen sein, wenn diesen die Lizenzierung von bestehenden Patenten zeitlich vorausgeht und ein sachlicher Zusammenhang zwischen Patent und späterer Erfindung besteht. Letzteres ist namentlich bei Verbesserungserfindungen[142] zu der bereits lizenzierten Technologie anzunehmen.

Nicht von der Verordnung erfaßt werden reine Know-How-Vereinbarungen[143], reine Warenzeichenlizenzen und reine Urheberrechtsvereinbarungen. Ebensowenig erfaßt sind reine Vertriebslizenzen, für die die GFVO 1983/83 gilt. Dies wird deutlich aus Erwägungsgrund 7 und Artikel 1(2) PLGFVO, wo die Herstellereigenschaft des Lizenznehmers als Freistellungsvoraussetzung aufgenommen ist.

Die Lizenzierung von Patenten wird im Erwägungsgrund 2 als Vereinbarung definiert, in der ein Unternehmen, das Inhaber eines Patentes ist (Lizenzgeber), einem anderen Unternehmen (Lizenznehmer) die Benutzung der patentierten Erfindung in einer Nutzungsart oder in mehreren Arten gestattet. Dies stellt die typische Art der Verwertung von Schutzrechten dar .

---

139 Siehe EG 4 PLGFVO m.w.N.

140 140 Siehe AblEG 1989, Nr. L 401, S. 1 f.

141 Axster, Festschrift für v.Gamm, S. 505f (510).

142 Siehe dazu Teil II, B IV.

143 Zur Anwendung der PLGFVO auf gemischte Patent- und Know-howlizenzen siehe unten, Teil I, C II 1.

Nutzungsarten sind insbesondere Herstellung, Gebrauch und Inverkehrbringen des vereinbarten Lizenzproduktes.

3. Know-How und die KHGFVO

a. Allgemeines

aa. Inhalt

Know-How läßt sich im Gegensatz zum Patent nicht eindeutig als Schutzrecht einordnen. Bereits die Kategorisierung dessen, was den Bestand des Know-How ausmacht, stößt auf erhebliche Schwierigkeiten. Es läßt sich Umschreiben als "Erfahrungsschatz (...), der den technischen oder wirtschaftlichen Fortschritt zu fördern geeignet ist und sich damit im Wirtschaftsverkehr als wertvoll erweist. "[144]
Know-How ist damit ein tatsächlicher Zustand an technischem Wissen oder einer bestimmten Anwendungsform desselben, das seinem Inhaber gegenüber anderen einen gewissen Vorsprung verschafft. So liegt es in der Natur der Sache, daß dieser Zustand auch in erster Linie durch tatsächliche Mittel geschützt werden soll. Darunter fällt die Geheimhaltung - soweit diese überhaupt gewährleistet werden kann, nachdem das Produkt frei auf dem Markt erhältlich und technisch nachvollziehbar wird - und die ständige technische Weiterentwicklung durch eine begrenzte Zahl von mit der Technologie bestens vertrauten Personen zum Zwecke der Erhaltung eines technischen Vorsprungs bei der Entdeckung des Know - How durch Dritte.
Unter Deutschem Recht existieren lediglich gewisse Abwehrrechte zum Schutz gegen den Verrat von Betriebsgeheimnissen, wie z. B. über § 823 II BGB in Verbindung mit §§ 17 ff UWG. Dies sind aber keine dem Patent vergleichbaren spezifischen absoluten Schutzrechte. Personen, die entweder durch eigene Forschung oder durch Vertragsbruch eines Lizenznehmers an das Wissen des Lizenzgebers gelangt sind und es nutzen, sehen sich jedenfalls keinen gesetzlichen Abwehr- oder Ausgleichsansprüchen des Lizenzgebers ausgesetzt.
Nicht durchgesetzt hat sich die Ansicht, Know-How sei als ein quasi-"dingliches" Recht anzusehen[145].

bb. Der Begriff der Lizenz

Ein weiteres aus diesen tatsächlichen Umständen resultierendes Problem betrifft die Frage, ob der Begriff der Lizenzierung auf die Verbreitung von Know-How Anwendung finden kann, und wie anderenfalls die Weitergabe von Know-How zu kategorisieren ist.
Der Begriff der Lizenzierung bezieht sich auf die Nutzungserlaubnis an absoluten Schutzrechten, wie Patenten, gegen die Zahlung von Gebühren. Mit der Erfüllung dieser beiden synallagmatischen Pflichten hat es für die Erfüllung der Lizenzierung von geistigen Schutzrechten sein Bewenden. Vor allem kommt es nicht darauf an, ob der durch dieses Recht geschützte technische Inhalt auch den vom Lizenznehmer erwarteten Erfolg zeitigt.
Demgegenüber setzt sich die Überlassung von Know - How aus einer Vielzahl von Elementen zusammen. So ist es für die Übermittlung des gesamten Wissens - und Erfahrungsschatzes oder auch nur für die Übermittlung bestimmter Anwendungsformen bereits an sich bekannter Technologie in der Mehrzahl der Fälle notwendig, Dokumentationen zu überlassen,

---

144 Mailänder, GRUR Int. 1987, S. 523 f (524).

145 Münchener Kommentar zum BGB, § 823, Randnummer 132.

Erprobung und Kontrolle des Fertigungsvorganges, sowie die Wartung der Fertigungsanlagen zu gewährleisten, aber insbesondere auch mit einem hohen Aufwand an geschultem Personal technische Assistenz bei Ausbildung, Schulung und technischer Weiterentwicklung zu leisten. Allerdings können dabei auch schutzrechtliche Elemente, wie die Lizenzierung von Warenzeichen enthalten sein.
Im Ergebnis wird hier der technische Erfolg auch zum Teil vom Inhaber des technischen Wissens geschuldet.

Angesichts der zahlreichen unterschiedlichen Elemente und der besonderen Vertrauensbeziehung zwischen den Vertragspartnern ist vorgeschlagen worden[146], den Know - How Vertrag in Anlehnung an das amerikanische Recht als - allerdings modifizierten - "relational contract" zu charakterisieren .
Er beinhalte seinem Wesen nach eine differenzierte Risikoverteilung und habe Rahmen und Kooperationscharakter. Ergänzt werden diese Charakteristika durch das Merkmal einer langen Dauer, welches neben den anderen genannten Merkmalen für den auf Bau und Anlageverträge angewendeten sogenannten komplexen Langzeitvertrag typisch sei. Der Know-How-Vertrag weise eine Reihe von gleichen Merkmalen im Vergleich zu den genannten Vertragstypen auf, wie insbesondere

- die langdauernde Durchführung eines auf ein bestimmtes Ziel gerichteten Projektes, wodurch auch die beiderseits hohen Investitionskosten amortisiert werden sollen;

- die damit zusammenhängende Verpflichtung, sich aus der Dauer ergebende, nicht vorhersehbare Probleme auf der Grundlage vorsorglich vereinbarter Maßstäbe und Verfahren zu lösen;

- die Offenbarung der Kenntnisse, die Übergabe entsprechender Aufzeichnungen und Bereitstellung entsprechender technischer Assistenz;
- die genaue Beschreibung aller Erzeugnisse, Dienstleistungen und sonstigen Verpflichtungen bis in alle Einzelheiten;

- die Risikoverteilung zwischen den Parteien; der Know-How-Geber trage das Risiko des Rechts- und - im Unterschied zur Patentlizenz - auch des Sachmangels und müsse dem Know-How-Nehmer zur Verwirklichung des Erfolges technische Assistenz leisten;

- die Vereinbarung nachvertraglich wirkender Klauseln.

Als modifiziert sei der relational - contract bei der Weitergabe von Know-How deshalb anzusehen, weil keine Rechte und Pflichten entstünden, die ohne Schaden für den Know-How-Geber weitergegeben werden könnten. Dies werde aber gerade als ein Hauptmerkmal des relational-contract im engeren Sinne angesehen .

Der Begriff sollte also auf die Überlassung von technischem Know-How nicht angewendet werden. So spricht auch die KHGFVO von der Überlassung technischen Wissens und nicht, wie unter der PLGFVO, von Lizenzierung.

---

146 Kiortsoglou, Know-How Vertrag, S. 73.

Mit der hier dargestellten Einordnung können nicht Streitigkeiten über einzelne Vertragsklauseln geregelt werden; dies geschieht weiterhin nach den unter den jeweilig einschlägigen anzuwendenden nationalen Regeln, die für die Klausel typisch sind .
Ziel dieser Kategorisierung sollte auch vielmehr sein, eine vergleichbare Größe zum Begriff der Lizenz zu erhalten, um ein besseres Verständnis und eine bessere Beurteilungsmöglichkeit für die Vertragsklauseln mit einem typisch kartellrechtlichen Bezug - wie zum Beispiel Exclusivklauseln - und ihre zum Teil unterschiedliche Behandlung in den GFVOen zu schaffen.
Insoweit ist diese Kategorisierung sehr hilfreich .

b. Anforderungen der KHGFVO an das Know-How und Bedeutung

Die KHGFVO stellt für ihre Anwendbarkeit auf Know-How-Veträge die folgenden Anforderungen an das Know-How :
Nach Artikel 1 (7) 1 KHGFVO muß es geheim, wesentlich und identifiziert sein.
An das zumindest teilweise Vorliegen dieser Voraussetzungen wird unter anderem für die Bestimmung der Dauer der Freistellung angeknüpft. Die Freistellung endet gemäß Artikel 1 (2) KHGFVO, wenn das Know-How nicht mehr geheim und wesentlich ist. Hingegen sind nachvertragliche Nutzungsverbote[147] und Rücklizenzierungsklauseln[148] in der weißen Liste z.B. nur an den noch bestehenden Geheimnischarakter des Know-How geknüpft.
Die in Artikel 1 (7) 1 KHGFVO genannten Begriffe werden in Artikel 1(7) 2-4 definiert.
Nach Artikel 1 (7) 2 bedeutet der Begriff "geheim", daß das Know-How- Paket insgesamt oder in der genauen Gestaltung und Zusammensetzung seiner Bestandteile nicht allgemein bekannt oder leicht zugänglich ist, so daß ein Teil seines Wertes in dem Vorsprung besteht, den der Know-How - Nehmer gewinnt, wenn es ihm mitgeteilt wird. Es ist nicht auf den engen Sinn begrenzt, wonach jeder einzelne Bestandteil des Know-How völlig unbekannt sein muß oder außerhalb des Geschäftsbetriebes des Know-How-Gebers nicht erhältlich sein darf."

Dieser Definition ging im Wesentlichen folgende Entwicklung voraus.
Erstmalige Erwähnung fand das Merkmal des Geheimnisscharakters in der Kommssionsentscheidung in Sachen Kabelmatall/Luchaire[149]. Dort wurden geheime Verfahren und Arbeitstechniken als Know-How bezeichnet. In Sachen Reuter/BASF[150] charakterisierte die Kommission vorwiegend unbekannte Verfahren, wie auch andere technische Kenntnisse und Erfahrungen als Wettbewerbsvorsprung. In Sachen Schlegel/CPIO[151] wurde Know-How als technische Kenntnisse, die der Öffentlichkeit nicht bekannt und ganz wesentlich sind, definiert. Sie seien schwer zugänglich und damit geheim.[152]

---

147 Siehe dazu Teil II, B III 1.

148 Siehe dazu Teil II, B IV 2.

149 Entscheidung der Kommission, AblEG 1975, Nr. L 222, S. 34 f.

150 Entscheidung der Kommission, AblEG 1976, Nr. L 254, S. 40 f (42 f).

151 Entscheidung der Kommission, AblEG 1983, Nr. L 351, S. 20 f.

152 Siehe zur Auslegungsweite des Begriffs "geheim" bis zu diesem Zeitpunkt die Darstellung bei Odle/Zeyn, ECLR 1991, 231 f (233).

Im Vorentwurf zur KHGFVO[153] fand sich dann in deren EGen 5-7 eine Definition des Know-How, in der es über den Geheimnischarakter hieß: "Es genügt, daß das Know-How als ganzes oder seine genaue Zusammensetzung nicht allgemein bekannt oder jedenfalls allgemein zugänglich sind. Sein Wert liegt nicht zuletzt in dem zeitlichen Vorsprung, den der Know-How-Nehmer durch die Mitteilung an ihn gegenüber dritten Interessenten erhält."

In der Definition der KHGFVO wird nicht mehr gefordert, daß sich der Geheimnischarakter auf alle Bestandteile des Know-How beziehen muß. Damit wurde ein Stück weit der Kritik aus der Praxis Rechnung getragen, daß es den Parteien oftmals nicht auf den Geheimnischarakter ankomme, sondern schlicht auf das tatsächliche Vorhandensein technischer Spezialkenntnisse.[154] Damit hat sich die Kommission einen Schritt in Richtung zur Anerkennung "relativ" geheimen Know-Hows entschlossen.

Angesichts der Zielsetzung der GFVOen, den technischen Fortschritt zu fördern, ist es angezeigt, die Definition auch auf neue Anwendungsbereiche zu erstrecken, die durch die Kombination bekannter Techniken entstehen, wie zum Beispiel die Reihenfolge der Zusammenfügung verschiedener Stoffe für die Herstellung einer bestimmten Legierung.

Probleme mit der Anwendung dieser Vorschrift entstehen, wenn das Know-How geistig nachvollzogen werden kann oder tatsächlich nachvollzogen wird (reverse engineering) und dann auch von Dritten anwendbar ist .
Das kann bedeuten, daß das Know-How bereits bei Vertragsschluß als "leicht zugänglich" eingestuft wird, und die Freistellungswirkung niemals eintreten kann. Hier mag man sich noch damit helfen, daß der Wert des Know-How in dem zeitlichen Vorsprung für den Lizenznehmer besteht, den er bis zur tatsächlichen Nachvollziehung und Anwendung des Know-How durch Dritte erzielt. Man mag den Lizenznehmer noch bis zu diesem Zeitpunkt schützen, indem man den Parteien eine Einschätzungsprärogative einräumt, wie lange der Prozeß des "reverse engineering" dauern wird, und ob dieser Zeitraum für die Erarbeitung eines Marktvorsprunges ausreichend ist.

Ist der Prozeß des "reverse engineering" einmal vollzogen, so hat es der Lizenzgeber nicht mehr in der Hand, dem Lizenznehmer Exclusivrechte an der Verwertung der Technologie zu sichern; er wäre dazu nicht einmal mehr verpflichtet, da die Vereinbarung nicht mehr freigestellt ist, und damit die Sanktion des Artikels 85 Absatz 2 EGV eingreift. Der Schutz der durch den Lizenznehmer erbrachten Investitionen vor den Aktivitäten anderer Lizenznehmer desselben Lizenzgebers wäre nicht mehr gesichert. Er muß sich darauf verlassen, in der Zeit bis zur "Zweitentdeckung" des Know-hows einen ausreichenden Marktvorsprung erwirtschaftet zu haben .

Diese Lösung kann nicht befriedigen. Es erscheint nicht sinnvoll, die Freistellung an sich an den Geheimnischarakter zu knüpfen .
Es ist berichtet worden[155], daß es den Parteien oftmals gleichgültig ist, ob das Know-How im Grunde bekannt ist. Der Know-How Geber hat Erfahrungen gesammelt, wie man am besten in verschiedenen Situationen verfährt, oder man auftretende Fehler am besten beseitigt. Dies muß nicht zwingend geheim sein, nur weiß es eben nicht jeder.[156] Oft wird den

153 AblEG 1987, Nr. C 214, S. 2 f.
154 Mailänder, GRUR Int. 1987, S. 523 f (530); Hesse, GRUR 1985, S. 661 f.
155 Hesse, GRUR 1985, S. 661 f (664f).
156 Schultz-Süchting, WuW 1987, S. 482 f (489).

Lizenznehmern das übertragene Wissen bekannt vorkommen, ohne daß es ihnen jedoch in der nun offenbarten Form aktiv bewußt war. Es kann sogar lediglich bezweckt sein, die Bestätigung der Funktionstüchtigkeit einer konkreten Anwendungsform aus berufenem Munde zu erhalten, bevor man sich zu größeren Investitionen entschließt.
Dies führt zu dem oftmals eigentlichen Kern von Know-How Vereinbarungen, in deren Vordergrund in erster Linie nicht alleine die Vermittlung technischer Daten, sondern in zumindest gleichem Maße die Gewährung technischer Assistenz durch geschultes und im Umgang mit dem Know-How erfahrenes Personal sowie der Erfahrungsaustausch stehen. Eine langfristige Bindung dieser Art gewährleistet durch einen störungsfreien Ablauf der Technologienutzung gerade den Erhalt der Wettbewerbsfähigkeit des Unternehmens .
Wenn es in dieser Situation nun aber Dritten gelingt, die Entwicklung der Technologie zurückzuverfolgen, so mag man einwenden, daß diese frei von Bindungen an den Lizenznehmer und frei von territorialen Beschränkungen agieren können, und dieses ihnen nicht aufgrund absoluter Verbotsrechte, wie etwa beim Patent, untersagt werden kann. Dadurch könnte der Wettbewerb als beeinträchtigt gelten.
Ein Lizenznehmer wird sich auch angesichts dieser Situation in seiner Wettbewerbsfähigkeit nicht beschränkt fühlen, auch wenn er Territorialbeschränkungen sowie Zahlungsverpflichtungen gegenüber dem Lizenzgeber unterliegt. Schließlich liegt ja sein entscheidender Wettbewerbsvorsprung in der gegenseitigen technischen Assistenz, welche zur stetigen Verbesserung der Produkte sowie des technischen Fortschritts und damit seiner Wettbewerbssituation führt .

Das Kriterium ist daher sinnvoll zu beschränken. Ein entscheidendes Kriterium für den Verlust des Geheimnischarakters muß nach der hier vertretenden Ansicht sein, ob er durch den Vertragsbruch einer Partei verursacht worden ist. Dies würde das für die enge Kooperation erforderliche Vertrauensverhältnis zerstören. Nur dann ist es den Parteien nicht mehr zumutbar, sich gegenseitigen Beschränkungen ausgesetzt zu sehen. Nur in diesem Fall wäre eine künftige getrennte Arbeit der Parteien günstiger für die Wettbewerbssituation.
Voraussetzung für die Freistellung der Vereinbarung durch die KHGFVO darf lediglich ein zu erwartender Wettbewerbsvorsprung sein. Dabei ist es der Einschätzung der Parteien zu überlassen, ob ein solcher Vorsprung eintreten wird. Trifft die Prognose der Parteien hingegen nicht zu, so darf die Freistellung aber nicht wegfallen. In einem solchen Fall könnte der ungeschickte und nicht erfolgreiche Lizenznehmer versuchen, sich aus den vertraglichen Verpflichtungen zu lösen mit der Begründung, die Prognose sei nicht eingetreten, und der Vertrag sei daher nicht mehr freigestellt.

Das Know How muß zudem von wesentlicher Bedeutung sein. Unter der KHGFVO wird das Know How dann als wesentlich eingestuft, wenn "von ihm im Zeitpunkt des Abschlusses der Vereinbarung erwartet werden (kann)[157], daß es die Wettbewerbsstellung des Know-How-Nehmers verbessert, indem es ihm beispielsweise hilft, in einen neuen Markt vorzustoßen, oder indem es ihm einen Vorteil im Wettbewerb gegenüber anderen Herstellern oder Dienstleistungserbringern verschafft, ...".[158] Damit soll die Freistellung eines Lizenzvertrages über triviales, also unerhebliches oder selbstverständliches[159] Know-How ausgeschlossen werden. Die Kommission befürchtete wohl, daß willkürliche und wettbewerbsbeschränkende

---

157 Hinzufügung diesseits.

158 Art. 1(7)3 KHGFVO.

159 Sauter, WuW 1989, S. 383 ff (386); Hoyng/Biesheuvel, CMLR 1989, S. 219 f (225); Axster, Festschrift für v.Gamm, S. 505 f (511).

(Gebiets-) Beschränkungen durch die Lizenzierung trivialen Know-Hows vereinbart werden könnten, wenn sie diese Beschränkung nicht in die KHGFVO aufgenommen hätte[160].
An abstrakt zu ermittelnde technische Standards hat die Kommission die Bestimmung dieses Erfordernisses jedoch nicht geknüpft. Solange das Know-How im Einzelfall einem Neueinsteiger die Wettbewerbsfähigkeit verschafft, oder es die Position eines Wettbewerbers gegenüber anderen verbessert, ist es für die Bestimmung der Wesentlichkeit unerheblich, ob das Know-How für weite Fachkreise bereits bekannt und damit für den Ausbau ihrer Wettbewerbsstellung unerheblich ist.
Die Wesentlichkeit bestimmt sich individuell anhand des Einzelfalles. Hauptkriterium[161] ist dabei die Verbesserung der Wettbewerbssituation des Lizenznehmers durch den Zuwachs an technischem Wissen.
Gegen die Einführung des Wesentlichkeitskriteriums sind Bedenken geäußert worden.
So wurde vom Wirtschafts- und Sozialausschuß die Befürchtung geäußert, daß dieses Kriterium Unsicherheit hervorrufen könne.[162]
Weiterhin ist eingewendet worden[163], das Wesentlichkeitserfordernis sei völlig nutzlos, da triviales Know-How naturgemäß den effektiven inter-brand- Wettbewerb[164] zwischen den Parteien nicht ausschließen wird, vorausgesetzt, daß keinerlei Beschränkungen bezüglich der Wettbewerbsposition zwischen den Parteien vereinbart werden.
Diese Ansicht läßt aber außer acht, daß eine Lizenz über triviales Know-How gerade Anlaß und Vorwand für die Vereinbarung von Wettbewerbsbeschränkungen zwischen Konkurrenten sein kann.
Von anderer Seite wurde vorgebracht[165], es entstehe durch die Aufnahme dieses Kriteriums innerhalb der KHGFVO ein Wertungswiderspruch. Einerseits lasse die Kommission Zahlungsverpflichtungen des Lizenznehmers nach Offenkundigwerden des Know-Hows mit der Begründung zu, die Parteien brauchten nicht vor den absehbaren wirtschaftlichen Risiken ihrer Vereinbarung geschützt zu werden. Diese Möglichkeit der Parteien berge ein größeres wettbewerbsbeschränkendes Potential in sich, als die Möglichkeit, daß sich der Lizenznehmer dazu verpflichtet, für triviales Know-How zu bezahlen. Er werde in der Regel nicht dazu bereit sein, für triviales Know-How zu bezahlen, welches seine Wettbewerbsposition nicht verbessere.
Dagegen ist aber einzuwenden, daß die Kommission für die Freistellung an die Voraussetzungen des Artikels 85 Absatz 3 EGV gebunden ist. Danach darf eine Klausel nur freigestellt werden, wenn sie den technischen oder wirtschaftlichen Fortschritt fördert. Genau dies ist aber bei der Lizenzierung trivialen Know-Hows nicht zu erwarten. Hingegen ist für die Zahlungsverpflichtung nach Offenkundigwerden des Know-Hows zu berücksichtigen, daß diese Klausel nicht isoliert für sich steht. Vielmehr geht ihr die Lizenzierung des (noch) geheimen Know-How voraus, wodurch der wirtschaftliche und technische Fortschritt gefördert wird, denn der Lizenznehmer wird erst dadurch in die Lage versetzt, als Wettbewerber am Markt aufzutreten.
Zu Recht wird allerdings gegen das Wesentlichkeitskriterium eingewendet[166], der Lizenznehmer könne die Wirksamkeit des Vertrages unter Hinweis auf die fehlende

---

160 Price, ECLR 1989, S. 273 f (275); Hoyng/Biesheuvel, aaO, (225).
161 Sauter, WuW 1989, S. 383 f, (386); Hoyng/Biesheuvel, CMLR 1989, S. 219 f (225).
162 Stellungnahme des Wirtschafts- und Sozialausschusses, AblEG 1988, C 134., S. 10.
163 Korah, Commission's Tentative View, EIPR 1986, 379 f (380).
164 Es handelt sich dabei um den Wettbewerb zwischen Anbietern, die das gleiche Produkt oder ein gleichartiges Produkt unter einem jeweils anderen Warenzeichen vertreiben.
165 Hoyng/Biesheuvel, CMLR 1989, S. 219 f (225/226).
166 Hoyng/Biesheuvel, CMLR 1989, S. 219 f (225/226).

Wesentlichkeit des Know-How jederzeit in Frage stellen, wenn er merkt, daß der gewünschte technische oder wirtschaftliche Erfolg nicht eintritt.
Zur Wahrung der Anforderungen des Artikels 85 Absatz 3 EGV und deren Überprüfung, sowie zur Beseitigung des soeben dargestellten Einwandes der Nichtigkeit sollte die mangelnde Wesentlichkeit der Technologie eher ein Grund für die Rücknahme der Freistellung sein, als eine Voraussetzung für die Freistellung.

Weitere Anforderung an das Know-How ist seine ausreichende Identifizierbarkeit.[167] Identifizierbarkeit bedeutet schriftliche Fixierung oder nachvollziehbare Speicherung auf einem anderen (Daten-)träger. Damit trifft die Parteien -insbesondere den Lizenzgeber aufgrund seiner Kenntnisse- eine Dokumentationspflicht.[168]
Maßgeblicher Zeitpunkt ist der Vertragsschluß "oder kurz danach"[169]. Entsprechendes muß auch für den Fall gelten, daß zukünftiges Know-How einbezogen ist. Dann ist es der Zeitpunkt der Informationsübertragung.[170]
Nach Artikel 1(7)4 KHGFVO muß die Identifizierung in einer Weise erfolgen, die es ermöglicht zu überprüfen, "ob die Kriterien geheim und wesentlich erfüllt sind" und es ermöglicht, bei Bedarf sicherzustellen, "daß der Know-How-Nehmer bei der Nutzung seiner eigenen Technologie nicht unangemessenen Beschränkungen unterworfen wird." Außerdem wird eine Schutzfunktion zur Vermeidung von Rechtsstreitigkeiten angenommen.[171] Zumindest wird eine weitgehende Aufzeichnung aber als wünschenswert im Hinblick auf künftige Rechtsstreitigkeiten der Parteien erachtet.[172]
Bezweifelt wird allerdings, daß das Identifizierungserfordernis als Anwendungsvoraussetzung für die GFVO geeignet ist.
Befürchtet wird insofern[173], daß der Lizenznehmer sich auf die Nichtigkeit des Vertrages wegen mangelnder Identifizierung des Know-Hows berufen wird, wenn er sich vom Vertrag lossagen möchte. Diese Gefahr werde dadurch begünstigt, da es oftmals kaum möglich erscheine, das Know-How in eine präzise Sprache zu fassen, insbesondere dann, wenn ein konstanter Informationsfluß vereinbart sei[174]. Der Lizenzgeber müsse dann von seinen Assistenten ständig Berichte über den Stand der Entwicklung anfertigen lassen, oder solche selber anfertigen und sie dem Lizenznehmer überreichen.
Dem wird entgegengehalten[175], daß diese Mißbrauchsmöglichkeit weitgehend ausgeschlossen ist aufgrund der Zweckbestimmung, den Geheimnis- und Wesentlichkeitscharakter des Know-How überprüfen zu können.
Nach Ansicht des Autors wird diese Gefahr nur dadurch gebannt und gleichzeitig die Prüfungsmöglichkeit der Kommission erhalten, wenn mangelnde Identifizierbarkeit als Voraussetzung für die Rücknahme der Freistellung eingesetzt wird und nicht als Anwendungsvoraussetzung für die GFVO.

---

167 Art. 1(7)4 KHGFVO.
168 Sauter, WuW 1989, S. 383 f (386).
169 Artikel 1(7)4 KHGFVO
170 Price, ECLR 1989, S. 273 f (276).
171 Sauter, WuW 1989, 383 f (386).
172 Price, ECLR 1989, S. 273 f (276).
173 Price, ECLR 1989, S. 273 f (276).
174 Hoyng/Biesheuvel, CMLR 1989, S. 219 f (226).
175 Sauter, WuW 1989, S. 383 f (386).

C. Das Verhältnis geistiger Schutzrechte zum freien Warenverkehr

Der freie Warenverkehr innerhalb des gemeinsamen Marktes darf nicht durch staatliche Maßnahmen, wie mengenmäßige Beschränkungen und Maßnahmen gleicher Wirkung, beeinträchtigt werden. Dies sehen die Artikel 30 und 34 des EGV vor. Als eine solche Maßnahme ist grundsätzlich auch ein staatlich gewährtes absolutes Ausschlußrecht - wie zum Beispiel ein Patent - anzusehen, welches seinem Inhaber ermöglicht, Dritte für die im einzelnen festgelegten Bereiche von der Nutzung und vom Vertrieb auf dem Gebiet eines Mitgliedstaates auszuschließen.
Ausnahmen von diesem Grundsatz sind in Artikel 36 EGV niedergelegt. Unter anderem können solche staatlichen Handelsbeschränkungen gerechtfertigt sein, die dem Schutz des geistigen Eigentums dienen.

In diesem Zusammenhang ist auch auf Artikel 222 EGV hinzuweisen, der die Regelung der Eigentumsordnung in den Kompetenzbereichen der Mitgliedstaaten beläßt.

Zu den beiden letztgenannten Kategorien gehört u.a. auch die Gewährung von Patenten. Darüber hinaus hat die mitgliedstaatliche Regelungsbefugnis über die Eigentumsordnung im Grundsatz zur Folge, daß ein Erfinder zum europaweiten Schutz seines geistigen Eigentums ein seiner Erfindung entsprechendes geistiges Schutzrecht in jedem Mitgliedstaat anmelden muß[176].

Aus dem Regel - Ausnahmeverhältnis der Artikel 30/34 und 36 EGV ergibt sich ein Dilemma. Bei uneingeschränkter Geltung der Ausnahme könnte es dazu kommen, daß der gemeinsame Markt für die unter dem Schutzrecht hergestellten Waren wieder in nationale Märkte aufgeteilt würde. Der Schutzrechtsinhaber könnte für jeden einzelnen Mitgliedstaat jedem Dritten die Herstellung und auch den Vertrieb untersagen. Andererseits bestehen aber auch die Ausnahmebestimmung und die Kompetenz der Mitgliedstaaten nach Artikel 222 EGV.

Der EuGH hat diesen Konflikt aufgebrochen, indem er grundlegend unterschied zwischen der Existenz bzw. der Erteilung eines solchen Rechtes an sich, die der Ausnahmevorschrift des Artikels 36 EGV und dem Zuweisungsgehalt des Artikels 222 EGV entspricht, und der Ausübung des Rechts, welche in Einklang mit dem Grundsatz des freien Warenverkehrs stehen muß[177]. Der EuGH eröffnete sich so einen weiten Auslegungsspielraum. Er konnte annehmen, daß bestimmte Ausübungsformen noch die Existenz des Rechts an sich betrafen oder bereits ausschließlich unter die Ausübung fielen [178].

---

176 Ausnahmen davon sind möglich aufgrund des Übereinkommens über das europäische Patent für den gemeinsamen Markt (Gemeinschaftsübereinkommen) vom 15.12.1975, AblEG 1976, Nr. L 17, S. 1f.

177 Entscheidung der Kommission in Sachen Grundig/Consten, AblEG 1966, Nr.170, S. 315/66. Grundig erteilte eine Exclusivlizenz an Consten in Frankreich und sicherte die Exclusivität durch das Verbot von Parallelimporten. Zusätzlich war Consten in Frankreich Inhaber eines Warenzeichens für das Produkt. Das Verbot von Parallelimporten verstieß gegen Art. 85 Abs.1 EGV, während bezüglich des Warenzeichens differenziert wurde zwischen Existenz und Ausübung, wobei jedoch bei keiner der Alternativen ein Verstoß gegen Art. 30 EGV festgestellt wurde.

178 Es ist allerdings auf den ersten Blick nicht einsichtig, daß die Ausübung von Schutzrechten durch Private -wenn auch aufgrund staatlichen legislativen Aktes - eine staatliche Handelsbeschränkung sein soll.Es wäre im Zweifelsfall auf staatliche Gerichtsurteile abzustellen. Zu den Problemen der Grenzziehung siehe Joliet, Patented Articles and Free Movement; in: Current Legal Problems 1975, S.15f (29-32).

Es war daher notwendig, trotz oder gerade wegen der unterschiedlichen nationalen Regelungsinhalte[179] für die Bestimmung der Frage, welchen Inhalt solche staatlichen Maßnahmen aufweisen müssen oder dürfen und wo die Grenze zu deren Ausübung überschritten wird, ein gemeinschaftsweit gültiges Abgrenzungskriterium zu schaffen.
Der EuGH führte daraufhin zur Erfüllung dieser Funktion das Merkmal des spezifischen Wesensgehaltes eines Schutzrechts ein[180], welches er inhaltlich in bezug auf Patente als Belohnung für die schöpferischen Bemühungen des Erfinders konkretisierte[181]. Er stellt hingegen nicht etwa auf den Investitionsschutz zum Anreiz für die Entwicklung technischer Neuerungen ab.

Bedeutendste Konsequenz dieser Unterscheidung ist jedoch die Entwicklung der Erschöpfungslehre[182].
Sie besagt im Grundsatz, daß die auf den spezifischen Gehalt des Schutzrechtes aufbauende Abwehrfunktion eines geistigen Schutzrechtes erschöpft ist, wenn der geschützte Gegenstand durch den Schutzrechtsinhaber oder zumindest mit seinem Einverständnis irgendwo auf dem gemeinsamen Markt in Umlauf gebracht worden ist. Ließe man dennoch eine Abwehrfunktion zu, so wäre der Grundsatz des freien Warenverkehrs gefährdet. Die Abwehrfunktion fällt unter diesen Voraussetzungen im Hinblick auf den Vertrieb nicht mehr unter die Ausnahmebestimmung.
Dem liegt das Bild zugrunde, daß ein Erfinder in mehreren Mitgliedstaaten ein geistiges Schutzrecht und in mehreren weiteren oder allen übrigen Mitgliedstaaten parallele Schutzrechte besitzt. Er nutzt dieses Recht in einem Mitgliedstaat -entweder selber oder mittels Lizenzierung an Dritte - und versucht, den durch Abnehmer organisierten Import in einen anderen Mitgliedstaat mittels seines dort existierenden parallelen Schutzrechts zu verhindern. Im Ergebnis bestünde dann wieder die Aufteilung in nationale Märkte, und zwar durch die Ausübung spezifischer, staatlich gewährter Schutzrechte. Dies will der EuGH durch seine Rechtsprechung vermeiden. Sobald das geschützte Produkt mit Zustimmung des Schutzrechtsinhabers erstmalig auf dem gemeinsamen Markt zirkuliert, ist der Schutz seines spezifischen Inhaltes, z.B. die Belohnung der erfinderischen Bemühungen in Form von Lizenzgebühren, gewahrt aber auch erschöpft. Einzelstaatliche Patente können dem Importbegehren in einem anderen Mitgliedstaat auf keiner Stufe des Vertriebes entgegengehalten werden.

Erstmalig ausgesprochen wurde diese Lehre vom EuGH[183] in Sachen "Deutsche Grammophon".[184] Sodann wurde sie wieder aufgenommen in Sachen

---

179 Siehe Axster, Festschrift für v. Gamm, S. 505 f (506); vgl. auch Johannes, Industrial Property and Copyright in European Community Law, 1976, S. 11 f.

180 EuGH Slg. 1971, S. 487 f (Deutsche Grammophon).

181 EuGH Slg. 1974, S. 1147 f (Centrafarm /Sterling).

182 Siehe zu den Entwicklungen Korah, The Limitation of Copyright, Case Western Reserve Journal of International Law 1987, S. 7f; Frieden, CMLR 1989, S. 193 f; Gormley, Prohibiting Restrictions on Trade, 1985.

183 Zur Entwicklung der Lehre durch den EuGH in den letzten Jahren siehe Joliet; Geistiges Eigentum und freier Warenverkehr; GRUR 1989, S. 177 f.

184 EuGH Slg 1971, S. 487 f: Die "Deutsche Grammophon" versuchte, Urheberrechtsverletzungen nach Deutschem Recht geltend zu machen wegen der Einfuhr von Produkten aus Frankreich, die die Firma über ihre französische Niederlassung dort auf den Markt gebracht hatte. Die Rechte durften nach der Rechtsprechung des EuGH nicht geltend gemacht werden.

"Centrafarm/Sterling"[185]. Beiden Entscheidungen liegt die Erwägung zugrunde, daß eine Beschränkung des Handels nicht zu rechtfertigen sei, wenn die Produkte rechtmäßig und durch den Erfinder oder mit seiner Zustimmung auf den Markt gekommen sind. Aus der zweitgenannten Entscheidung geht zudem hervor, daß ein Patent es nicht erlaubt, durch seine Ausübung seinem Inhaber einen zusätzlichen Gewinn ausschließlich in einem Mitgliedstaat vorzubehalten, in dem die durch seine Schutzrechte geschützten Produkte einen höheren Marktwert erzielen[186].

Dieses System wurde vom EuGH aber noch weiter ausgebaut.

Zunächst ließ der EuGH seine Zweifel darüber zum Ausdruck kommen[187], ob die Erschöpfungslehre auch für Fälle gelte, in denen ein Produkt aus einem Land eingeführt werden soll, in dem es ohne Patentschutz und ohne Einwilligung des sich nunmehr auf ein Patent in dem potentiellen Importland berufenden Erfinders hergestellt und vertrieben wurde .

Später wurde die Erschöpfungslehre jedoch zumindest ausgedehnt[188] auf Versuche, mit einem nationalen Patent den Import von Waren aus einem Mitgliedstaat zu blockieren, in welchem sie zwar ohne Patentschutz, aber mit Erlaubnis des sich nunmehr auf ein Patent im Importland berufenden Erfinders hergestellt und vertrieben wurde. Der Patentinhaber habe sich entschlossen, das Produkt in einem Land, in dem kein Patentschutz zu erlangen war, zu vermarkten. Dem Erfinder war damit bewußt, daß es ihm nicht möglich sein würde, ein auf einem Schutzrecht beruhendes Monopol auszunutzen. Es ist sein Risiko, dadurch geringere Profite zu erwirtschaften, als unter Ausnutzung eines Monopols. Er hat die auf der Grundlage seines technischen Wissens hergestellte Ware dem freien Warenverkehr innerhalb des gemeinsamen Marktes ausgesetzt und muß damit die Konsequenz tragen, in anderen Mitgliedstaaten keine zusätzlichen Gebühren verlangen oder den Import untersagen zu können.

In einem anderen Fall[189] konnte der Inhaber eines Geschmacksmusterrechtes in den Niederlanden den Import des damit versehenen Produktes aus der Bundesrepublik verhindern, da er dort nicht sein Einverständnis in den Vertrieb erteilt hatte. Der EuGH traf hier eine

---

185 EuGH Slg. 1974, S. 1147 f: Sterling besaß Patente in mehreren Mitgliedstaaten für eine pharmazeutische Zusammensetzung. Ihre Niederlassungen in den einzelnen Mitgliedstaaten hatten dort jeweils Warenzeichen für das Produkt angemeldet; die Lizenz zur Nutzung der Zusammensetzung erhielten sie von Sterling. Das Produkt wurde an Zwischenhändler in den einzelnen Mitgliedstaaten verkauft. Centrafarm importierte das Produkt von Großbritannien in die Niederlande, wo es aus verschiedenen Gründen den doppelten Verkaufserlös erzielen konnte. Sterling versuchte,sein in den Niederlanden bestehendes Patent dem Import entgegenzuhalten.Die Niederländische Niederlassung der Firma Sterling versuchte, ihr Warenzeichen geltend zu machen. Nur die letztgenannte Möglichkeit hatte nach der Rechtsprechung des EuGH Aussicht auf Erfolg.

186 Siehe dazu Demaret; Patents, Territorial Restrictions and EEC Law; IIC-Studies 1978, S. 62-76 und 86-93.

187 EuGH Slg.1974, S. 1147 f, Abschnitt 11, 1.Halbsatz (Centrafarm/Sterling).

188 EuGH Slg. 1981, S. 2036 f (Merck & Co/Stephar BV). Die Firma Merck hatte für ein bestimmtes pharmazeutisches Produkt Patente in fast allen Mitgliedstaaten mit Ausnahme von Italien.In Italien stellte die Firma Merck das Produkt durch ihre dortige Niederlassung her, die es auch dort vertrieb. Merck versuchte,den Vertrieb von Italien aus in andere Mitgliedstaaten durch ihre dortigen Patente zu verhindern.

189 EuGH Slg. 1982, S. 2853 f (Keurskoop/Nancy Kean Gifts). Die Firma Nancy Kean Gifts war Inhaberin bestimmter Geschmacksmuster in den Niederlanden. Sie bezog die in den Niederlanden unter diesem Zeichen vertriebene Ware aus Taiwan. Eine Deutsche Firma, Otto GmbH, bezog vom gleichen Hersteller aus Taiwan und versuchte,in die Niederlande zu exportieren.Da die Nutzung des Rechts in Deutschland nicht vom Willen der Firma Nancy Kean gedeckt war, konnte der Import verhindert werden.

Unterscheidung zwischen "rechtmäßiger Ausübung" und "mißbräuchlicher Ausnutzung"[190] der Schutzrechte. Er knüpfte für die Bestimmung des Begriffs "rechtmäßig" an Artikel 36 EGV an und fügte lediglich zur Bestimmung des Begriffs "mißbräuchlich" das neue Kriterium der "künstlichen Aufteilung des Marktes" ein[191].

Eine ähnliche Entwicklung vollzog sich bezüglich der Frage, ob die Erschöpfungslehre auch dann gelte, wenn Importe aufgrund eines Patentes blockiert werden sollen, der Exporteur aber seinerseits ein Patent über die Erfindung im Exportland hält und rechtlich wie wirtschaftlich unabhängig vom Rechtsinhaber im Importland ist. Auch hier äußerte der EuGH zunächst Zweifel[192]. Später entschied er, daß die Berufung auf das Schutzrecht zum Zweck der Verhinderung der Einfuhr u.a. dann ausgeschlossen ist, wenn das Produkt mit Einverständnis einer rechtlich oder wirtschaftlich vom Patentinhaber abhängigen Person auf dem gemeinsamen Markt in Umlauf gebracht worden ist[193]. Umgekehrt darf die Einfuhr in dieser Konstellation verhindert werden, wenn die Waren durch eine nicht vom Patentinhaber des Importlandes abhängige Person oder mit ihrem Einverständnis auf dem gemeinsamen Markt in Umlauf gebracht worden sind [194].

Auf Patente finden die vorstehenden Grundsätze in vollem Umfang Anwendung.
Es ist aber zu fragen, ob nicht der Schutz von Know-How durch die wenigen im innerstaatlichen Bereich wurzelnden Abwehrrechte, wie z.B. die genannten §§ 823 II BGB i.V.m. §§ 17 f UWG oder § 1004 BGB, mittels dieser Konstruktionen geschwächt wird.
Dazu müßte es aber gerade der spezifische Inhalt der genannten innerstaatlichen Regeln sein, den Lohn für die erfinderischen Bemühungen des Know-How-Gebers zu sichern. Dies ist aber angesichts der allgemeinen und weiten Fassung der genannten Paragraphen nicht der Fall. Ihre Existenz und ihre Ausübung dürften in vollem Umfang unter die Gewährleistung des Artikels 222 EGV fallen.

4. Ausschluß einiger horizontaler Vereinbarungen

Weiterhin ist den GFVOen gemeinsam, daß einige horizontale Vereinbarungen[195] von der Freistellung ausgeschlossen sind. Es handelt sich dabei um Vereinbarungen zwischen Unternehmen, die bereits in Wettbewerb miteinander stehen, oder die eine Patent- oder Know-How- Gemeinschaft bilden.
Diese Ausschlüsse sind jeweils in Artikel 5 der beiden GFVOen geregelt .
Nach EG 8 der PLGFVO wurde der Ausschluß noch begründet mit der mangelnden Erfahrung der Kommission auf diesem Gebiet.

---

190 In der englischsprachigen Fassung wird die Unterscheidung durch die Verwendung der Begriffe "legitimate exercise" und "improper exercise" noch deutlicher.

191 EuGH Slg. 1982, S. 2853 f (2867 f), Abschnitt 24 (Keurskoop/Nancy Kean Gifts). Mit dieser Unterteilung stellt sich von neuem das Problem, welche Rechtsausübung unter den Begriff "staatliche Maßnahme" im Sinne des Art. 30 fällt. Die Grenzziehung wird wieder verwischt.

192 EuGH Slg. 1974, S. 1147 f Abschnitt 11,1.Halbsatz (Centrafarm/Sterling).

193 EuGH Slg. 1982, S. 2853 f (2867 f), Abschnitt 25, letzter Halbsatz (Keurskoop/Nancy Kean Gifts).

194 EuGH AblEG 1982, C 272, S. 13 f, Abschnitt 25 (Keurskoop/Nancy Kean Gifts).

195 Zur Definition des Begriffs siehe oben, Teil A I, 1 b.

Nach EG 5 der KHGFVO wird dagegen lediglich erläutert, daß die verschiedenen sich daraus ergebenden Probleme nicht in einer Verordnung geregelt werden könnten. Dahinter scheint die Überlegung zu stehen, daß horizontale Vereinbarungen im Gegensatz zu regelmäßig freigestellten vertikalen Vereinbarungen im Grundsatz den Wettbewerb eher behindern als fördern. Jedoch erscheint nach dem genannten Wortlaut der KHGFVO eine Einzelfreistellung nicht mehr unwahrscheinlich.

Im einzelnen gilt folgendes :

a. Keine Anwendung auf Patent- und Know-How -Gemeinschaften (Patent-Pools)

Beide GFVOen gelten nicht für Patent- bzw. Patent- und Know-How- Gemeinschaften. Der Entwurf der TTGFVO hingegen erlaubt solche Vereinbarungen, vorausgesetzt, daß die Parteien keinerlei territorialen Beschränkungen innerhalb der EU in bezug auf Herstellung und Vermarktung oder in bezug auf den Gebrauch der lizenzierten oder gepoolten Technologie unterliegen. Diese Regelung gilt auch unter der TTGFVO[196].
Eine Legaldefiniton des Begriffes Patent-Pool existiert unter den GFVOen nicht .
Die Kommission definierte jedoch den Begriff des Patent-Pools als Zusammenschluß von Patenten zum Zwecke ihrer Verfügbarkeit für alle Parteien oder zum Zwecke der Lizenzierung an Dritte zum gemeinsamen Nutzen.[197]

Hinter dieser recht weiten Formulierung der Kommission kann sich eine Reihe von Erscheinungsformen verbergen .

Es ist zunächst zu überlegen, in welcher Form Patent- und Know-How-Gemeinschaften gestaltet sein können und sollen.
Zum einen ist es denkbar, daß sich die beteiligten Unternehmen unmittelbar gegenseitig Patente und Technologie im Rahmen eines Kreuzlizenzvertrages zur Verfügung stellen. Diesbezüglich ist jedoch darauf zu verweisen, daß Kreuzlizenzverträge auch der unten zu erörternden Ausschlußbestimmung des Artikels 5 (3) Nr.3 der jeweiligen VO unterfallen können. Eine Ausnahme besteht jedoch gemäß Artikel 5 (2) für den Fall, daß keine Exclusivgebiete vereinbart sind. Auf keinen Fall einbezogen ist eine solche Vereinbarung jedoch, wenn an ihr mehr als zwei Parteien beteiligt sind, da die GFVOen nach ihren Artikeln 1 (1) nur für Verträge zwischen zwei Parteien gelten.

Eine andere Gestaltungsmöglichkeit ist die Übertragung der Patente und des technischen Wissens auf eine - meist von allen Parteien beherrschte - rechtlich selbständige juristische Person, deren Aufgabe es ist, die Technologie an die einzelnen Mitglieder des Pools zu lizenzieren. Letzteres geschieht entweder nach Bedarf der einzelnen Mitglieder, oder in der Form, daß die Technologie in ihrer Gesamtheit von allen Mitgliedern unabhängig genutzt wird.[198]

---

196 Art. 5 (2) Nr. 2 TTGFVO.

197 11. Wettbewerbsbericht der Kommission, Punkte 92 - 94.

198 So geschehen in Concast/Mannesmann, 11. Wettbewerbsbericht der Kommission (1981). Als die Parteien gegen einen dritten Technologienutzer klagten, rügte der Beklagte bei der Kommission, daß die Gegenpartei die von ihr rechtlich beherrschte Technologie nicht, oder nur mit erheblicher zeitlicher Verzögerung mitteilten, um einen Wettbewerbsvorteil zu erhalten. Die Kommission stellte fest, daß der Patentpool zum einen den Wettbewerb zwischen den Parteien im Hinblick auf technische Innovation ausschließe, und zum anderen die potentiellen Abnehmer am Markt durch den hohen Marktanteil der Poolmitglieder von 60% verleitet würden, eher mit diesen, als mit anderen Unternehmen zu handeln. Die

Nach im Schrifttum vertretener Ansicht ist vom Begriff des Patentpools auch die Rücklizenzierung an Dritte, die nicht Mitglieder des Pools sind, erfaßt.[199]
Bei dieser Gestaltungsweise der Technologiegemeinschaft sollte unterschieden werden zwischen Gründung des Pools und der gemeinschaftlichen Verwertung durch gemeinschaftliche Produktion und gemeinsamen Vertrieb einerseits, sowie der (Rück-) Lizenzierung durch den Pool an seine Mitglieder oder an Dritte andererseits. Dabei dürfte der erste Teil - also Gründung des Pools und Verwertung durch Vertrieb und Produktion - den Ausschlußklauseln der Artikel 5 (1) Nr.1 der GFVOen unterfallen, jedoch nicht die Lizenzierung von einem rechtlich unabhängigen Pool[200] an einzelne Mitglieder des Pools oder an Dritte. Es bleibt jedoch an entsprechender Stelle zu prüfen, inwieweit der verbleibende Teil unter den Begriff einer Lizenzvereinbarung zwischen Wettbewerbern im Sinne der Ausschlußklausel des Artikels 5 (1) 1 zu subsumieren sein wird .

Was die Lizenzierung an Dritte anbelangt, so ist es offensichtlich Ziel der Kommission, durch dieses Element in der Definition der Möglichkeit entgegenzuwirken, daß zwar die Erfindung nur den Partnern des Pools zugänglich gemacht werden, jedoch Dritte von der gesamten Technologie ausgeschlossen werden können und somit der Wettbewerb auf dem Gebiet durch die Partner des Pools kontrolliert werden könnte. Im Englischen ist in diesem Zusammenhang die Rede von einem sogenannten "bottleneck"-Monopol : Der Einfluß auf den Wettbewerb ist in einem solchen Fall dann maßgeblich und zu verurteilen, wenn die Partner dieses Pools die entscheidenden Technologien auf einem Gebiet zusammengetragen haben und damit keine brauchbaren Alternativen für Dritte bestehen, Zugang zu der Technologie zu erhalten. Ein solches Monopol beanstandete die Kommission im Fall IGR Stereo/Television[201]; hier hatten sich alle Deutschen Produzenten von Fernsehgeräten zusammengeschlossen und gemeinsam die zur Herstellung von Radio- und Fernsehsets notwendigen Patente aufgekauft, um sie sodann an die einzelnen Mitglieder ihres Zusammenschlusses zu lizenzieren. Nichtmitglieder, wie zum Beispiel der in der Bundesrepublik operierenden Produzent Salora, wurden nicht, oder nur mit erheblicher zeitlicher Verzögerung bedacht. Nach der Androhung von Maßnahmen seitens der Kommission - auf die Beschwerde von Salora hin - erklärte sich IGR bereit, Nichtmitglieder sofort zu bedienen. [202] [203]

Die Kommission will sich durch die generelle Nichteinbeziehung solcher Vereinbarungen unter die GFVOen die Möglichkeit offenhalten zu überprüfen, ob Zweck einer solchen Vereinbarung die Durchführung eines "bottleneck"-Monopols ist. Bestünde die Gefahr nicht, spräche nichts dagegen, auch solche Vereinbarungen freizustellen.

Untersuchungen der Kommission wurden im Jahre 1981 nach Beendigung der Zusammenarbeit der Firmen eingestellt.

199 Grabitz/Koch, Art. 85, Rdnr. 316; Willy Alexander, Fordham Corp. Law Inst. , 1989, S. 11-12 m.w.N.

200 Der Pool kann in unterschiedlichen rechtlichen Formen organisiert sein; bei der hier vorgenommenen Unterscheidung zwischen Gründung des Pool und Erteilung von Lizenzen wird unterstellt, daß die Gründungsvereinbarung bei der Kommission angemeldet wurde und erforderlichenfalls eine Freistellung erteilt wurde.

201 11.Wettbewerbsbericht der Kommission, 1981, S.63.

202 Allerdings sah die Kommission auch in der Folgezeit den Wettbewerb noch durch die unangemessen hohen Lizenzgebühren als beeinträchtigt an. Erst als diese deutlich reduziert wurden , legte sie den Fall zu den Akten. Siehe 14.Wettbewerbsbericht der Kommission (1984), S.76.

203 Einen ähnlichen Fall hatte die Kommission in Bronbemaling/Heidemaatschappij, AblEG 1975, Nr. L 249, S. 27 f.

In diesen Überlegungen muß auch wohl die Erklärung dafür gesehen werden, daß unter dem Entwurf der TTGFVO und der TTGFVO Technologiepools unter der Voraussetzung freigestellt sind, daß die Partner keinerlei territorialen Beschränkungen unterliegen. Damit ist die Verfügbarkeit für Dritte innerhalb der EU auch gewährleistet.

b. Lizenzen zwischen Wettbewerbern eines Gemeinschaftsunternehmens (Joint Venture)

Weiterhin sind vom Anwendungsbereich beider GFVOen gemäß deren Artikeln 5 Absatz 1 Satz 2 Lizenzvereinbarungen zwischen Partnern eines Gemeinschaftsunternehmens oder zwischen einem der Partner und dem Gemeinschaftsunternehmen grundsätzlich ausgeschlossen, wenn die Partner in Wettbewerb miteinander stehen und die Lizenzvereinbarungen sich auf die Aktivitäten des Gemeinschaftsunternehmens beziehen.
Durch die Verordnung 151/93 der Kommission vom 23.12.1992 hat die Kommission die jeweiligen Artikel 5 der beiden GFVOen geändert und einen Absatz 3 angefügt. Danach wird der Anwendungsbereich der GFVOen auf Gemeinschaftsunternehmen ausgedehnt, sofern die Vertragserzeugnisse und die sonstigen Erzeugnisse der beteiligten Unternehmen, die vom Verbraucher aufgrund ihrer Eigenschaften, ihrer Preislage und ihres Verwendungszweckes als gleichartig angesehen werden, im gemeinsamen Markt oder in einem wesentlichen Teil desselben

- im Falle einer auf die Herstellung beschränkten Lizenz nicht mehr als 20 %

- im Falle einer sich auf Herstellung und Vertrieb erstreckenden Lizenz nicht mehr als 10 %

des Marktes aller dieser Erzeugnisse ausmachen.

Im Erwägungsgrund 6 der letztgenannten Verordnung heißt es dazu, daß Vereinbarungen, durch die die Gründer eines Gemeinschaftsunternehmens diesem Patent- oder Know-How Lizenzen erteilen, nicht mehr von der Freistellung ausgeschlossen sind, selbst wenn die Gründer des Gemeinschaftsunternehmens Wettbewerber sind.
Die Kommission hat damit einen Schritt in Richtung einer wirtschaftlichen Betrachtungsweise für die Anwendung der Gruppenfreistellung unternommen.

Im durch die Verordnung EWG Nr. 151/93 eingefügten Artikel 5 Absatz 3 ist niedergelegt, ob und in wieweit die Verordnung anwendbar bleibt, wenn die genannten Marktanteile im Laufe der Zeit überschritten werden. Danach bleibt die Verordnung anwendbar, wenn die genannten Marktanteile innerhalb von zwei aufeinanderfolgenden Geschäftsjahren um nicht mehr als 1/10 überschritten werden. Wird auch der letztgenannte Wert überschritten, so bleibt die Verordnung noch während eines Zeitraumes von 6 Monaten auf die Vereinbarung anwendbar, beginnend mit dem Ende des Geschäftsjahres, in welchem die Überschreitung stattgefunden hat.

Es ergeben sich einige Auslegungsfragen, insbesondere im Rahmen des verbleibenden Anwendungsbereiches der Artikel 5 der GFVOen.

Die hier beschriebene Regelung gilt auch unter der TTGFVO. Die Bestimmungen der VO 151/93 sind inhaltlich in Art. % TTGFVO eingearbeitet worden.

aa. Gemeinschaftsunternehmen

Zum einen ist der Begriff des Gemeinschaftsunternehmens zu klären. Es ist kein spezifisch europarechtlicher Begriff.
Zweifelsfrei fällt darunter ein gemeinsames Tochterunternehmen .
Auch Kreuzlizenzverträge zwischen zwei Unternehmen können ein Gemeinschaftsunternehmen darstellen. Problematisch ist dabei nur die Überschneidung mit Artikel 5 (1) 3 beider GFVOen .
Einer Ansicht zufolge[204] soll auch genügen, wenn einem gemeinsamen "Ausschuß"[205] Anteile oder Beteiligungen übertragen, oder wie es in einer weiter gefaßten Formulierung zu finden ist, verschiedene Quellen[206] zugeteilt wurden. Problematisch ist hier allerdings die Abgrenzung zu Organisationsformen und Ausgestaltungen von Patentgemeinschaften.
Dagegen wird vertreten[207], daß die Verordnungstexte auf die "Beteiligung an einem Gemeinschaftsunternehmen" abstellen und insoweit eine weite Auslegung nicht statthaft sei. Diese Auffassung stützt sich auch auf die englischsprachige Fassung, wo von "interests in a " Joint Venture die Rede ist.
Bei dieser Gleichstellung wird außer Acht gelassen, daß die Deutsche Übersetzung des Begriffs Joint Venture durch das Wort Gemeinschaftsunternehmen den vielfältigen tatsächlichen wirtschaftlichen Kooperationsmodellen des ursprünglich im Englischen gebildeten Begriffs nicht gerecht wird. Sie impliziert in zu starkem Maße fest vorgegebene organisatorische und rechtliche Unternehmensstrukturen, die dann auch eine ihnen entsprechende Beteiligung beispielsweise in Form von Anteilen oder Anteilscheinen zwingend nach sich ziehen. Der Begriff des Joint Venture erfaßt hingegen auch losere Wirtschaftskooperationsformen, die sich durchaus auch in der bloßen Vereinbarung von Kreuzlizenzen niederschlagen können [208].

bb. Anforderungen an das Wettbewerbsverhältnis zwischen den Parteien

Davon zu trennen ist die Frage, wie sich das Wettbewerbsverhältnis zwischen den Beteiligten ausgestaltet.
Hier sind zwei Fragenbereiche auseinanderzuhalten.

Zum einen stellt sich das Problem, ob ein Wettbewerbsverhältnis in bezug auf das durch die in Zukunft gemeinsam auszunutzende Technologie vorliegen muß, oder ob bereits ein Konkurrenzverhältnis bezüglich eines von der konkreten Technologie unabhängigen Produktes ausreicht, um den Anwendungsbereich der GFVOen auszuschließen.
Aus einer Gegenüberstellung der Artikel 5(1)2, in denen diese Frage nicht ausdrücklich angesprochen wird, mit der Regelung in den Artikeln 5(1)3 der GFVOen, die sich ausdrücklich auf die Wettbewerbssituation bezüglich des in der Vereinbarung behandelten Produktes beziehen, läßt sich schließen, daß die Artikel 5(1)2 der GFVOen bereits dann deren Anwendbarkeit ausschließen, wenn eine Wettbewerbssituation auch nur bezüglich eines dritten Produktes besteht. Hintergrund dieser Regelung mag sein, daß die neue gemeinsame

204 Korah, Patentlicensing. S. 28.

205 Die Rechtsform eines solchen Komitees ist weiterhin offen.

206 Die englischsprachige Version spricht insoweit von "resources".

207 Wiedemann, Kommentar GFVO 2349/84, Art.5, Rdnr. 7.

208 Vgl. 6.Wettbewerbsbericht der Kommission, 1977, Tz 53 f. Zur generellen wettbewerbspolitischen Bewertung von Gemeinschaftsunternehmen siehe Dok. Nr. IV/47, 1/85, Ziff.2.

Zusammenarbeit auch den Wettbewerb zwischen den Unternehmen im Hinblick auf das Drittprodukt zu Lasten des Verbrauchers erlahmen läßt .

Der zweite Bereich behandelt das Problem, ob die an dem Gemeinschaftsunternehmen beteiligten Parteien bezüglich eines Produktes aktuelle oder nur potentielle Wettbewerber sein müssen, das heißt, ob sie mit dem Produkt bereits beide auf dem Markt präsent sind, oder ob sie von ihren technischen und wirtschaftlichen Möglichkeiten her die Fähigkeit dazu hätten, diese aber nicht ausspielen.
Aus der Praxis der Kommission im Hinblick auf die Behandlung von Gemeinschaftsunternehmen[209] geht hervor, daß das Vorliegen potentiellen Wettbewerbes ausreicht. Die Erfassung potentiellen Wettbewerbes ist vom Wortlaut des Artikels 5 (1) 2 nicht ausgeschlossen. Dabei ergibt sich jedoch die Schwierigkeit zu bestimmen, ob vor Abschluß des Vertrages das Wettbewerbsverhältnis potentiell existierte, wenn unklar ist, ob die Parteien jeweils auch ohne die Zusammenarbeit das Produkt hätten auf den Markt bringen können, wenn also ein Konkurrenzverhältnis nur durch die Vereinbarung des Joint Ventures entstehen kann.
Die Kommission ist jedoch geneigt[210], das Vorliegen einer potentiellen Wettbewerbssituation im Regelfall anzunehmen und nur bei einer "realistischen Analyse" davon abzugehen. Genauere Kriterien sind in der Praxis allerdings noch nicht herausgearbeitet worden.
Die wohl entgegenstehende Auffassung[211], daß nur aktuelle Wettbewerbsverhältnisse erfaßt werden, wurde offensichtlich verworfen[212].

cc. Veränderung des Sachverhaltes nach Abschluß der Vereinbarung

Es ist denkbar, daß die Parteien bei Abschluß der Vereinbarung nicht in Wettbewerb stehen, daß aber zu einem späteren Zeitpunkt das Wettbewerbsverhältnis begründet wird. Dies kann beispielsweise geschehen durch die Fusion von einem der Partner mit einem Konkurrenzunternehmen des anderen Partners, oder durch Aufnahme von Aktivitäten auf einem Gebiet, auf dem der andere Teil bereits tätig war.
Ungeklärt ist die Frage, ob die bis zu diesem Zeitpunkt u.U. gewährte Gruppenfreistellung dann wegfällt.
Folgt man dem Wortlaut, dann sind die Voraussetzungen für die Freistellungen tatsächlich weggefallen[213]. Es wird angeführt, daß Kommissionsbeamte sich dieser Sichtweise unter Berufung auf eine parallele Regelung in der AlleinvertriebsGFVO[214] (Artikel 3 a/b) anschließen .
Dieser Ansicht ist zum einen aus Gründen der Rechtssicherheit entgegenzutreten. Zum anderen könnte der Wegfall der Freistellung zur Folge haben, daß die Bereitschaft zum Abschluß von Lizenzen und damit zum Technologietransfer gehemmt würden .

---

209 13. Wettbewerbsbericht der Kommission, 1984, Tz. 80 f.

210 Vgl. 13. Wettbewerbsbericht der Kommission, Tz. 50-52. Kriterium für die Bestimmung der potentiellen Natur des Wettbewerbsverhältnisses ist danach, ob mehr als eine der Parteien die finanziellen Möglichkeiten und andere Quellen, wie Zugang zu der notwendigen Technologie haben, um das Produkt selber auf den Markt zu bringen.

211 Korah, Patent Licensing, S. 28.

212 Korah, Know-How-Licensing, S. 72.

213 Vgl. Korah, Patent Licensing, S. 29.

214 GFVO 1983/83 für Alleinvertriebsverträge.

c. Wechselseitige Lizenzen/Kreuzlizenzen (Cross-licensing agreements)

Aus den Geltungsbereichen beider GFVOen sind gemäß deren Artikeln 5(1)3 jeweils Vereinbarungen ausgeschlossen, nach denen sich die Vertragspartner wechselseitig Lizenzen an Patenten bzw. Know-How oder Marken, Verkaufsrechte für nicht patentgeschützte Erzeugnisse einräumen, oder sich technisches Wissen mitteilen, soweit die Vertragspartner Wettbewerber für die Vertragserzeugnisse sind.
Eine Einschränkung erfahren die Vorschriften der Artikel 5(1)3 beider GFVOen in ihrem jeweiligen Artikel 5(2) .Dort ist der Anwendungsbereich des Artikels 5(1)3 ausgeschlossen und somit die Anwendbarkeit der GFVOen für Kreuzlizenzen wieder eröffnet, vorausgesetzt, daß die Vertragspartner innerhalb des gemeinsamen Marktes keinen Gebietsbeschränkungen hinsichtlich der Herstellung, des Gebrauchs und des Inverkehrbringens der Vertragserzeugnisse oder des lizenzierten Verfahrens unterworfen sind[215].

Im Einzelnen sind folgende Fragen auseinanderzuhalten :

aa. Anforderungen an die Gegenseitigkeit der Lizenzierung

Zu erörtern ist, welche Qualität die Gegenseitigkeit der Lizenzierung haben muß.
Denkbar ist zum einen, daß lediglich zwei sachlich getrennte Lizenzierungsvorgänge gemeint sind, die sich zufällig zwischen einem ursprünglichen Lizenzgeber und einem Lizenznehmer, sowie in entgegengesetzter Richtung vollziehen. Es können dann z.B. für die jeweilige Lizenzierung auch getrennte Gegenleistungen vereinbart worden sein.
Zum anderen ist denkbar, daß die Gegenseitigkeit als Gegenleistung für die jeweilige Lizenzierung im Sinne eines Austauschverhältnisses gestaltet ist.
Der Wortlaut der GFVOen ist insoweit offen.
Die Entstehungsgeschichte[216], sowie EG 5 der KHGFVO[217] deuten auf das Erfordernis eines Austauschverhältnisses zwischen den Lizenzen hin [218].
Es ist mithin ein zeitlicher und sachlicher Zusammenhang der gegenseitigen Lizenzen erforderlich, nicht jedoch die Vereinbarung in ein und demselben Vertrag. [219]
Dies bedeutet, daß gegenseitige Lizenzen, die nicht auch in einem direkten Gegenleistungsverhältnis zueinander stehen - beispielsweise weil sie getrennt für sich jeweils Gegenleistungen anderer Art vorsehen -, nicht aus dem Anwendungsbereich der GFVOen ausgenommen sind.
Anzumerken ist, daß Rücklizenzierungen von Verbesserungserfindungen[220] nicht unter die Ausschlußklausel des jeweiligen Artikels 5(1)3 fallen [221].

---

215 Inhaltsgleiche Bestimmung findet sich in Art. 5 (1) 3 TTGFVO. Die im folgenden dargestellten Auslegungsprobleme stellen sich auch hier.

216 Siehe Bericht der Kommission über die Anhörung vom 9.-11-10.1979,S.55/56.

217 Dort ist ausdrücklich erwähnt, daß "die Lizenzierung von Know-How im *Austausch* mit der Gewährung“ anderer Lizenzen ausgeschlossen sein soll.

218 Axster; Offene Fragen; GRUR 1985, S. 595; Bohlig, GRUR Int. 1986, S. 101; Grabitz/Koch, Art. 85, Rdnr. 321.

219 So ausdrücklich der Wortlaut.

220 Siehe dazu Teil II, 3 IV.

221 Siehe Art. 2(1)10 PLGFVO; EG 5 KHGFVO; Axster, Offene Fragen; GRUR 1985, S. 595.

bb. Vertragstypen, die eine Gegenleistung im Rahmen einer Kreuzlizenz darstellen können

Darzustellen ist außerdem, welche Vertragstypen als Gegenleistung zu einer Patent - oder Know-How- Lizenz in Frage kommen können.
Beide GFVOen nennen zunächst sowohl Patent- als auch Know-How- Lizenzen als Gegenleistung. Darüber hinaus werden von beiden Ausschlußtatbeständen Lizenzen über Marken, sowie über "Verkaufsrechte für nicht patentierte Produkte" (PLGFVO), bzw. ausschließliche Verkaufsrechte erfaßt (KHGFVO).
Die unter der PLGFVO lange Zeit herrschende Unsicherheit, ob die Verkaufsrechte exclusiver Natur sein mußten oder nicht, ist durch die KHGFVO zugunsten der ersten Alternative klargestellt, und zwar vor dem Hintergrund, daß eine Marktaufteilung durch die Einigung zwischen Konkurrenten, den jeweils anderen nur in einem bestimmten Gebiet zu versorgen, vermieden werden soll.
Nicht aufgenommen sind andere geistige Schutzrechte, die jedoch in hohem Maße technische Bezüge aufweisen, wie zum Beispiel Softwarelizenzen.
Ihr Verhältnis zu PLGFVO und KHGFVO ist bislang weitgehend unbeachtet geblieben. Dies mag darauf zurückzuführen sein, daß sie unter beiden GFVOen ausdrücklich nicht freigestellt sind. Es ist aber denkbar, daß sie als Gegenleistung im Rahmen eines Kreuzlizenzvertrages in Erscheinung treten. Dann müßte nach dem Wortlaut der GFVOen eine Freistellung der gesamten Vereinbarung möglich sein, sofern die Softwarelizenz an sich nicht wettbewerbsbeschränkend, oder zumindest freistellungsfähig oder nach einer in Kürze zu erwartenden Softwarelizenz-GFVO[222] freigestellt ist. Auch ein den Artikeln 5(1)3 der GFVOen entsprechender Artikel unter einer künftigen SoftwarelizenzGFVO, der Patent- und Know-How-Lizenzen einbezieht, könnte daran nichts ändern : Bei der Annahme eines Kreuzlizenzverhältnisses unter Beteiligung von Softwarelizenzen auf der einen und Patent- und Know-How Lizenzen auf der anderen Seite, welches zudem in zwei voneinander getrennten Vertragstexten niedergelegt sein mag, wird durch einen Dritten nicht auszumachen sein, welche von beiden Lizenzen die "Sachleistung" und welche die Gegenleistung sein soll. Im Zweifel werden die Parteien dann den Teil der Vereinbarung in den Vordergrund stellen, der die Anwendung einer GFVO ermöglicht, unter der diese spezielle Ausschlußklausel nicht besteht. Dies wäre in dem hier genannten Beispiel die PLGFVO oder die KHGFVO.
Nach der hier vertretenen Ansicht sollte dem aus wettbewerbspolitischen Erwägungen entgegengetreten werden. Ein Lizenzvertrag über Software für z.B. besondere Produktionsabläufe vermag in mindestens genau so starkem Maße dazu beizutragen, Märkte aufzuteilen, wie eine Warenzeichen- oder Vertriebslizenz.
Die von der Kommission angeführte Begründung[223], daß die in Artikel 5 angeführten Bereiche wegen besonderer Problemstellungen, die sich nicht in einer GFVO lösen ließen, vom Anwendungsbereich der GFVOen auszunehmen seien, muß erst recht für Bereiche, wie den der Softwarelizenzierung gelten, für dessen Bewertung die Kommission, wie angenommen wird [224], "noch nicht über ausreichende Erfahrung" verfügt.
Insofern darf die Aufzählung in Artikel 5(1)3 nicht als abschließend angesehen werden, damit auch andere Fälle, wie zum Beispiel der Geschilderte, unter die Ausschlußklauseln fallen.

cc. Anforderungen an das Wettbewerbsverhältnis

---

222 Nach Auskunft von Sebastiano Guttuso, einem Beamten der Grundsatzabteilung der Generaldirektion IV der Kommission, werden zur Zeit vorbereitende Arbeiten für den Entwurf einer solchen GFVO ausgeführt.

223 EG 5 KHGFVO.

224 Sucker, CR 1989, S. 359.

Wie bereits angedeutet gilt der Ausschluß der Kreuzlizenz aus dem Anwendungsbereich der GFVOen nur, soweit die Parteien in Wettbewerb miteinander stehen.
Im Gegensatz zu Artikel 5(1)2 muß sich das Wettbewerbsverhältnis hier lediglich auf die in Rede stehenden Lizenzerzeugnisse beziehen. Die Vorschrift ist insoweit weniger einschränkend als Artikel 5(1)2.

Jedoch beinhaltet der Begriff "Vertragserzeugnisse" Auslegungsschwierigkeiten anderer Art.
Zum einen ist unklar, ob das Wettbewerbsverhältnis sich auf beide Vertragserzeugnisse erstrecken muß, ob also die Parteien bezüglich beider Produkte, für deren Herstellung oder Vermarktung sie Lizenzen ausgetauscht haben, in Wettbewerb stehen müssen, oder ob ein Wettbewerbsverhältnis bezüglich eines Erzeugnisses für den Ausschluß der Anwendbarkeit der GFVOen ausreichend ist .
Für die erste Auslegungsvariante spricht die Verwendung des Begriffs "Vertragserzeugnisse", wohlgemerkt im Plural.
Für die zweite Auslegungsvariante spricht der Zweck des Ausschlusses, nämlich die Vermeidung der potentiellen Einschränkung des Wettbewerbes auf einzelnen Produktmärkten. Danach wäre bereits hier die Nichtanwendung der GFVOen gerechtfertigt.
Auf der anderen Seite ist es denkbar, daß die Parteien zwar bezüglich eines bestimmten Einzelproduktes in Konkurrenz stehen, jedoch nicht bezüglich verschiedener seiner Komponenten, für die sie sich jedoch gegenseitig Lizenzen erteilt haben. Auch hier kann es in Einzelfällen zu Wettbewerbsverzerrungen kommen, und zwar sowohl auf dem Markt der Zulieferer, die im Extremfall ausgeschlossen werden könnten, als auch auf dem Markt des Endproduktes[225].

dd. Aktuelle oder potentielle Natur des Wettbewerbsverhältnisses

Bezüglich der Frage, ob das Wettbewerbsverhältnis aktueller oder potentieller Natur sein muß, wird auf die obigen Ausführungen verwiesen. [226]

ee. Begrenzung der Anwendungsbeschränkung (Artikel 5(2) der GFVOen)

Diese Beschränkung des Anwendungsbereiches der Freistellungen wird jedoch in Artikel 5(2) beider GFVOen ihrerseits begrenzt.
Sie gilt nicht, wenn die Vertragspartner innerhalb des gemeinsamen Marktes keinen Gebietsbeschränkungen[227] hinsichtlich der Herstellung, des Gebrauchs und des Inverkehrbringens der Vertragserzeugnisse, oder hinsichtlich der Gebrauchs der lizenzierten Verfahren unterworfen sind.
Unproblematisch ist die Anwendung der Vorschrift auf wechselseitige, nicht exclusive Lizenzen .Dabei sind weder Lizenzgeber, noch Lizenznehmer bei Herstellung und Vertrieb an ein bestimmtes Vertragsgebiet gebunden; andererseits genießt in diesem Fall keiner von beiden Schutz vor der Nutzung der Technologie des jeweils anderen Beteiligten .

---

225 So im Ergebnis auch Wiedemann, Kommentar GFVO 2349/84, Art.5, Rdnr. 12.

226 Siehe oben, Teil I, C I 3 d, bb β.

227 Vgl. die Art. 1(1)2-6 PLGFVO und KHGFVO. Dort sind insofern die Möglichkeiten vorgesehen, daß
- der Lizenzgeber die Technologie im Vertragsgebiet des Lizenznehmers selber nicht nutzt
- der Lizenznehmer die Technologie entweder im Gebiet des Lizenzgebers gar nicht nutzt, oder/und in Gebieten anderer Lizenznehmer nicht herstellt und dort nur bedingt vertreiben darf.

Zweifelhaft ist jedoch, ob unter das Konzept des Artikels 5(2) auch eine wechselseitige Exclusivlizenz fallen kann, wenn zwischen den Parteien keinerlei weitere territoriale Beschränkung hinsichtlich Herstellung und Vertrieb bestehen, als die Vereinbarung, daß keine der Parteien in ihrer Eigenschaft als Lizenzgeber einem Dritten eine Lizenz für die Nutzung der Technologie im Vertragsgebiet erteilen darf[228]. Danach wären Verträge mit Beschränkungen des jeweils anderen Partners bezüglich der Nutzung der Technologie im jeweils eigenen Gebiet, sowie außerhalb seines Gebietes bei
Anwendung des Artikels 5(2) zwar nicht erlaubt. Andererseits macht Artikel 5(2) es den Parteien nicht unmöglich, ihre jeweilige Technologie an Dritte zu lizenzieren und diesen die genannten Beschränkungen bezüglich der von den Kreuzlizenzen erfaßten Gebiete aufzuerlegen .
Der Eröffnung dieser Möglichkeit unter Artikel 5(2) ist entgegenzutreten .
Sie führt dazu, daß die Partner der Kreuzlizenzverträge für die Nutzung der Technologie im Ergebnis sowohl gemeinsam über ihr jeweils eigenes Gebiet, als auch über das des anderen verfügen, jedoch nicht daran gehindert sind, auch auf anderen Gebieten die Technologie zu nutzen. Ebensowenig sind sie daran gehindert, ihre jeweils eigene Technologie an Dritte zu lizenzieren, jedoch mit der Maßgabe, daß diesen Dritten die größtmöglichen Territorialbeschränkungen für das eigene Gebiet sowie für das Gebiet des Partners der Kreuzlizenzvereinbarung auferlegt werden. Unterließe der an den Dritten lizenzierende Partner dies, würde er gegenüber seinem Kreuzlizenzpartner vertragsbrüchig. Umgekehrt dürfte er dem Dritten aber weder zusichern, vor Importen aus dem Gebiet des anderen Kreuzlizenzpartners geschützt zu werden, noch dürfte er Exclusivität vereinbaren, da auch dann die dem Kreuzlizenzpartner wegen Artikel 5(2) zustehenden Rechte auf Nutzung der Technologie in anderen als durch den Kreuzlizenzvertrag erfaßten Gebieten berührt werden. Im Ergebnis kann einem Dritten dadurch "nur noch" eine einfache, nicht exclusive Lizenz gewährt werden, die zudem belastet ist mit Territorialbeschränkungen für andere Gebiete.
Sollte sich unter diesen Umständen überhaupt noch ein Lizenznehmer bereit finden, in die - von der Kommission gewünschte - Verbreitung von Technologie zu investieren, so kann es ihm passieren, daß er sich einer fast als Verdrängungswettbewerb zu bezeichnenden Konkurrenz durch die Partner des Kreuzlizenzvertrages ausgesetzt sieht. Dies ist zumindest anzunehmen, wenn die Kreuzlizenzen einen sachlichen Zusammenhang aufweisen und die Vertragsparteien die daraus resultierende Technologie gemeinsam nutzen. Der Technologietransfer würde dadurch eher gehemmt als gefördert. Ein Szenario, in dem für einen dritten Lizenznehmer von vornherein eine Gleichstellung mit allen anderen Lizenznehmern nicht einmal mehr aushandelbar ist und ihn insoweit in eine schlechtere Ausgangsposition zwingt, als seine Wettbewerber, kann von der Kommission insbesondere angesichts der mangelnden Erfahrung[229] mit den Auswirkungen von Kreuzlizenzverträgen nicht beabsichtigt gewesen sein.
Dies ist auch mit dem Hinweis, daß diese Gestaltungsmöglichkeit "ein Anwendungsfall der Minusklausel[230] des Artikels 1(3)" sei, nicht zu widerlegen[231]. [232]

---

228 Diese Frage wurde zuerst von Sebastiano Guttuso, federführend bei der Abfassung beider GFVOen, während eines Symposiums - veranstaltet von "Legal Studies and Services" in Brüssel im April 1989 - aufgeworfen und dort zunächst von Valentine Korah verneint. Bejaht wird diese Frage mittlerweile von Albrechtskirchinger, GRUR Int. 1984, S. 572; Bunte Sauter, Kommentar, III 3, Rdnr.73; Wiedemann, Kommentar GFVO 2349/84, Art.5, Rdnr. 16; sowie auch von Korah , Know-How-Licensing, S. 73.

229 Vgl. Kommission in Sachen Mannesmann/Concast, 11. Wettbewerbsbericht der Kommission, 1982, Tz.93 und Kommission in Sachen Henkel/Colgate, AblEG 1972, Nr. L14, S. 14.

230 Artikel 1 (3) PLGFVO bestimmt, daß die Freistellung auch dann gilt, wenn die Parteien die in Artikel 1 enthaltenen Beschränkungen vereinbaren, ihnen jedoch einen weniger weiten Umfang geben.

Es ist zu hoffen, daß er Anwendungsbereich des Artikels 5(2) der GFVOen auf echte nichtexclusive Lizenzen beschränkt bleibt und im übrigen die Auswirkungen auf den Wettbewerb einer genauen Einzelfallanalyse vorbehalten bleibt.

Kommt man letztendlich zu einer Anwendung der GFVOen über Artikel 5(2) auf einen Kreuzlizenzvertrag, so fragt es sich, ob es für die Freistellung ausreicht, wenn eine Lizenz, die als Haupt- oder Sachleistung angesehen werden mag, der auf sie anwendbaren GFVO entspricht, und ob die "kreuzende" Lizenz lediglich als Gegenleistung im Rahmen des Vertrages zu bewerten ist, oder ob beide Lizenzen jeweils getrennt nach der auf sie anwendbaren GFVO beurteilt werden müssen.
Für die erste Auslegung spricht das "do ut des"-Verhältnis der beiden Lizenzen.
Dagegen spricht jedoch, daß es dann den Parteien überlassen wäre, welche Lizenz als Hauptleistung angesehen werden soll. Dadurch könnten die u.U. strengeren Anforderungen der auf die dann "kreuzende" Lizenz anzuwendende GFVO unterlaufen werden[233]. Beide Lizenzen müssen also getrennt voneinander beurteilt werden .

Sind die Partner eines Kreuzlizenzvertrages einerseits im gemeinsamen Markt ansässig und andererseits in einem Drittstaat, so ist gemäß Artikel 5(2) der GFVOen darauf zu achten, daß die Parteien "keinen Gebietsbeschränkungen innerhalb des gemeinsamen Marktes unterliegen ".
Es wird vertreten[234], daß Zweck dieser Vorschrift die Vermeidung territorialer Aufspaltung auf dem Gebiet des gemeinsamen Marktes ist, und es daher nicht erforderlich ist, daß beide Parteien die geschützte Erfindung auf dem gemeinsamen Markt auch nutzen können.
Der Wortlaut bezieht sich hingegen auf die Parteien selber; sie dürfen keinerlei Beschränkungen unterliegen. Es sollte lediglich die Möglichkeit der Vereinbarung von Territorialbeschränkungen außerhalb des gemeinsamen Marktes für die Parteien unberührt bleiben.

Am Rande ist zu bemerken, daß die VO EWG Nr. 4064/89 des Rates vom 21.12.1989 (Fusionskontrollverordnung)[235] sich auf den Anwendungsbereich des Artikels 5(2) der GFVOen auswirkt. Gemäß Artikel 8 Absatz 2 Fusionskontrollverordnung können konzentrative Gemeinschaftsunternehmen[236], die die dort niedergelegten Voraussetzungen

---

231 So aber Wiedemann, Kommentar GFVO 2349/84, Art.5, Rdnr.16.

232 Die Gegenansicht, siehe Fußnote 213, wirft im Anschluß die Problematik der Rücklizenzierung von Verbesserungserfindungen auf, die lediglich unter PLGFVO in nicht exclusiver Form nach der Maßgabe des Art. 2(1)10 erlaubt sind und sieht im Ergebnis wohl einen Konflikt zwischen dieser Vorschrift und der weiten Auslegung des Art.5(2). Diese Ansicht empfiehlt daher, streng zwischen Basislizenz und Verbesserungslizenz zu unterscheiden. Die hier vertretene Auffassung vermeidet diesen Wertungswiderspruch von vornherein.

233 Z.B. so: Der Patentlizenzgeber lizenziert ein Patent an den Patentlizenznehmer,der daran in hohem Maße interessiert ist. Im Gegenzug erhält der Patentlizenzgeber eine Know-How-Lizenz, an der er aus technischer Sicht nicht im Geringsten interessiert ist, sowie einen Geldbetrag. Der Patentlizenzgeber ist aber weiter daran interessiert, über die Gestattungen der PLGFVO hinausgehende Beschränkungen aufzuerlegen.
Die Parteien kommen überein, die von ihnen als nebensächlich erachtete Know-How-Lizenz im Hinblick auf die KHGFVO zu gestalten.

234 Albrechtskirchinger, GRUR Int. 1984, S. 572.

235 AblEG 1989, Nr. L 395, S. 1 f.

236 Zum Begriff des konzentrativen Gemeinschaftsunternehmens siehe die Bekanntmachung der Kommission zur Verordnung EWG 4064/89; Kapitel II. A und B in AblEG C 203 vom 14.8.1990,

erfüllen, für vereinbar mit dem gemeinsamen Markt erklärt werden. Diese Erklärung kann sich auch auf begleitende Nebenabreden erstrecken. Darunter können auch Abreden über gewerbliche und kommerzielle Schutzrechte fallen.

Dies hat folgende Auswirkungen :

Die nach der Fusionskontrollverordnung genehmigten Zusammenschlüsse werden als nicht wettbewerbsbeschränkend eingestuft. Bei einer einheitlichen Entscheidung, die auch Nebenabreden einbezieht, sind letztere ebenfalls vom Anwendungsbereich des Artikels 85 Absatz 1 EGV ausgeschlossen. Nach der Konzeption der Fusionskontrollverordnung ist dies bemerkenswerterweise auch dann der Fall, wenn die Nebenabreden alleine eine Wettbewerbsbeschränkung auslösen würden. Die Gruppenfreistellungsverordnungen kommen dann nicht zur Anwendung.

d. Das Verhältnis der Ausschlußnormen (Artikel 5(1)1-3) untereinander

Weitgehend ungeklärt ist das Verhältnis der drei Ausschlußnormen des Artikels 5(1) zueinander[237].
So sind insbesondere Überschneidungen denkbar.
Es ist kaum möglich, ein Gemeinschaftsunternehmen mit zwei Beteiligten zu unterscheiden von einer Patentgemeinschaft. Ebenso ergeben sich Abgrenzungsschwierigkeiten zwischen Patentgemeinschaften, für die es eine Fülle von Gestaltungsmöglichkeiten gibt, und reinen Kreuzlizenzvereinbarungen ; letztere können insbesondere dann, wenn sie in der gemäß Artikel 5(2) zulässigen Form abgeschlossen werden, als Patentgemeinschaften angesehen werden[238]. Außerdem ist die Abgrenzung zwischen Gemeinschaftsunternehmen und Kreuzlizenzverträgen unklar.
Betrachtet man die Anwendungsvoraussetzungen der drei Abschnitte, so fällt auf, daß sie von Abschnitt zu Abschnitt immer enger und spezieller gefaßt sind. Weiterhin fällt auf, daß die Artikel 5(1)2und 3 ein Konkurrenzverhältnis zwischen den Partnern einer Vereinbarung erfordern ; insofern schließen sie lediglich horizontale Vereinbarungen aus, deren Elemente im Rahmen einer "rule of reason"[239]- Bewertung als notwendige Beschränkungen erachtet werden dürften. Es wird erwogen, Artikels 5(1)1 im Gegensatz dazu als Ausschlußtatbestand für alle bloßen, unbegründeten und nicht mehr einer "rule-of-reason" entsprechenden Wettbewerbsbeschränkung anzusehen[240]. Damit würde paradoxer Weise durch die Hintertüre eine rule-of-reason Betrachtung "im Kleinen" für die Beurteilung der Frage eingeführt, nach welcher der Alternativen des Artikels 5(1) eine (horizontale) Vereinbarung aus dem Anwendungsbereich der GFVOen auszuschließen ist. Ist eine positive Beurteilung danach möglich, so bleibt zu prüfen, ob die Anwendung nicht doch durch eine der folgenden Alternativen ausgeschlossen ist. Dies würde ein erhöhtes Maß an Flexibilität schaffen.

---

ersetzt und erweitert durch die Bekanntmachung der Kommission vom 31 12.1994 in Abl.EG No. C 385, S. 1 f.

237 Dies gilt auch für die inhaltsgleichen Regelungen unter der TTGFVO.

238 Vgl. 11.Wettbewerbsbericht der Kommission, 1982, Tz.92-94, wo die Kommission den Begriff Patentgemeinschaft benutzte für eine Konstruktion, nach der zwei Firmen sich wechselseitig Patente lizenzierten, sie aber unabhängig voneinander nutzten. Hier hätte man auch von Kreuzlizenzen sprechen können.

239 Nach US-Amerikanischem Anti-Trust Recht sind solche Beschränkungen im Rahmen horizontaler Vereinbarungen nicht wettbewerbsbeschränkend, die als unabdingbar angesehen werden für das Zustandekommen des Vertrages. Siehe im Einzelnen dazu Teil III, B II 1 b aa-cc.

240 So Korah, Know-How Licensing, S. 71.

Eine zweite Möglichkeit wäre es, den ersten Abschnitt durch die beiden folgenden in der Weise zu begrenzen, daß nur Patentpools erfaßt werden, die Lizenzen von Dritten erwerben ; die beiden folgenden Abschnitte gelten dann für Lizenzvereinbarungen der Partner untereinander.
Eine dritte Möglichkeit wäre es, die drei Abschnitte in ein lex generalis - lex specialis Verhältnis in der Reihenfolge ihres Erscheinens einzuordnen. Eine Kreuzlizenz kann sowohl im Rahmen eines Joint Ventures oder eines Patentpools abgeschlossen werden, ein Joint Venture kann im Rahmen eines Patentpool entstehen[241]. Dabei dürfen die erstgenannten Tatbestände nicht als Auffangtatbestände für die nachfolgenden dienen; die sich steigernden Voraussetzungen[242] von Abschnitt zu Abschnitt sind ein Indiz dafür. Beinhaltet ein Joint Venture also eine Kreuzlizenz, so ist nur deren Ausschluß aus dem Anwendungsbereich der GFVO - getrennt von den übrigen Elementen des Joint Ventures - nach den für sie geltenden höheren Voraussetzungen des Artikels 5(1)3 zu beurteilen .

e. Ergebnis

Artikel 5(1) schließt eine Vielzahl horizontaler Vertragsvereinbarungen von dem Anwendungsbereich der GFVOen aus, wenn auch nicht alle denkbar möglichen. Dies geht aus drei Einzelaufzählungen hervor, deren Verhältnis untereinander alles andere als eindeutig ist.

5. Beschränkung auf zwei Vertragsparteien

Weiteres gemeinsames Abgrenzungskriterium der beiden GFVOen ist die Beschränkung der Freistellung von Vereinbarungen, an denen nur zwei Vertragsparteien beteiligt sind [243]. Dies ist in Artikel 1 der ErmächtigungsVO 19/65 so vorgesehen.
Handelt es sich um einen Kreuzlizenzvertrag zweier Parteien, so gilt die Freistellung nur, wenn keine Gebietsbeschränkungen vereinbart sind [244].

6. Weitere Abgrenzungsbestimmungen

Beide GFVOen[245] beziehen in ihren Anwendungsbereich weitere Verwertungsformen von Patenten und Know-How ein, als nur die bloße Vermittlung vom Lizenzgeber an den Lizenznehmer .
Beide GFVOen nennen in diesem Bereich Unterlizenzen vom Lizenznehmer an weitere Unterlizenznehmer[246], Abtretung des Patentes bzw. Übertragung der Technologie[247] sowie die Einbeziehung von Rechten und Verpflichtungen verbundener Unternehmen[248] .

---

241 In diesem Fall muß aber auf eines der genannten Abgrenzungskriterien zurückgegriffen werden.

242 Z.B.: das Erfordernis der Wettbewerberstellung bezüglich des konkreten Lizenzproduktes.

243 Art.1(1) der GFVOen.

244 Art. 5 nimmt Vereinbarungen mit i.d.R. mehr als zwei Parteien nicht in erster Linie wegen der Beschränkung in der ErmächtigungsVO 19/65, sondern wegen ihrer i.d.R. horizontalen Natur aus dem Anwendungsbereich der GFVOen aus,s.o.

245 Art. 11 PLGFVO und Art. 6 KHGFVO.

246 Art.11(1) PLGFVO und Art. 6(1) KHGFVO.

247 Art.11(2) PLGFVO und Art.6 (2) KHGFVO.

248 Art.11(3) PLGFVO und Art. 6(3) KHGFVO.

a. Unterlizenzen (Artikel 11(1) PLGFVO, 6(1) KHGFVO und 6(1) TTGFVO)

Außer auf die "Originallizenzen" vom Lizenzgeber, bzw. von dem Technologieinhaber, an Lizenznehmer, erstrecken die genannten Vorschriften den Anwendungsbereich der GFVOen sowie der TTGFVO auch auf Unterlizenzvereinbarungen zwischen dem Lizenznehmer und weiteren Unterlizenznehmern. Dies stellt im Wesentlichen eine Anlehnung an die AlleinvertriebsGFVO dar, die typischerweise Vereinbarungen auf allen Ebenen der Warenverteilung erfassen muß [249].
Die volle Anwendbarkeit von PLGFVO und KHGFVO auf ihnen entsprechende Technologielizenzen bedeutet, daß sich das Verhältnis des Lizenznehmers aus der Erstvereinbarung zu seinem Unterlizenznehmer so zu gestalten hat, wie das Verhältnis zwischen Lizenzgeber und Lizenznehmer. Weithin ungeklärt ist jedoch, wie sich das Verhältnis zwischen Lizenzgeber und Unterlizenznehmer ausgestalten läßt. Von Bedeutung ist die letztgenannte Problematik für die Frage, in wie weit die genannten Parteien Gebietsbeschränkungen[250] des Artikels 1(1) für Herstellung und Vertrieb bezüglich der eigenen Gebiete und derjenigen des jeweils dritten Beteiligten vereinbaren dürfen.
Im einzelnen ist wie folgt zu differenzieren :

aa. Das Verhältnis Lizenznehmer - Unterlizenznehmer

Die Geltung der GFVOen zwischen Lizenznehmer und Unterlizenznehmer bedeutet für dieses Verhältnis, daß dort die weitreichenden Freistellungen der Artikel 1(1)1-3 gelten. Es kann vereinbart werden, daß die Parteien sich bezüglich Herstellung und Vertrieb aus den dem jeweils anderen Teil vorbehaltenen Gebieten fernhalten, und zwar für die Dauer der Gültigkeit des Patentes, oder im Falle der Anwendung der KHGFVO für die Dauer von 10 Jahren beginnend mit dem Abschluß der ersten Lizenzvereinbarung über dieselbe Technologie im Gebiet des Unterlizenznehmers.
Der Vorteil dieser Gestaltungsmöglichkeit zeigt sich vor allem unter der KHGFVO. Würden Lizenznehmer und Unterlizenznehmer die Lizenz vom Lizenzgeber direkt beziehen, so würde zwischen ihnen nur die zeitlich enger befristeten[251] Beschränkungen der Artikel 1(1)4-6 gelten können, wie insbesondere das auf höchstens 5 Jahre befristete Verbot des passiven Wettbewerbes. So können die zeitlich großzügiger bemessenen Beschränkungen[252] der Artikel 1(1)1-3 zwischen Lizenznehmer und Unterlizenznehmer vereinbart werden.

bb. Das Verhältnis Lizenzgeber - Unterlizenznehmer

Schwieriger ist das Verhältnis zwischen Lizenzgeber und Unterlizenznehmer zu bestimmen.
Hat der Lizenzgeber dem Lizenznehmer ein größeres Gebiet lizenziert, das dieser durch Erteilung einer Unterlizenz aufteilen darf, so kann vereinbart werden, daß der Lizenzgeber jegliche Herstellungs - und Vertriebsaktivitäten auf dem gesamten an den Lizenznehmer lizenzierten Gebiet gemäß der Artikel 1(1)1-3 unterläßt, also auch auf den später möglicherweise an den Unterlizenznehmer unterlizenzierten Gebieten.
Umgekehrt ist zu fragen, ob zwischen Unterlizenznehmer und Lizenznehmer auch vereinbart werden darf, daß der Unterlizenznehmer nicht im Gebiet des Lizenzgebers herstellen und

---

249 Z.B.: in den Verhältnissen Hersteller - Großhändler - Einzelhändler.

250 Siehe zur Kurzbeschreibung der Beschränkungen oben, Fußnote 215 und unten,Teil I, A I 2.

251 Deutlich wird dies durch die Festlegung der unterschiedlichen Zeitpunkte für den Beginn der Fristen in Artikel 1 (2) KHGFVO; siehe ausführlich dazu Teil I, A I 2.

252 Siehe vorausgehende Fußnote.

vertreiben darf. Es geht dabei um die Frage, ob der Lizenzgeber auch gegenüber dem Unterlizenznehmer den Schutz der Artikel 1(1)3 genießt, oder ob der Lizenzgeber im Verhältnis zum Unterlizenznehmer so stehen würde, wie ein Lizenznehmer zu einem anderen Lizenznehmer in Gemäßheit der Artikel 1(1)4-6 .
Man mag argumentieren, daß durch die Zulässigkeit einer solchen Vereinbarung zwischen Lizenznehmer und Unterlizenznehmer der Markt zu starr aufgeteilt werden könnte und der Wettbewerb behindert werden könnte. Dann dürfte der Lizenzgeber keinen Schutz gegenüber dem Unterlizenznehmer gem. Artikel 1(1)3 der GFVOen genießen[253].
Gegen diese Darstellung sind erhebliche Bedenken angebracht. Durch die genannte Argumentation würde der Lizenzgeber auf die Stufe des Unterlizenznehmers "degradiert". Seine Bereitschaft, in die Innovation neuer Technologie zu investieren, würde gehemmt, wenn er des erhöhten Gebietsschutzes als Teil seiner Entlohnung verlustig gehen würde. Dies widerspräche gerade der Zielsetzung der GFVOen und der Politik der Kommission, wonach Technologieinnovation und deren Verbreitung gerade propagiert werden. Das erste Glied in der Kette, von dem alle anderen Lizenznehmer ihr Recht ableiten, soll höchstmöglichen Schutz behalten können.
Hinzu kommt, daß der Unterlizenznehmer sein Recht vom Lizenznehmer ableitet. Die Unterlizenzierung ist dem Lizenznehmer wiederum nur durch die Vereinbarung mit dem Lizenzgeber gestattet, wobei er jedoch nicht dazu verpflichtet ist. Macht aber der Lizenznehmer vom Recht zur Unterlizenzierung keinen Gebrauch, so kann er das gesamte Gebiet alleine nutzen, und es gelten bezüglich des gesamten Gebietes im Verhältnis zum Lizenzgeber die Vorschriften des Artikel 1(1)1-3. Wenn der Lizenznehmer einen Teil des Gebietes dergestalt nutzt, daß er Unterlizenzen erteilt, so darf dadurch die Position des Lizenzgebers nicht berührt werden .
Insoweit ist gegen die Zulässigkeit der Vereinbarung von Nutzungsbeschränkungen im Gebiet des Lizenzgeber zwischen dem Lizenznehmer und dem Unterlizenznehmer nichts einzuwenden. Sie sind sogar zum Zwecke des angemessenen Schutzes des Lizenzgebers und der technischen Innovation insgesamt zu fordern, wenn eine solche Klausel auch im Verhältnis zwischen Lizenzgeber und Lizenznehmer vereinbart wurde.

cc .Das Verhältnis Unterlizenznehmer - dritte Lizenznehmer sowie zu anderen Unterlizenznehmern

Eine ähnliche Problematik wie die eben geschilderte birgt das Verhältnis des Unterlizenznehmers zu anderen Lizenznehmern als demjenigen, von dem er sein Recht ableitet, und zu anderen Unterlizenznehmern des eigenen oder dritter Lizenznehmer in sich.
Stellt man sich das Verhältnis Lizenzgeber-Lizenznehmer-Unterlizenznehmer als ein vertikales Stufenverhältnis vor, so stehen die Lizenznehmer in ihrer Gesamtheit über den Unterlizenznehmern. Dies könnte zu der Vermutung Anlaß geben, nicht nur das Verhältnis zwischen dem Unterlizenznehmer und den an ihn lizensierenden Lizenznehmern nach den Regeln über das Verhältnis Lizenzgeber-Lizenznehmer zu beurteilen, sondern auch das Verhältnis des Unterlizenznehmers zu dritten Lizenznehmern des Lizenzgebers.
Einer solchen Sichtweise ist jedoch ebenfalls mit der parallelen Erwägung, daß die Zulässigkeit der territorialen Beschränkungen im Verhältnis der Lizenznehmer untereinander nicht durch die bloße besondere Nutzungsart der Unterlizenzierung verändert werden darf, entgegenzutreten.
Entsprechendes gilt für das Verhältnis der Unterlizenznehmer untereinander.

---

253 So im Ergebnis wohl auch Korah, Know-How-Licensing, S. 79.

dd. Zusammenfassung

Grundsätzlich werden bei der Unterlizenzierung die Regeln der GFVOen für das Verhältnis Lizenzgeber - Lizenznehmer auch auf das Verhältnis Lizenznehmer - Unterlizenznehmer angewendet.
Im Verhältnis Unterlizenznehmer-Lizenzgeber müssen ebenfalls die Regeln der GFVOen ihrem Sinn und Zweck nach angewendet werden, wobei der besondere Schutz des Lizenzgebers ausschlaggebend ist. Für das Verhältnis von anderen Lizenznehmern des Lizenzgebers und Unterlizenznehmern, sowie den Unterlizenznehmern untereinander gelten die Bestimmungen der GFVOen, die das Verhältnis der Lizenznehmer untereinander betreffen.

b. Abtretung oder Veräußerung der Patente oder der Technologie

(Artikel 11(2) i.V.m. EG 6 PLGFVO; Artikel 6(2) KHGFVO und Art. 6(2) TTGFVO)

Ebenfalls von den GFVOen sind bestimmte Fälle erfaßt, in denen Patente oder Know-How veräußert werden. Die GFVOen führen beispielhaft[254] Fälle auf, die wirtschaftlich der Lizenzierung ähneln. Zum einen wird dies festgemacht an der Art und Weise der Gegenleistung, die abhängig sein muß vom erzielten Umsatz, der Anzahl der Lizenzstücke, oder der Anzahl der Gebrauchshandlungen von Patenten und Know-How.
Zum anderen wird dies deutlich durch die in EG 6 PLGFVO übernommene Formulierung, nach der das Risiko der wirtschaftlichen Verwertung beim Zedenten verbleiben soll [255].
Daraus wird deutlich daß die aufgezählten Gestaltungsmöglichkeiten nur als Beispiele für andere Vereinbarung dienen, bei denen das Risiko wirtschaftlicher Verwertung nicht vollständig auf den Erwerber übergeht.
Nicht unter die GFVOen fällt danach eine Abtretung gegen einmalige Zahlung einer bestimmten Gebühr. Nicht notwendig ist es hingegen, die Gebühren direkt proportional zu den gefertigten Stückzahlen zu berechnen. Es ist auch möglich, die Gebühr überhaupt an die Erreichung bestimmter Umsatzzahlen zu knüpfen und dies mit einer einmaligen Anfangsgebühr zu verknüpfen [256].
Bezüglich der Übertragung von Know-How ist darauf hingewiesen worden[257], daß die höchstzulässige, nur zehnjährige Dauer[258] der Freistellung dazu führen kann, daß eine endgültige Übertragung von Know-How gegen eine laufende Gebühr gemäß Artikel 6(2) KHGFVO unmöglich wird. Die strikte Anwendung der Zehnjahresfrist beinhalte sogar ein Verbot einer i.ü. wettbewerbsneutralen Übertragung von Know-How, da nach der Grundvorstellung der KHGFVO der Know-How-Geber berechtigt sei, nach Ablauf der Frist das Know-How anderweitig zu nutzen. Artikel 6(2) KHGFVO sei im Hinblick auf die Minusklausel[259] des Artikels 1(6) restriktiv auszulegen.
Dem ist entgegenzuhalten, daß die Befristung auf zehn Jahre nicht von vornherein der Gültigkeit der endgültigen Abtretung gemäß Artikel 6(2) entgegensteht. Sie befristet i.E. nur

254 Siehe den Wortlaut "insbesondere" an den genannten Stellen.
255 Vgl. Korah, Patent Licensing, S. 25.
256 Korah, Know-How-Licensing, S. 25.
257 Axster, Festschrift für v.Gamm, S. 514.
258 Artikel 1 (2) KHGFVO
259 Artikel 1 (6) KHGFVO bestimmt, daß die Freistellung auch dann gilt, wenn die Parteien die in Artikel 1 enthaltenen Beschränkungen vereinbaren, ihnen jedoch einen weniger weiten Umfang geben.

eine bestimmte Modalität der Gegenleistung. Dies ändert aber nichts an der grundsätzlichen Möglichkeit der vollständigen Übertragung. Vergleichsweise ist darauf hinzuweisen, daß unter der PLGFVO eine entsprechende Vereinbarung freigestellt ist bis zum Ende der Patentlaufzeit. Bis dahin kann eine Gegenleistung "auf Raten" erfolgen. Unter der KHGFVO mußte die Kommission nach Ermessen einen Zeitraum festsetzen, nach dessen Ablauf sie das Know-How für in der Regel wertlos ansieht. Auch hier kann bis zu diesem Zeitpunkt erfolgsabhängige Bezahlung erfolgen.
Bei der Übertragung von Patenten zu diesen Konditionen dürfte der Wert am Ende der Laufzeit abgegolten sein. Bei Know-How hingegen unterliegt es der Einschätzung der Parteien, ob der Wert nach 10 Jahren erfolgsabhängiger Gegenleistung abgegolten ist. Sollte dies nach dieser Einschätzung nicht der Fall sein, so kann entweder die Verlängerung der Freistellung beantragt werden, oder eine angemessene Abschlagszahlung vereinbart werden. Die Parteien müssen also lediglich darauf achten, daß sie eine Klausel in den Übertragungsvertrag aufnehmen, welche die Überprüfung des noch verbleibenden Know-How-Wertes und die Festsetzung eines entsprechenden Ausgleichs vorsieht .

c. Einbeziehung "verbundener Unternehmen"
(Artikel 11(3) PLGFVO; Art. 6(3) KHGFVO und Art. 6(3) TTGFVO)

Die GFVOen und die TTGFVO gelten nach ihrem übereinstimmenden Wortlaut auch für Patentlizenz- oder Know-How-Vereinbarungen, in denen Rechte oder Verpflichtungen des Lizenzgebers oder Lizenznehmers von mit ihnen verbundenen Unternehmen übernommen werden. Inhaltsgleiche Definitionen des verbundenen Unternehmens finden sich in Art 12 PLGFVO und Artikel 1(7)3 KHGFVO. Sie nennen als Merkmale die Kontrolle des Unternehmens das Eigentum an der Hälfte der Aktiva, oder das Innehaben der Hälfte der Stimmrechte .
Es werden durch diese Regelung in weitem Umfang verbundene Unternehmen in die Vereinbarungen der Mutterunternehmen einbezogen, vorausgesetzt, daß ihnen ebenfalls Rechte oder Pflichten für ein bestimmtes Gebiet übertragen wurden. Dies hat zur Folge, daß die verbundenen Unternehmen in Ansehung einer Vereinbarung ihrer Muttergesellschaft, welche diese mit einem dritten Unternehmen über einen bestimmten Vertragsgegenstand geschlossen hat, gegenüber diesen Dritten den gleichen Staus -Lizenzgeber oder Lizenznehmer - behaupten können (oder nur dürfen), wie ihre Muttergesellschaft .
Aus der Sicht des Lizenzgebers ist dies von Bedeutung für die Frage, in welchem Umfang Gebietsschutz gegenüber Dritten gewahrt werden kann. So genießt ein mit dem Lizenzgeber verbundenes Unternehmen, welches eine Lizenz für eine bestimmte Technologie von der Muttergesellschaft erhalten hat, gegenüber dem Dritten, der eine Lizenz gleichen Inhalts erhalten hat, bezüglich des Gebietsschutzes den gleichen Status und dieselben Rechte, wie die Muttergesellschaft als Lizenzgeber.
Damit wird auch bestätigt[260], daß Lizenzen innerhalb einer Firmengruppe, innerhalb derer beispielsweise eine Firma mit dem einzigen Zweck existiert, Technologie zu eignen und zu lizenzieren, nicht gegen Artikel 85 Absatz 1 EGV verstoßen.

---

260 Siehe zuvor EuGH Slg. 1974, S. 1147 f (Centrafarm /Sterling),wo eine derartige Aufgabenteilung innerhalb der Firmengruppe nicht als Verstoß gegen Art. 85 Abs.1 EGV angesehen wurde.

II. Anwendung der GFVOen auf gemischte Patentlizenz- und Know-How-Vereinbarungen

Die Bedeutung der getrennten Lizenzierung von Patenten und Know-How sinkt. Es werden in den seltensten Fällen noch reine Patentlizenzverträge abgeschlossen. Vielmehr geht es im Regelfall um die Übertragung komplexer Technologien, die kaum Gegenstand eines einzelnen Patentes sein können[261]. Oft sind nur noch Details einer gesamten Technologie durch Patente geschützt. Der Rest der Technologie ist entweder allgemein bekannt oder zugänglicher Natur, oder aber er ist geheim und hat daher einen nicht unerheblichen wirtschaftlichen Wert.
Beide GFVOen erkennen dies an und betonen, daß gerade solche Vereinbarungen stark an Bedeutung gewinnen, wonach ein ganzes Technologiepaket, welches aus patentierten und nicht patentierten Teilen besteht, vermittelt wird.
Außerdem erklären sich beide GFVOen für den Fall des Vorliegens einer gemischten Vereinbarung für anwendbar[262]. Die PLGFVO spricht in diesem Zusammenhang von Patentlizenzen und der Mitteilung technischen Wissens[263], die KHGFVO mit wohl umgekehrter Betonung von Know-How- und Patentlizenzvereinbarungen [264].
Damit ergibt sich die Frage, unter welchen Voraussetzungen die eine oder die andere GFVO gilt, oder ob auch beide kumulativ anzuwenden sind, wie es etwa die GFVO für Forschungs- und Entwicklungsvereinbarungen[265] in bestimmten Fällen in ihrem Verhältnis zu andere GFVOen anordnet [266].

1. Die Regelung nach der PLGFVO

Die Anwendung der PLGFVO auf gemischte Verträge ist an bestimmte, näher zu erörternde Voraussetzungen geknüpft. Sie gilt nicht schlechthin für die Beurteilung gemischter Vereinbarungen [267].
Diese Voraussetzungen wurden nicht in den Verordnungstext selber, sondern in EG 9 der PLGFVO aufgenommen. Danach ist die Anwendung der PLGFVO an drei Voraussetzungen geknüpft :

a .Keine Offenkundigkeit des Know-How

Das lizenzierte Know-How darf nicht offenkundig sein.
Dieser Begriff löste - zumindest zu der Zeit, als die PLGFVO noch nicht verabschiedet war - Auslegungsprobleme aus. So war unklar, ob unter den Begriff des offenkundigen technischen Wissens auch lediglich nicht allgemein zugängliches Wissen, sondern auch technisches Wissen, das für sich genommen zwar allgemein bekannt ist, jedoch im Zusammenhang mit

261 Winzer, Probleme des Technologietransfers,S. 94, der z.B. der reinen Patentlizenzierung keine eigenständige wirtschaftliche Bedeutung mehr beimißt.

262 EG 9 PLGFVO; EG 2 KHGFVO.

263 Art. 1(1), 1. Halbsatz PLGFVO.

264 Art. 1(1), 1. Halbsatz KHGFVO.

265 Verordnung EWG Nr. 418/85 (AblEG 1985, Nr. L 53, S. 5 f), gestützt auf die Ermächtigungsverordnung EWG Nr. 2821/71 (AblEG 1971, Nr. L 285, S. 46 f).

266 Siehe z.B. Guy, Recent Developments, S. 93.

267 Axster, Festschrift für v.Gamm, S. 512.

dem Patent neue Anwendungsformen eröffnet, zu fassen ist. Nach herrschender Ansicht[268] durfte die Freistellung in diesen Fällen nicht vorenthalten bleiben.
Es ist hilfsweise zu erwägen, die später in Kraft getretene KHGFVO für die Definition des Begriffes heranzuziehen. Zweifelhaft ist allerdings, ob die in der KHGFVO enthaltenen Definitionen und Beispiele für gleiche Begriffe unter der PLGFVO ergänzend herangezogen werden können. Dies wird schlicht nicht behandelt oder zum Teil verneint[269]. Letzteres ist im Grundsatz aus systematischer Sicht sicherlich richtig. Hier geht es aber um Bestimmungen, die dazu beitragen, gerade das Verhältnis der GFVOen zueinander zu bestimmen. Beide GFVOen verweisen aufeinander und ergänzen sich. Beide stellen auf den Geheimnischarakter des technischen Wissens ab. Die Möglichkeit, unter PLGFVO eine Definition zuzulassen, die sich von derjenigen unterscheidet, die unter der KHGFVO gebräuchlich ist, wäre in diesem Zusammenhang widersinnig und führte zu noch größeren Auslegungs- und Anwendungsschwierigkeiten. Es ist zumindest in diesem Bereich davon auszugehen, daß die Kommission eine einheitliche Auslegung gleicher Begriffe erreichen wollte.
Die KHGFVO ist zur Auslegung ergänzend heranzuziehen. Nach der dort enthaltenen Definition des Geheimnischarakters[270] technischen Wissens reicht es aus, daß das lizenzierte Wissen nicht allgemein bekannt oder leicht zugänglich ist. Es liegt ausdrücklich keine Begrenzung darauf vor, daß jeder Bestandteil des Know-How völlig unbekannt sein muß oder außerhalb des Geschäftsbetriebes des Lizenzgebers nicht erhältlich sein muß[271].
So sind einheitlich auch die oben genannten anfänglichen Zweifelsfälle erfaßt. Der Wert des Know-How muß nur darin bestehen, daß der Lizenznehmer für die konkrete Anwendungsform einen zeitlichen und damit wettbewerbsrelevanten Vorteil vor seinen Konkurrenten erhält.

b. Bessere Nutzung der Patente durch das Know-How

Als zweite Voraussetzung stellt EG 9 der PLGFVO das Erfordernis der besseren Nutzung der Patente durch das Know-How auf .

aa .Entscheidungen der Kommission

Die Kommission hatte die Anwendbarkeit der PLGFVO auf eine gemischte Vereinbarung anhand deren EG 9 bereits kurz nach Inkrafttreten zu überprüfen [272]. Sie führte aus, daß für den vorliegenden Fall die Rolle und die Bedeutung des überlassenen Know-How charakteristisch ist. Die Patente gälten nur für ein bestimmtes von mehreren Produkten. Außerdem sei der Lizenznehmer gar nicht verpflichtet, die Patente überhaupt zu nutzen und im übrigen nur gehalten, gemäß der tatsächlichen Verwendung Gebühren zu zahlen. Die Kommission befand also, daß das Know-How im Vordergrund stehe und lehnte die Anwendung der PLGFVO ab.
Sofern man gewillt ist, diese Abgrenzung anzuerkennen, dient sie allenfalls als Beispielsfall zur Illustrierung der Frage, wann ein Patent besser genutzt wird, bzw. wie weit sich der

---

268 Axster, Offene Fragen, GRUR 1985, S. 581(588); Bunte/Sauter, Kommentar, III 3 Rdnr.19; Korah, Patent Licensing, S. 20 f.

269 Wiedemann, Kommentar GFVO 2349/84, Art.1 Rdnr.8.

270 Art.1(7)2 KHGFVO.

271 Siehe zu den einzelnen, in diesem Zusammenhang bestehenden Auslegungsschwierigkeiten oben, Teil I, C I 3 b.

272 Entscheidung der Kommmission, AblEG 1987, Nr. L 50, S. 30 f,Tz 19/20 (Boissois/Interpane).

Begriff der besseren Nutzung ausdehnen kann. Dies ist nach Ansicht der Kommission bereits dann der Fall, wenn ein Patent im Rahmen einer bereits hochentwickelten Technologie mitverwendet wird. Dies mag die Uferlosigkeit der Einordnung in die eine Richtung illustrieren, hilft aber keinesfalls bei der Bestimmung von Grenzfällen in der anderen Richtung, nämlich bei der Entscheidung der Frage, ob das Know-How "gerade noch" zur besseren Nutzung dient, oder ob es bereits im Vordergrund steht.
Es erscheint zudem unlogisch, daß die Kommission zwar offensichtlich der besseren Nutzung des Patentes das Wort redet und damit eine Voraussetzung der PLGFVO für gegeben ansieht, aber deren Anwendbarkeit verneint[273]. Die Kommission hätte allenfalls mit ihren Erwägungen die Notwendigkeit des Patentes für die Anwendung der Technologie verneinen können, um ihre Entscheidung zu begründen. Dies hat sie aber in nicht hinreichend deutlicher Weise getan.

bb .Anmerkungen der Literatur

In der Literatur wurden bislang in wenigen Einzelaspekten Näherungen an die Fragestellung der Auslegung des Begriffs der besseren Nutzung unternommen.
Zum einen[274] soll es nicht erforderlich sein, daß die Mitteilung des technischen Wissens zur Bereicherung der Technik beitragen muß. Das Merkmal der Innovation muß danach nicht vorliegen. Dies ergibt sich daraus, daß es aus dem Vorentwurf der GFVO[275] grade nicht mit in die endgültige Fassung übernommen und lediglich durch den Begriff der besseren Nutzung ersetzt worden ist. Andererseits wird man davon ausgehen können, daß Innovation die Freistellung nicht ausschließt.
Aus der Streichung technischer Anforderungen an den Begriff der besseren Nutzung wird weiter gefolgert [276], daß neben der besseren technischen Nutzung auch die bessere wirtschaftliche Nutzung erfaßt ist. Die Unterscheidung ist auf den ersten Blick nicht einleuchtend, ist doch reines Marketing-Know-How -als Beispiel für bessere wirtschaftliche Nutzung- nicht vom Anwendungsbereich der GFVO erfaßt. Es muß sich also um eine Abgrenzung anderer Art handeln. Dabei soll unter besserer technischer Nutzung verstanden werden, eine Annäherung an den optimalen Wirkungsgrad des Patentgegenstandes selber, oder eine Erschließung weiterer Anwendungsbereiche. Unter den Begriff der besseren wirtschaftlichen Nutzung wird die Optimierung des Produktionsverfahrens für den Patentgegenstand zu fassen sein, was sich z.B. im Ausstoß erhöhter Stückzahlen niederschlagen kann .Ergänzend für beide Komponenten wäre z.B. die Erschließung neuer Anwendungsbereiche des Patentes durch das Know-How hinzuzufügen. Damit ist sowohl die technische Nutzungsmöglichkeit erweitert, als auch - indirekt dadurch - die Möglichkeit, das Patent wirtschaftlich besser zu nutzen .

Zudem ist es für nicht erforderlich erachtet worden[277], daß das Know-How nur eine Hilfs- oder Komplementärfunkton hat, wenngleich dies nicht schädlich für die Freistellung wäre. Es kann durchaus auch eigenständig in anderen Bereichen verwendbar sein.

---

273 Dagegen geht Axster, Festschrift für v. Gamm, S. 512, wohl davon aus, daß die Kommission die Notwendigkeit verneinte.

274 Bunte/Sauter, Kommentar, III 3, Rdnr.17.

275 Entwurf der VO, Dokument Nr.84/CC/1, EG 9.

276 Bohlig, GRUR Int. 1986, S. 102; Bunte/Sauter, Kommentar, III 3, Rdnr.18.

277 Bunte/Sauter, Kommentar, III 3, Rdnr. 67. Als Beispiel könnte man sich eine besondere, nur dem Lizenzgeber bekannte Zusammensetzung eines Schmierstoffes für eine patentierte Maschine vorstellen, die dadurch in ihrem Funktionsgrad oder ihrer Haltbarkeit verbessert wird.

Ebensowenig ist es erforderlich, daß der Patentteil dominiert[278]. Es reicht aus, wenn der Lizenznehmer die Technologie ohne das Patent nur in geringerem Umfang oder gar nicht nutzen könnte. Es ist allerdings darauf zu achten, daß die Schwelle zur Bestimmung des "notwendigen Patentes" nicht überschritten wird.

Jedenfalls muß eine wesentliche sachliche Verknüpfung von Patenten und Know-How ersichtlich sein.

cc. Zusammenfassung und Kritik

Nach den bisher entwickelten Kriterien liegt eine bessere Nutzung der Patente immer bei einer wesentlichen sachlichen Verknüpfung zwischen Patenten und Know-How vor, und zwar unabhängig davon, ob das Know-How sich innovativ auf die Technik auswirkt, ob es eine Hilfs- oder Komplementärfunktion erfüllt oder nicht, ob die wirtschaftliche oder technische Seite des Patentes betroffen ist, oder ob der Patentteil dominiert oder nicht .
Dies alles sind jedoch nur Einzelaspekte, die nicht generell zur Bestimmung des Begriffs der besseren Nutzung beitragen und größtenteils Negativabgrenzungen enthalten.

dd. Eigener Ansatz

Der Begriff der besseren Nutzung enthält bereits rein sprachlich einen Komparativ und setzt somit eine Vergleichsgröße voraus.
Es ist insofern naheliegend, eine Gegenüberstellung der Nutzungsmöglichkeiten eines Patentlizenznehmers ohne die Kenntnis des Know-How mit den Nutzungsmöglichkeiten eines Patentlizenznehmers, der zusätzlich über das Know-How verfügt, vorzunehmen. Entscheidender Parameter wird in dieser Situation der Wettbewerbsvorteil sein, den der Lizenznehmer mit den zusätzlichen Kenntnissen gegenüber demjenigen ohne diese zusätzlichen Kenntnisse erhält. Dabei kann sich der Wettbewerbsvorteil in allen denkbaren Facetten zeigen, beginnend mit der geringeren Störanfälligkeit der Produktionsanlagen und des Produktes bis hin zur besseren Verfügbarkeit am Markt.

c. Notwendigkeit des Patentes

Dritte Anwendungsvoraussetzung der PLGFVO auf gemischte Vereinbarungen ist die Notwendigkeit des Patentes für die Anwendung der lizenzierten Technologie.
Eine Definition dieses Begriffes ist in der PLGFVO nicht enthalten. Bis zum Erlaß er KHGFVO ging man davon aus, daß damit lediglich die Mitlizenzierung eines nicht mit dem Know-How in Zusammenhang stehenden Patentes ausgeschlossen werden sollte, um der Freistellung von im Grunde reinen Know-How-Vereinbarungen entgegen zu wirken. Es ist also hier ein wesentlicher gegenseitiger sachlicher Zusammenhang notwendig .
Nach Inkrafttreten der KHGFVO ergibt sich ein weiterer Anhaltspunkt für die Bestimmung des Begriffs. Es wird erläutert, wann ein Patent nicht notwendig ist [279]. Dies ist dann der Fall, wenn die betreffenden Patente keinen wirksamen Schutz vor Nutzung der Technologie durch

278 Sucker, CR 1990, S. 396 f, der diese Abgrenzung allerdings bei der Bestimmung der Notwendigkeit des Patentes trifft.
279 EG 2 KHGFVO. Zur Anwendung von Definitionen aus der KHGFVO auf die PLGFVO siehe oben Teil I, C II 1 a.

Dritte gewähren. Das Patent ist m.a.W. nicht notwendig, wenn die Technologie bei Kenntnis des Know-How auch ohne das Patent genutzt werden könnte .
Notwendig ist das Patent demzufolge dann, wenn die Technologie nicht ohne das Patent genutzt werden könnte, oder zumindest die Nutzung ohne das Patent wesentlich erschwert würde[280]. Das Patent muß eine Schlüsselfunktion haben. Dabei ist es unerheblich, ob der patentierte Gegenstand nur ein Detail im Verhältnis zur gesamten lizenzierten Technologie darstellt - quantitativ also als weniger wichtig erscheinen mag - solange es nur qualitativ von Bedeutung ist.

2. Die Anwendung der KHGFVO auf gemischte Vereinbarungen

Die KHGFVO[281] ist im Gegensatz zum Wortlaut des EG 9 PLGFVO auch dann auf gemischte Verträge anwendbar, wenn das Know-How nicht darauf beschränkt ist, den notwendigen Patenten zur besseren Nutzung zu dienen[282]. Dies ergibt sich aus der Formulierung des VO-Textes, in der es heißt, daß die Freistellung nach der KHGFVO auch für alle Vereinbarungen erfolgt, die nicht von der PLGFVO freigestellt sind[283], wie auch für gemischte Vereinbarungen, die nicht notwendige Patente im Sinne der oben dargestellten Definition enthalten. Dieser Ansatz wird noch einmal bekräftigt durch die Definition einer gemischten Know-How und Patentlizenzvereinbarung[284], wonach darunter alle diejenigen Vereinbarungen fallen, die nicht nach der PLGFVO freigestellt sind und Technologie lizenzieren, welche sowohl nicht patentierte als auch in einem Mitgliedstaat oder in mehreren Mitgliedstaaten patentierte Elemente enthält.

3. Zwischenergebnis

Damit ergibt sich bis hierher für die Anwendbarkeit der GFVOen folgende grundsätzliche Aufteilung.
Bei Vorliegen notwendiger Patente im Rahmen der lizenzierten Technologie erfolgt eine Freistellung ausschließlich nach der PLGFVO, sofern alle ihre Voraussetzungen erfüllt sind.
Bei Vorliegen ausschließlich nicht notwendiger Patente im Rahmen lizenzierter Technologie kommt ausschließlich eine Freistellung nach der KHGFVO in Betracht, vorausgesetzt, daß alle ihre Voraussetzungen erfüllt sind.

4. Weitere Anwendungsmöglichkeiten

Das bis hierhin gewonnen Ergebnis bedeutet jedoch nicht, daß damit der Anwendungsbereich auf gemischte Vereinbarungen erschöpfend ausgeführt ist.
Die KHGFVO gilt ihrem Artikel 1(1) i.V.m. EG 2[285] zufolge generell dann, wenn eine Freistellung nach der PLGFVO nicht erfolgt ist. Es kommt dann unter Umständen nicht darauf

---

280 Vgl. Sucker, CR 1990, S. 369 f.

281 Art. 1(1) i.V.m. Art 1(7)6 KHGFVO.

282 Axster, Festschrift für v.Gamm, S. 512 f (517). Es ist darauf hinzuweisen , daß "dienen" nicht im Sinne einer reinen Hilfs- oder Komplementärfunktion verstanden wird.

283 Art.1(1) und EG 2, erster Spiegelstrich KHGFVO.

284 Art. 1(7)6 KHGFVO.

285 EG 2 lautet in diesem Zusammenhang, daß die VO auch auf gemischte Vereinbarungen Anwendung findet, "unabhängig davon, ob die lizenzierten Patente notwendig sind oder nicht."

an, ob keine notwendigen Patente im Spiel sind. Die KHGFVO kann auch bei Vorliegen notwendiger Patente anwendbar sein.
Voraussetzung dafür ist, daß eine Freistellung nach der PLGFVO wegen Fehlens (auch nur) einer ihrer Voraussetzungen nicht erfolgen kann. EG 2 der KHGFVO nennt als einen wichtigen -wenn nicht den wichtigsten- Beispielsfall die Aufnahme einer nach der PLGFVO nicht freigestellten Gebietsschutzklausel [286], die beispielsweise eine Verpflichtung enthält, welche die Nutzung der einschlägigen Technologie durch den Lizenzgeber oder Lizenznehmer in Mitgliedstaaten ohne (parallelen) Patentschutz einschränkt. Die KHGFVO ist in einem solchen Fall ausdrücklich anwendbar. [287]
Ihre Anwendbarkeit ist aber nicht auf den ausdrücklich erwähnten Fall des nicht unter der PLGFVO freigestellten Territorialschutzes beschränkt.
EG 2 KHGFVO erklärt die Anwendbarkeit für alle nicht unter der PLGFVO freigestellten gemischten Vereinbarungen, indem sie "insbesondere" die genannte Fallkonstellation aufführt. Andere Konstellationen sind daneben durchaus denkbar, werden aber bislang kaum erwähnt[288]. So ist an alle Klauseln zu denken, die nach der PLGFVO unter die schwarze Liste fallen, nicht jedoch unter diejenigen der KHGFVO [289].
Es wird bei Abschluß der Untersuchung aufzuzeigen sein, wo die KHGFVO großzügigere Regelungen enthält, als die PLGFVO, um bestimmen zu können, an welchen Stellen die Parteien im Rahmen von gemischten Vereinbarungen mit notwendigen Patenten über die Bestimmungen der PLGFVO hinausgehen und immer noch die Freistellung unter der KHGFVO erhalten können.

Als weitere Voraussetzung für die Freistellung nach der KHGFVO ist erforderlich, daß die Verpflichtungen sich insgesamt oder teilweise auf das Know-How beziehen und daß die anderen in der GFVO genannten Voraussetzungen erfüllt sind[290].

5. Zusammenfassung

Die PLGFVO ist auf gemischte Verträge immer anwendbar bei Lizenzierung von notwendigen Patenten und Erfüllung ihrer sonstigen Voraussetzungen.
Die KHGFVO ist auf gemischte Vereinbarungen immer anwendbar, wenn keine notwendigen Patente lizenziert und ihre sonstigen Voraussetzungen erfüllt sind. Darüber hinaus ist sie auch bei Lizenzierung notwendiger Patente anwendbar auf gemischte Vereinbarungen, die die sonstigen Anforderungen der PLGFVO nicht erfüllen. Für eine Freistellung nach der KHGFVO müssen ihre sonstigen Voraussetzungen gegeben sein.

---

286 Unter der PLGFVO ist die Vereinbarung von Territorialschutz für Gebiete, in denen keine (parallelen) Patente (mehr) bestehen, in die Schwarze Liste aufgenommen, Art.3(11). Die Freistellung ist dann ausgeschlossen. Die Kommission geht dabei von dem Bild aus, daß Patente sowohl in dem Gebiet, von dem aus potentielle Exporte beschränkt werden sollen, existieren müssen, als auch in den zu schützenden Gebieten. Die PLGFVO ist z.B. auch dann nicht anwendbar, wenn eine Lizenz für den gesamten gemeinsamen Markt erteilt wird und nur in einem Mitgliedstaat kein Patentschutz (mehr) besteht. Siehe dazu Art.1(1)1-6 PLGFVO und ausführlich unten ,Teil 2,A.

287 EG 2, zweiter Spiegelstrich lautet in diesem Zusammenhang: "Die Verordnung ist auch dann anwendbar, wenn gemischte Vereinbarungen“ Verpflichtungen enthalten, "welche die Nutzung der einschlägigen Technologie durch den Know-How-Geber oder den Know-How-Nehmer in Mitgliedstaaten ohne Patentschutz einschränken,(...)".

288 Siehe aber Axster, Festschrift für v.Gamm, S. 513, der als einziges Beispiel dafür eine längere Gebührenzahlungspflicht, als nach der PLGFVO zulässig, anführt.

289 Korah, Patent Licensing, S. 89.

290 EG 2, zweiter Spiegelstrich KHGFVO.

6. Stellungnahme

Die Kommission hat der KHGFVO mit dieser Regelung im Verhältnis zur PLGFVO eine Auffangfunktion zugewiesen.
Damit wird gleichzeitig geklärt, daß die beiden GFVOen nicht nebeneinander, sondern alternativ zur Anwendung kommen[291].
Für die vertragsgestaltenden Parteien bedeutet die Regelung zweierlei.
Sie können zum einen prüfen, ob nicht doch die Voraussetzungen der KHGFVO erfüllt sind, wenn sie merken, daß ihre Vereinbarung nicht unter der PLGFVO freistellbar ist.
Zum anderen können sie infolge der getroffenen Regelung selber bestimmen, nach welcher GFVO ihre Vereinbarung beurteilt werden soll. Sie können beispielsweise Territorialbeschränkungen für Gebiete, in denen der Lizenzgeber keinen Patentschutz erworben hat, vereinbaren, und somit die Anwendbarkeit der KHGFVO herbeiführen [292].
Dies kann aber dazu führen, daß ein Patentinhaber eines europaweiten Patentes oder ein Inhaber von Patenten in allen Mitgliedstaaten über eine bestimmte Technologie, für dessen bzw. deren Erhaltung er nicht unerhebliche Gebühren zu erbringen und zu erwirtschaften hat, nicht in den Genuß der Wahlmöglichkeit kommen kann. Er muß sich - sofern er in seiner Vereinbarung mit dem Lizenznehmer über die Vorgaben der PLGFVO hinausgeht - entweder mit dem Widerspruchsverfahren unter der PLGFVO oder mit dem zeitraubenden Einzelfreistellungsverfahren begnügen. Die Kommission benachteiligt damit den risiko- und investitionsfreudigen Erfinder.

7. Vereinheitlichung unter der TTGFVO

Seit der Veröffentlichung des Entwurfs der TTGFVO liegt der Plan der Kommission, die beiden bisher behandelten GFVOen in einem einheitlichen Instrument über den Technologietransfer zu vereinheitlichen. Dadurch sollen alle Regelungen über Patentlizenzverträge und Know-How-Überlassungsverträge soweit wie möglich harmonisiert und vereinfacht werden, um zum einen die Verbreitung technischen Wissens in der EU zu erleichtern und zum anderen die Produktion von technisch anspruchsvollen Gütern zu fördern. Der Anwendungsbereich des Entwurfes bezieht sich auf die Lizenzierung von Patenten unter dem Recht einzelner Mitgliedsstaaten, auf Gemeinschaftspatente und auf "Europäische Patente" (reine Patentlizenzverträge). Darüber hinaus finden die Regelungen Anwendung für die Verwertung nicht patentierter technischer Informationen, wie die Beschreibung von Produktionsabläufen, Rezepten, Formeln, Designs und Zeichnungen, welche in ihrer Gesamtheit als Know How bezeichnet werden (pure Know-How-Überlassungsverträge). Ferner ist die Anwendbarkeit der TTGFVO eröffnet für kombinierte Patent- und Know-How-Lizenzverträge, welche nach der Einschätzung der Kommission eine immer wichtiger werdende Rolle im Rahmen des Technologietransfers spielen[293] (gemischte Verträge). Mit Erlaß der TTGFVO ist dieses Anliegen verwirklicht worden.
Nach der Konzeption der TTGFVO kann eine Freistellung dann erfolgen, wenn die Patente "essentiell" für die Erreichung der Ziele der lizenzierten Technologie sind, oder wenn das

---

291 Siehe EG 2 und 3 KHGFVO. EG 3 legt ausdrücklich fest, daß KHGFVO nicht auf Vereinbarungen anwendbar ist, die unter die PLGFVO fallen.

292 Dabei ist jedoch zu beachten, daß die Höchstlaufzeit der Vereinbarung in Art. 1(4) KHGFVO nur bei Vorliegen notwendiger Patente von 10 Jahren auf die Laufzeit des längstlaufenden notwendigen Patentes ausgedehnt werden kann. Bei nicht notwendigen Patenten gilt die Höchstfreistellungsdauer von 10 Jahren.

293 Erwägungsgrund 3 des Entwurfs der TTGFVO.

Know How - sei es, daß es den Patenten untergeordnet ist oder sei es, daß es von den Patenten unabhängig ist - geheim, wesentlich und in geeigneter Form identifiziert ist. Nach Erwägungsgrund 4 der TTGFVO bezwecken diese Definitionen lediglich sicherzustellen, daß die Weitergabe von Know How oder die Lizenzierung von Patenten eine Gruppenfreistellung von Verpflichtungen rechtfertigt, die die Ausnutzung der Technologie beschränken. In der endgültigen Fassung der TTGFVO ist nicht mehr die Rede von wesentlichen Patenten, sondern einheitlich von notwendigen Patenten. Die Erörterung der einzelnen Freistellungsvoraussetzungen - insbesondere die Erörterung der Begriffe essentiell und notwendig - erfolgt zu einem späteren Zeitpunkt.
Abgrenzungsprobleme zwischen mehreren Freistellungsverordnungen existieren nach der neuen Regelung nicht mehr, allerdings ist auch die oben dargestellte Wahlmöglichkeit der jeweils günstigeren Gruppenfreistellungsverordnung im Einzelfall ausgeschlossen. Ob dies aber nach der Neugestaltung von schwarzer und weißer Liste noch ins Gewicht fällt, bleibt zu untersuchen.

III. Räumlicher Geltungsbereich der GFVOen

1. Das Verhältnis zu nationalem Kartellrecht

Für die vertragsgestaltenden Parteien ist es wichtig zu wissen, ob sie unter Umständen neben den Regeln des europäischen Kartellrechts auch weitere nationale Regelungen beachten müssen und wie sie bei kollidierenden Wertungen des europäischen und des nationalen Rechts zu verfahren haben. Dieser Fragenkreis ist insbesondere auch im Hinblick auf die Gruppenfreistellungsverordnungen umfassend behandelt worden[294]. Es ist daher nur eine knappe Zusammenfassung dazu angezeigt mit Vertiefung einer problematischen Fragestellung.

Grundlegend für die Bewertung des Verhältnisses von nationalem zu europäischem Kartellrecht ist die Rechtsprechung des EuGH[295] sowie in der Bundesrepublik die Rechtsprechung des Bundesverfassungsgerichtes[296]. Dort ist -verkürzt ausgedrückt- der Vorrang des europäischen Gemeinschaftsrechts vor nationalem Recht anerkannt worden. Der Vorrang kann aber nur soweit gelten, wie das Gemeinschaftsrecht den Sachverhalt regelt. Das Gemeinschaftsrecht stellt für seine Beurteilungen auf die Auswirkungen auf den zwischenstaatlichen Handel ab. Das innerstaatliche Recht kann denselben Sachverhalt auch im Hinblick auf seine innerstaatlichen Auswirkungen nach anderen Gesichtspunkten beurteilen[297].[298]
Der Vorrang des Gemeinschaftsrechts gilt aber uneingeschränkt für den Fall, daß europäisches und deutsches Kartellrecht kollidieren. Zumindest darf die uneingeschränkte und einheitliche und effektive Anwendung des europäischen (Kartell-) Rechts nicht gefährdet werden[299].

---

294 Wiedemann, Kommentar, Bd.1, Rdnrn. 387 f, sowie Zuleeg, Europarecht 1990, S. 123 f und Bunte, WuW 1989, S. 7 f.

295 EuGH Slg. 1964, S. 1251 f (1266) in Sachen Costa/ENEL; EuGH Slg, 1977, S. 137 f; EuGH Slg. 1978, S. 629 f.

296 insbesondere BVerfGE 73, S. 339 f (Solange-II-Beschluß).

297 Schlecht, Festschrift für Benisch, S. 49 f (55/56).

298 Zu dem weiteren, hier nicht näher darzustellenden Aspekt dieses Themas, der Kompetenz zur Anwendung von EWG-Kartellrecht durch nationale Behörden, siehe Gruber, WRP 1991, S. 458 f, sowie zur Durchsetzung europäischen Kartellrechts durch Deutsche Gerichte siehe Pietrek, RIW 1990, S. 611 f.

299 EuGH Slg. 1969, S. 1 f (14) (Farbstoffe-Fall).

Zu der anschließenden Frage, welcher Anwendungsbereich dem europäischen Kartellrecht zukommt, bzw. welcher Anwendungsbereich noch für das nationale Kartellrecht verbleibt, wann also ein Konfliktfall nicht anzunehmen ist, findet sich in der Rechtsprechung des EuGH keine ausdrückliche Stellungnahme. Ausgangspunkt für weiterführende Überlegungen ist aber die folgende Urteilspassage[300]:
"Artikel 85 EGV gilt für alle in der Gemeinschaft tätigen Unternehmen; er regelt deren Verhalten teils durch die Verbote, die er ausspricht, teils indem er - unter Voraussetzungen, die er im einzelnen bestimmt- die Befreiung derjenigen Kartelle, die zur Verbesserung der Warenerzeugung oder -verteilung oder zur Förderung des technischen Fortschritts beitragen, von diesen Verboten vorsieht. Auf diese Weise will der Vertrag in erster Linie Hindernisse für den freien Warenverkehr auf dem gemeinsamen Markt beseitigen und die Einheit des Marktes kräftigen und gewährleisten; daneben gestattet er jedoch den Gemeinschaftsbehörden auch gewisse positive, obgleich mittelbare Eingriffe zur Förderung einer harmonischen Entwicklung des Wirtschaftslebens innerhalb der Gemeinschaft im Sinne von Artikel 2 EGV."
Neben einigen hier nicht weiter zu verfolgenden Stimmen in der Literatur[301] haben sich zwei Hauptansichten herausgebildet, die die Tragweite dieser Rechtsprechung für das Verhältnis von nationalem zu europäischem Kartellrecht bestimmen.
Nach der Zweischrankentheorie[302] wird lediglich Artikel 85 Absatz 1 EGV durch Artikel 85 Absatz 3 EGV für unanwendbar erklärt, nicht jedoch das nationale Kartellrecht. Zur Anwendung des nationalen Kartellrechts finde sich keine Aussage. Es bestehe auch keine Verpflichtung, freigestellte Vereinbarungen zu vollziehen. Die Unternehmen seien nicht verpflichtet, von ihrer durch die Freistellung wiedererlangten Vertragsfreiheit Gebrauch zu machen und eine Vereinbarung entgegen nationalen kartellrechtlichen Vorschriften zu vollziehen. Nationales Kartellrecht könne insofern eine zweite Schranke darstellen.
Nach der herrschenden Ansicht[303] besteht der Vorrang der Freistellung gegenüber nationalem Kartellrecht in vollem Umfang. Es bestehe ein Zusammenhang zwischen den Freistellungsvoraussetzungen und der "harmonischen Entwicklung des Wirtschaftslebens" nach Artikel 2 EGV. Jede Freistellung sei daher eine positive Maßnahme zur Förderung des Wirtschaftslebens. Sie habe auch mittelbaren Charakter, da die Förderung des Wirtschaftslebens an sich erst durch den Vollzug der freigestellten Vereinbarung erfolge.
Der herrschenden Ansicht soll auch hier gefolgt werden. Gegen die Zweischrankentheorie ist zu recht vorgebracht worden[304], sie verkenne, daß die Parteien schon vor der Freistellungsentscheidung vertraglich gebunden waren; sie hätten ihre Vertragsfreiheit durch die Freistellung nicht wiedergewonnen; der Vertrag sei zu vollziehen. Zudem sei ein aufwendiges Freistellungsverfahren nicht sinnvoll, um die daraus resultierenden Entscheidung umgehend von nationalen Behörden "kassieren" zu lassen. Für die zweite Ansicht spricht, daß einheitliche Maßstäbe für die Verwirklichung der Ziele des EGV und die harmonische Entwicklung des Wirtschaftslebens notwendig sind. Nachgeschaltete nationale Verbote würden dies verhindern.

---

300 EuGH Slg. 1969, S. 1 f (14).

301 Möschel, Recht der Wettbewerbsbeschränkungen, Rdnr. 136; Stockmann, 1987 Fordham Corporate Law Institute, 1988, S. 265 f (291); Niederleithinger, BB 1959, S. 1185 f (1118); Immenga/Mestmäcker, Wettbewerbsrecht, Einleitung, Rdnr. 46 (allesamt zitiert nach Wiedemann, Kommentar, Band 1, Rdnr. 395).

302 Grabitz/Koch, vor Art.85, Rdnr. 50.

303 Groeben/Thiesing/Ehlermann, vor Art.85-89 EGV, Rdnr.39; Wiedemann, Kommentar, Band 1, Rdnr.397, m.w.N.

304 Wiedemann, Kommentar, Band 1, Rdnr. 399.

Für die besondere Form der Freistellung durch die GFVOen gilt im Grundsatz das soeben Ausgeführte. Es ist zu recht darauf hingewiesen worden[305], daß GFVOen als gebündelte Einzelfreistellungen anzusehen sind, so daß sich der Vorrang spätestens dann realisiere, wenn die Unternehmen die Vereinbarung träfen. Insofern handele es sich ebenfalls um positive, wenn auch mittelbare Eingriffe.
Es ist aber dennoch auf zwei gesonderte Fragenkreise einzugehen, die durch die Eigenheiten der GFVOen entstehen.
Zum einen halten die hier erörterten GFVOen die Möglichkeit bereit, solche Klauseln, die weder eindeutig freigestellt, noch in der schwarzen oder weißen Liste enthalten sind, im Widerspruchsverfahren freizustellen. Verträge mit solchen Klauseln müssen bei der Kommission angemeldet werden. Widerspricht die Kommission innerhalb von sechs Monaten nicht, ist die Vereinbarung freigestellt. Auch hier tritt mit Ablauf der Frist die Vorrangwirkung der Freistellung ein. Das Unterlassen des Widerspruchs ist als positiver, wenn auch mittelbarer Eingriff zur Förderung eines harmonischen Wirtschaftslebens zu begreifen.
Die zweite Fragestellung betrifft die in den weißen Listen enthaltenen Klauseln, die die Kommission im Regelfall für nicht wettbewerbsbeschränkend hält. Dies bedeutet, daß die Kommission den Anwendungsbereich des Artikels 85 Absatz 1 EGV für gar nicht eröffnet hält, da keine Wettbewerbsbeschränkung vorliegt.
Es wird vertreten[306], daß die Vorrangwirkung der GFVOen auch dann eintrete, wenn es um die Bewertung dieser Klauseln gehe. Die vertragszielfördernde Wirkung hinge nicht notwendig von der Wettbewerbsbeschränkung ab. Die Klauseln in den weißen Listen enthielten eine positive Bewertung und zwar auch dann, wenn sie in der konkreten Situation eine Wettbewerbsbeschränkung darstellten. Außerdem entstünde ein Wertungswiderspruch, wenn die Freistellung eindeutig wettbewerbsbeschränkender Maßnahmen Vorrang vor nationalem Kartellrecht hätten, nicht jedoch die weniger bedenklichen Maßnahmen. Die Parteien würden dadurch in Vereinbarungen hineingetrieben, die nicht beabsichtigte Beschränkungen enthielten, nur um den Schutz der GFVOen genießen zu können.
Dieser Ansicht ist folgendes entgegenzuhalten.
Soweit argumentiert wird, die Wertungen der weißen Listen hätten sogar Bestand, wenn die Klausel wettbewerbsbeschränkend sei, betrifft dies lediglich den Ausnahmefall. Die Auslegung sollte sich aber zunächst am Regelfall orientieren.
Dieser besteht aber gerade darin, daß die weißen Listen festlegen, welche Vertragsklauseln nicht wettbewerbsbeschränkend sind und damit nicht unter Artikel 85 Absatz 1 EGV fallen. Da aber die Kommission zu dieser Festlegung direkt in der VO 19/65 gar nicht direkt ermächtigt ist, mußte sie hypothetisch davon ausgehen, daß es auch Konstellationen gibt, in denen diese Klauseln wettbewerbsbeschränkend und damit freistellungsbedürftig sind. Mit dieser Technik hat die Kommission es vermieden, daß trotz der Existenz von GFVOen zahlreiche Einzelfreistellungsanträge gestellt werden.
Damit hat die Kommission den Bereich festgelegt, der vom europäischen Kartellrecht nicht erfaßt ist. Sie hat nicht etwa nur im Rahmen des Artikels 85 EGV festgeschrieben, daß die Voraussetzungen seines Absatzes 1 zwar vorliegen, letzterer jedoch gemäß des Absatzes 3 nicht anwendbar ist, sondern sie hat am Rande ihrer Kompetenz umschrieben, welchen Vereinbarungen der Anwendungsbereich des europäischen Kartellrechts verwehrt ist. Dies ist ja auch grundsätzlich nicht zu bedauern, wenn man sich vor Augen hält, daß das europäische Kartellrecht zunächst einmal aus einem Verbotstatbestand besteht und nicht aus positiv formulierten Freiheitsgewährungen.

---

305 Wiedemann, Kommentar, Band 1, Rdnr. 404.

306 Wiedemann, Kommentar, Band 1, Rdnr. 409 f.

Diejenigen Bestimmungen, die erst gar nicht vom Anwendungsbereich des europäischen Kartellrechts erfaßt sind, bleiben einer Beurteilung nach nationalem Recht vorbehalten.
Folgte man der anderen Ansicht, so dürften konsequenter Weise auch alle Klauseln und Verträge, deren Anwendung durch einen "comfort-letter" oder ein Negativattest seitens der Kommission abgesichert ist, nicht mehr vom nationalen Kartellrecht überprüfbar sein. Dies ist aber angesichts der bislang nicht hinreichend gesicherten Einordnung der Rechtsnatur dieser Institute nicht vertretbar.
Was den von der Gegenansicht ins Felde geführten Wertungswiderspruch anbelangt, so ist seine Existenz nicht zu leugnen. Er wird aber als spezifisch kartellrechtliche Ausformung des Phänomens der sogenannten Inländerdiskriminierung[307] zu behandeln sein.
Die von der Gegenmeinung befürchteten praktischen Konsequenzen dürften angesichts einer ähnlichen Bewertung vertikaler Klauseln als nicht wettbewerbsbeschränkend denkbar gering bleiben. Dies räumt die Gegenmeinung in anderem Zusammenhang selber ein[308].

2. Die Anwendbarkeit der GFVOen auf Verträge mit Drittstaatenbezug

Beide GFVOen[309] enthalten in ihren EGen Bestimmungen über ihre Anwendbarkeit auf Vereinbarungen mit Drittstaatenbezug. Soweit danach "Lizenzvereinbarungen mit Bezug auf Drittstaaten oder mit Bezug auf Gebiete geschlossen werden, die sich über die Grenzen der Gemeinschaft hinaus erstrecken, und wenn solche Vereinbarungen Auswirkungen im gemeinsamen Markt haben, bei denen Artikel 85 Absatz 1 EGV Platz greifen könnte, müssen sie in demselben Maße, wie Vereinbarungen für Gebiete innerhalb des gemeinsamen Marktes einbezogen werden" [310].

Die TTGFVO enthält in ihrem Erwägungsgrund 6 Abs. 1 und 2 inhaltsgleiche Regelungen. Die i.F. anhand der PLGFVO und der KHGFVO dargestellten Auslegungsprobleme beziehen sich vollen Umfanges auch auf die Regelung unter der TTGFVO.

Drittstaaten sind grundsätzlich alle Nichtmitgliedstaaten. Auf diese sind die Regelungen in den EGen der GFVOen anwendbar.
Seit Inkrafttreten des Abkommens über den Europäischen Wirtschaftsraum[311] (EWR-Abkommen) zwischen der Europäischen Union, ihren Mitgliedstaaten und den EFTA-Staaten gelten für die EFTA-Staaten jedoch spezielle Regelungen.
Artikel 53 des EWR-Abkommens enthält eine dem Artikel 85 EGV entsprechende Vorschrift. Inhaltlicher Unterschied zwischen dieser Vorschrift und Artikel 85 EGV ist die Ausdehnung des geographischen Anwendungsbereiches auf die EFTA-Staaten.
Die Kompetenz zur Anwendung dieser Vorschrift ist in Artikel 55 des EWR-Abkommens auf die jeweils zuständige Behörde übertragen worden. Zuständig sind die Kommission und eine neu einzurichtende "EFTA-Überwachungsbehörde"[312] [313].

---

307 Mit diesem Begriff wird eine Vielzahl von Sachverhalten umschrieben, in denen Inländer durch die Gesetzgebung ihres Heimatstaates strengeren Regeln unterworfen sind, als EU- Ausländer, die sich für dasselbe Betätigungsfeld auf die für sie günstigeren europarechtlichen Regelungen berufen dürfen. Siehe ausführlich dazu Nicolaysen, Inländerdiskriminierung, EuR 1991, S. 95 f.

308 Wiedemann, Kommentar, Band 1, Rdnr. 412.

309 EG 5 PLGFVO und EG 4 Abs.2 KHGFVO.

310 EG 5 PLGFVO.

311 AblEG 1994, Nr. L 1, S. 3 f.

312 Übersetzung des Begriffs "EFTA-Surveillance-Authority" aus dem englischsprachigen Amtsblatt diesseits.

Nach Artikel 60 EWRV enthält Annex XIV[314] spezielle Bestimmungen, die unter anderem "den Grundsätzen des Artikels 53 EWRV zur Wirkung verhelfen"[315]. Annex XIV listet unter dem Kapitel "Acta Referent To" unter Gliederungspunkt C. die PLGFVO, sowie unter Gliederungspunkt F. die KHGFVO auf. Damit ist die Anwendung der hier dargestellten GFVOen auf Vereinbarungen mit Bezug zu EFTA-Staaten vereinbart worden.
Anne XIV sieht an den genannten Stellen vor, daß die Vorschriften der Verordnungen, also PLGFVO und KHGFVO, mit den sodann im einzelnen aufgeführten Veränderungen "gelesen werden sollen". Im Wesentlichen wird der Erweiterung des geographischen Anwendungsbereiches dadurch Rechnung getragen, daß die in den GFVOen verwendeten Begriffe "EWG" und "Mitgliedstaaten" ergänzt bzw. ersetzt werden. Der Begriff "EWG wird ersetzt durch die Wendung des "durch den EWRV erfaßten Gebietes", der Begriff "Mitgliedstaaten" wird um die Einbeziehung der EFTA-Staaten ergänzt. Die der Kommission zugewiesenen Kompetenzen im Widerspruchs- und Rücknahmeverfahren werden auch der EFTA-Behörde zugewiesen[316].

Für Vereinbarungen mit Bezug zu Drittstaaten, die nicht EFTA-Staaten sind, sind mehrere Fragenbereiche auseinanderzuhalten. Diese sollen dargestellt werden anhand der Vorschriften der Artikel 1 der GFVOen über Exclusivklauseln und Vertriebsbeschränkungen.

a. Exclusivität der Lizenz für im Drittstaat ansässigen Lizenznehmer

Zu beurteilen ist zunächst die exclusive Lizenz, in einem Drittstaat herzustellen und dort zu vertreiben. Vertriebsbeschränkungen bleiben hier zunächst außer Betracht.
Exclusivitätsklauseln unterfallen ihrem Wortlaut nach zweifelsfrei dem EG 5 PLGFVO und dem EG 4 (2) KHGFVO. Hier liegt das Vertragsgebiet selber im Drittstaat.
Zweifelhaft ist alleine, wann die Exclusivität der Lizenz an sich geeignet ist, Wettbewerbsbeschränkungen im gemeinsamen Markt hervorzurufen.
Diese Gefahr wird in der Literatur[317] dann gesehen, wenn der Verdacht einer groß angelegten Absprache zur Marktaufteilung besteht. Dies soll dann der Fall sein, wenn kumulativ die folgenden Voraussetzungen vorliegen.
Der Lizenzgeber muß zum einen zahlreiche gleichartige Verträge mit Lizenznehmern in verschiedenen Ländern geschlossen haben .
Zum anderen müßte die theoretische Möglichkeit des Reimportes in das Gebiet der EWG bestehen. Es ist ausreichend, wenn dies z.B. auf nicht zu hohe Transportkosten und Zölle zurückzuführen ist, so daß das Produkt auf den Importmärkten konkurrenzfähig bliebe. Durch die Exclusivität würden dann nicht nur Konkurrenten künstlich auf den Märkten der Drittstaaten ausgeschlossen, sondern auch die Konkurrenz auf dem gemeinsamen Markt.

---

313 Die Verteilung der Zuständigkeit im Einzelnen ist in Artikel 56 des EWR-Abkommens geregelt. Danach ist die EFTA-Behörde zuständig, wenn der Handel nur zwischen den EFTA-Staaten betroffen ist. Sie ist auch zuständig, wenn der Umsatz der beteiligten Unternehmen 33% oder mehr auf dem Gebiet der EFTA-Staaten beträgt. Allerdings muß sie ihre Entscheidungspolitik nach Maßgabe des Artikels 58 des EWR-Vertrags i.V.m. Protokoll 23 zum EWRV (AblEG 1994, Nr. L 1, S. 186) und Annex XIV (AblEG 1994, Nr. L 1, S. 446 f.)koordinieren. Die Kommission bleibt für alle anderen Fälle zuständig.

314 AblEG 1994, Nr. L 1, S. 446 f.

315 Übersetzung aus dem englischsprachigen Amtsblatt diesseits.

316 Die Zuweisung der Kompetenz im Einzelnen richtet sich dann wieder nach Artikel 56 EWRV.

317 Jeanrenaud, Exclusive Licences, S. 21 f (46).

In einem solchen Fall sollten die Bedenken bezüglich dieser Verpflichtung dennoch vernünftigerweise als hinter den Hauptzweck, die Verbreitung der Technologie, zurücktretend beurteilt werden.

b. Exclusivlizenzen innerhalb des gemeinsamen Marktes mit Vertriebsbeschränkungen nach Drittstaaten

Desweiteren sind Exclusivlizenzen zwischen im gemeinsamen Markt ansässigen Lizenzgebern und Lizenznehmern zu beurteilen, mit der Besonderheit, daß dem Lizenznehmer Vertriebsbeschränkungen für Drittstaaten auferlegt wurden.

Vor Erlaß der GFVOen lagen drei Kommissionsentscheidungen[318] zu diesem Themenkreis vor. Zwar ging es dort um die Behandlung von Alleinvertriebsverträgen und Warenzeichenlizenzen, die Problematik war jedoch parallel gelagert.

Die Kommission warf in ihren Entscheidungen nicht als erstes die Frage auf, ob die Lizenzen beziehungsweise Vetriebsbeschränkungen mit Auslandsbezug freistellungsfähig oder freistellungsbedürftig seien, sondern behandelte zunächst die Frage, ob die Vertriebsbeschränkung für Nichtmitgliedstaaten eine Wettbewerbsbeschränkung i.S.d. Artikel 85 Absatz 1 EGV darstellen kann.

Die Kommission betrachtete dazu im Einzelfall die potentielle Auswirkung auf den Produktmarkt des konkreten Lizenzgegenstandes .

Sie untersuchte dazu hauptsächlich die Frage, ob die ohne die Beschränkung ausgeführten Produkte in die Gemeinschaft reimportiert würden .

Sie kam zu dem Ergebnis, daß in keinem der Fälle der Wettbewerb spürbar beeinflußt sei. Dies sei darauf zurückzuführen, daß ein Reimport der einmal aus dem Gebiet des gemeinsamen Marktes ausgeführten Produkte unwahrscheinlich sei, da die Versorgungslage innerhalb des gemeinsamen Marktes ausgezeichnet sei, und die potentiellen Reimporteure aufgrund von Zöllen, Transportkosten und zusätzlich einzukalkulierenden Gewinnspannen auf dem gemeinsamen Markt nicht konkurrenzfähig seien[319].

Die Marktbedingungen blieben also auch bei Wegfall der Vertriebsbeschränkungen in diesen Fällen unverändert.

Hauptsächlich zu untersuchen ist aber die Frage, ob und unter welchen Voraussetzungen die GFVOen diese Konstellation erfassen und auf sie anwendbar sind.

Sowohl nach EG 5 PLGFVO, als auch nach EG 4(1/2) KHGFVO ist Voraussetzung, daß der Anwendungsbereich des Art 85 Absatz 1 EGV eröffnet ist.

Dies kann in Anwendung der Kommissionsentscheidungen der Fall sein, wenn der Reimport der Ware wahrscheinlich ist.

Kriterien für die Wahrscheinlichkeit sind von der Kommission bereits angedeutet worden. Sie sind von einer Stimme in der Literatur aufgegriffen worden.

---

318 Entscheidungen der Kommission in Sachen :
SABA I, AblEG 1976, Nr.L 28, S. 19 f.
Junghans, AblEG 1977, Nr. L 30, S. 10 f.
Campari, AblEG 1978, Nr. L70, S. 69.

319 Sie wies aber z.B. in Sachen Campari, AblEG 1978, Nr. L 70 S. 69, darauf hin, daß Reimporte aus denjenigen Länder wahrscheinlich werden, mit denen ein Freihandelsabkommen geschlossen wird, wie im Juli 1977 mit den EFTA-Staaten. Seit Inkrafttreten des EWR-Abkommens gelten die GFVOen allerdings auch für Vereinbarungen mit Bezug zu EFTA-Staaten.

Danach wird das Preisniveau des potentiell zu remportierenden Produktes auf dem Markt des Drittstaates als Kriterium für die Bestimmung des Wahrscheinlichkeitsgrades herangezogen [320].

Dies macht aber nur Sinn, wenn man es wiederum in das von der Kommission angedeutete System eingliedert, wonach das Preisniveau für den in Frage stehenden Produktmarkt auf dem Gebiet der EWG mit dem Preisniveau auf dem entsprechenden Markt in dem Drittstaat, aus dem der Reimport potentiell erfolgen kann, zu vergleichen ist. Addiert man nun die von der Kommission genannten Kostenfaktoren des Reimportes - Zölle, Gebühren, Transportkosten, zusätzliche Gewinnspannen - zu dem Marktpreis im Drittland, so läßt sich allerdings herausfinden, ob der Reimport lohnend und damit wahrscheinlich ist .

Im Ergebnis steht also das Kriterium des Preisniveaus im Drittstaat nicht für sich, sondern ist eine in dem von der Kommission angedeuteten System anzuwendende Rechnungsgröße. Im Regelfall kann aber wohl angesichts der von der Kommission aufgeführten Kriterien von der Unwahrscheinlichkeit eines Reimportes ausgegangen werden.

Als weiteres Kriterium wird der Grad des vorherrschenden Wettbewerbes, also die Konzentration der Wettbewerber innerhalb der EWG herangezogen[321]. Je größer die Anzahl der bereits vorhandenen Wettbewerber, desto geringer wird die Wahrscheinlichkeit des Reimportes.

Es bleibt jedoch vorab zu prüfen, ob überhaupt ein Markt auf dem Gebiet der EWG für das in Frage stehende Produkt besteht. Besteht er nicht, kann schlechterdings auch kein Wettbewerb auftreten, der beschränkt werden könnte. Artikel 85 Absatz 1 EGV kommt nicht zur Anwendung .[322]

Nun stellt sich aber die Frage, ob die vereinbarten Vertriebsbeschränkungen nach Drittstaaten auch vom restlichen Wortlaut der EG 4/5 PLGFVO und EG 4(1/2) erfaßt werden.

Dabei ist zweckmäßigerweise zu unterscheiden, ob eine Wahrscheinlichkeit besteht, daß die ohne die Beschränkung exportierten Produkte wieder reimportiert werden , oder ob diese Wahrscheinlichkeit nicht besteht.

Bei der letztgenannten Fallgruppe ist - wie dargestellt - i.d.R. keine innergemeinschaftliche Beeinträchtigung des Wettbewerbs zu befürchten.

Es ist daher zu überlegen, ob die Vereinbarung dann nicht bereits über EG 4 PLGFVO oder EG 4(1) KHGFVO unter den Anwendungsbereich der GFVOen fallen.

Die genannten EGe behandeln generell die Auswirkung der Beziehung zu Nichtmitgliedstaaten auf den rein innergemeinschaftlichen Vertragsteil. Der Wortlaut ist jedoch begrenzt. Erfaßt werden ihm zufolge nur innergemeinschaftliche Verpflichtungen, nicht jedoch Beschränkungen mit Bezug auf Drittstaaten, wonach der gemeinsame Markt indirekt beeinflußt werden könnte .EG 4 PLGFVO und EG 4(1) KHGFVO stellen ihrem Wortlaut nach nicht auf die Auswirkungen des Auslandsbezuges auf den gemeinsamen Markt ab. Die Bestimmungen besagen nur, daß die GFVOen auch dann auf die rein innergemeinschaftlichen Vertragsteile anwendbar bleiben, wenn ein Drittstaatenbezug mit den genannten Anforderungen auszumachen ist .

Eine Vereinbarung bleibt danach über die hier genannten Bestimmungen unter die GFVO einbezogen, wenn bezüglich Drittstaaten Beschränkungen vorliegen und davon auszugehen ist, daß die potentiell ausgeführten Güter (ohnehin) nicht wieder reimportiert würden. Wenn

---

320 Jeanrenaud, Exclusive Licences, S. 21 f (46).

321 Jeanrenaud, Exclusive Licences, S. 21 f (46).

322 Siehe oben, Teil 1 A, I 1 c.

Auswirkungen demzufolge (ohnehin) nicht zu befürchten sind, beziehen EG 4 PLGFVO und EG 4 (1) KHGFVO auch die sich auf Mitgliedstaaten beziehenden Beschränkungen in die Freistellung ein.

Auslegungsprobleme können allerdings entstehen, wenn die potentiell zu exportierenden Waren von derartiger Beschaffenheit sind, daß ihr Reimport in die Gemeinschaft aus dem Drittstaat bei Nichtvorliegen der vertraglichen Beschränkung wahrscheinlich ist, und dadurch der innerstaatliche Handel beeinflußt würde.
Da der Wortlaut von EG 4 PLGFVO und EG 4(1) KHGFVO nicht auf die Auswirkungen auf den Markt abstellt, ist es mehr als zweifelhaft, daß sie auf diese Konstellation anzuwenden sind.
Solche Vereinbarungen könnten aber über EG 5 PLGFVO und EG 4(2) KHGFVO unter die Freistellung einbezogen sein. Diese Vorschriften beziehen sich im Gegensatz zu den zuvor genannten zum einen auf die Auswirkungen einer auslandsbezogenen Vereinbarung auf den gemeinsamen Markt und zum anderen auf die Ausdehnung des Lizenzgebietes an sich.
Die Vorschriften setzen voraus, daß mindestens ein Teil des Lizenzgebietes außerhalb des Gebietes der EWG liegt. Das hier vereinbarte Lizenzgebiet ist aber gerade beschränkt auf den gemeinsamen Markt. Nur die Territorialbeschränkungen beziehen sich auf Drittstaaten, wodurch diese aber nicht in das Vertragsgebiet einbezogen sind.
Damit würden diese Drittstaatenbezüge auch durch die EG 4 PLGFVO und EG4(1) KHGFVO nicht erfaßt und wären von der Freistellung ausgenommen.
Damit entstünde eine Lücke im System dieser Regelungen. Sie bleibt um so unverständlicher, wenn man sich vor Augen hält, daß eine Vertriebsbeschränkung, die einem in einem Drittstaat (I) ansässigen Lizenznehmer bezüglich eines anderen Drittstaates (II) von seinem im EWG-Gebiet ansässigen Lizenzgeber auferlegt wird, unter den Wortlaut der EG 4 PLGFVO und EG 4(1) KHGFVO fallen würde - da ja das Lizenzgebiet selber außerhalb des gemeinsamen Marktes liegt -, hingegen eine rein innergemeinschaftliche Lizenz mit Exportbeschränkungen nach außen nicht in den Genuß der Freistellung kommen würde.
Es ist daher zu überlegen, ob es möglich ist, die genannten Vorschriften über ihren Wortlaut hinaus auf diese Fallgestaltung anzuwenden.
In der Literatur[323] ist der Versuch unternommen worden, dieses Ergebnis durch eine weitere Auslegung der eingangs erörterten Vorschriften EG 4 PLGFVO und EG 4 (1) KHGFVO zu erzielen. Danach soll die Anwendung der GFVOen bezüglich ihrer innergemeinschaftlichen Teile dann nicht ausgeschlossen sein, wenn letztere Bestimmungen der schwarzen Liste enthalten, sofern sie sich ausschließlich auf Drittstaaten beziehen. Eine Unterteilung nach Lizenzgebieten und der Wahrscheinlichkeit des Reimportes wird nicht getroffen.

Es sind aber auch andere Argumente unter Beibehaltung der herrschenden Auslegung denkbar, nach denen eine Einbeziehung unter die GFVOen über EG 5 PLGFVO und EG 4 (1) KHGFVO möglich ist.
Zum einen ist es denkbar[324], daß in dem betreffenden Drittstaat Patentschutz für die potentiell zu exportierende Ware besteht. Dies wäre eine im innerstaatlichen Bereich des Drittstaates

---

323 Alexander,W., IIC 1986, S. 1 f (15).

324 Korah, Patent Licensing, S. 18. Sonderproblem ist in diesem Zusammenhang wieder die Frage, ob eine andere Beurteilung geboten ist, wenn der Drittstaat ein Freihandelsabkommen mit der Europäischen Wirtschaftsgemeinschaft geschlossen hat, welches ähnliche Regeln über den freien Warenverkehr und das Wettbewerbsrecht beinhaltet, wie der EGV. Dazu hat der EuGH in Sachen Polydor/Harlequin (Slg. 1982, S. 329 f.) entschieden, daß diese Regeln nicht in gleicher Weise unmittelbar angewendet werden können, wie innerhalb der Gemeinschaft, und sie vor allem nicht als

wurzelnde gesetzliche Vertriebsbeschränkung, dergegenüber eine Nichteinbeziehung unter die PLGFVO keinen Sinn machen würde. Sie bestünde auch unabhängig von der Nichtfreistellung.
Außerdem würde es wenig Sinn machen, Drittstaatenbezug in die EGe aufzunehmen nur für den Fall, daß keine Auswirkungen auf dem gemeinsamen Markt eintreten.
Es ist auch nicht ersichtlich, warum eine Vereinbarung mit Drittstaatenbezug nicht in den Genuß der Freistellung kommen sollte, jedoch ihr genau gleich ausgestaltetes innergemeinschaftliches Pendant diesen Vorzug genießt. Wettbewerbstechnische oder politische Unterschiede sind insoweit nicht auszumachen. So sind wohl auch die in der Literatur[325] vorzufindende Formulierung zu verstehen, die als Ziel der EGe, insbesondere des EG 5 PLGFVO, die Gleichbehandlung der Verträge mit Drittstaatenbezug ansieht, und später[326] - ohne einen entsprechenden Hinweis auf die vorhergehenden Ausführungen - Vertriebsbeschränkungen "aus teleologischen Gründen " mit unter den Anwendungsbereich der GFVOen fallen läßt.
Nach einer Ansicht kann die Nichterfassung von Drittstaatenbezügen sogar negative Auswirkungen haben, da gerade Exclusivlizenzen mit Gebietsschutz - sowohl innerhalb als und gerade auch außerhalb des gemeinsamen Marktes für kleine und mittlere Unternehmen die einzige Möglichkeit darstellen, wettbewerbsfähig zu bleiben [327].
Letztlich ist noch einmal auf den oben angeführten Wertungswiderspruch hinzuweisen, wonach eine Vertriebsbeschränkung in einen Drittstaat vom Wortlaut der EG 5 PLGFVO und EG 4(2) KHGFVO erfaßt ist, sofern sie nur einem Lizenznehmer in einem anderen Drittstaat auferlegt ist. Dieser Widerspruch kann von den GFVOen nicht beabsichtigt gewesen sein .Bis die Frage der Zulässigkeit von Vertriebsbeschränkungen gegenüber Lizenznehmern in der EWG für Drittstaaten endgültig geklärt sein wird, muß den Parteien empfohlen werden, auch eine Lizenz für zumindest einen Teil eines Drittstaates zu erteilen, um dem Erfordernis des EG 5 PLGFVO und des EG 4(2) KHGFVO nach einem in einem Drittstaat gelegenen Lizenzgebiet genüge zu tun[328]. Die Künstlichkeit dieser Konstruktion unterstreicht das Bedürfnis nach endgültiger Klärung in dem hier vertreten Sinne. Die Kommission sollte in die EGe, die sich unter einer vereinheitlichten GFVO auf deren Anwendbarkeit auf Vereinbarungen mit Drittstaatenbezug befassen, klarstellen, daß die Freistellung insbesondere auch für Vereinbarungen gilt, soweit im Rahmen einer Exclusivlizenz innerhalb des gemeinsamen Marktes Vertriebsbeschränkungen nach Drittstaaten erfaßt sind.

Diese Schlußfolgerung gilt nach wie vor unter dem Entwurf der TTGFVO und unter der TTGFVO[329].

Rechtfertigung für die Verletzung eines geistigen Schutzrechtes herangezogen werden können. Nach Inkrafttreten des EWR-Abkommens gilt dies nicht mehr für die EFTA-Staaten.

325 Wiedemann, Kommentar GFVO 2349/84, S. 259, Rdnr.60.

326 Wiedemann, Kommentar GFVO 2349/84, S. 259, Rdnr.61.

327 Gutachten des Generalanwaltes beim EuGH in Sachen Hydrotherm/Andreoli, EuGH Slg.S.2999 f. Dem Fall lag ein nach der GFVO 67/67 zu beurteilender Sachverhalt zugrunde. Diese GFVO beinhaltete keine Aussagen zu Drittstaatenbeziehungen. Die Ausführungen des EuGH zugunsten einer Einbeziehung solcher Klauseln sind daher um so beachtlicher.

328 Vgl. Korah, Know-How-Licensing, S. 59.

329 Siehe EG 7 TTGFVO.

c. Lizenzen nach Drittstaaten mit Beschränkungen in die EWG und andere Drittstaaten

Als weitere Fallgruppe mit Drittstaatenbezug sind Lizenzen darzustellen, deren Gebiet sich nicht nur auf den innergemeinschaftlichen Raum beschränkt, sondern auch Drittstaaten, oder zumindest Teile davon einbezieht.
Vom Wortlaut der EG 5 PLGFVO und EG 4(2) KHGFVO werden zweifelsfrei exclusive Lizenzen erfaßt, die von einem im Gebiet des gemeinsamen Marktes ansässigen Lizenzgeber an einen in einem Drittstaat ansässigen Lizenznehmer erteilt wurden.
Interessant zu unterscheiden sind hier die regelmäßig mit den Lizenzen einhergehenden Vertriebsbeschränkungen. Dabei sind denkbar

aa. Vertriebsbeschränkungen zurück in die EWG
bb. Vertriebsbeschränkungen in andere Drittstaaten

aa. Vertriebsbeschränkungen zurück in die EWG

Zuerst soll die Frage nach der Erfassung des Importverbotes in die EWG gegenüber dem im Drittstaat ansässigen Lizenznehmer erörtert werden.
Zu dieser Fallgestaltung liegen lediglich zwei Kommissionsentscheidungen bezüglich Know-How-Lizenzen aus der Zeit vor Erlaß der KHGFVO vor.
In Sachen Delta Chemie/DDD[330] stellte die Kommission lediglich fest, daß der in Großbritannien ansässige Lizenznehmer Lizenzen in zahlreichen Drittländern erhalten habe. Auf Vertriebsbeschränkungen wurde nicht eingegangen.
In Sachen Kabelmetall/Luchaire[331] erhielt der in Frankreich ansässige Lizenznehmer eine nichtexclusive Herstellungs- und Vertriebslizenz für das gesamte Gebiet der EWG und exclusive Vertriebsrechte für Spanien und Portugal als damalige Nichtmitgliedstaaten (Drittländer). Es stellte sich die Frage, ob die vertrieblichen Beschränkungen in die EWG eine Wettbewerbsbeeinträchtigung gem. Artikel 85 Absatz 1 EGV darstellen. Die Kommission verneinte jedenfalls die Spürbarkeit einer solchen mit der Begründung, daß die Vertragserzeugnisse[332] nicht für den Reimport in das Gebiet des gemeinsamen Marktes geeignet seien. Es bestehe kein Markt dafür. Es könne schlechterdings keine spürbare Wettbewerbsbeschränkung durch eine entsprechende vertragliche Klausel hervorgerufen werden.

Die Verordnungen selber regeln die Frage nach der Einbeziehung von Verträgen mit Drittstaatenbezug in den EG 5 PLGFVO und EG 4(2) KHGFVO .
Nach den bereits dargestellten allgemeinen Voraussetzungen zu der Frage, wann eine drittstaatenbezogene Klausel überhaupt wettbewerbs-beschränkend ist, ist bereits Stellung genommen worden. Auch hier kommt es zunächst darauf an, daß der Import des Lizenzgegenstandes nach den genannten Kriterien in das Gebiet des gemeinsamen Marktes wahrscheinlich ist .
Ist dies der Fall, so ist für die weitere Beurteilung zwischen Patentlizenzen und Know-How-Lizenzen zu unterscheiden.
Für Patente ist zu untersuchen, ob nicht sowieso aufgrund des im gemeinsamen Markt bestehenden Patentschutzes die Einfuhr verhindert werden könnte. In diesem Fall wäre die Nichteinbeziehung eines entsprechenden vertraglichen Exportverbotes sinnlos .

---

330 Entscheidung der Kommission, AblEG 1988, Nr.L 309, S. 34 f.
331 Entscheidung der Kommission, AblEG 1975, Nr.L 222, S. 34 f.
332 Es handelte sich um kaltverformte Stahlwerkstücke.

Gegen die Geltendmachung der Patente bei Einfuhr in das Gebiet des gemeinsamen Marktes könnte die Anwendbarkeit der sogenannten Erschöpfungslehre sprechen .
Der EuGH hat in seiner umfangreichen Rechtsprechung[333] zur Einordnung der gewerblichen Schutzrechte in das System des freien Warenverkehrs[334] die grundsätzliche Unterscheidung zwischen Existenz und Ausübung geistiger Schutzrechte getroffen und darauf aufbauend die Erschöpfungslehre entwickelt. Zusammenfassend besagt diese, daß die Schutzfunktion sämtlicher Patente, die der Erfinder einer bestimmten Technologie auf dem Gebiet des gemeinsamen Marktes innehat, gemeinschaftsweit zum Wohle des freien Warenverkehrs im Hinblick auf den Vertrieb gemeinschaftsweit in dem Moment erschöpft ist, wenn das patentierte Produkt durch den Patentinhaber oder mit seinem Einverständnis irgendwo auf dem gemeinsamen Markt in Verkehr gebracht wurde. Der Patentinhaber kann sein Patent dann nicht mehr der Einfuhr entgegenhalten.

Es ist jedoch zweifelhaft, ob diese Lehre auch auf Importe aus Drittstaaten anwendbar ist, selbst wenn die Waren dort mit Einverständnis des Patentinhabers hergestellt und in Verkehr gebracht wurden.
Der EuGH[335] lehnte eine solche Ausweitung des Erschöpfungsgrundsatzes ab. Er ist als Besonderheit der gemeinsamen Marktes zum Schutze des Prinzips des freien, innergemeinschaftlichen Warenverkehrs zu verstehen. Eine entsprechende vertragliche Bindung des Lizenznehmers im Drittstaat nicht freizustellen, widerspräche vor diesem Hintergrund der Wertung der gesetzlichen Möglichkeiten des Patentschutzes. Nationaler Patentschutz kann also gegen patentverletzende Importe aus dritten Staaten in der EG geltend gemacht werden [336].
Zudem werden nach empirischen Untersuchungen[337] vertraglich begründete Abwehrrechte für wesentlich wirksamer, da leichter durchsetzbar, gehalten als gesetzliche. Die Hälfte der befragten Unternehmen hätten ihre Technologie aus genau dieser Erwägung heraus nicht lizenziert, wenn eine vertragliche Schutzregelung nicht hätte vereinbart werden dürfen[338]. Die Verbreitung der Technologie würde dann gehemmt. Insofern ist davon auszugehen, daß vertragliche Vertriebsbeschränkungen die Bereitschaft zum Technologietransfer fördern.

Vertragliche Vertriebsverbote sind aber nach den Anforderungen des Art 1(1)1-6 nur dann freigestellt, wenn der Lizenzgeber in den Gebieten, auf die sich die Vertrtriebsbeschränkung bezieht, parallele Patente besitzt. Für die Gebiete, in denen kein nationaler Patentschutz besteht oder gewährt werden kann, ist die Vertriebsbeschränkung nicht freigestellt, Artikel 3(11) PLGFVO.[339]

---

333 Siehe die oben unter Teil I, C I 3 c erörterten Urteile, sowie die Urteile in Sachen Sirena, EuGH Slg.1971, S. 69 f; Deutsche Grammophon, EuGH Slg. 1971, S. 487; Hag I, EuGH Slg. 1974, S. 731; Centrapharm, EuGH Slg. 1974, S. 1147 f; Centrapharm II-IV, EuGH Slg. 11974, S. 1183; 1978, S. 1139; 1978, S. 1823; Merck, EuGH Slg. 1981, S. 2036; Pfizer, EuGH Slg.1981, S. 2913.

334 Siehe dazu oben , Teil I, C I 3 c.

335 EuGH Slg. 1976, S. 913 f (EMI/CBS), sowie EuGH Slg. 1982, S. 329 f (Polydor/Harlequin).

336 Jeanrenaud, Exclusive Licences, S. 47; Koch, Fordham Corporate Law Inst. 1987, S. 626; Wiedemann, Kommentar GFVO 2349/84, Art.1, Rdnr.62.

337 Vgl. bei Griffin, 15, Swiss Rev. of Itl. Anti-Trust Law 1982, S. 39 f (48).

338 Bleeke/Rahl, New J. of Itl. Law and Bus, 1979, S. 450 f (482).

339 Jeanrenaud, Exclusive Licences, S. 47.

In diesem Zusammenhang ergibt sich das Anschlußproblem der sogenannten indirekten Importe.
Dieser Begriff umschreibt die Problematik, ob Importe aus Drittstaaten in Gebiete des gemeinsamen Marktes, in denen kein paralleler Patentschutz besteht, auch automatisch ohne Beschränkung am innergemeinschaftlichen freien Warenverkehr teilhaben, oder über Artikel 36 EGV gerechtfertigten Beschränkungen, wie nationalen geistigen Schutzrechten, unterliegen.
Dahinter verbirgt sich die Frage, ob denn auf diese Fallgruppe der Erschöpfungsgrundsatz anzuwenden ist mit der Folge, daß die in der beschriebenen Weise auf das Gebiet des gemeinsamen Markt gelangten Produkte aus Drittstaaten innergemeinschaftlich frei zirkulieren können [340].
Soweit ersichtlich ist dieses Thema bislang weder von der Kommission, noch vom EuGH behandelt worden.
Rückschlüsse lassen sich jedoch aus der Rechtsprechung des EuGH zu Fällen ableiten, in denen in einem Mitgliedstaat, in dem keine parallelen Schutzrechte bestanden, das Produkt auf den dortigen Markt kam und von dort in einen Mitgliedstaat, in dem ein Schutzrecht bestand, exportiert werden sollte. Das entscheidende Kriterium dabei war, ob der Gegenstand in dem betreffenden Mitgliedstaat mit Zustimmungen des Schutzrechtsinhabers, der den Import in einen anderen Mitgliedstaat verhindern wollte, in Verkehr gebracht wurde[341]. War dies der Fall, so konnte das Schutzrecht nicht mehr gegen den Import ins Feld geführt werden. Diese Entscheidungen betrafen aber den Fall, daß der Gegenstand in dem Land, aus dem er in den anderen Mitgliedstaat eingeführt werden sollte, mit Einverständnis des sich nun auf sein Schutzrecht berufenden Erfinders hergestellt und dort vertrieben wurde .Andererseits könnte sich der Schutzrechtsinhaber wohl nicht auf sein Schutzrecht berufen, wenn der betreffende Gegenstand innerhalb der Gemeinschaft mit seinem Einverständnis oder gar unter einer Lizenz in einem Mitgliedstaat,in dem ein paralleles Schutzrecht besteht, hergestellt und vertrieben wurde und dann auf einer weiteren Vertriebsstufe über einen Mitgliedstaat, in dem kein paralleles Schutzrecht besteht, in einen dritten Mitgliedstaat eingeführt werden soll, in dem wiederum ein entsprechendes Schutzrecht besteht.

Für die Beurteilung der Zulässigkeit einer vertraglichen Importbeschränkung in das Gebiet des gemeinsamen Marktes aus einem Lizenzgebiet in einem Drittstaat läßt sich bei Know-How-Verträgen eine konstruktive Hilfe, wie die auf geistige Schutzrechte anzuwendende Erschöpfungslehre nicht finden. Patente könne gegen Importe geltend gemacht werden. Eine gleichgerichtete vertragliche Vereinbarung bei Patentlizenzierungen war lediglich nützlich, die gesetzliche Regelung durchzusetzen. Bei der Lizenzierung von Know-How wird eine entsprechende vertragliche Vereinbarung nicht durch eine parallele gesetzliche Wertung gestützt. Dies liegt in der Natur des Know-Hows begründet. Es ist seiner Natur nach geheim, und genau darin besteht sein Schutz. Einen auf den Einzelfall bezogenen gesetzlichen Schutz kann es daher nicht geben.

Konsequenz für die Gestaltung der KHGFVO war, daß eine Freistellung von Gebietsschutzklauseln im Unterschied zur PLGFVO unabhängig vom Bestand absoluter Schutzrechte gewährt werden mußte. Die Freistellung wurde lediglich an den Bestand der Lizenz geknüpft. Demnach eröffnet auch der Wortlaut[342] die Freistellung von

340 Dazu Bellis, Swiss Rev.Itl.Antitrust Law 1982, S. 17 f (26/27). Hocks/Pfeiffer, GRUR Int. 1985, S. 805 f (808).

341 Siehe die zitierte Rechtsprechung oben, Teil I, C I 3 c.

342 Artikel 1(1)3 KHGFVO: "(...) in den dem Lizenzgeber vorbehaltenen Gebieten (...)"

Vertriebsbeschränkungen für das dem Lizenzgeber rein vertraglich (!) vorbehaltene Gebiet, sowie für die Gebiete anderer Lizenznehmer innerhalb des gemeinsamen Marktes.
Umgekehrt ist der Vertrieb vertraglich innerhalb der EWG in einen Mitgliedstaat dann nicht zu verhindern, wenn dort keine Lizenz besteht, oder der Lizenzgeber sich dieses Gebiet gegenüber dem potentiellen Importeur nicht ausdrücklich als eigenes vorbehalten hat.

bb. Vertriebsbeschränkungen von Lizenznehmern im Drittstaat bezüglich eines anderen Drittstaates

Die zweite Fallgestaltung betrifft die Frage nach der Erfassung von Vertriebsbeschränkungen, die dem in einem Drittstaat ansässigen Lizenznehmer bezüglich eines anderen Drittstaates von dem im Gebiet des gemeinsamen Marktes ansässigen Lizenzgeber auferlegt wurden.
Da sich das Lizenzgebiet an sich außerhalb des Gebietes der Gemeinschaft befindet, ist die gesamte Vereinbarung, also auch die in ihr enthaltenen Vertriebsbeschränkungen für einen weiteren Drittstaat über die EG 5 PLGFVO und 4(2) KHGFVO nach den GFVOen zu beurteilen, vorausgesetzt, daß die Möglichkeit einer Wettbewerbsbeschränkung nach den allgemeinen Grundsätzen besteht.
Die genannten EGe sehen vor, daß die Verordnungen für diese Vereinbarungen in demselben Umfang gelten, wie sie für Vereinbarungen innerhalb des Gebietes des Gemeinsamen Marktes gelten .
Dann kommt es für die Freistellung darauf an, ob in dem Drittsaat, bezüglich dessen eine Vertriebsbeschränkung besteht, entweder ein Parallelpatent, oder im Falle der Anwendung der KHGFVO eine anderweitige Lizenz existiert. Ist dies nicht der Fall, wird die Freistellung nicht ausgelöst. Insoweit ist die Anwendung unproblematisch.
Auslegungsprobleme können sich aber dann ergeben, wenn im selben Vertragswerk eine Lizenz für einen Mitgliedstaat vergeben wird, die den Anforderungen der GFVOen entspricht, und gleichzeitig eine Lizenz in einen Drittstaat erteilt wurde, welche eine in den schwarzen Listen des Artikels 3 der GFVOen als wettbewerbsbeschränkend beurteilte Klausel enthält, oder wenn für das drittstaatliche Lizenzgebiet in weitem Umfang Gebietsschutz vereinbart wurde, obwohl dort kein paralleles Patent[343] bestand. Es ergibt sich die Frage, ob eine getrennte Behandlung der Vertragsteile möglich ist, oder ob die nicht freigestellten oder nicht freistellungsfähigen Teile der Drittstaatenlizenz den seinem Wortlaut nach freistellungsfähigen innergemeinschaftlichen Teil infizieren und seine Unwirksamkeit herbeiführen.[344] Würde man sich auf den Standpunkt festlegen, daß der Vertrag insgesamt zu beurteilen ist, würde man die Tatsache außer acht lassen, daß es sich im Grunde um zwei getrennte Lizenzen handelt. Andererseits könnten die Parteien versuchen, dem Lizenznehmer im Drittstaat Klauseln aufzuerlegen, die in den schwarzen Listen sanktioniert sind, ohne Gefahr zu laufen, daß der innereuropäische Teil unwirksam würde. Hauptsächlich wird es darauf ankommen, ob der Wettbewerb innerhalb des gemeinsamen Marktes beeinflußt wird. Es wäre jedoch unbillig, wenn man in die Beurteilung des innergemeinschaftlichen Teils eine nur für den Drittstaatenteil geltende schwarze Klausel einbeziehen würde, könnte man doch die Regelung unproblematisch in zwei getrennten Verträgen treffen und so eine getrennte

---

Artikel 1(1)4-6 PLGFVO stellen bezüglich dritter Lizenznehmer ausschließlich auf das "Vertragsgebiet" ab.

343 Nach EG 12 PLGFVO sind dies Patente, die dieselbe Erfindung im Sinne der Rechtsprechung des EuGH erfassen. Siehe dazu das Urteil des EuGH in Sachen Centrapharm/Sterling Drug in: EuGH Slg. 1974, S. 1147 f (S. 1164).

344 Siehe Korah, Patent Licensing, S. 19.

Beurteilung herbeiführen[345]. Von der äußeren Form sollte die Beurteilung allerdings nicht abhängig gemacht werden.

d. Lizenzgeber ist im Drittstaat ansässig

Es bleibt die Frage zu beantworten, ob auch Lizenzverträge unter die GFVO fallen, wenn der Lizenzgeber im Drittstaat ansässig ist.
Dabei sind folgende hier interessierende Konstellationen denkbar.

- Der Lizenznehmer ist im Gebiet des gemeinsamen Marktes ansässig und erhält eine Lizenz für die EWG.
- Der Lizenznehmer ist in einem Drittstaat ansässig und erhält
  - eine Lizenz in das Gebiet des gemeinsamen Marktes oder
  - eine Lizenz für einen Drittstaat mit Vertriebsbeschränkungen in das Gebiet der EWG.

In der Literatur[346] wird die Erfassung solcher Vereinbarungen ohne weiteres bejaht, oder es wird ohne weiteren Kommentar darauf verwiesen, daß die Kommission schon lange Vereinbarungen unter das Verbot des Artikels 85 Absatz 1 EGV fallen läßt, wenn sie zwischen Drittstaaten getroffen werden und Auswirkungen auf dem gemeinsamen Markt haben.
Der Wortlaut der EGe ist indessen weniger eindeutig. Die EGe 4 PLGFVO und 4(1) KHGFVO sprechen von "solchen" Lizenzen und nehmen damit Bezug auf den Regelfall der innergemeinschaftliche Lizenzierung. Zudem haben sie lediglich den Zweck, die GFVOen für innergemeinschaftliche Vertragsteile anwendbar bleiben zu lassen, wenn Drittstaatenbezug besteht.
Wie bereits dargestellt, wird der Anwendungsbereich sodann erweitert in den EGen 4 PLGFVO und 4(2) KHGFVO, und zwar auf Lizenzen, die entweder nur nach außen hin[347], also nach Drittstaaten erteilt wurden, oder sowohl für innerhalb als auch außerhalb der Gemeinschaft gelten[348]. Jedenfalls wird nach dem in den GFVOen gezeichneten Bild eine Lizenz aus einem Mitgliedstaat der Gemeinschaft heraus in ein drittes Gebiet erteilt. Die Erfassung des umgekehrten Falles einer Lizenz von außen in das Gebiet der EWG oder in einen Drittstaat ist jedenfalls dem Wortlaut nach äußerst zweifelhaft. Die Rede ist von "Lizenzvereinbarungen *für* Nichtmitgliedländer", nicht etwa von Lizenzvereinbarungen *zwischen* Mitgliedstaaten und Nichtmitgliedstaaten, oder von Vereinbarungen *mit Bezug zu* Nichtmitgliedstaaten. Eindeutig nicht erfaßt ist der Fall der Lizenzierung vom Gebiet eines Drittstaates in einen anderen Drittstaat mit Vertriebsbeschränkungen in das Gebiet der EWG.
Die genannte Literatur[349] stützt ihre gegenteilige Beurteilung offensichtlich auf die "effects-doctrine"[350], welche auch die Kommission[351] bereits in anderen Fällen angewendet hat. Die

---

345 Korah, Patent Licensing, S. 19.

346 Wiedemann, Kommentar GFVO 2349/84,Art.1, Rdnr.61.

347 1. Alternative der genannten EGe.

348 2. Alternative der genannten EGe ("...die Grenze der Gemeinschaft überschreiten...").

349 Siehe oben, Fußnote 331.

350 Die effects-doctrine ist eine im Völkerrecht nach wie vor umstrittene Lehre, wonach ein Staat auch Hoheitsakte gegen Staatsangehörige fremder Staaten auf fremden Staatsgebiet setzen dürfen soll, wenn von deren Verhalten auf dem Staatsgebiet des den Hoheitsakt erlassenden Staates von dessen Hoheitsgewalt generell nicht gebilligte Auswirkungen (effects!) entstanden sind, wenn also die Durchsetzung seiner innerstaatlichen legislativen Maßnahmen beeinträchtigt wird. Diese

Theorie sei im Wortlaut des Artikels 85 angelegt[352], der auf die Auswirkung im gemeinsamen Markt abstelle.

Der EuGH hat zwar im Ergebnis die Kommission immer bestätigt[353], hat jedoch immer einen innereuropäischen territorialen Anknüpfungspunkt gesucht, um Verhaltensweisen von in Drittstaaten ansässigen Unternehmen nach europäischem Recht beurteilen zu können[354]. Er stützte sich dabei insbesondere auf den Sitz einer Partei in der Gemeinschaft, oder rechnete das Verhalten im Drittstaat einer im Gebiet des gemeinsamen Marktes ansässigen Tochtergesellschaft zu (Unity of group theorie)[355]. Lediglich in seiner letzten Entscheidung zu dieser Problematik hat sich der EuGH einen Schritt weiter auf die reine "effects-doctrine" zubewegt[356]. Er erklärte die unity-of-group-theorie für unerheblich,[357] ohne sich jedoch ausdrücklich auf die effects-doctrine zu berufen. Ausschlaggebend ist danach ausschließlich der Ort der Durchführung des Kartells bzw. die Erfüllung der sich daraus ergebenden Verpflichtungen[358].

Für eine Reihe von AnwendungsVOen ist nachgewiesen worden[359], daß die in ihnen enthaltenen Bestimmungen über den territorialen Anwendungsbereich nicht etwa die zu Artikel 85 EGV entworfene "effects-doctrine" einschränken. Der Anwendungsbereich werde im Einklang mit Artikel 87 Absatz 2 lit.c EGV lediglich näher, nicht aber abschließend bestimmt. Es handele sich um einen Mindestregelungsgehalt, der eine darüber hinausgehende Anwendung der effects-doctrine nicht ausschließe. Dem ist im Grundsatz zuzustimmen.

Sieht man sich jedoch die untersuchten GFVOen - namentlich die 1990 in Kraft getretene Fusionskontrollverordnung[360] - an, so stellt man fest, daß eine Reihe von Eingriffsbefugnissen für die Kommission enthalten sind, insbesondere die Kompetenz zur Verhängung von Bußgeldern. Für diese Eingriffsbefugnisse, die auf Verbotsnormen beruhen, ist der Nachweis sinnvoll.

Zweifelhaft ist jedoch, ob diese Theorie auch ebenso sinnvoll auf Freistellungsregelungen, wie die der PLGFVO und der KHGFVO, angewendet werden kann. Es ist u.a. Funktion der Freistellungsregelungen, den Vertragspartnern Sicherheit zu geben, ob ihr Übereinkommen Bestand hat, insbesondere im Falle einer gerichtlichen Auseinandersetzung vor dem Gericht eines Mitgliedstaates, welches die Nichtigkeitsfolge des Artikels 85 Absatz 2 EGV für den Fall der nicht erfolgten Freistellung einer wettbewerbsbeschränkenden Vereinbarung zu

---

Auswirkungen müssen direkt, unmittelbar, spürbar und vorhersehbar sein. Siehe dazu in der Literatur: Mit/Herzog, Community Law, Art.85.19; Krusthoff, CMLR 1964, S. 69; Zwartensteyn, S.E.W. 1964,365; Groeben/Thiesing/Ehlermann, vor Art.85-89, Rdnr.38 f; Basedow NJW 1989, S. 627 f; Knebel, EuZW 1991, S. 265 f. Zum völkerrechtlichen Hintergrund siehe die Darstellung bei Knebel, EuZW, aaO, sowie dazu und zu diskutierten Lösungswegen: Hermanns, Festschrift für Benisch, 1989, S. 439 f.

351 AblEG 1969, Nr.L 195, S. 11 f (Färbestoffe); AblEG 1985, Nr. L85/ S. 1 (14/15); Übersicht bei Emmerich, Kartellrecht, 1988, S. 479 f. und Bellamy/Child, Common Market Law of Competition, 1987, 2-231.

352 Mestmäcker, Europäisches Wettbewerbsrecht 1974, S. 154-156.

353 EuGH Slg. 1971, S. 949 (959 f) ,Tz. 10-12; EuGH Slg.1972, S. 619 f(664),Tz.126-130 (Teerfarben); EuGH Slg. 1974, S. 223 f (254), Tz.33 (Commercial Solvents).

354 Siehe die oben genannten Entscheidungen sowie die Bewertung als vorsichtige Version der effects-doctrine bei Gleiss-Hirsch, Common Market Cartel Law, S. 18; Rdnr. 43.

355 Entwicklung dieser Theorie in EuGH Slg.1972, S. 619 (665) Tz.132-135(Teerfarben).

356 EuGH Slg. 1988, S. 5193 f (5233 f), Entscheidungsgrund 17 (Zellstoff-Urteil).

357 EuGH ,vorausgehende Fußnote,aaO.

358 dazu Schrödermeier, WuW 1989, S. 21.

359 Basedow, NJW 1989, S. 627 f (634).

360 Verordnung EWG Nr. 4064/89, AblEG 1989, Nr. L 395, S. 1 f.

beachten hat. Vor diesem Hintergrund scheint es nicht allzu sinnvoll zu sein, die Freistellungsverordnung auch auf Unternehmen in Drittstaaten anzuwenden, da der Kommission durch die GFVOen selber keine weitere administrative Eingriffs- oder Gestaltungsmöglichkeit eingeräumt wird. Angenommen, die GFVOen wären bis heute nicht erlassen worden, würde es außerdem den Parteien in Drittstaaten kaum einfallen, eine Einzelfreistellung bei der Kommission der Europäischen Gemeinschaften zu beantragen, damit ihre Vereinbarung auch Gnade vor den Augen mitgliedstaatlicher Gerichte findet, deren Rechtsprechung sie aber nicht unbedingt unterworfen sind. Die extraterritoriale Ausweitung des administrativen[361] Teils des europäischen Kartellrechts erscheint aus diesem Blickwinkel als großzügige, aber sinnfreie Geste.

Andererseits schließen die GFVOen nicht aus, daß bei Nichtvorliegen ihrer Freistellungsvoraussetzungen die Kommission Sanktionsmaßnahmen aufgrund der VO 17/62 gegen die Parteien ergreift, wenn deren Vereinbarungen spürbare wettbewerbsbeschränkende Wirkung auf dem Gebiet des gemeinsamen Marktes haben. Insoweit erscheint es dann wiederum nicht konsequent, zwar den legislativen Teil - die Verbotsnorm des Artikels 85 Absatz 1 EGV - über die effects-doctrine auf drittstaatliche Unternehmen anzuwenden und Sanktionen daran zu knüpfen, ihnen jedoch die Vorteile einer generellen administrativen Ausnahmeregelung vorzuenthalten, um den potentiellen Sanktionen vorzubeugen. Bei einer Freistellung durch die GFVO würden Sanktionen jedenfalls nicht erlassen.

Bis zur Klärung der Frage ist den Parteien allerdings zu raten, ihre Vereinbarungen in Gemäßheit der GruppenfreistellungsVOen zu gestalten, wenn Auswirkungen auf dem gemeinsamen Markt nicht auszuschließen sind. Ein Einschreiten der Kommission ist dann unwahrscheinlich. Sie wird nichts unternehmen, wenn sie die Regelung für freistellungsfähig hält.

Teil II

A. Herstellungs- und Vertriebslizenzen

Zur Analyse der Zulässigkeit und des wettbewerbsbeschränkenden Charakters von verschiedenen Lizenzierungsmodellen nach den GFVOen sollen zweckmäßigerweise zwei Hauptunterteilungen getroffen werden.

Zum einen soll unterschieden werden zwischen exclusiven und nicht exclusiven Lizenzen. Innerhalb dieser Unterteilung soll gedanklich getrennt werden zwischen den Elementen der Herstellung und des Vertriebes[362] innerhalb einer Lizenz, auch wenn Anwendungsvoraussetzung für die GFVOen das kumulative Vorliegen beider Elemente ist.

---

361 Zur Unterscheidung "administrativer" und "legislativer"Teil siehe Knebel, EuZW 1991, S. 265 f (265/266).

362 In den einschlägigen Darstellungen werden diese beiden Punkte durchweg zusammengefaßt behandelt, da sie auch in der Praxis miteinander verknüpft sind. Auch die GFVOen beziehen alle Arten der Verwertung mit ein (Vgl. EG 2 PLGFVO und EG 1 KHGFVO), wozu Herstellung, Gebrauch und "auf den Markt bringen" zählen. Reine Vertriebslizenzen sind davon ausgenommen, vgl. insoweit Art.1(2) PLGFVO. Die GFVOen selber gehen davon aus, daß nur derjenige Lizenznehmer, der selber herstellt oder durch verbundene Unternehmen herstellen läßt, auch vertreiben darf. Reine Vertriebslizenzen fallen dagegen unter die GFVO 1893/83. Die GFVOen beinhalten sogar eine radikale Abkehr von der Position der Kommission im Entwurf der PLGFVO von 1979, Art.1(2)a, wonach generell zwischen grundsätzlich freigestellten Exclusivrechten für die Herstellung und der Freistellung von Vertriebsrechten unterschieden wurde, welche nur unter der Voraussetzung erteilt war, wenn der Jahresumsatz des zu schützenden Lizenznehmers 100 Millionen EUA (European Units of Account) nicht überstieg. Dieses Erfordernis und diese ausdrückliche

I. Die Exclusivlizenz : Definition und Einleitung

Wesentliches Merkmal des exclusiven Charakters einer Lizenz ist es, daß der Lizenzgeber keine weiteren Lizenzvereinbarungen bezüglich der Nutzung des an den Lizenznehmer lizenzierten technischen Wissens - sei es patentiert oder unpatentiert - mit Wettbewerbern des Lizenznehmers in dessen Lizenzgebiet trifft. Dabei unterliegt die Ausdehnung des Vertragsgebietes der Parteiautonomie.
Daneben wird in der Regel auch vereinbart sein, daß auch der Lizenzgeber die Technologie nicht im Gebiet des Lizenznehmer nutzen wird.
Durch die Vereinbarung von Exclusivität wird die Vertragsfreiheit des Lizenzgebers also für die Zukunft eingeschränkt[363]. Andererseits hat es der Lizenzgeber in jedem Lizenzgebiet nur mit einem Lizenznehmer zu tun, mit dem er eine auf Dauer angelegte Geschäftsbeziehung aufbauen kann. Bei der Lizenzierung von Know-How kommt hinzu, daß durch eine beschränkte Zahl von Lizenznehmern die Gefahr des Offenkundigwerdens verringert wird [364].

1. Die exclusive Herstellungslizenz

Die Herstellungslizenz umfaßt hinsichtlich des exclusiven Charakters ausschließlich die eingangs genannten Merkmale. Weitere typische Vereinbarungen - wie Exportbindungen - in einem Lizenzvertrag beziehen sich ausschließlich auf den Vertrieb. Sie werden in dem entsprechenden Zusammenhang erörtert.
Anhand der Herstellungslizenz soll die generelle wettbewerbsrechtliche Bewertung einer Exclusivabsprache dargestellt werden. Diese Frage ist vielfach auf europäischer Ebene diskutiert worden[365].

a. Frühe Entwicklung der Ansicht der Kommission

Eine erste Stellungnahme der Kommission zur wettbewerbsrechtlichen Beurteilung von Exclusivabsprachen erging im Jahre 1962[366]. Da die Kommission nachteilige Auswirkungen auf den Wettbewerb befürchtete[367], stufte sie Exclusivvereinbarungen als Verstoß gegen Artikel 85 Absatz 1 EGV ein.
Die Kommission hielt auch in weiteren Entscheidungen[368] an dieser Auffassung fest mit der Begründung, daß "der Lizenzgeber die Möglichkeit verliert, mit anderen (...) Nachfragern Verträge abzuschließen. " Eine solche Verpflichtung gehörte nicht zum Bestand eines Schutzrechtes.
In späteren Entscheidungen[369] der Kommission fehlt dann eine entsprechende ausdrückliche Begründung, jedoch wurde die Klausel regelmäßig gemäß Artikel 85 Absatz 3 EGV unter

---

Unterscheidung sind weggefallen. Dennoch trägt eine gedankliche Trennung zwischen den Elementen der Herstellung und des Vertriebes innerhalb der Lizenz zur Klarheit bei.

363 Rittner, Ausschließlichkeitsbindungen in dogmatischer Betrachtung, S.12.

364 Bauer, M., Technologietransfer-Verträge, S. 207 (211 f) in: Nicklisch (Hrsg.) The Long Term Contract; Stumpf, The Know-How-Contract in Germany, Japan and the US, S.99; Kiortsoglou, Der Know-How-Vertrag, S.118.

365 Vergleiche dazu nur Theune, GRUR Int. 1977, S. 61 ff. 111 f; Ullrich, GRUR Int.1984, S. 89 (95); Axster, Offene Fragen, GRUR Int. 1982, S. 646 f.

366 Bekanntmachung über Patentlizenzverträge v. 24.12.1962; AblEG 1962, Nr.139, S. 2923/62.

367 Beeinträchtigungen des innergemeinschaftlichen Handels waren nicht ausdrücklich erwähnt.

368 So z.B. in Sachen Borroughs/Geha, AblEG 1972, Nr.L 13, S. 50 f.

369 Entscheidungen der Kommission in Sachen Davidson Rubber AblEG 1972, Nr. L 13, S. 31 f; Kabelmatall/Luchaire AblEG 1975, Nr.L 222, S. 34 f; AOIP/Beyrard AblEG 1975, Nr.L 6, S. 8f.

Berufung auf den notwendigen Investitionsschutz des Lizenznehmers freigestellt, der nur bei Gewährung von Herstellungsschutz - welcher für ihn zumeist auch Amortisationsschutz sein wird - zur Vornahme erheblicher Fertigungsinvestitionen bereit sei.

b. Neuere Entwicklung der Ansicht der Kommission

Eine Wende in der Ansicht der Kommission wurde durch die Maissatgutentscheidung[370] des EuGH vom 8.6.1982 herbeigeführt[371].
Hier sind die Erwägungen für Herstellungs- und Vertriebslizenz bezüglich des exclusiven Charakters der Vereinbarung zunächst zusammengefaßt. Sodann erfolgt die Bewertung weiterer Vertriebsbeschränkungen, auf die in dem entsprechenden Zusammenhang einzugehen sein wird.
Der EuGH unterschied insoweit grundlegend zwischen einer "offenen ausschließlichen Lizenz" und einer "ausschließlichen Lizenz mit absolutem Gebietsschutz".
Erstere setzt sich neben der Gebrauchsüberlassung der Technologie aus zwei Elementen zusammen. Zum einen verpflichtet sich der Lizenzgeber keine weiteren Lizenzen an dritte Lizenznehmer im Gebiet des Lizenznehmers zu gewähren. Zum anderen verpflichtet der Lizenzgeber sich im entsprechenden Lizenzgebiet nicht selber herzustellen (oder zu vertreiben). Letztere umfaßt zusätzlich weitere Vertriebsbeschränkungen für den Lizenznehmer in Gebiete anderer Lizenznehmer und schützt den Lizenznehmer vor Importen in sein Lizenzgebiet.

Der EuGH führt zur offenen (einfachen) Exclusivlizenz aus, daß sie nicht wettbewerbsbeschränkend sei, wenn ein potentieller Lizenznehmer nur unter Gewährung hinreichenden Investitionsschutzes zur Übernahme des Herstellungsrisikos für eine neue Technologie bereit sei. Hintergrund war die Überlegung, daß ein potentieller Lizenznehmer nur unter Gewährung hinreichenden Investitionsschutzes durch territoriale Absicherung seines Absatzmarktes zur Übernahme des Herstellungsrisikos bereit sei.

Der EuGH führt den Investitionsschutz für den Lizenznehmer also zur Begründung des Nichtvorliegens einer Wettbewerbsbeschränkung in einer bestimmten Fallkonstellation an, wohingegen die Kommission die genannten Erwägungen lediglich zur Begründung für eine Freistellungsentscheidung heranzieht.
Wenn auch die Kommission in der Folgezeit die Rechtsprechung des EuGH -insbesondere unter Betonung des Kriteriums der Neuheit der Technologie- sehr restriktiv ausgelegt und angewendet und in keinem Fall eine Wettbewerbsbeschränkung verneint hat[372], so bleibt

---

370 EuGH Slg. 1982, S. 2015 f. Der Lizenzvertrag sah eine auf Deutschland beschränkte Hestellungs- und Vertriebslizenz des französischen Lizenzgebers für den Deutschen Lizenznehmer in der Weise vor, daß der Lizenzgeber weder weitere Herstellungs- und Vertriebslizenzen in Deutschland vergeben, noch selber nach Deutschland liefern durfte. Der Lizenzgeber verpflichtete sich weiterhin, dafür Sorge zu tragen, daß Ausfuhren des Lizenzgegenstandes aus Frankreich oder anderen EWG-Ländern nach Deutschland unterbleiben. Umgekehrt hatte der Deutsche Lizenznehmer kein Recht, aus Deutschland in andere EWG-Länder zu exportieren.

371 Siehe grundlegend zu den Konsequenzen der Auslegung des EuGH: Hoffmann/O'Farrel, EIPR 1984, S. 104 f; Ubertazzi, RIW 1983, S. 924 f.

372 Mehrfach verneinte die Kommission das Merkmal der Einführung einer neuen Technologie im Sinne des EuGH-Urteils und damit die Voraussetzung für das Nichtvorligen einer Wettbewerbsbeschränkung.

jedenfalls zumindest festzuhalten, daß zu der Ansicht der Kommission von einer "per se" wettbewerbsbeschränkenden Wirkung einer Exclusivabsprache diejenige einer "per se" vorzunehmenden Freistellung hinzugetreten ist.
Auch den grundsätzlichen Ansatz des EuGH hat die Kommission mittlerweile übernommen. So heißt es in EG 6 der KHGFVO : "Vereinbarungen über die ausschließliche Mitteilung von Know-How, das heißt Vereinbarungen, in denen sich der Know-How-Geber verpflichtet, die mitzuteilende Technologie weder selbst zu nutzen noch durch Dritte nutzen zu lassen, sind als solche nicht unvereinbar mit Artikel 85 Absatz 1 EGV, wenn es darum geht, im Vertragsgebiet eine neue Technologie einzuführen und sie im Hinblick auf den Umfang der unternommenen Forschungsanstrengungen und der sich (...) (daraus)[373] (...) ergebenden Verstärkung des Wettbewerbes (...) zu schützen."
Allerdings ist unklar, ob die Kommission diese von ihr anerkannte Vorgabe ebenso restriktiv auszulegen gedenkt, wie sie mit der Rechtsprechung des EuGH verfahren ist.

2. Die exclusive Vertriebslizenz

Bei der Frage nach der Zulässigkeit einer exclusiven Vertriebslizenz sind mehrere kartellrechtliche Fragestellungen zu unterscheiden.
Die erste Frage betrifft die Zulässigkeit einer Vertriebslizenz mit exclusivem Charakter

- für entweder den gesamten gemeinsamen Markt oder Teile desselben
- in der Form, daß sich der Lizenzgeber verpflichtet,
  - keine weiteren Lizenzen an dritte Lizenznehmer zu vergeben
  - oder zusätzlich zu dieser Verpflichtung selber nicht in das Lizenzgebiet zu liefern.

Die zweite Fragestellung betrifft die Zulässigkeit der Verstärkung der gesamten Exclusivstellung durch die Verpflichtung des Lizenzgebers, dafür zu sorgen, daß

- andere Lizenznehmer aus anderen Gebieten nicht in das geschützte Lizenzgebiet liefern dürfen oder
- die im eigenen Gebiet und in Gebieten anderer Lizenznehmer in Umlauf gebrachten Lizenzgegenstände nicht in das geschützte Gebiet des Lizenznehmers weitervertrieben werden

Die dritte Frage betrifft die Zulässigkeit der Verpflichtung des exclusiven Lizenznehmers

- entweder in die übrigen oder bestimmte Teile des gemeinsamen Marktes, die nicht sein Lizenzgebiet sind, lediglich nicht exclusiv zu liefern
- oder in die übrigen Teile des gemeinsamen Marktes, die nicht sein Lizenzgebiet sind, gar nicht zu liefern.

In Sachen Velcro/Aplix (AblEG 1985, Nr. L 233/22 und 31) gestand die Kommission zwar hohe Einführungskosten für eine Patentlizenz an Hakenbandverschlüssen zu, verneinte aber die "Neuheit" der Technologie.
In Sachen Rich Products/Jus Rol (AblEG 1988, Nr. L 69/21 f) begründete die Kommission das Fehlen des innovativen Charakters damit, daß es konkurrierende Technologien gab.
In Sachen Delta Chemie/DDD (AblEG 1988, Nr. L 309/34 f) reichte der Kommission zur Begründung sogar die Tatsache aus, daß das Produkt vor Erteilung der Herstellungslizenz vom Lizenznehmer bereits vertrieben wurde.
373 Hinzufügung diesseits.

Es ist nun für jede der genannten Fragestellungen zu prüfen, ob sie überhaupt wettbewerbsbeschränkende Regelungen enthalten .Sodann wird auf ihre Behandlung in den GFVOen einzugehen sein.

a. Beurteilung der wettbewerbsbeschränkenden Wirkung der unterschiedlichen kartellrechtlichen Fragestellungen

aa. Exclusivcharakter der Vertriebslizenz

Mit der ersten Fragestellung hat sich die Kommission mehrfach beschäftigt und die dort enthaltenen Vertragsklauseln als wettbewerbsbeschränkend angesehen[374]. Darauf wurde bereits bei der parallelen Problematik im Rahmen der Erörterung der Exclusivität von Herstsellungslizenzen eingegangen[375].
Insofern ist auch auf die dort dargestellte Rechtsprechung des EuGH[376] in Sachen Maissaatgut zu verweisen, welche neue Beurteilungsmaßstäbe für Exclusivklauseln festlegte. Dort wurde unterschieden zwischen "offener ausschließlicher Lizenz" und "ausschließlicher Lizenz mit absolutem Gebietsschutz". Die für die Herstellungslizenzen getroffene Bewertung der offenen Ausschließlichkeit gilt auch für Vertriebslizenzen. Sie ist unter den engen, vom EuGH festgelegten Kriterien nicht wettbewerbsbeschränkend .

bb. Verstärkung der Exclusivität durch Territorialschutz mittels Verpflichtung des Lizenzgebers zu Beschränkungen mit dritten Lizenznehmern

Für die Beurteilung der zweiten Fragestellung sind die Ausführungen des EuGH in Sachen Maissaatgut[377] zur "ausschließlichen Lizenz mit absoluten Gebietsschutz" heranzuziehen. Der EuGH sieht als Zweck hinter der Gestaltung absoluten Gebietsschutzes, "für die betreffenden Erzeugnisse und das fragliche Gebiet jeden Wettbewerb Dritter" - etwa von Lizenznehmern aus anderen Lizenzgebieten, oder gar nur von deren Abnehmern, sogenannten Parallelimporeturen, - "auszuschalten".
Die Verpflichtungen des Lizenzgebers, dafür zu sorgen, daß andere Lizenznehmer aus anderen Gebieten nicht in das geschützte Gebiet liefern, und in anderen als dem geschützten Gebiet in Umlauf gebrachte Gegenstände nicht in das geschützte Gebiet weitervertrieben werden dürfen, trifft genau die Erwägungen des EuGH .Zusammen mit den eingangs erörterten Beschränkungen zwischen dem Lizenzgeber und dem Lizenznehmer bilden sie die strengste Form der Vertriebsbindung. Es wird im Ergebnis absoluter Gebietsschutz für die Gebiete des Lizenzgebers und des Lizenznehmers bewirkt, und es besteht die Gefahr, daß die Märkte entlang nationaler Grenzen aufgeteilt werden. Letzteres wäre der genaue Gegensatz zum Ziel der Errichtung des gemeinsamen Marktes, auf dem Waren frei zirkulieren können.[378]

---

374 Siehe oben, Teil II, A I 1, a/b.

375 Siehe oben, Teil II, A I 1.

376 EuGH Slg. 1982, S. 2015 f.

377 EuGH Slg. 1982, S. 2015 f.

378 Siehe dazu den XXII. Wettbewerbsbericht der Kommission, 1992, Tz. 69/70, wo dazu ausgeführt wird: "So besteht zunehmende Einigkeit darüber, daß die Vorteile des Binnenmarktes nur dann real und nachhaltig sein werden, wenn sie durch eine strikte Anwendung der Wettbewerbspolitik abgesichert werden. Durch die Anwendung der Wettbewerbsregeln wird verhindert, daß Unternehmen Vereinbarungen zur Abschottung der Märkte treffen und die positiven Wirkungen der Integration durch Errichtung neuer Barrieren, die den gleichen Effekt wie die mit dem Binnenmarkt zu beseitigenden staatlichen Beschränkungen haben, zunichte gemacht werden. ..." Weiter heißt es: "Ein Tätigkeitsfeld der Wettbewerbspolitik verdient dabei besondere Erwähnung, nämlich die Politik der Kommission auf dem Gebiet der Vertriebs- oder Lizenzvereinbarungen. (...) Sie beinhalten jedoch

cc. Verstärkung der Exclusivität durch Akzeptanz von Territorialbeschränkungen seitens des Lizenznehmers

Die dritte Fallgestaltung wird von der Maissaatgutentscheidung des EuGH nicht ausdrücklich behandelt, obwohl dem Lizenznehmer der Export in Gebiete anderer Lizenznehmer im Fall ausdrücklich verboten war.
Die Erwägungen des EuGH sind aber auch hier heranzuziehen, da es sich dabei um die spiegelbildliche Verpflichtung des Lizenznehmers zu der vorstehend erörterten Verpflichtung des Lizenzgebers handelt. Schließlich werden dritte Lizenznehmer vom Lizenzgeber den gleichen Gebietsschutz verlangen, wenn sie ihrerseits Exportbeschränkungen bezüglich der Gebiete anderer Lizenznehmer unterliegen. Der Lizenzgeber kann diesem Verlangen nur mit einer entsprechenden Klausel gegenüber dem Lizenznehmer nachkommen. Außerdem hatte die Kommission diese Verpflichtung bereits in Sachen Boissois/Interpane[379] als Verstoß gegen Artikel 85 Absatz 1 EGV gewertet.

Die genannten Fallgestaltungen sind also im Grundsatz allesamt wettbewerbsbeschränkend mit Ausnahme der vom EuGH eng formulierten Voraussetzungen im Rahmen einer offenen Ausschließlichkeitsabsprache.
Sollten allerdings zweifelsfrei die Voraussetzungen der Maissaatgutentscheidunng des EuGH vorliegen und sollte eine offene Exclusivvereinbarung nicht als wettbewerbsbeschränkend bewertet werden, bedarf es bezüglich dieser Klausel auch nicht mehr der Beachtung der Freistellungsvoraussetzungen. Dennoch ist es auch in Zweifelsfällen ratsam, sich an die im folgenden erörterten Vorgaben der GFVOen zu halten, da die Kommission dazu neigt, die Rechtsprechung des EuGH eng auszulegen.

b. Beurteilung der Klauseln nach den GFVOen

Darzustellen ist nunmehr, in wie weit diese Verpflichtungen durch die GFVOen freigestellt sind.

aa. Herstellungslizenz

α. Die PLGFVO

Nach der PLGFVO sind exclusive Herstellungslizenzen mit beiden der oben genannten Komponenten in Artikel 1 freigestellt .Der Lizenzgeber kann sich also verpflichten, ausschließlich einem Lizenznehmer die Lizenz in einem bestimmten Gebiet zu gewähren ,hingegen keine weiteren Herstellungsrechte an Dritte zu gewähren[380] .Außerdem kann sich der Lizenzgeber verpflichten, selber auf die Herstellung im Gebiet des Lizenznehmer zu verzichten[381].

---

häufig Gebietsklauseln, die unter Umständen eine Aufteilung des gemeinsamen Marktes bewirken können. Zur konstanten Entscheidungspraxis der Kommission gehört es, diese Vereinbarungen nur freizustellen, wenn sie den Handel nicht in unvertretbarer Weise einschränken. Insbesondere müssen Paralleleinfuhren möglich bleiben, damit die Vorteile dieser Vereinbarungen für die Warenverteilung nicht durch die nachteiligen Auswirkungen einer Marktabschottung zunichte gemacht werden. (...)".

379 AblEG 1987, Nr. L 50, S. 30 f.

380 Art.1(1)1 PLGFVO.

381 Art. 1(1)1,2 PLGFVO.

Die Freistellung gilt auch für den Fall, daß die Technologie nicht neu ist. EG 11 der PLGFVO erstreckt die Anwendbarkeit zunächst auf "neue Herstellungsverfahren für ein an sich bekanntes Erzeugnis". Darüber hinaus bewertet er es aus Gründen der Rechtssicherheit für angebracht, auch andere Fälle zu erfassen, die unter das Verbot des Artikels 85 Absatz 1 EGV fallen können. Es sind damit auch die Klauseln freigestellt, die nach der Rechtsprechung des EuGH in Sachen Maissaatgut nicht mehr dem Bereich unterfallen, der nicht vom Verbot des Artikels 85 Absatz 1 EGV erfaßt ist .Der EuGH hat das Erfordernis aufgestellt, daß die Technologie neu sein müsse, wenn ihre exclusive Lizenzierung nicht unter den Anwendungsbereich des Artikels 85 Absatz 1 EGV fallen solle.
Die Lizenz kann außerdem für den gesamten gemeinsamen Markt oder für Teile davon vergeben werden. Dies wird durch die Definition des dem Lizenznehmer vorbehaltenen Gebietes in EG 10 der PLGFVO[382] deutlich. Zwar bezieht sich EG 10 auf Nebenabreden über Warenzeichen, jedoch dürfte die enthaltene Definition allgemein gültig sein. Dies gilt auch, wenn die Vertragspartner ausschließlich aus einem Mitgliedstaat stammen.
Allerdings enthält die Definition eine bedeutende Einschränkung auf Gebiete, wo der Lizenzgeber Patentschutz für dem Lizenznehmer überlassene Technologie genießt. Für einen Vertrag, in dem ein Lizenzgeber das gesamte Gebiet der EWG exclusiv an einen Lizenznehmer lizenzieren will, jedoch nicht in allen Mitgliedstaaten Patentinhaber ist, wird durch die PLGFVO nicht automatisch eine Freistellung bewirkt[383].

Dauer der Freistellung

Bezüglich der Dauer der Freistellung knüpft die PLGFVO an die Laufzeit des längstlaufenden lizenzierten Patentes an. Die PLGFVO beschränkt die Freistellung "soweit und solange" eines der lizenzierten Patente noch in Kraft ist. Diese Formulierung ist auslegungsbedürftig.
Eine Möglichkeit ist es, die beiden Begriffe als reine Appositionen mit derselben Bedeutung als zeitliche Begrenzung anzusehen. Dies wäre jedoch angesichts der Möglichkeit, daß ein lizenziertes Patent oder gar mehrere lizenzierte Patente zur Erstellung mehrerer Lizenzgegenstände nutzbar sind, zu einfach. Dem Ausdruck "soweit" muß daher eine eigenständige Bedeutung zukommen. Es bietet sich an, ihn auf den materiellen Gehalt des Patentes zu beziehen.
Auch hier bieten sich wiederum zwei Auslegungsmöglichkeiten an.
Da sich die beiden Begriffe "soweit und solange" auf die lizenzierten Patente selber -und nicht etwa auf den Lizenzgegenstand oder gar unterschiedliche Lizenzgegenstände - beziehen, könnte man den Territorialschutz streng nach dem Wortlaut für alle denkbaren Lizenzgegenstände bis zum Ablauf des längstlaufenden Patentes gewähren[384].
Dies führt jedoch zu unbefriedigenden Ergebnissen, wenn man sich vor Augen hält, daß bei der Erstellung unterschiedlicher Lizenzgegenstände nicht für jeden Gegenstand auch alle Patente benötigt werden.
Es ist also denkbar, daß sämtliche Patente für den einen Lizenzgegenstand bereits abgelaufen sind, diejenigen (oder zumindest eines) für die Erstellung eines anderen Lizenzgegenstandes

---

382 EG 10 PLGFVO definiert an dieser Stelle das Gebiet als eines, welches den gesamten gemeinsamen Markt oder Teile desselben erfaßt, wo der Lizenzgeber Schutz für Patente genießt, deren Benutzung dem Lizenznehmer überlassen wurde.

383 Einer Ansicht zufolge soll zumindest für gemischte Verträge eine Freistellung im Rahmen des Widerspruchsverfahrens erfolgen können. (Wiedemann, Kommentar GFVO 2349/84, Art.1, Rdnr.24). Nach Ansicht der Kommission hingegen ist diese Möglichkeit nicht gegeben. (17.Wettbewebsbericht der Kommission, 1988, Tz.33).

384 Siehe dazu Korah, Patent Licensing, S.34 und Wiedemann, Kommentar, GFVO 2349/84, Art.1, Rdnr.26.

hingegen noch nicht. Stellt man mit dem Wortlaut der PLGFVO ausschließlich auf die Gültigkeit des längstlaufenden aller lizenzierten Patente ab, so könnte der Lizenznehmer aufgrund der Exclusivvereinbarung den Lizenzgeber von der Nutzung der nun nicht mehr dem Patentschutz unterfallenden und somit grundsätzlich frei zugänglichen Technologie ausschließen, die für die Erstellung des in dem hier genannten Beispiel erstgenannten Lizenzgegenstandes notwendig ist. Dies wäre - nicht nur in übertragener Bedeutung - "nicht im Sinne des Erfinders".
Die von der PLGFVO vorgegebene Regelung bezüglich der Gleichsetzung vom Ende der Freistellung und der Laufzeit des längstlaufenden Patentes ist daher gesondert für jeden unterschiedlichen Lizenzgegenstand vorzunehmen.[385] Ist also das zur Erstellung eines bestimmten Lizenzgegenstandes längstlaufende Patent ausgelaufen, so endet die Freistellung der Exclusivitätsabsprache für die Nutzung der für diesen Gegenstand benutzten Patente.

Nach der PLGFVO ist noch eine weitere Beschränkung des Lizenznehmers zum Schutze des Lizenzgebers freigestellt.
Es ist dies die Verpflichtung des Lizenznehmer, die lizenzierten Patente nicht in den dem Lizenzgeber vorbehaltenen Gebieten zu nutzen, soweit und solange das Lizenzerzeugnis durch parallele Patente in diesen Gebieten geschützt ist[386].
Es ist die die spiegelbildliche Verpflichtung des Lizenzgebers gegenüber dem Lizenznehmer.
Voraussetzung für die Freistellung ist, daß in den vorbehaltenen Gebieten parallele Patente[387] bestehen. Das Nutzungsverbot - in dem hier erörterten Zusammenhang als Herstellungsverbot zu lesen - kann unabhängig von der Frage vereinbart werden, ob der Lizenzgeber in diesen Gebieten selber produzieren will oder nicht. Er kann auch die Absicht verfolgen, zu einem späteren Zeitpunkt mit einem weiteren Lizenznehmer Hestellungs- und Vertriebslizenzen zu vereinbaren[388].
Auch hier ist die Beschränkung des Lizenznehmers nur "soweit und solange" freigestellt, wie Schutz durch parallele Patente besteht. Im Unterschied zu Artikel 1(1)1 und 2 bezieht der Wortlaut des Artikels 1(1)3 PLGFVO diese Eingrenzung nicht auf die Gültigkeit der Patente an sich, sondern auf den durch sie geschützten Lizenzgegenstand. Sind also mehrere Patente für unterschiedliche Lizenzgegenstände lizenziert und existieren entsprechende parallele Patente, so wird es auch hier für die Dauer des Territorialschutzes zu Gunsten des Lizenzgebers auf das längstlaufende Patent ankommen, das zur Herstellung eines bestimmten Lizenzgegenstandes benutzt wird. Nicht erforderlich ist es also, daß noch alle Patente für den Lizenzgegenstand in Kraft sind. Für den Schutz des Lizenzgegenstandes und die Aufrechterhaltung des Territorialschutzes ist es vielmehr ausreichend, wenn seine Herstellung noch insgesamt durch das letztlaufende Patent abgewendet werden könnte. Dies bedeutet im Ergebnis, daß Territorialschutz für den Lizenzgeber nur dort gewährt und freigestellt wird, wo

---

385 So wohl auch Korah, Patent Licensing, S.34.

386 Art. 1(1)3 PLGFVO.

387 Der Begriff des parallelen Patentes wird definiert in EG 12 als Patent, das dieselbe technische Erfindung im Sinne der Rechtsprechung des Gerichtshofes erfaßt. Nach dem Urteil des EuGH in Sachen Centrapharm/Sterling (Slg 1974, S. 1147 f, Tz.13/14), das unter anderem zur Bestimmung geistiger Schutzrechte im Sinne von Art.36 EGV erging, muß das parallele Patent weder im Hinblick auf Regelungsinhalt noch im Hinblick auf die Dauer identisch sein mit dem lizenzierten Patent. Dies hat folgende Bedeutung. Der Lizenzgegenstand muß entweder von dem parallelen Patent *mit*erfaßt sein, oder es muß ein u.U. nicht trennbarere Teil des Lizenzgegenstandes vom parallelen Patent erfaßt sein, und zwar in der Weise, daß der Export des Lizenzgegenstandes in den Geltungsbereich des parallelen Patentes durch dessen Geltendmachung untersagt werden könnte. Um diesen Test durchzuführen, muß unterstellt werden, daß die Erschöpfungslehre nicht gilt.

388 Korah, Patent Licensing, S. 36; v.Bael/Bellis, World Law of Competition, S.166.

parallele Patente existieren. Dies bedeutet auch, daß sowohl der Lizenzgeber als auch der Lizenznehmer frei sind, in Gebieten ohne (parallelen) Patentschutz herzustellen.

β. Die KHGFVO

Nach der KHGFVO ist eine exklusive Herstellungsvereinbarung in den vorstehend genannten Formen ebenfalls freigestellt[389]. Der Lizenzgeber kann also verpflichtet werden, keinem anderen Lizenznehmer in dem geschützten Gebiet eine Lizenz über die überlassene Technologie im Vertragsgebiet zu gewähren, sowie die Technologie nicht selber im Gebiet des Lizenznehmer zur Herstellung zu nutzen.
Unter dem Begriff der "überlassenen Technologie" versteht die KHGFVO[390] "das ursprüngliche und jedes weitere Know-How, das von dem Know-How- Geber direkt oder indirekt einem Lizenznehmer im Wege einer reinen oder gemischten Know-How und Patentlizenzvereinbarung mitgeteilt wurde." Für gemischte Vereinbarungen sind mitlizenzierte Patente in den Begriff einbezogen.
Auch der Begriff "Nutzung" wird unter der KHGFVO - im Gegensatz zur PLGFVO - definiert[391], und zwar als jede Verwertung der überlassenen Technologie, insbesondere bei der Produktion sowie durch aktive und passive Verkäufe. Eingeschlossen ist auch ausdrücklich die Form des Leasens.
Gemäß EG 6 ist die Vereinbarung nicht nur freigestellt, wenn sie innovative Technologieformen beinhaltet, sondern auch dann, wenn sie andere Formen beinhaltet.

Wie unter der PLGFVO ist auch die umgekehrte Verpflichtung des Know-How-Nehmers, die überlassene Technologie nicht in den dem Know-How- Geber vorbehaltenen Gebieten zur Herstellung zu nutzen, freigestellt[392] .
Dabei wird in Artikel 1(7)11 KHGFVO das dem Know-How-Geber vorbehaltene Gebiet definiert als eines, das den gesamten gemeinsamen Markt oder Teile davon erfaßt, in dem der Lizenznehmer berechtigt ist, die lizenzierte Technologie zu nutzen. Dies bedeutet, daß die Auslösung des Territorialschutzes im Gegensatz zur PLGFVO lediglich auf den bloßen vertraglichen Vorbehalt des Lizenzgebers hin geschieht. Dies muß allerdings ausdrücklich geschehen [393].

Die Dauer der Freistellung beträgt gemäß Artikel 1(2)1 KHGFVO in allen genannten Fällen 10 Jahre .

Für die Beschränkungen, die zwischen dem Lizenznehmer und dem Lizenzgeber freigestellt sind, beginnt diese Frist mit dem Tag der ersten Know-How-Vereinbarung über "dieselbe Technologie" innerhalb des gemeinsamen Marktes[394], also nicht unbedingt für das einzelne Vertragsgebiet im Moment des Vertragsschlusses. Dies wirkt sich aus bei zeitlich aufeinanderfolgenden Vereinbarungen in unterschiedlichen Lizenzgebieten.
Eine Definition des Begriffs derselben Technologie findet sich in Artikel 1(7)8 KHGFVO, wonach sie als diejenige Technologie bezeichnet wird, "wie sie dem ersten Know-How-Nehmer überlassen und durch spätere Verbesserungen weiterentwickelt wurde, unabhängig

---

389 Art.1(1)1 und 1(1)2 KHGFVO.

390 Art.1(7)7 KHGFVO.

391 Art.1(7)10 KHGFVO.

392 Art.1(1)3 KHGFVO.

393 siehe Winn, ECLR 1990, S. 135 f (139).

394 Art.1(1)3-3.

davon, ob und in welchem Umfang diese Verbesserungen von den Vertragspartnern oder den anderen Know-How-Nehmern verwertet werden und ob die betreffende Technologie in irgendeinem Mitgliedstaat durch notwendige Patente geschützt ist." Der Begriff "derselben Technologie" bezieht also Verbesserungserfindungen[395] mit ein. Die Frist beginnt also auch zu diesem Zeitpunkt, wenn eine fortlaufende Lizenzierung von Verbesserungserfindungen vereinbart ist. Absatz 2 des EG 7 stellt in diesem Zusammenhang klar, daß auch für die später lizenzierten Verbesserungserfindungen die Freistellung mit dem Ablauf der Frist endet, die sich auf das ursprünglich lizenzierte Know-How bezog. Eine Verlängerung der Freistellung ist nicht ausdrücklich vorgesehen. Der Territorialschutz der Vereinbarungen muß dann erlöschen, wenngleich auch - wie EG 7 ebenfalls bestätigt - weiterhin Lizenzgebühren vereinbart sein mögen.

Eine weitere zulässige Beschränkung, die in erster Linie die Herstellung des Vertragserzeugnisses[396] betrifft, enthält Artikel 1(1)8 KHGFVO. Danach darf der Lizenznehmer verpflichtet werden, nur so viele Einheiten des Vertragserzeugnisses zu produzieren, wie er für den Eigenbedarf braucht, und er darf das Erzeugnis nur als integralen Bestandteil der eigenen Erzeugnisse oder als Ersatzteil für sie oder sonst in Verbindung mit den eigenen Erzeugnissen zu veräußern, sofern er die Mengen selber bestimmen kann.
Damit wird die Produktionsmenge auf die potentiell abzusetzende Stückzahl begrenzt.
Nach Ansicht der Kommission wird hierdurch ein Anreiz geboten, die Technologie für verschiedene Anwendungsformen auszunutzen, jedoch den getrennten Verkauf der Technologie einem anderen Lizenznehmer oder dem Lizenzgeber vorzubehalten. Dies diene der Verbreitung und Weiterentwicklung der Technologie [397].

γ. Der Entwurf der TTGFVO und die TTGFVO

Im Entwurf der TTGFVO und in der endgültigen Fassung der TTGFVO sind die hier besprochenen Klauseln ebenfalls freigestellt, und zwar sowohl im Rahmen reiner Patentlizenzen oder reiner Know-How-Vereinbarungen, als auch im Rahmen gemischter Vereinbarungen. Danach kann der Lizenznehmer umfassend vor Wettbewerb in seinem Lizenzgebiet geschützt werden. Ebenso ist der Lizenzgeber in den ihm vorbehaltenen Gebieten vor einem Wettbewerb durch den Lizenznehmer in bezug auf die überlassene Technologie geschützt. Dabei beinhaltet der Begriff der überlassenen Technologie nach Art. 10 Nr. 6 des Entwurfs der TTGFVO bzw. nach Art. 10 Nr. 7. TTGFVO das ursprüngliche Know How und/oder die wesentlichen Patente, die beim Abschluß des ersten Lizenzvertrages bestanden sowie die spätere Verbesserung des Know How oder der Patente, unabhängig davon, ob und in welchem Umfang sie von den Vertragspartnern oder den anderen Lizenznehmern verwertet werden.
Das dem Lizenzgeber vorbehaltene Gebiet ist in Art. 10 Nr. 11 des Entwurfes der TTGFVO bzw. Art. 10 Nr. 12 TTGFVO definiert als das Gebiet, für das der Lizenzgeber keine Patent- oder Know-How-Lizenzen erteilt hat. Diese Definition entspricht derjenigen unter der KHGFVO.
Daraus kann jedoch nicht der Schluß gezogen werden, daß für alle von der TTGFVO erfaßten Lizenzarten Gebietsbeschränkungen für das dem Lizenzgeber vorbehaltene Gebiet in gleicher

---

395 Siehe ausführlich dazu Teil II, B V.

396 Art. 1(7)9 KHGFVO gibt eine Definition für den Begriff des Vertragserzeugnisses. Darunter fallen Waren und Dienstleistungen, deren Herstellung oder Erbringung die überlassene Technologie erfordert. Bemerkenswert ist, daß Dienstleistungen ausdrücklich miterfaßt sind.

397 Konflikte mit Art.3(7), der Mengenbeschränkungen verbietet, sind nicht zu befürchten, da diese Vorschrift klarstellt, daß Art. 1(1)8 unberührt bleibt.

Weise möglich sind. Vielmehr differenziert auch die TTGFVO und ihr Entwurf nach reinen Patentlizenzen, reinen GFVOen sowie gemischten Verträgen.
Bei reinen Patentlizenzvereinbarungen werden die genannten gegenseitigen Verpflichtungen und Beschränkungen nur soweit und so lange freigestellt, wie das Vertragserzeugnis im Gebiet der jeweils durch die einzelne Vertragsklausel geschützten Partei durch Parallelpatente abgedeckt ist.
Für reine Know-How-Vereinbarungen wird - wie unter der KHGFVO - weiterhin lediglich darauf abgestellt, daß sich der Lizenzgeber das Gebiet vorbehalten hat.
Bei gemischten Vereinbarungen gilt gemäß Art. 1 Abs. 4 des Entwurfs der TTGFVO grundsätzlich die Regelung für reine Know How-Lizenzen. Danach reicht es für die Beschränkungen des Lizenznehmers aus, wenn sich der Lizenzgeber das Gebiet vorbehält, d.h. wenn er keine Lizenz für das Gebiet erteilt. Überschreitet jedoch die Laufzeit der Lizenz die Freistellungsdauer für Know-How-Verträge, so gilt die Freistellung für die hier untersuchten Beschränkungen nur in den Gebieten, in denen die überlassene Technologie durch wesentliche Patente geschützt ist und auch nur so lange, wie die Patente bestehen.
Das Kriterium "wesentlich" in bezug auf Patente ist neu und es ist nicht klar, welche Unterscheidungen die Kommission zwischen "wesentlich" und "notwendig" im Hinblick auf Patente treffen sollte. Eine Definition ist nur für notwendige Patente in Art. 10 (5) des Entwurfs der TTGFVO enthalten. Einerseits gibt die Kommission eine Orientierung, unter welchen Bedingungen das Know How wesentlich ist. Die Erfordernisse, welche diese Wesentlichkeit ausmachen, sind geringer, als diejenigen, die die Notwendigkeit ausmachen. So sind wesentliche Patente lediglich wichtig im Rahmen z.B. des Herstellungsprozesses; auf der anderen Seite sind Patente notwendig, wenn ohne sie die Erreichung des Zwecks der lizenzierten Technologie unmöglich wäre. Daraus kann der Schluß gezogen werden, daß die Kommission die Anforderungen unter Art. 1 (5) des Entwurfs der TTGFVO reduzieren wollte, was zur Folge hat, daß eine längere Freistellungsdauer leichter zu erreichen ist.
Allerdings hat die Kommission von diesem Konzept in der endgültigen Fassung der TTGFVO abgerückt. Bei im Vergleich zu ihrem Entwurf identischen Freistellungsvoraussetzungen des Art. 1(4) ist in der TTGFVO der Begriff der wesentlichen Patente durch den Begriff der notwendigen Patente ersetzt worden.

Die Dauer der Freistellung ist ebenfalls differenziert ausgestaltet.
So beläuft sie sich bei reinen Patentlizenzen auf die Laufzeit des Patentes bzw. auf die Laufzeit der parallelen Patente (Art. 1 Abs. 2 TTGFVO).
Bei reinen Know-How-Vereinbarungen beträgt die Freistellungsdauer 10 Jahre (Art. 1 Abs. 3 TTGFVO).
Für gemischte Lizenzverträge gilt diese Frist ebenfalls, und zwar unabhängig davon, ob die mitlizenzierten Patente bereits vor Ablauf dieser Frist ihre Gültigkeit verloren haben. Dies ergibt sich aus der Formulierung in Art. 1 Abs. 4 TTGFVO. Diese Frist kann unter den oben bereits geschilderten Voraussetzungen länger laufen, sofern in den zu schützenden Gebieten noch notwendige Patente in Kraft sind.

Die Freistellung beginnt

- mit dem Zeitpunkt der ersten Vermarktung, soweit es sich um reine Know-How-Lizenzen handelt

und

- soweit (auch) Patente Gegenstand der Lizenz sind, mit dem Zeitpunkt des Vertragsschlusses.

Wesentlicher Unterschied des Entwurfs der TTGFVO zu den Regelungen in der PLGFVO und der KHGFVO ist der Umstand, daß die Verpflichtung des Lizenzgebers gegenüber seinem Lizenznehmer, Dritten die Nutzung der überlassenen Technologie im Vertragsgebiet nicht zu gestatten, an weitere strenge Voraussetzungen knüpft. Es handelt sich dabei um einen Marktanteilstest auf Seiten des Lizenznehmers. Danach wird diese Klausel nur unter der Voraussetzung freigestellt, daß

- die von dem Lizenznehmer hergestellten Erzeugnisse, die durch die Vertragserzeugnisse verbessert oder ersetzt werden können, sowie die anderen Erzeugnisse, die vom Lizenznehmer hergestellt und vom Verbraucher aufgrund ihrer Eigenschaften, ihres Preises und ihres Verwendungszwecks als gleichartig angesehen werden, im gemeinsamen Markt oder in einem wesentlichen Teil desselben nicht mehr als 40 % des Marktes aller dieser Erzeugnisse ausmachen

und

- der Lizenznehmer nicht auf einem oligopolistischen Markt tätig ist; für die Zwecke dieser Verordnung gilt ein Markt als oligopolistisch, wenn drei oder weniger Unternehmen gemeinsam einen Anteil von mehr als 50 % oder fünf oder weniger Unternehmen gemeinsam einen Anteil von mehr als 2/3 auf dem sachlich und räumlich relevanten Markt auf sich vereinigen und der Lizenznehmer zu dieser Gruppe von Unternehmen gehört sowie einen Marktanteil von mehr als 10% hält.

Es kann daher davon ausgegangen werden, daß danach Exklusivklauseln immer dann freigestellt sind, wenn der Marktanteil des Lizenznehmers 10 % nicht übersteigt.

Weiterhin stehen die Verpflichtungen des Lizenzgebers, die überlassene Technologie im Vertragsgebiet des Lizenznehmers nichts selbst zu nutzen (Art. 1 Abs. 1 Nr. 2 TTGFVO), sowie die Verpflichtung des Lizenznehmers, in dem den Lizenzgeber vorbehaltenen Gebiet die überlassene Technologie nicht zu nutzen, daß der Marktanteil der durch diese Verpflichtungen jeweils geschützten Partei 20 % nicht übersteigt.

Dieses im Rahmen des Entwurfes zur TTGFVO verfolgte Konzept ist verglichen mit demjenigen der PLGFVO und der KHGFVO neu. Es sei schon hier darauf hingewiesen, daß diese Neuerung von zentraler Bedeutung für den weiteren Aufbau des Entwurfs der TTGFVO ist. Alle anderen wesentlichen strukturellen Veränderungen stehen damit in unmittelbarem Zusammenhang.

Allerdings hat die Kommission in der endgültigen Fassung der TTGFVO auf einen Marktanteilstest als Freistellungsvoraussetzung verzichtet. Gleichwohl hat die Einführung der Idee eines Marktanteilstestes Einfluß auf die Gestaltung der TTGFVO gehabt. Es sei in diesem Zusammenhang erinnert an die Ankündigung der Kommission, im Rahmen des Widerspruchsverfahrens den Marktanteil des Lizenznehmers als Entscheidungskriterium heranzuziehen, sowie an die Einführung eines Marktanteilstests im Rahmen der Prüfung der Rücknahmevoraussetzungen und schließlich an die damit zusammenhängende Empfehlung an die Vertragsparteien, ihre Vereinbarung anzumelden, wenn den Kriterien des Marktanteilstests nicht genügt werde oder dies zumindest zweifelhaft sei.

Auf die Hintergründe dieser Entwicklung wird in einem gesonderten Teil zurückzukommen sein. Erst danach soll eine abschließende Bewertung gewagt werden.

δ. Zwischenergebnis

Bezüglich der Herstellungslizenz kann ein absoluter Territorialschutz zwischen den Parteien vereinbart werden. Wenn allen Lizenznehmern ein exclusives Herstellungsgebiet gewährt wird, und alle Lizenznehmer nach einer reziproken Verpflichtung gegenüber dem Lizenzgeber nicht in den Gebieten produzieren dürfen, in denen der Lizenzgeber den Lizenzgegenstand produziert.
Da es hier nicht um den Vertrieb der Lizenzgegenstände geht, werden auch die Grundsätze des EuGH in der Maissaatgutentscheidung nicht tangiert. Es ging dort um die Aufrechterhaltung des Wettbewerbes durch die Sicherstellung des Warenverkehrs zwischen den Lizenzgebieten. Dieser wird jedoch durch Beschränkungen im Bereich der Produktion nicht beeinträchtigt.

bb. Vertriebslizenz

Für die Vertriebslizenz gilt sowohl das zu den Beschränkungen des Lizenzgebers gegenüber dem Lizenznehmer Ausgeführte - der Lizenzgeber darf sich verpflichten, keine weiteren Vertriebsrechte an einen Dritten im Lizenzgebiet des Lizenznehmer zu vergeben (Artikel 1(1)1) und selber auf den Vertrieb im Gebiet des Lizenznehmer zu verzichten (Artikel 1 (1)2) , als auch das zu den reziproken Verpflichtungen des Lizenznehmers gegenüber dem Lizenzgeber Gesagte - der Lizenznehmer darf sich also verpflichten, nicht in die dem Lizenzgeber vorbehaltenen Gebiete zu liefern. Dies gilt unter der PLGFVO allerdings nur, soweit und solange parallele Patente bestehen. (Artikel 1 (1)3).
Die GFVOen bedienen sich bezüglich der freigestellten Verpflichtungen in den genannten Artikeln jeweils der Wendung der Benutzung bzw. der Nutzung des Lizenzgegenstandes. Darunter fällt neben der Herstellung und im Falle von Patenten der sonstigen patentrechtlichen Verwertungshandlungen auch der Vertrieb.
Hingegen ist der Vertrieb nicht von der Gewährung des absoluten Territorialschutzes der Lizenznehmer untereinander erfaßt.(Artikel 1(1)4). Er bezieht sich ausschließlich auf die Herstellung. An diese Stelle treten für die Beurteilung von Vertriebsbeschränkungen die wesentlich differenzierteren Regelungen der Artikel 1(1) Nrn. 5 und 6. Die GFVOen unterscheiden dabei deutlich zwischen der Behandlung aktiver und passiver Vertriebspolitik des Lizenznehmers gegenüber anderen Lizenznehmern auf der einen Seite und der Behandlung von Parallelimporten durch Abnehmer eines Lizenznehmers in Gebiete anderer Lizenznehmer .

α. PLGFVO

Exportbeschränkungen

Der Lizenznehmer kann durch den Lizenzgeber verpflichtet werden, seinen Vertrieb in die Gebiete anderer Lizenznehmer zu beschränken.
Dabei legt die PLGFVO eine Unterscheidung von aktiver und passiver Vertriebspolitik fest.
Definiert wird ausdrücklich nur der in Artikel 1(1)6 behandelte passive Vertrieb. Er besteht nach der genannten Vorschrift darin, daß der "Lizenznehmer eines Gebietes auf eine durch ihn

nicht veranlaßte Nachfrage von Verbrauchern oder Wiederverkäufern aus dem Gebiet anderer Lizenznehmer eingeht".
Eine Definition für den aktiven Vertrieb gibt die PLGFVO nicht vor, lediglich -wie EG 12 einräumt - eine Umschreibung in Artikel 1(1)5. Danach zählt zur aktiven Vertriebspolitik insbesondere eine auf die Gebiete anderer Lizenznehmer gerichtete Werbung, die Errichtung einer Niederlassung und die Unterhaltung von Auslieferungslagern. Ebenso fällt die Abgabe von Angeboten darunter. Hier gibt es eine Reihe von Zweifels- und Auslegungsfragen, die aber im Rahmen des Vergleichs der beiden GFVOen nicht vertieft werden sollen.[398]
Man kann daher allgemein formulieren, daß der aktive Vertrieb das unmittelbare, direkte Bemühen des Lizenznehmers um Aufträge ist.

Die aktive Vertriebspolitik kann dem Lizenznehmer durch den Lizenzgeber für die Gebiete anderer Lizenznehmer vollständig untersagt werden. Eine entsprechende Klausel ist freigestellt[399].
Der Beginn der Freistellung ist mit dem Inkrafttreten des Vertrages gleichzusetzen.
Bezüglich der Dauer enthält Artikel 1(1)5 ebenfalls die bereits erörterte Klausel, "soweit und solange das Lizenzerzeugnis durch parallele Patente geschützt ist."
Die passive Vertriebspolitik in die Gebiete anderer Lizenznehmer kann dem Lizenznehmer ebenfalls durch den Lizenzgeber untersagt werden. Auch eine solche Vertragsklausel ist grundsätzlich freigestellt.
Jedoch ergibt sich ein differenzierteres Bild hinsichtlich Dauer und Beginn der Freistellung.

Die Dauer der Freistellung beträgt fünf Jahre.

Der Beginn dieser fünfjährigen Freistellung wurde von der PLGFVO auf das erste Inverkehrbringen des Lizenzgegenstandes auf dem Gebiet des gemeinsamen Marktes festgelegt.
Zum einen ist anzumerken, daß sich die Laufzeit damit nicht individuell auf die einzelne Lizenzvereinbarung bezieht. Die Frist beginnt für alle Lizenznehmer zum selben Zeitpunkt an zu laufen und endet auch einheitlich. Nach diesem Zeitpunkt hinzutretende Lizenznehmer unterliegen dieser vertraglichen Beschränkung mithin nicht so lange, wie die zeitlich früheren Lizenznehmer. Andererseits müssen sie passive Verkäufe auch in ihrem Gebiet bereits dann dulden, wenn ihre Marktposition im eigenen Gebiet noch nicht gefestigt ist.
Mangels Definition des Begriffs des "ersten Inverkehrbringens" in der PLGFVO und in den EGen werden unterschiedlich Ansatzpunkte als möglich angesehen.
Zum einen könnte auf die rein patentrechtliche Begriffsdefinition verwiesen werden. Danach fällt jedes tatsächliche Eintreten des patentierten Erzeugnisses in den Verkehr darunter, so auch die nur probeweise kurzfristige Vermarktung zum Zwecke eines Akzeptanztestes bei den Verbrauchern[400].
Der andere Ansatzpunkt ist rein kartellrechtlicher Natur und läßt eine Wertung nach wirtschaftlichen Interessen zu. Hier ist eine einschränkende Auslegung wegen der Schutzbedürftigkeit des Lizenznehmers, der das Investitionsrisiko übernommen hat, geboten. Testweise Verkäufe zur Erforschung der Produktakzeptanz beim Verbraucher sind

---

398 Siehe dazu Axster, Offene Fragen, GRUR 1985,581 f. So wird z.B. diskutiert, ob die Teilnehmer an einer Fachmesse im Gebiet eines anderen Lizenznehmers oder die Anzeigenwerbung in einer überregionalen oder internationalen Zeitung diese Voraussetzungen erfüllen.

399 Art. 1(1)5 PLGFVO.

400 Benkard, PatG, §9 Rdnr. 43 m.w.N.

demzufolge nicht vom Begriff des ersten Inverkehrbringens erfaßt, solange keine kommerziell bedeutsamen Mengen auf den Markt geraten[401].
Dieser kartellrechtlichen Sichtweise ist zum Zwecke des Investitionsschutzes insbesondere der zeitlich später hinzutretenden Lizenznehmer im Ergebnis zuzustimmen.
Eine entsprechende Definition des Begriffs des ersten Inverkehrbringens sollte in einer vereinheitlichten GFVO enthalten sein.

β. KHGFVO

Vertriebsbeschränkungen, die das Verhältnis zwischen den Lizenznehmern betreffen, sind auch unter der KHGFVO in Art 1(1)5 und 6 geregelt.
Gemäß Artikel 1(1)5 ist das vertragliche Verbot, in Gebieten, die an andere Lizenznehmer lizenziert sind, aktive Vertriebspolitik zu betreiben, grundsätzlich freigestellt. Dabei fällt unter das Verbot des aktiven Vertriebes insbesondere die Verpflichtung, "keine auf diese Gebiete besonders gerichtete Werbung zu betreiben, dort keine Niederlassung einzurichten und dort kein Auslieferungslager zu unterhalten".
Gemäß Artikel 1(1)6 ist auch das Verbot, in Gebieten, die an andere Lizenznehmer lizenziert sind, passive Vertriebspolitik zu betreiben, grundsätzlich freigestellt. Die KHGFVO beschreibt den Begriff des passiven Vertriebes allerdings mit dem "Inverkehrbringen" des Vertragserzeugnisses. Dieser Begriff ist mit Hilfe der Definition des Begriffes des passiven Vertriebes unter der PLGFVO auszulegen[402].Gründe für eine abweichende Auslegung sind nicht ersichtlich.

Unter der KHGFVO reicht die bloße Tatsache der Lizenzierung für die Freistellung aus. Eine Anknüpfung an die Existenz von Schutzrechten erfolgt nicht, da dies angesichts des Charakters des Know-Hows auch gar nicht möglich.

Bezüglich der Dauer der Freistellung unterscheidet die KHGFVO. Sie beträgt für das Verbot des aktiven Vertriebes zehn Jahre[403], für das Verbot des passiven Vertriebes hingegen nur fünf Jahre[404].

Bei Beginn der Frist hingegen wählt die KHGFVO den gleichen Ansatzpunkt sowohl für das Verbot des aktiven, als auch für das Verbot des passiven Vertriebes. Es ist der Tag der ersten Unterzeichnung der ersten Know-How-Vereinbarung durch den Know-How-Geber über dieselbe Technologie innerhalb der europäischen Gemeinschaft.
Im Gegensatz zu der Regelung über die Beschränkung im Verhältnis des Lizenzgebers zum Lizenznehmer wird hier die Frist bereits mit Abschluß der ersten Know-How-Vereinbarung über dieselbe Technologie auf dem Gebiet des gemeinsamen Marktes in Gang gesetzt. Dies bedeutet zum einen, daß die Frist auch in allen Gebieten innerhalb des gemeinsamen Marktes zum gleichen Zeitpunkt ausläuft[405]. Dies führt zwar für später hinzutretende Lizenznehmer zur Verkürzung ihres Gebietsschutzes[406], ermöglicht es ihnen andererseits aber, auch ab diesem Zeitpunkt in die Gebiete anderer Lizenznehmer zu vertreiben.

---

401 In diesem Sinne und daher im Ergebnis für die gleiche Auslegung des gleichen, auch in Art. 3(1) der GFVO 418/85 verwendeten Begriffs: Korah, Patent Licensing, S.41/42.

402 Siehe oben, Teil II, A I 2 b, bb α.

403 Art. 1(2)1 KHGFVO.

404 Art. 1(2)3 KHGFVO.

405 Winn, ECLR 1990, S. 135 f (145).

406 Siehe dazu Sucker, CR 1990, S. 369 f.

Darüber hinaus kann auch hier wie bei der PLGFVO der Lizenznehmer verpflichtet werden, während der Gültigkeit der Vereinbarung ausschließlich das vom Lizenzgeber bestimmte Warenzeichen oder die von ihm bestimmten Aufmachungen zu verwenden, wenn der Lizenznehmer auf seine Herstellereigenschaft hinweisen darf[407].

γ. Entwurf der TTGFVO und die TTGFVO

Die Verpflichtung des Lizenznehmers, in Vertragsgebieten anderer Lizenznehmer innerhalb des gemeinsamen Marktes die Herstellung oder den Gebrauch des Vertragserzeugnisses oder den Gebrauch des in der Vereinbarung bezeichneten Verfahrens zu unterlassen sowie die Verbote des aktiven und passiven Vertriebs des Lizenznehmers in Gebiete anderer Lizenznehmer, sind unter dem Entwurf der TTGFVO und der TTGFVO ebenfalls freigestellt.
Unter dem Entwurf der TTGFVO sollte die Freistellung jedoch auch hier unter der Voraussetzung ergehen, daß der Marktanteil des durch die Verpflichtungen jeweils geschützten Lizenznehmers 20 % nicht übersteigt (Art. 1 Abs. 6 des Entwurfs der TTGFVO).

Im Hinblick auf die Dauer der Freistellung hat die TTGFVO wie zuvor ihr Entwurf die Bestimmungen der KHGFVO und der PLGFVO kombiniert. In bezug auf reine Patentlizenzvereinbarungen wird die Freistellung für Exklusivklauseln und für territoriale Beschränkungen einschl. der Beschränkungen für aktiven Vertrieb in benachbarten Territorien für die Laufzeit des Patentes gewährt.
In bezug auf reine Know-How-Lizenzen sind diese Klauseln auf die Dauer von 10 Jahren freigestellt.
In beiden Fällen wird die Freistellung im Hinblick auf Beschränkungen des passiven Vertriebes lediglich für 5 Jahre gewährt.

In bezug auf gemischte Verträge hängt die Laufzeit davon ab, welche der beiden o.g. Laufzeiten sich als länger erweist. Gemäß Art. 1 Abs. 1 Nr. 4 findet die 10jährige Laufzeit für die Freistellung von Know-How-Lizenzen Anwendung, vorausgesetzt, daß das Know How geheim und Wesentlich bleibt und unabhängig davon, ob mitlizenzierte Patente noch in Kraft sind. Die Freistellung kann die 10-Jahres-Frist überschreiten, vorausgesetzt, daß die Patente in dem Territorium des durch die Klausel Begünstigten noch in Kraft sind und sich als notwendig[408] erweisen.

δ. Gemeinsame Bestimmungen der GFVOen über den Parallelhandel

Als zweites Element einer möglichen Vereinbarung über Beschränkungen des Handels der Lizenznehmer untereinander ist auf die Behandlung der Einschränkung des Parallelhandels einzugehen.
Beide GFVOen[409] wie auch die TTGFVO beurteilen im Gefolge der Maissaatgutentscheidung des EuGH Vertragsklauseln, welche den Parallelhandel ausschließen oder beeinträchtigen sollen oder die freigestellte Form des Verbotes passiven Wettbewerbes länger als zulässig ausdehnen, als wettbewerbsbeschränkend und nicht freistellungsfähig.

---

407 Art. 1(1)7 KHGFVO.

408 In der Entwurfsfassung war hier noch der Begriff wesentlich zu finden.

409 Art.3(10 und 11) PLGFVO und Art.3(11 und 12) KHGFVO sowie Art 3 Nr. 3 TTGFVO.

1) Sowohl die PLGFVO als auch die KHGFVO[410] treffen Regelungen für Klauseln, nach denen die nach Artikel 1[411] freigestellte passive Vertriebspolitik über den freigestellten Zeitraum hinaus ausgedehnt werden darf. Die Vereinbarung ist nicht freistellungsfähig. Allerdings ist eine entsprechende Regelung in der schwarzen Liste der TTGFVO nicht mehr enthalten. Offensichtlich hat es die Kommission als unverhältnismäßig angesehen, eine Vereinbarung von vornherein nicht freizustellen, wenn diese eine dem Grunde nach zulässige Beschränkung für einen längeren Zeitraum vorgesehen hat. Die Nichtigkeitsfolge soll erst nach Ablauf der Freistellungsfrist eintreten.
2) Eine Freistellung scheidet auch dann aus[412], wenn die Vertragspartner - oder einer von ihnen - verpflichtet sind, ohne objektiv gerechtfertigten Grund auf Bestellungen von Verbrauchern oder Wiederverkäufern aus ihren jeweiligen Gebieten[413] nicht einzugehen, soweit diese die Erzeugnisse in anderen Gebieten des gemeinsamen Marktes absetzen wollen.

Diese Vorschriften sind zum einen in Ergänzung zu den Artikeln 3(10) PLGFVO und 3(11) KHGFVO bzw. 3(3) TTGFVO zu begreifen. Die Sicherung des passiven Wettbewerbes nach Ablauf der zulässigen Beschränkungsdauer wäre nicht gerechtfertigt, wenn es möglich wäre, den Verkauf an exportwillige Zwischen- oder Versandhändler im Vertragsgebiet zu unterbinden[414]. Die Regelungen über den passiven Vertrieb beziehen sich auf den Lizenznehmer, die hier erörterten Regelungen beziehen sich auf die Kunden des Lizenznehmers.
Darüber hinaus stellt die Vorschrift in allen GFVOen auch den Parallelhandel bereits während der Zeit von zulässigen Beschränkungen des passiven Vertriebes sicher, um in Übereinstimmung mit dem Maissaatguturteil des EuGH[415] die Abschottung von Märkten zu vermeiden. Das Verbot bezieht sich auf Vereinbarungen bezüglich Nachfragern von Kunden aus dem jeweils eigenen Lizenzgebiet der Lizenznehmer, für die die Verpflichtung gilt. Nachfragen von Kunden aus Gebieten anderer Lizenznehmer fallen unter die Regelung über den passiven Vertrieb.
Eine Ausnahme von dieser Regelung besteht, wenn ein objektiv gerechtfertigter Grund für eine weitergehende Beschränkung vorliegt. Dieser Grund muß außerhalb des Zwecks liegen, den Parallelhandel behindern zu wollen.[416]
Beruht das hier beschriebene Verhalten eines der Vertragspartner auf dessen einseitiger Entscheidung, so liegt zwar keine Absprache vor. Die hier erörterten Regelungen greifen nicht unmittelbar. Es kann jedoch zur Entziehung der Freistellung kommen[417].

3) Ebenso ist die Freistellung der Vereinbarung ausgeschlossen, wenn die Vertragspartner verpflichtet sind, die Möglichkeit für Verbraucher oder Wiederverkäufer zum Bezug von

---

410 Art.3(10) PLGFVO und Art.3(11) KHGFVO.

411 Vgl. de Ulloa, ECLR 1991, S. 220 f (226/229), der die Freistellungen als Möglichkeit zur Umgehung des Verbotes des Parallelhandels ansieht.

412 Siehe Art.3(11a) PLGFVO und Art.3(12a) KHGFVO sowie Art. 3 Nr. 3a TTGFVO.

413 Lies: Lizenzgebiet (Wiedemann, Kommentar GFVO 2349/84, Art.3, Rdnr.85).

414 Grabitz/Koch , Art.85, Rdnr.339.

415 EuGH Slg. 1982, S. 2015 f.

416 Z.B.: innerbetriebliche, logistische Schwierigkeiten, die die Bevorzugung von "Stammkunden" aus dem Vertragsgebiet rechtfertigen (Vgl. Wiedemann, Kommentar GFVO 418/85, Art.6, Rdnr.42/43).

417 Art.9 Nr. 5a PLGFVO und Art.7 Nr. 5a KHGFVO sowie Art. 7 Nr 3a TTGFVO.

Lizenzerzeugnissen bei anderen Wiederverkäufern innerhalb des gemeinsamen Marktes zu erschweren[418].

Es werden unter allen GFVOen zwei Beispielsfälle[419] genannt, und zwar zum einen die Geltendmachung gewerblichen und kommerziellen Eigentums (gegen Wiederverkäufer, die aus anderen Lizenzgebieten beziehen), oder zum anderen weitere Maßnahmen, die den Bezug außerhalb des Lizenzgebietes durch Verbraucher oder Wiederverkäufer von Erzeugnissen, die vom Lizenzgeber selber oder mit seiner Zustimmung innerhalb des gemeinsamen Marktes in Verkehr gebracht worden sind, erschweren oder verhindern.

Diese Regelung verhilft in ihrem ersten Teil der Erschöpfungslehre des EuGH[420] zum Durchbruch. Wiederverkäufer aus anderen Vertragsgebieten sollen sich nicht aus Unkenntnis der Tatsache, daß die Geltendmachung von Patenten nach Inverkehrbringen durch den Lizenzgeber oder mit seiner Zustimmung ausgeschlossen ist[421], durch die Drohung mit einem Patentverletzungsprozeß oder gar mit dessen Anhängigmachung vom Parallelhandel abbringen lassen.

Insofern zielt die Vorschrift auf die unbegründete[422] oder gar mißbräuchliche[423] Geltendmachung von gewerblichem oder kommerziellem Eigentum durch die Vertragsparteien ab.

Die im zweiten Beispiel angesprochenen sonstigen "Maßnahmen zum Zwecke der Verhinderung von Parallelimporten" umfassen die Verpflichtung der Parteien, ihren Abnehmern ein Exportverbot in andere Teile des gemeinsamen Marktes aufzuerlegen, sowie mit ihnen die Verweigerung von Garantie- und Serviceleistungen an Lizenzprodukten aus anderen Teilen des gemeinsamen Marktes zu vereinbaren.[424]

4) Alle genannten Möglichkeiten, die die Nichtfreistellung herbeiführten, können auch durch abgestimmte Verhaltensweisen herbeigeführt werden, also nicht nur durch ausdrückliche Vereinbarung im Moment des Vertragsschlusses[425].

cc. Zusammenfassung

α. Die Regelung nach der PLGFVO[426]

Der Lizenzgeber darf sich gegenüber dem Lizenznehmer verpflichten, in dessen Gebiet, das den gesamten gemeinsamen Markt umfaßt oder einen Teil davon,

- nur dem Lizenznehmer und keinem Dritten in dem Gebiet die Benutzung zu gestatten (Artikel 1(1)1) und
- die lizenzierte Erfindung nicht selber in dem Gebiet zu nutzen,

soweit und solange in beiden Fällen eines der lizenzierten Patente noch in Kraft ist.

418 Art.3 (11b) PLGFVO und Art.3 (12b) KHGFVO sowie Art. 7 Nr. 3b TTGFVO.

419 Siehe die Formulierung "insbesondere".

420 Siehe oben, Teil I, C I 3 c.

421 Siehe Korah, Patent Licensing, S.86.

422 Wiedemann, Kommentar GFVO 2349/84, Art.3, Rdnr.97 ; Bunte/Sauter, Kommentar III,3 Rdnr.67.

423 EuGH Slg. 1984, S. 2999 f (3018) in Sachen Hydrotherm/Compact zu mißbräuchlicher Geltendmachung von Warenzeichen.

424 Wiedemann, Kommentar GFVO 2349/84, Art.3, Rdnr.99.

425 Artikel 3 (11) b PLGFVO; Artikel 3 (12) b KHGFVO sowie Art. 3 (3) b TTGFVO.

426 Siehe auch Bunte/Sauter, Kommentar PLGFVO, Rdnrn.23/24.

Der Lizenznehmer kann gegenüber dem Lizenzgeber verpflichtet werden, das Lizenzerzeugnis

- in dem dem Lizenzgeber vorbehaltenen Gebiet nicht zu benutzen (Artikel 1(1)3) und
- in Gebieten, die anderen Lizenznehmern vorbehaltenen sind, nicht herzustellen (Artikel 1(1)4)
- in Gebieten, die anderen Lizenznehmern vorbehaltenen sind
  - nicht aktiv zu vertreiben (Artikel 1(1)5) und
  - auf die Dauer von fünf Jahren nicht passiv zu vertreiben (Artikel 1(1)6)

soweit und solange in allen Fällen für das Lizenzerzeugnis in den geschützten Gebieten parallele Patente bestehen. Die Frist ist daher durch die Laufzeit der Patente begrenzt.

Die Vereinbarung der Verhinderung paralleler Importe oder der Verlängerung des Verbotes von passivem Vertrieb führt zur Nichtfreistellung der Vereinbarung.

β. Die Regelung nach der KHGFVO

Der Lizenzgeber darf sich gegenüber dem Lizenznehmer verpflichten, in dessen Gebiet, das den gesamten gemeinsamen Markt oder einen Teil davon umfaßt,

- nur dem Lizenznehmer und keinem Dritten in dem Gebiet die Benutzung zu gestatten (Artikel 1(1)1) und
- die lizenzierte Technologie in dem Gebiet nicht selber zu nutzen (Artikel 1(1)2)

und zwar jeweils für die Dauer von zehn Jahren beginnend mit der Unterzeichnung des ersten Lizenzvertrages über dieselbe Technologie in dem geschützten Gebiet[427] (Artikel 1(2)1).

Der Lizenznehmer kann gegenüber dem Lizenzgeber verpflichtet werden,

- in den dem Lizenzgeber vorbehaltenen Gebieten die überlassene Technologie nicht zu nutzen (Artikel 1(1)3), und zwar für die Dauer von zehn Jahren beginnend mit der Unterzeichnung des ersten Lizenzvertrages über dieselbe Technologie in dem geschützten Gebiet und
- in den Gebieten, die anderen Lizenznehmern vorbehaltenen sind, von der ersten Lizenzierung derselben Technologie durch den Lizenzgeber innerhalb des gemeinsamen Marktes an (Artikel 1(2)2 und 3)

  - auf die Dauer von zehn Jahren
    - die überlassene Technologie nicht herzustellen (Artikel 1(1)4)
    - die überlassene Technologie nicht aktiv zu vertreiben (Artikel 1(1)5)

  und

  - *auf die Dauer von fünf Jahren die überlassene Technologie nicht passiv zu* vertreiben.

427 Winn, ECLR 1990, S. 135 f (140).

γ. Die Regelung nach der TTGFVO

Der Lizenzgeber darf sich gegenüber dem Lizenznehmer verpflichten, in dessen Gebiet, das den gesamten gemeinsamen Markt oder einen Teil davon umfaßt,

- nur dem Lizenznehmer und keinem Dritten in dem Gebiet die Nutzung der lizenzierten Technologie zu gestatten (Art. 1 Abs. 1 Nr. 1)[428]

  -- und zwar ab dem Zeitpunkt des Vertragsschlusses für die Dauer von

    --- der Laufzeit der Patente im Falle reiner Patentlizenzen und
    --- für die Dauer von 10 Jahren oder darüber hinaus für die Dauer der Laufzeit von länger laufenden notwendigen Patenten, sofern es sich um eine gemischte Vereinbarung handelt

  -- von 10 Jahren, soweit es sich um reine Know-How-Lizenzen handelt.

Der Lizenzgeber darf sich gegenüber dem Lizenznehmer verpflichten, in dessen Gebiet, das den gesamten gemeinsamen Markt oder einen Teil davon umfaßt,

- die lizenzierte Technologie in dem Gebiet nicht selber zu nutzen (Art. 1 Abs. 1 Nr. 2)[429],

und zwar ebenfalls in den o.g. Fristen.

Der Lizenznehmer kann gegenüber dem Lizenzgeber verpflichtet werden,

- in den dem Lizenzgeber vorbehaltenen Gebieten die überlassene Technologie nicht zu nutzen (Art. 1 Abs. 1 Nr.3)[430] und zwar

  -- im Falle reiner Patentlizenzen für die Dauer der Laufzeit von parallelen Patenten in dem dem Lizenzgeber vorbehaltenen Gebiet oder
  -- im Falle von gemischten Verträgen für die Dauer von mindestens 10 Jahren oder darüber hinaus, so lange parallele Patente in dem dem Lizenzgeber vorbehaltenen Gebiet existieren oder
  -- im Falle reiner Know-How-Überlassungsverträge für die Dauer von 10 Jahren beginnend mit dem Zeitpunkt der ersten Vermarktung

und

- in den Gebieten, die anderen Lizenznehmern[431] vorbehalten sind,

  -- die überlassene Technologie nicht herzustellen (Art. 1 Abs. 1 Nr. 4)

---

428 Nach dem Entwurf der TTGFVO nur, soweit der Marktanteil des Lizenznehmers nicht mehr als 40 % beträgt und er nicht auf einem oligopolistisch strukturierten Markt operiert.

429 Nach Art. 1(6) des Entwurfs der TTGFVO nur, soweit der Marktanteil des Lizenznehmers nicht mehr als 20 % beträgt.

430 Nach Art 1(6) des Entwurfs der TTGFVO nur, soweit der Marktanteil des Lizenzgebers nicht mehr als 20% beträgt.

431 Nach Art. 1(6) des Entwurfs der TTGFVO darf deren Marktanteil nicht größer sein als 20%.

-- die überlassene Technologie nicht aktiv zu vertreiben (Art. 1 Abs. 1 Nr. 5)

und zwar

--- im Falle reiner Patentlizenzen, soweit und so lange parallele Patente über dieselbe Technologie im Lizenzgebiet des geschützten Lizenznehmers existieren oder

--- im Falle reiner Know-How-Lizenzen für die Dauer von 10 Jahren ab der ersten Vermarktung des Lizenzproduktes auf dem gemeinsamen Markt oder

-- im Falle von gemischten Lizenzen auf die Dauer von 10 Jahren oder länger, soweit im Gebiet des geschützten Lizenznehmers noch parallele Patente in Kraft sind beginnend mit der ersten Vermarktung des Produktes auf dem gemeinsamen Markt

und

-- ab dem o.g. Zeitpunkten auf die Dauer von 5 Jahren die überlassene Technologie nicht passiv zu vertreiben.

c. Vergleichende Analyse

Beide GFVOen wie auch die TTGFVO erlauben es dem Lizenzgeber und dem Lizenznehmer, sich gegenseitig territoriale Beschränkungen aufzuerlegen. Beide GFVOen und auch die TTGFVO unterscheiden dabei zwischen mehreren Elementen.

1) Zum einen sind dies die verschiedenen Arten wettbewerbsrelevanter Handlungen - zusammengefaßt unter dem Begriff "Benutzung der lizenzierten Technologie" -, die beschränkt werden dürfen. Sie werden in beiden GFVOen hinsichtlich ihrer Auswirkung auf den Wettbewerb beurteilt und sind - zumindest was den Vertrieb anbelangt - insofern in aufsteigender Linie behandelt, wobei Vereinbarungen, die absoluten Gebietsschutz herbeiführen können, nicht mehr freigestellt sind.

2) Zum anderen ist dies die zulässige Dauer der Beschränkung, unter der PLGFVO an die Laufzeit der lizenzierten Patente und unter der KHGFVO an von der Kommission festgesetzte Fristen angeknüpft wird.

3) Zum Dritten ist es der Beginn der zuvor erwähnten Fristen, wobei für Patente regelmäßig - mit Ausnahme der Regelung über den passiven Wettbewerb - an den Zeitpunkt des Vertragsschlusses mit dem jeweiligen Lizenznehmer angeknüpft wird, für Know How hingegen in unterschiedlicher Weise entweder ebenfalls an den unter der PLGFVO genannten Zeitpunkt, oder an das Datum der ersten Lizenzierung derselben Technologie auf dem Gebiet des gemeinsamen Marktes überhaupt.

4) Unterschiedliche Kriterien führen die GFVOen zu der Frage an, unter welchen Voraussetzungen der Bestand des Territorialschutzes gewährleistet ist.

d. Bewertung der Regelungen

1) Beide GFVOen wie auch die TTGFVO heben als Kernstück der Regelung die Freistellung der Exclusivlizenz in Artikel 1(1)1 und 2 sowohl im Hinblick auf die Herstellung, als auch im Hinblick auf den Vertrieb hervor.

Mit dieser Regelung folgt die Kommission zunächst einmal dem Maissaatguturteil des EuGH[432] zur offenen ausschließlichen Lizenz, wonach die Exclusivvereinbarung an sich als dem Technologietransfer und damit der Verbreitung der Technologie förderlich zu bewerten ist.
Waren nach dem Maissaatguturteil Lizenzen, die eine neue, innovative Technologie beinhalteten, schon gar nicht in den Verbotsbereich des Artikels 85 Absatz 1 EGV einzubeziehen, so sehen die GFVOen lediglich die regelmäßige Freistellung solcher Klauseln vor. Sie sind nicht etwa in der weißen Liste des Artikels 2 enthalten. Sie werden insofern mit anderen Exclusivklauseln gleichgestellt, die, "soweit sie in anderen Fällen dieser Art unter Artikel 85 Absatz 1 EGV fallen würden", lediglich aus Gründen der Rechtssicherheit in die Freistellung einbezogen sind.[433]
2) Das umgekehrte Verbot für Lizenznehmer, die Technologie nicht im Gebiet des Lizenzgeber zu nutzen ist ebenfalls in beiden GFVOen als freigestellt enthalten (Artikel 1(1)3). Gleiches gilt für die TTGFVO.
Zwar hatte der EuGH über diese Fragestellung soweit ersichtlich bislang noch nicht befunden, jedoch hatte die Kommission[434] bereits 1975 die Wichtigkeit des Territorialschutzes für den Lizenzgeber anerkannt, und zwar mit der Begründung, daß der Lizenzgeber überhaupt von der Vergabe von Lizenzen abgehalten werden könnte, wenn er Konkurrenz von seinen eigenen Lizenznehmern zu befürchten hätte.
Die Kommission versuchte zunächst diesen Grundsatz dadurch umzusetzen, daß sie für die Zulässigkeit auf einen Jahresumsatz von nicht mehr als 100 Millionen EUA abstellte[435], gab diese Sicht dann aber wohl aufgrund von dritter Seite - insbesondere von Seiten der vertragsgestaltenden Praxis - geleisteter Überzeugungsarbeit[436] auf, wonach alle Lizenzgeber vor ihren Lizenznehmern Konkurrenzschutz genießen können müßten. Größere Unternehmen mit gerade besonders großem Technologiepotential könnten ansonsten wiederum ganz von der Lizenzierung abgehalten werden. Wirtschaftlich schwächere Lizenzgeber bis hin zu Einzelerfindern könnten durch die Ausübung wirtschaftlicher Macht größerer Unternehmen am Marktzugang gehindert werden. Beides widerspräche dem Interesse an der Verbreitung der Technologie.
Der Schutz des Lizenzgebers ist als erheblich einzustufen[437]. Er erfaßt alle Formen der Nutzung, von der Herstellung bis zum aktiven und passiven Vertrieb.

3) Auf der Ebene, die die Beschränkungen der Lizenznehmer untereinander betrifft, unterscheiden beide GFVOen am deutlichsten zwischen Herstellung und Vertrieb. Nach Inhalt und Aufbau entsprechen sich die Regelungen in ihrer Grundkonzeption bis auf die Laufzeiten der Freistellung und deren Beginn.
Ein Verbot wonach ein Lizenznehmer nicht im Exclusivgebiet eines anderen Lizenznehmers herstellen oder die patentierten oder nicht patentierten Lizenz- bzw. Vertragserzeugnisse gebrauchen darf, ist nach beiden GFVOen grundsätzlich freigestellt. Auch über diese Klausel hatte der EuGH - soweit ersichtlich - bislang nicht zu entscheiden. Die Kommission nutzte dies zu einer Regelung, die sie in bezug auf die Herstellung bereits vorher vertreten hatte.
Bezüglich des Vertriebes zwischen Gebieten unterschiedlicher Lizenznehmer unterscheiden beide GFVOen Wie auch die TTGFVO zwischen dem Verbot aktiven und passiven Vertriebes

432 EuGH Slg. 1982, S. 2015 f.
433 EG 11 PLGFVO / EG 6 II KHGFVO.
434 4. Wettbewerbsbericht der Kommission, 1975, Tz.23-24.
435 Art.1(1)4 und 1(2)a des Entwurfes zur PLGFVO.
436 So Hawk, United States, Common Market and International Antitrust, 1985, S. 487.
437 Korah, Patent Licensing, S. 36.

(Artikel 1(1)5 und 1(1)6) und stellen beide Beschränkungen frei, wenn auch für unterschiedliche Zeiträume.
Alle genannten Vorschriften knüpfen für die Zulässigkeit der Beschränkung der Herstellung und des Vertriebes an das Lizenz- bzw. Vertragserzeugnis an. Bei der Definition dieses Begriffs erweist sich die KHGFVO im Gegensatz zur PLGFVO auf den ersten Blick als großzügiger, indem sie nicht nur Waren, sondern auch die Erbringung von Dienstleistungen, die zur Verwendung der überlassenen Technologie notwendig sind, einbezieht.[438] Gegenstand des Vertrages kann damit auch die Erbringung einer auf der lizenzierten Technologie beruhenden Dienstleistung sein. Eine entsprechend ausdrückliche Aufnahme von Dienstleistungen ist unter der PLGFVO nicht erfolgt, jedoch ergibt sich aus dem Widerrufsvorbehalt der Kommission in Artikel9 Nr. 2 PLGFVO, daß auch nach einem patentierten Verfahren erbrachte Dienstleistungen grundsätzlich in die Freistellung einbezogen sind.

e. Auslösung des Territorialschutzes

Trotz der starken strukturellen Gemeinsamkeiten im Grundsätzlichen ist hier auf die unterschiedlichen Ansatzpunkte hinzuweisen, die die GFVOen an die Auslösung bzw. den Bestand der Freistellung des Territorialschutzes wählen.
Dies gilt für den Schutz des Lizenznehmers vor den o.g. Aktivitäten sowohl des Lizenzgebers als auch anderer Lizenznehmer in gleichem Maße, wie umgekehrt für den Schutz des Lizenzgeber vor den o.g. Aktivitäten seiner Lizenznehmer in den jeweils geschützten Gebieten.
Die GFVOen knüpfen für den Bestand des Territorialschutzes an die Definition der Begriffe des Lizenzgebietes und des "dem Lizenzgeber vorbehaltenen Gebietes" an.
Nach der PLGFVO[439] ist Lizenzgebiet dasjenige Gebiet, in dem der Lizenznehmer Schutz für Patente genießt, deren Benutzung dem Lizenznehmer überlassen wurde". Es müssen also zwei Voraussetzungen vorliegen : Das Vorliegen von Patenten und ihre Lizenzierung.
Das dem Lizenzgeber vorbehaltene Gebiet wird in der PLGFVO[440] als dasjenige Gebiet innerhalb des gemeinsamen Marktes definiert, in dem der Lizenzgeber parallele Patente besitzt und für die er keine Lizenzen erteilt hat. Damit sind automatisch alle Gebiete, in denen parallele Patente des Lizenzgebers bestehen, dem Lizenzgeber vorbehalten, und zwar unabhängig davon, ob der Lizenzgeber dort selber produzieren oder vertreiben will, später an Dritte lizenzieren will, oder sie überhaupt nicht nutzen will[441].
Nicht von den Definitionen erfaßt sind also Gebiete, für die trotz fehlenden Patentes eine Exclusivlizenz mit erteilt worden ist oder Territorialschutzklauseln vereinbart wurden.[442] (Überschießender Gebietsschutz). Eine solche Vereinbarung ist nach nicht unumstrittener Ansicht der Kommission[443] nicht einmal im Widerspruchsverfahren freistellungsfähig.
Probleme ergeben sich diesbezüglich auch, wenn das geschützte Gebiet mehrere Mitgliedstaaten umfaßt und die Patente unterschiedlich lange Laufzeiten haben[444].

---

438 Art. 1(7)9 KHGFVO.

439 EG 10 PLGFVO.

440 EG 12 PLGFVO.

441 van Bael/Bellis, Common Market Law of Competition, S.166.

442 Verkürzt und daher mißverständlich Wiedemann, Kommentar GFVO 2349/85, Art.1, Rdnr.42, der von dem Lizenzgeber zugewiesenen Gebieten ausgeht, wenn sie nicht einem Lizenznehmer zugewiesen sind.

443 17. Wettbewerbsbericht der Kommission, 1988, Tz.33; a.A. Wiedemann, Kommentar GFVO 2349/85, Art.1, Rdnr.24.

444 Venit, EEC Patent Licensing, Antitrust Bulletin 1985, S. 491.

Die Parteien sollen dann Gefahr laufen, ihre Freistellung nicht zu erhalten.
Es wäre jedoch nicht sinnvoll, die positiven Wirkungen des Technologietransfers durch die Verwehrung der Freistellung zu vereiteln, wenn davon ausgegangen werden kann, daß die Lizenzierung lediglich aus Gründen der Vereinfachung in einem Vertragswerk erfolgt ist und auch eine getrennte Lizenzierung für die verschiedenen Geltungsbereiche der Patente als gewollt unterstellt werden kann. Dann bestimmt sich die Vertragsdauer getrennt für jeden Geltungsbereich.
Eine Auffangfunktion der KHGFVO wird in der Regel nicht in Betracht kommen, da es bei patentiertem Wissen aufgrund der Offenlegungsschrift am erforderlichem Geheimnischarakter fehlen dürfte.

Nach der KHGFVO ist als Vertragsgebiet dasjenige Gebiet anzusehen, das den gesamten gemeinsamen Markt oder einen Teil davon erfaßt, in dem der Lizenznehmer berechtigt ist, die überlassene Technologie zu nutzen. Es besteht - wie es bei lediglich geheimen technischen Wissen auch gar nicht anders der Fall sein kann - nicht die Notwendigkeit des Bestandes eines Schutzrechtes.
Das dem Lizenzgeber vorbehaltene Gebiet erfaßt diejenigen Teile des gemeinsamen Marktes, in denen der Lizenzgeber keine Lizenzen erteilt hat und die er sich ausdrücklich vorbehalten hat. Auch hier kann naturgemäß nicht an das Erfordernis des Bestandes von Schutzrechten angeknüpft werden. Der Territorialschutz wird also hier im Gegensatz zur PLGFVO lediglich an die genaue und ausdrückliche Festlegung der lizenzierten bzw. vorbehaltenen Gebiete im Vertrag geknüpft. Unsicherheiten wegen unter Umständen fehlenden Schutzrechtsbestandes können hier nicht auftreten.
Darin liegt ein großer Vorteil für den Anwender, der seine gemischte Patent- und Know-How-Lizenzvereinbarung unter die Beurteilung der KHGFVO zu bringen vermag.

Unter der TTGFVO befindet sich in Art. 10 Nr. 12 eine Definition des dem Lizenzgeber vorbehaltenen Gebietes. Es sind all diejenigen Gebiete, für die der Lizenzgeber keine Lizenzen erteilt hat. Es kommt mithin nicht mehr - wie unter der KHGFVO - auf den ausdrücklichen Vorbehalt im Vertrag an. Allerdings gelten wie bereits dargestellt wurde - für die Freistellung der Klauseln des Art. 1 der TTGFVO für jede Lizenzart besondere Voraussetzungen.

f. Dauer der Freistellung

aa. Beschränkungen zwischen Lizenzgeber und Lizenznehmer

Bezüglich der Beschränkungen zwischen Lizenzgeber und Lizenznehmer, die jeweils in Artikel 1(1)1-3 der GFVOen geregelt sind, knüpft die PLGFVO an die Dauer des Bestandes der Patente im Lizenzgebiet bzw. im Gebiet des Lizenzgebers an.
Die KHGFVO kann naturgemäß nicht auf den Bestand eines Schutzrechtes zurückgreifen. Es wurden zwei Begrenzungen festgesetzt. Die eine knüpft an den Geheimnischarakter des Know-How an. Territorialschutz wird gemäß Artikel 1(3) KHGFVO nur unter der Voraussetzung freigestellt, daß das Know-How geheim[445] ist. Sobald also keinerlei wesentliches Know-How mehr geheim ist, entfällt die Freistellung des Gebietsschutzes. Die andere Begrenzung ist die von der Kommission festgesetzte Höchstdauer der Freistellung. Sie beträgt zehn Jahre. Die Kommission führte dazu in EG 7 aus, daß es zweckmäßig sei, die Freistellung des Gebietsschutzes auf eine bestimmte Anzahl von Jahren zu begrenzen, da es

---

445 Siehe dazu oben Teil I, C I 3 b.

schwierig sei, den Zeitpunkt zu bestimmen, an dem das Know- How möglicherweise nun endgültig nicht mehr geheim ist. Es reichte der Kommission m.a.W. nicht aus, sich auf die praktisch schwierige, wenn nicht im Einzelfall unmögliche Festsetzung des Offenkundigwerdens der Technologie zu verlassen.
Dies bedeutet, daß die Kommission die Gültigkeit und Laufzeit von Patenten einerseits und das Geheimbleiben der nichtpatentierten Technologie andererseits als gleichwertige Kriterien für die Bestimmung der Dauer des Territorialschutzes ansieht.
Die nunmehr unter der KHGFVO festgelegte Frist beinhaltet eine Verlängerung im Vergleich zum Entwurf der KHGFVO, was auf Kritik des Wirtschafts- und Sozialausschusses und des Europäischen Parlamentes zurückzuführen ist[446]. Für sich schnell und stetig entwickelnde Technologien erscheint die gewählte Frist länger als benötigt[447]. Für andere Technologien hingegen wird sie als wesentlich zu kurz erachtet, da häufig viele Jahre vergehen, bis ein Lizenznehmer ein Erzeugnis zur Marktreife entwickelt hat und es kommerziell fertigen kann[448]. Diesen Zeitraum muß er in seiner Kalkulation bezüglich der Amortisation oder gar der Gewinnzone von der 10-Jahresfrist abziehen.
Die Kommission schätzt die gewählte Frist als denjenigen Zeitraum des wirtschaftlichen Wertes des Know-How ein.[449] Alle darüber hinausgehenden Vereinbarungen sind der Freistellung im Einzelfreistellungsverfahren vorbehalten.[450]

Unter der TTGFVO gelten diese Regelungen in bezug auf reine Patent- bzw. reine Know-How-Vereinbarungen weiterhin. Zur Regelung in bezug auf gemischte Verträge wird an anderer Stelle Stellung genommen.

bb. Beschränkungen zwischen den Lizenznehmern

Bezüglich der Beschränkungen zwischen den Lizenznehmern ist grundsätzlich zu unterscheiden zwischen Herstellungsbeschränkungen sowie aktivem und passivem Vertrieb.
Zur Bestimmung der Dauer der Freistellung von Herstellungsbeschränkungen und Beschränkungen der aktiven Vertriebspolitik stellt die PLGFVO[451] wie auch in den vorhergehenden Abschnitten auf den Bestand von (parallelen) Patenten für den Lizenzgegenstand ab. Solange diese in Kraft sind, gilt auch die Freistellung. Die Beschränkung auf die Vertragsdauer ist ebenfalls möglich, wenn sie kürzer ist, als die Laufzeit des Patentes.

---

446 Siehe CMLR 1988, S. 655.

447 so Korah, Know-How-Licensing, S.108.

448 Mercke, CR 1989, S. 460.

449 Winn, ECLR 1990, S. 135 f (140)

450 Dabei legt die Kommission mehrere Faktoren für die Zulässigkeit zugrunde. In Sachen Rich Products/Jus Rol, AblEG 1988, Nr. L 69; S. 21 f, stellte sie Territorialbeschränkungen für 10 Jahre frei. Die Zeit wurde dort als ausreichend angesehen, daß der Lizenznehmer ausreichenden Zugang zum kontinuierlichen Fluß des Know-How und genügend Zeit für die Amortisierung seiner Investitionen habe. Dem Lizenzgeber reichte nach Ansicht der Kommission ebenfalls der Zeitraum zur weiteren eigenen exclusiven Vermarktung. In Sachen Delta Chemie/DDD, AblEG 1988, Nr. L 309, S. 34 f, wurde eine Vereinbarung bei der Kommission angemeldet, die eine exclusive Herstellungs- und Vertriebslizenz mit einer Laufzeit von 20 Jahren enthielt. Auch hier hielt die Kommission einen Zeitraum von 10 Jahren für ausreichend, Investitionen zu amortisieren und eine Marktposition zu erarbeiten. In Sachen Boissois/Interpane, Abl EG 1987, Nr. L 50, S. 30 f, hielt die Kommission sogar eine Frist von nur fünf Jahren für angemessen. Sie bezweifelte, daß das in Frage stehende Know-How länger als 5 Jahre geheim bleiben würde. Im übrigen sei es wahrscheinlich, daß die lizenzierte Technologie nach diesem Zeitraum von einer anderen Technologie abgelöst werde.

451 Art. 1(1)4 und 5 PLGFVO.

Die KHGFVO[452] legt auch hier mit der gleichen Begründung, wie in Artikel 1(1)3 die Dauer auf 10 Jahre fest.

g. Beginn der Freistellung

Von der Dauer der Freistellung ist ihr Beginn zu unterscheiden.

aa. Beschränkungen zwischen Lizenzgeber und Lizenznehmer

Unter der PLGFVO ist bezüglich des Beginns der Freistellung von Beschränkungen im Verhältnis zwischen Lizenzgeber und Lizenznehmer keine spezielle Regelung vorgesehen. Regelmäßig kann hier an das Abschlußdatum des Vertrages angeknüpft werden.
Die nach der KHGFVO[453] gewählte Bestimmung des Beginns anhand des ersten Lizenzvertragsabschlusses im Lizenzgebiet über dieselbe Technologie hielt die Kommission aus Gründen der Rechtssicherheit für notwendig und aus dem Grund, daß Know-How Verträge im Unterschied zu Patentlizenzen häufig erst abgeschlossen werden, nachdem die Erzeugnisse oder Dienstleistungen, welche die mitgeteilte Technologie enthalten, sich am Markt durchgesetzt haben[454]. Die Kommission geht hier davon aus, daß der Lizenzgeber hier zunächst das Entwicklungsrisiko getragen hat. Bei Patenten ist dies nicht zwangsläufig der Fall. Dort übernimmt der Lizenznehmer u.U. das Risiko der Verwertung einer nicht erwiesenermaßen funktionierenden Technologie. Diese Sicht stößt in der Literatur auf Kritik[455]. Es wird befürchtet, daß dies potentielle Lizenznehmer abschrecken könnte, da sie - wie oben erwähnt - zunächst investieren müssen, um die Technologie wirtschaftlich zu nutzen. Wenn dann die - im übrigen sowieso als zu kurz beurteilte - Frist auch noch mit Abschluß des Vertrages beginne, so verbleibe kaum noch Zeit zur wirtschaftlichen Nutzung. Es wird daher vorgeschlagen, an das "erste Inverkehrbringen" des Lizenzgegenstandes in Lizenzgebiet anzuknüpfen.
Dies - so ist einzuwenden - könnte aber die gewünschte Verbreitung der Technologie hemmen und den Zugang Dritter verzögern, da der Lizenznehmer nicht zu zügiger Verwertung angehalten wird. Er kann ohnehin nicht sicher sein, daß die Frist nicht bereits bald durch Bekanntwerden der Technologie auszulaufen droht.
Unter der TTGFVO ist auch diese Regelung für reine Vertragsformen beibehalten worden.

bb. Beschränkungen zwischen den Lizenznehmern

Für den Beginn der Freistellungsfrist bezüglich Beschränkungen im Verhältnis der Lizenznehmer untereinander knüpft die PLGFVO auch hier an das Inkrafttreten des jeweiligen Lizenzvertrages an.
Die KHGFVO dagegen stellt ab auf den Tag der ersten Unterzeichnung der Know-How-Vereinbarung über dieselbe Technologie innerhalb der Europäischen Gemeinschaft. Dies hat zur Folge, daß die Frist für alle Lizenzgebiete zum selben Zeitpunkt beginnt. Für später erteilte Lizenzen bedeutet dies, daß die zehnjährige Schutzfrist für die Gebietsschutzklauseln nur verkürzt gilt, und zwar um den Zeitraum, der zwischen Abschluß der ersten Vereinbarung innerhalb der Europäischen Gemeinschaften über dieselbe Technologie und dem Tag der jeweiligen Vereinbarung liegt. Die Frist endet damit aber auch einheitlich innerhalb der

---

452 Art.1(1)4 und 5 KHGFVO.
453 Art.1(2) KHGFVO.
454 EG 7 Abs.2.
455 Mercke, CR 1989, S. 460.

gesamten EWG, so daß ein Lizenznehmer zwar auch Wettbewerb anderer Lizenznehmer in seinem Gebiet dulden muß, jedoch selber auch in anderen Gebieten herstellen und vertreiben darf.
Zwar legt sich die Kommission in EG 7 Absatz 2 auf diese Regelung fest, gibt jedoch keine weitere Begründung für ihre Ansicht ab. Es wird aber davon ausgegangen[456], daß die Kommission die Lizenzgeber dazu anhalten wollte, die Lizenzen im gemeinsamen Markt gleichzeitig oder zumindest kurz hintereinander zu erteilen. Der gleichmäßige Fristbeginn bewirkt, daß jede zeitliche Verzögerung die Vergabe einer weiteren Lizenz unwahrscheinlicher macht, da die Lukrativität einer Lizenz für die potentiellen späteren Lizenznehmer mit fortschreitender Zeit und Annäherung an das Fristende sinkt. Zudem steigt beim Know-How die Gefahr seines Offenkundigwerdens, je länger es in Gebrauch ist. Dies alles soll den Lizenzgeber zu einer raschen Verbreitung der Technologie veranlassen.

Unter der TTGFVO beginnt die Freistellung dieser Klauseln mit dem Zeitpunkt der ersten Vermarktung des Lizenzproduktes, wenn es sich um reine Know-How-Verträge oder gemischte Verträge handelt. Die Regelung für gemischte Verträge ist darauf zurückzuführen, daß für diese im Grundsatz die Regelung über Know-How-Lizenzen gelten (Art. 1 Abs. 4). Soweit es sich um eine reine Patentlizenz handelt, beginnt die Freistellung mit dem Zeitpunkt der Unterzeichnung des Vertrages. Insofern ergeben sich keine Unterschiede zur PLGFVO.

h. Passiver Wettbewerb

Beide GFVOen wie auch die TTGFVO stellen das Verbot des passiven Wettbewerbes frei. Sie legen damit die Unterscheidung zwischen aktivem und passivem Wettbewerb fest, wie es sich bereits in der ersten GFVO Nr.67/67[457] über Alleinvertriebsverträge andeutete. Dort wurde allerdings nur das Verbot des aktiven Vertriebes freigestellt. Sogar bis kurz vor Erlaß der PLGFVO weigerte sich die Kommission[458], das Verbot des passiven Wettbewerbes freizustellen. Nur aufgrund energischen Widerstandes des beratenden Ausschusses[459] konnte ein Kompromiß in dieser Frage erreicht werden. Dennoch erschien der Schutz des Lizenznehmers gering im Verhältnis zur AlleinvertriebsGFVO. Ein Alleinvertriebssystem ist lediglich darauf gerichtet, ein effektives Verteilungssystem aufzubauen. Lizenznehmer von Patentrechten oder Know-How dagegen bedürften zusätzlich des Investitionsschutzes für ihre technischen Entwicklungskosten. Diese Einsicht hat sich bei der Kommission bis zum Erlaß der KHGFVO nicht durchsetzen können.

Die Dauer der Freistellung beträgt in beiden GFVOen 5 Jahre.

Die Festlegung dieser Frist erscheint in ihrer Absolutheit unflexibel. Es ist darauf hingewiesen worden[460], daß eine Beschränkung, die nur einen Tag länger dauert, die Unwirksamkeit der Vereinbarung herbeiführt, oder nur im Einzelfreistellungsverfahren behandelt werden kann. Dem ist jedoch entgegenzuhalten, daß die Kommission zum Schutze der Investitionen desjenigen (dritten) Lizenznehmers, aus dessen Lizenzgebiet eine Nachfrage an denjenigen Lizenznehmer erfolgt, der dem Verbot des passiven Wettbewerbes unterliegt, klare Vorgaben

---

456 Winn, ECLR 1990, S. 135 f (141); Wiedemann, Kommentar GFVO 556/89, Art.1, Rdnr. 56.

457 AblEG 1967, S. 849/67.

458 Stellungnahme vom 4.7.1984 zum Entwurf der PLGFVO, AblEG 1984, Nr. C 248, S. 8 ff Tz.1.5.

459 Auskunft eines Beamten der Generaldirektion IV/A der Kommission.

460 Jeanrenaud, Exclusive Licences, Swiss Review of International Competition Law , 1985, S. 21 ff (34/35).

festsetzten mußte. Die Festlegung erfolgte im Interesse der Rechtssicherheit. Allerdings kein keine Rechtfertigung dafür erblickt werden, Exclusivklauseln und territoriale Beschränkungen unterschiedlich zu behandeln. Es kann nicht a priori gesagt werden, ob der Wettbewerb in größerem Ausmaß dadurch behindert wird, daß Exclusivlizenzen zwischen leistungsstarken Wettbewerbern abgeschlossen werden oder dadurch, daß man solche Unternehmen vor anderen Lizenznehmern schützt.

Der Beginn der Fristen ist allerdings unterschiedlich geregelt.

Nach der PLGFVO beginnt diese Frist mit dem ersten Inverkehrbringen des Lizenzerzeugnisses auf dem gemeinsamen Markt, nach der KHGFVO mit dem Tage der ersten Know-How- Vereinbarung über dieselbe Technologie irgendwo im Gebiet des gemeinsamen Marktes.
Der Beginn der Frist unter der PLGFVO erscheint auf den ersten Blick zu früh gewählt. Es wird befürchtet, daß die Frist leerlaufen könnte, wenn der Lizenzgeber bereits einige Zeit vor der ersten Lizenzierung das (künftige) Lizenzerzeugnis hergestellt und vertrieben hat. Dann bliebe unter Umständen kaum etwas von dem durch diese Vorschrift bezweckten Amortisationsschutz übrig. Demzufolge wird es als rechtspolitisch sinnvoller erachtet[461], wenn auch für die PLGFVO auf den Zeitpunkt des Abschlusses des ersten Vertrages im jeweiligen Lizenzgebiet oder - noch besser - auf den Zeitpunkt des ersten Inverkehrbringens im jeweiligen Lizenzgebiet abgestellt würde.
Die Kommission hingegen verfolgt auch hier den Zweck, daß sich der Lizenzgeber möglichst rasch zur Lizenzierung der Technologie entschließen soll und damit zu ihrer Verbreitung beitragen möge.
Dies erklärt jedoch noch nicht die unterschiedliche Behandlung unter den beiden GFVOen.
Nach Ansicht des Autors fand hier der grundsätzliche Unterschied bei der Lizenzierung von Know-How und Patenten seinen Niederschlag. Wie bereits angedeutet handelt es sich bei einer Vielzahl von Patenten um die Sicherung von in der täglichen Praxis unerprobten Technologien, da die Erfinder - zumeist kleine und mittlere Unternehmen oder gar Einzelerfinder - nicht über die Kapazitäten zur praktischen Erprobung verfügen.Das Risiko der praktischen Verwertbarkeit trägt dann der Lizenznehmer. Die Fälle, in denen die Freistellungsfrist im Zeitpunkt der ersten Lizenzierung aufgrund der Nutzung der Technologie seitens des Lizenzgebers bereits abgelaufen ist, dürften daher verschwindend gering sein.
Das Know-How verdankt im Gegensatz dazu seine Existenz gerade der praktischen Erfahrung, Nutzung und Erprobung durch den Lizenzgeber. Dies rechtfertigt die unterschiedliche Behandlung des Fristbeginns.
Anzuerkennen ist jedoch, daß die KHGFVO dann einen Vorteil bietet, wenn der Lizenznehmer während einer Übergangsphase vor Aufnahme der eigenen Produktion bereits fertige Lizenzprodukte vom Lizenzgeber bezieht und sie weitervertreibt. Dann kann für die Zeit des Vertriebes ein Alleinvertriebsvertrag abgeschlossen werden und gleichzeitig mit der Aufnahme der Produktion ein Know-How-Lizenzvertrag. Es ist jedoch darauf zu achten, daß sich die Verträge nicht gegenseitig bedingen, da sie ansonsten als einheitlicher Vertrag gewertet werden könnten.
Diese Gestaltungsmöglichkeit stellt aber nur solange einen Vorteil dar, wie der Lizenznehmer tatsächlich als erster im gesamten gemeinsamen Markt den später folgenden Know-How-Vertrag mit dem Lizenzgeber abschließt. Schließt der Lizenzgeber zwischenzeitlich mit einem anderen Lizenznehmer einen Lizenzvertrag, so relativiert sich dieser Vorteil wieder.

---

461 Korah, Patent Licensing, S.43.

Unter der TTGFVO beginnt die Freistellung für die Beschränkungen des passiven Vertriebes einheitlich zu dem Zeitpunkt, zu dem das Lizenzprodukt erstmals vermarktet wurde. Diese Vereinheitlichung trägt vor dem oben dargestellten Hintergrund nicht zu einer sensiblen Unterscheidung bei der Behandlung von Patentlizenzen einerseits und bei der Behandlung von Know-How-Lizenzen andererseits bei. Allerdings ist dieser Nachteil nicht so gravierend, daß er die praktischen Vorteile bei der Anwendung der TTGFVO in diesem Punkt überwiegt.

i. Verbot von Parallelimporten

Nach beiden GFVOen und auch der TTGFVO ist die Vereinbarung des Verbotes von Parallelimporten nicht freistellungsfähig[462]. Dies gilt sowohl für Vertriebsbeschränkungen zwischen den Lizenznehmern, als auch für Vertriebsbeschränkungen zwischen Lizenzgeber und Lizenznehmern. Die GFVOen beziehen im einleitenden Halbsatz der zitierten Artikel jeweils beide Vertragspartner ein und differenzieren im Folgenden bezüglich der vereinbarten Beschränkungen auch nicht zwischen dem Gebiet, das einem anderen Lizenznehmer vorbehalten ist und dem Gebiet, das dem Lizenzgeber vorbehalten ist. Die GFVOen sprechen lediglich von "anderen Gebieten" in die der Vertrieb durch Abnehmer vom Lizenzgeber und vom Lizenznehmer nicht beschränkt werden darf.
Daher kann nicht angenommen werden, daß die Beschränkung ausdrücklich nur im Verhältnis zwischen den Lizenznehmern gelten soll.[463]
Die Kommission erläutert zudem ihre Gründe für diese Haltung[464]. Sie sieht es als unabdingbar für die Zulässigkeit von Gebietsbeschränkungen an, daß der Wettbewerb auf der Vertriebsstufe aufrecht erhalten bleibt. Damit befindet sich die Kommission auch auf einer Linie mit der Rechtsprechung des EuGH in Sachen "Maissaatgut"[465], wonach eine ausschließliche Lizenz mit absolutem Gebietsschutz keinesfalls freistellungsfähig ist. Mit einer entsprechenden Vereinbarung verfolgten die Parteien in der Regel die Absicht, "für die betreffenden Erzeugnisse und das fragliche Gebiet jeden Wettbewerb Dritter", etwa von Parallelimporteuren, auszuschließen.
Allerdings kann die Freistellung von gegenseitigen Beschränkungen von direkten Importen zwischen Lizenzgeber und Lizenznehmer zu absolutem Gebietsschutz und zur Marktaufteilung unter Ausschluß des Zwischenhandels entlang nationaler Grenzen führen. Dies kann in Konstellationen auftreten, in denen kein Zwischenhandel mehr stattfindet und der Lizenznehmer also direkt an den Endverbraucher verkauft (z.B.Zulieferindustrien) und demzufolge auch der Parallelhandel auf einer niedrigeren Vertriebsstufe ausgeschlossen ist[466].

j. Mengenbeschränkung auf den Bedarf der eigenen Herstellung

Unter der KHGFVO kann der Lizenznehmer hinsichtlich der Herstellungsmenge des Lizenzgegenstandes auf diejenigen Quantitäten beschränkt werden, die er für den eigenen Bedarf benötigt[467], so z.B. zur Herstellung eines komplexen Gegenstandes, innerhalb dessen der Lizenzgegenstand nur ein Bestandteil ist.
Eine entsprechende Beschränkungsmöglichkeit ist unter der PLGFVO nicht vorgesehen.

---

462 Art. 3 (11) PLGFVO und Art. 3 (12) KHGFVO sowie Art. 3 Nr.3 TTGFVO.

463 In diesem Sinne auch Jeanrenaud, Exclusive Licenses, S. 29 und 43, der von " export bans on the licensor's *or* the licensee's territory..." spricht. (Hervorhebung diesseits).

464 EG 14 PLGFVO und EG 9 KHGFVO.

465 EuGH Slg. 1982, S. 2015 f in Sachen Maissaatgut.

466 So zu Recht die Befürchtung von Jeanrenaud, Exclusive Licences, Swiss Review of International Competition Law , 1985, S. 21 ff (34/35).

467 Art.1(1)8 KHGFVO.

Die Aufnahme in die KHGFVO ist wohl auf die sich bei der Kommission durchsetzende Einsicht zurückzuführen, daß die Zulassung von Beschränkungen u.U. einen Anreiz für die Lizenzierung von Technologie darstellen kann[468], sowie einen Anreiz zur Verbesserung der Produkte. Der Vorteil besteht darin, daß der separate Verkauf dem Lizenzgeber oder anderen Lizenznehmern vorbehalten werden kann.
Diese Regelung stellt einen Vorteil der KHGFVO für den Lizenzgeber dar.

Eine solche Regelung ist auch in der TTGFVO enthalten[469].

k. Besonderheiten für gemischte Verträge unter der KHGFVO

Bei der Anwendung der KHGFVO auf gemischte Vereinbarungen treten bezüglich der Dauer der Freistellung zwei gesonderte Probleme auf, wenn notwendige Patente im Sinne des EG 9 der PLGFVO mitlizenziert sind.
Zum einen können die mitlizenzierten Patente eine längere Laufzeit haben, als die Freistellung unter der KHGFVO beträgt. Es stellt sich die Frage, für welchen Zeitraum die Vereinbarung freigestellt ist. Diese Frage beantwortet die KHGFVO dahingehend[470], daß die Frist solange verlängert ist, wie "dieselbe Technologie"[471] durch derartige Patente geschützt ist. In Anlehnung an die Regelung unter der PLGFVO ist auch hier zu fordern, daß die Frist für jeden einzelnen Lizenzgegenstand zu bestimmen ist, also zu untersuchen ist, welche notwendigen Patente in bezug auf jeden einzelnen Lizenzgegenstand noch in Kraft sind.
Von dieser Regelung ist die Frist des Artikels 1(1)6 KHGFVO, die sich auf die Freistellung des Verbotes passiven Wettbewerbes bezieht, ausgenommen. Dies ist dadurch zu erklären, daß die parallele Regelung unter der PLGFVO eine gleichlange Frist vorsieht, wie die KHGFVO. Anderenfalls könnte eine ungerechtfertigte Besserstellung gegenüber der reinen Patentlizenz erfolgen.

Zum anderen könnte der Fall auftreten, daß die "notwendigen Patente" vor Ablauf der unter der KHGFVO vorgesehenen Fristen auslaufen. Dieser Fall ist nicht ausdrücklich geregelt. Es wird aber anzunehmen sein[472], daß die längerlaufenden Fristen der KHGFVO vorgehen. Zur Begründung wird angeführt, daß die Legaldefinition des Begriffs "dieselbe Technologie"[473], an die die Fristbestimmungen unter Artikel 1(2) KHGFVO regelmäßig anknüpfen, notwendige Patente regelmäßig nicht erfasse. Wenn es damit von vornherein unerheblich sei, ob notwendige Patente überhaupt existierten, könne auch das zwischenzeitliche Auslaufen eines Patentes nichts an der Dauer der Frist ändern.

Unter der TTGFVO sind beide Probleme dahingehend gelöst, daß die jeweils länger laufende Frist gelten soll (Art. 1 Abs. 4)[474].

---

468 EG 7 KHGFVO.

469 Art. 1(1)8 TTGFVO.

470 Artikel 1(4) KHGFVO.

471 Artikel 1(7)8 KHGFVO.

472 So Wiedemann, Kommentar GFVO 556/89, Art.1, Rdnr. 45.

473 Artikel 1 (7) 8 KHGFVO.

474 Im Entwurf der TTGFVO hatte die Kommission zudem die Anforderungen an die Qualität der Patente gesenkt. Sie mußten nicht notwendig sein im Sinne der Definition der KHGFVO. Es reichte aus, wenn sie als wesentlich eingestuft werden konnten, um die längere Laufzeit der Freistellung zu bewirken. Die TTGFVO hat hiervon wieder Abstand genommen und es bei dem Notwendigkeitserfordernis belassen, wie es unter der KHGFVO zu finden war.

Nach der alten Rechtslage vor Inkrafttreten der TTGFVO konnte es angesichts der Regelung der KHGFVO über den starren Ablauf der Frist im Einzelfall ratsam sein, einen gemischten Patent- und Know-How-Lizenzvertrag unter der PLGFVO freizustellen. Dies mußte insbesondere dann in Erwägung gezogen werden, wenn eine kontinuierliche Lizenzierung von Verbesserungserfindungen vereinbart werden sollte. Waren diese als Verbesserungspatente angemeldet, so verlängerte sich die Freistellungsdauer unter der PLGFVO. Die Lizenzierung von Verbesserungserfindungen unter der KHGFVO verlängerte die zehnjährige Frist nicht.[475]

I. Stellungnahme

Zu begrüßen ist, daß die Kommission bei der Vereinheitlichung der GFVOen den unterschiedlichen Beginn der Fristen weitgehend aufgelöst und weitgehend vereinheitlicht hat. Dabei hat sie sich mutmaßlich von der Erwägung leiten lassen, daß Wettbewerb erst in dem Moment stattfindet, in dem sich die Technologie als funktionsfähig erwiesen hat. Erst ab diesem Moment besteht ein Interesse für eine Vielzahl potentieller Lizenznehmer, eine Lizenz zu erhalten.
Daher liegt es nahe, den Beginn der Frist auf den Zeitpunkt des ersten Inverkehrbringens des Lizenzproduktes auf dem gemeinsamen Markt zu verlegen, und zwar unabhängig davon, ob es sich um Exclusivabsprachen, Beschränkungen zwischen Lizenzgeber und Lizenznehmer oder um Beschränkungen zwischen den Lizenznehmern handelt.
Mit dem einheitlichen Beginn der Frist ist neben einer größeren Übersichtlichkeit auch erreicht, daß sich spätestens ab dem Zeitpunkt des ersten Beweises der Funktions- und Marktfähigkeit des Lizenzproduktes sich in kurzer Zeit genügend Lizenznehmer finden würden, die das Lizenzprodukt herstellen wollen. Größere Zeitspannen zwischen den Abschlüssen der einzelnen Lizenzverträge sind dann nicht zu befürchten. Eine solche Vereinheitlichung diente mithin sowohl dem Interesse an einer schnellen Verbreitung neuer Technologie, als auch dem Interesse an einem einheitlichen Fristablauf und damit an gleichen Wettbewerbsbedingungen für den Lizenzgeber und alle Lizenznehmer nach Ablauf der Frist.
Eine Ausnahme sollte weiterhin für reine Patentlizenzen gelten. Für den Beginn der Frist kann weiterhin auf das Abschlußdatum des Lizenzvertrages abgestellt werden, da sich das Ende der Frist ohnehin nach der Laufzeit des Patentes in dem geschützten Gebiet bemißt. Allein für den Beginn der Frist für das Verbot des passiven Wettbewerbes sollte auch wie bisher unter der PLGFVO auf das erste Inverkehrbringen auf dem gemeinsamen Markt abgestellt werden.

Erfreulicherweise ist für gemischte Vereinbarungen klargestellt worden, daß Beginn und Dauer der Freistellung sich grundsätzlich nach denjenigen für Know-How-Lizenzen richten. Bei der Konzeption der KHGFVO müßte das Know-How geheim und wesentlich sein[476].
Zum einen sind damit auch solche gemischten Lizenzen erfaßt, die lediglich nicht notwendige Patente enthalten. Zum anderen sind von diesem Zeitraum gemischte Lizenzen erfaßt, die notwendige Patente enthalten, welche zu einem früheren Zeitpunkt ihre Gültigkeit verlieren, als die Freistellungsfrist abläuft.
Für den Fall, daß die Laufzeit der notwendigen Patente diese Frist überschreitet, sollte klargestellt bleiben, daß die Laufzeit der notwendigen Patente für die Dauer der Freistellung entscheidend ist.

---

475 Siehe dazu ergänzend auch Teil II, B V.

476 Geheimnischarakter und Wesentlichkeitscharakter sind nach der derzeitigen Konzeption Anwendungsvoraussetzungen für die KHGFVO. Nach hier vertretener Ansicht sollte das Fehlen dieser Merkmale im Einzelfall lediglich als Voraussetzung für die Rücknahme der Freistellung beibehalten werden, siehe Teil I C I 3 a aa.

II. Nichtexclusive Lizenzen

Zu der Frage, in wie weit und in welcher Form auch nicht-exclusive Verträge von den GFVOen erfaßt werden, lassen sich Rückschlüsse aus den Artikeln 1 (1) der GFVOen gewinnen. Danach wird Art 85 Absatz 1 EGV unter den Voraussetzungen der GFVOen für unanwendbar erklärt für Patentlizenzen (PLGFVO), Know-How-Lizenzen (KHGFVO) und gemischte Vereinbarungen (beide GFVOen), die eine oder mehrere der in Artikel 1 genannten Verpflichtungen enthalten.
Damit sind in erster Linie die genannten Exclusivklauseln und Territorialbeschränkungen gemeint, aber auch nicht-exclusive Lizenzen, Territorialbeschränkungen oder einfach nur Absprachen über begleitende Schutzrechte. Für die denkbaren Abstufungen mögen die Parteien die unterschiedlichsten wirtschaftlichen Gründe haben, auf die hier nicht näher einzugehen ist. Jedenfalls ist es notwendig, mindestens eine der genannten Beschränkungen in den Vertrag aufzunehmen, um in den Genuß der Freistellung zu kommen. Andererseits dürfte eine bloße Technologielizenz auf nicht exclusiver Basis als wettbewerbsneutral zu beurteilen sein, so daß es auf eine Freistellung gar nicht ankommen wird, es sei denn, es sollen weitere Klauseln aus der schwarzen oder weißen Listen in die Vereinbarung aufgenommen werden. Dann ist bei der Vertragsgestaltung die Anlehnung an die GFVOen hilfreich und bietet Rechtssicherheit.

B. Die von den GFVOen in den schwarzen und weißen Listen behandelten vertraglichen Regelungen

I. Beschränkungen des Lizenznehmers hinsichtlich des technischen Anwendungsbereiches (technical-field-of-use), Auswahl der Abnehmer sowie Preis und Mengenbeschränkungen.

1. Beschränkung des technischen Anwendungsbereiches (technical-field-of-use)

Die Frage, in wie weit der Lizenzgeber den Lizenznehmer beschränken darf, die lizenzierte Technologie nur für bestimmte technische Zwecke zu verwenden, wird in beiden GFVOen[477] grundsätzlich in den weißen Listen behandelt. Eine Klausel, die den Lizenznehmer auf einen technischen Anwendungsbereich beschränkt, ist also im Grundsatz freigestellt.
Es wird neben einzelnen Auslegungsproblemen aber auch zu erörtern sein, ob und in wie weit die Zulässigkeit einer solchen Beschränkung durch das in beiden GFVOen enthaltene Verbot der Kunden- und Marktzuteilung begrenzt wird.

a. Die Rechtslage unter den GFVOen

Nach Artikel 2(1)3 der PLGFVO ist die Verpflichtung des Lizenznehmers, die Patentlizenz auf eine oder mehrere von verschiedenen technischen Anwendungsbereichen, die vom Patent erfaßt werden, zu beschränken, als nicht wettbewerbsbeschränkend eingestuft.
Artikel 2(1)8 der KHGFVO schließt sich im Grundsatz dieser Formulierung an, stuft aber ausdrücklich noch die Beschränkung auf bestimmte Produktmärkte als nicht wettbewerbsbeschränkend ein .

Die TTGFVO hat in Art. 2 Abs. 1 Nr. 8 die Regelung über die Beschränkung des Anwendungsbereichs aus der KHGFVO übernommen. Damit kann auch unter der TTGFVO

---

477 Art.2(1)3 PLGFVO und Art.2(1)8 KHGFVO.

der Lizenznehmer bei der Nutzung der Technologie entweder auf einen technischen Anwendungsbereich oder auf einen bestimmten Produktmarkt beschränkt werden.

b. Hintergrund und Verhältnis zu anderen Vorschriften

Hintergrund dieser weitreichenden Freistellung der Beschränkung des Lizenznehmers auf bestimmte technische Anwendungsbereiche (oder Produktmärkte) ist die Überlegung, daß im umgekehrten Falle - also bei der Nichtfreistellung der Klausel - bei der Erteilung einer Exclusivlizenz über die gesamte Laufzeit des Patentes oder den gesamten Zeitraum, in dem das Know-How geheim ist, das gesamte u.U. breitgefächerte Potential all derjenigen technischen Möglichkeiten und Anwendungsbereiche des Patentes oder der Technologie blockiert wäre, welches der Lizenznehmer nicht nutzen möchte oder aufgrund seiner wirtschaftlichen Situation nicht nutzen kann. Es ist in einem solchen Fall wesentlich sinnvoller und auch dem Wettbewerb förderlicher, eine field-of-use-Beschränkung zuzulassen, um die übrigen Anwendungsbereiche anderweitig, z.B. durch andere Lizenznehmer ausnutzen zu können. Alle durch eine neue Technologie potentiell eröffneten Marktbereiche sollten optimal ausgenutzt und versorgt werden können. Bei Nichtzulassung einer Anwendungsbeschränkung könnte der Lizenzgeber sich auch veranlaßt sehen, höhere Lizenzgebühren zu verlangen, die der Lizenznehmer aufgrund seiner eingeschränkten wirtschaftlichen und technischen Möglichkeiten jedoch gar nicht erwirtschaften könnte. Er könnte die Technologie gar nicht ausnutzen, müßte aber für ihren vollen Nutzungswert aufkommen.
Wettbewerbsverzerrungen sind nach einer in der Literatur[478] geäußerten Ansicht dann zu befürchten, wenn es sich um horizontale Vereinbarungen in dem Sinne handelt, daß Lizenzgeber und Lizenznehmer bereits bei Abschluß der Vereinbarung Wettbewerber sind. Nur dann könne sich durch die Beschränkung des technischen Anwendungsbereiches indirekt eine künstliche Marktaufteilung oder Kundenaufteilung ergeben, die möglicherweise Produktionsbeschränkungen und Preissteigerungen nach sich ziehen. Bei vertikalen Vereinbarungen steht dies allerdings nicht zu befürchten[479].

Insoweit ist auch unklar, in wie weit diese Vorschrift unter PLGFVO und KHGFVO eingeschränkt wird durch die Bestimmungen der Artikel 3(6) KHGFVO und Artikel 3(7) PLGFVO, die festlegen, daß die Vereinbarung nicht freistellungsfähig ist, wenn ein Vertragspartner einer Beschränkung hinsichtlich seiner möglichen Abnehmer in demselben technischen Anwendungsbereich des Patentes und des Know-How (oder - nach der KHGFVO auch - in demselben Produktmarkt) unterworfen sind, insbesondere durch ein Verbot, bestimmte Abnehmergruppen zu beliefern, sich bestimmter Vertriebswege zu bedienen oder bestimmte Arten der Verpackung des Erzeugnisses zu benutzen, um damit eine Aufteilung der Abnehmer zu erreichen. Nach der bereits zitierten Auffassung in der Literatur bestehe lediglich bei Vereinbarungen mit horizontalem Charakter die Gefahr, daß Kunden und Märkte durch eine field-of-use Klausel aufgeteilt werden. Aber auch in einem solchen Fall kann die dadurch erzielte Kundenaufteilung aufgrund des Vorrangs der Bestimmung in der weißen Liste nicht als durch die schwarze Liste verboten angesehen werden.
Diese Sichtweise scheint sich - wenn auch zögerlich[480] - bei der Kommission durchzusetzen, und zwar auch ohne eine Differenzierung zwischen horizontalen und vertikalen

478 Vgl. Korah, Know-How-Licensing, S.155.

479 Dagegen scheint die Kommission Bedenken zu haben, da sie in EG 16 der KHGFVO den Passus aufgenommen hat, daß field-of-use Beschränkungen kein verstecktes Mittel zur Aufteilung von Kunden sein dürfen.

480 Siehe die vorausgehende Fußnote.

Vereinbarungen. Sie führt aus[481], daß die Beschränkung des Lizenznehmers auf ein bestimmtes Produkt aus dem Recht des Know-How-Gebers abgeleitet ist, frei über sein Know-How zu verfügen[482]. Anders würde der Lizenzgeber die von ihm unter hohen Kosten entwickelte Technologie nicht optimal in allen denkbaren Bereichen gewinnbringend einsetzen können. Die letztgenannte Erwägung scheint auch vom EuGH getragen zu werden[483]. Er betont in diesem Zusammenhang, daß die optimale Ausnutzungsmöglichkeit der Erfindung Voraussetzung für die Investitionsbereitschaft ist.
Ebensowenig darf die Freistellung der field-of-use Klausel durch das Verbot von Mengenbeschränkungen (Artikel 3(7) KHGFVO und Artikel 3(5) PLGFVO) beeinträchtigt werden[484].Hier stellt sich die gleiche Problematik im Hinblick auf das Verhältnis der Vorschriften aus der weißen und der schwarzen Liste.

Auf eine Unterscheidung zwischen horizontalen und vertikalen Vereinbarungen kommt es also nach der Praxis der Kommission nicht an. Vielmehr ist es unabhängig von dieser Unterteilung entscheidend, daß alle technischen Anwendungsbereiche der Technologie optimal ausgenutzt werden.
Die field-of-use Beschränkung dient im Ergebnis der Verbreitung der Technologie durch die Verteilung von Lizenzen an verschiedene Lizenznehmer, die auf die Erstellung jeweils verschiedener Lizenz-gegenstände in technischer und finanzieller Hinsicht jeweils am besten eingestellt sind.

Allerdings sind die oben unter 2.c. angesprochenen Auslegungsprobleme zum Verhältnis der weißen zur schwarzen Liste nur zum Teil beseitigt worden. Artikel 3 Nr. 5[485] TTGFVO enthält nicht den oben geforderten ausdrücklichen Hinweis darauf, daß die Bestimmung des Artikels 2 Absatz 1 Nr. 8 anwendbar bleibt, auch wenn diese Bestimmung mittelbar Mengenbeschränkungen bewirkt.
Ein entsprechender Hinweis fehlt auch in Art. 3 Absatz 4 TTGFVO[486]. Hier besteht jedoch die Besonderheit, daß das Verbot der Vereinbarung von Abnehmerbeschränkungen - anders als noch unter der KHGFVO - nur noch für horizontale Vereinbarungen zwischen Wettbewerbern gilt. Folgt man der oben genannten Auffassung in der Literatur, wonach nur im Rahmen horizontaler Vereinbarungen die Gefahr der Kundenaufteilung durch „field of use“ - Klauseln besteht, so stellt sich die Frage nach dem Verhältnis von schwarzer und weißer Liste in der Praxis nicht mehr, soweit es sich um vertikale Vereinbarungen handelt. Das Problem bleibt grundsätzlich bei der Bewertung horizontaler Verträge. Hier ist für die Beurteilung allerdings entscheidend, daß in EG 22 der TTGFVO, der die „field of use“ Klausel erläutert, kein Hinweis darauf zu finden ist, daß eine Beschränkung des Anwendungsbereichs kein verschleiertes Mittel zur Aufteilung der Kunden darstellen darf. Ein solcher Hinweis ist in Artikel 16 der KHGFVO noch enthalten. Aus der Streichung ist zu schließen, daß die Kommission den Vorrang der weißen Liste endgültig anerkannt hat. Eine entsprechende Tendenz ist bereits oben[487] dargestellt worden.

---

481 Entscheidung der Kommission in Sachen Delta Chemie/DDD, AblEG 1988, Nr. L 309, S. 34 f (Tz.31).

482 Vergleiche mittlerweile EG 16 der KHGFVO.

483 EuGH Slg. 1982, S. 3865 f (Coditel/Ciné Vog).

484 Siehe dazu unten, Teil II, B I 3 b/c.

485 Diese Bestimmung enthält das Verbot, Mengenbeschränkungen zu vereinbaren.

486 Diese Bestimmung enthält das Verbot, Abnehmerbeschränkungen zu vereinbaren.

487 Gliederungspunkt 2b.

Allerdings sollte die Kommission bei einer Vereinheitlichung der Gruppenfreistellungsverordnungen eine Klarstellung dieses Punktes anstreben. So kann sie z.B. die Klauseln in der schwarzen Liste über die Verbote von Kundenaufteilung und Mengenbeschränkung durch einen Halbsatz einschränken, der die Anwendung der Klausel ausschließt, soweit Kundenaufteilungen und Mengenbeschränkungen indirekt durch eine Einschränkung des Anwendungsbereiches hervorgerufen werden.

c. Auslegungsprobleme

Es ergeben sich einige Auslegungsprobleme. Die KHGFVO erfaßt ihrem Wortlaut nach nicht nur verschiedene technische Anwendungsbereiche, sondern auch verschiedene Produktmärkte als Kriterium, nach dem der Anwendungsbereich der lizenzierten Technologie beschränkt werden darf. Dieses Kriterium ist in der PLGFVO nicht enthalten. Die KHGFVO scheint insoweit einen weiteren Gestaltungsspielraum zu eröffnen, als die PLGFVO.
Zu untersuchen bleibt jedoch, ob nicht durch Auslegung der gleiche Gestaltungsspielraum unter der PLGFVO zu ermitteln ist. Es kommt insoweit auf die Reichweite des Begriffs des "technischen Anwendungsbereiches" an.
Vergleicht man die PLGFVO mit der entsprechenden Vorschrift (Artikel 2(1)1) in dem ihr vorausgehenden Entwurf[488] aus dem Jahre 1979, so stellt man fest, daß dort für die Bestimmung eines unterschiedlichen technischen Anwendungsbereiches eine Abweichung in materieller technischer Hinsicht vorausgesetzt wurde. Dieses Erfordernis ist unter der aktuellen Fassung der PLGFVO weggefallen. Daraus kann geschlossen werden, daß das Erfordernis des technischen Unterschiedes zugunsten einer Erweiterung auch auf verschiedene Produktmärkte aufgegeben werden sollte.
Bedenken[489], die gegen diese Art und Weise der Auslegung laut geworden sind, dürften angesichts der Entscheidung der Kommission, die verschiedenen Produktmärkte als Kriterium für die Beschränkung aufzunehmen, als überholt gelten. Es dürfte hierin eine stufenweise Festigung der Ansicht der Kommission vom genannten Entwurf der PLGFVO bis hin zum Erlaß der KHGFVO zu sehen sein. Die PLGFVO ist insoweit einer Auslegung zugänglich und weist im Ergebnis keinen Unterschied mehr zu der Regelung unter der KHGFVO auf.

Die TTGFVO hat hier die eindeutige Regelung der KHGFVO übernommen.

d. Andere Beschränkung des Anwendungsbereiches

Unter Artikel 2 (1) 12 KHGFVO ist es dem Lizenzgeber möglich, den Lizenznehmer zu verpflichten, das an ihn lizenzierte Know-How nicht zu nutzen, um Anlagen für Dritte zu bauen. Diese Beschränkungsmöglichkeit läßt allerdings das Recht des Lizenznehmers unberührt, seine Kapazitäten zu erweitern.
Eine entsprechende Vorschrift existiert unter der PLGFVO nicht.

Die KHGFVO bietet hier die großzügigere Gestaltungsmöglichkeit. Diese sollte auch unter einer vereinheitlichten Gruppenfreistellungsverordnung erhalten bleiben.

2. Preisbeschränkungen

---

488 AblEG 1979, Nr. C 58, S. 12 f.

489 Es wurde dargelegt, daß sich Konflikte mit dem Verbot der Kundenzuteilung und Marktaufteilung ergeben könnten; Korah, Patent Licensing, S. 51.

a. Begriffsbestimmung und Hintergrund

Oftmals bekundet der Lizenzgeber ein Interesse daran, seinen Lizenznehmern Vorgaben über die Gestaltung der Verkaufspreise aufzuerlegen. Von Bedeutung ist dies insbesondere, wenn die lizenzierte Technologie von hohem wirtschaftlichem Wert ist und nur über den Lizenzgeber zugänglich ist [490].
Diesem Bedürfnis des Lizenzgebers wird üblicherweise durch die Vereinbarung entweder eines Festpreises oder von Höchst- und Mindestpreisen entsprochen[491].
Derartige Preisbindungen in einem Lizenzvertrag sind unter beiden GFVOen grundsätzlich nicht freistellungsfähig. Entsprechende Vorschriften finden sich in den schwarzen Listen beider GFVOen[492] sowie in der schwarzen Liste der TTGFVO[493]. Nach dem Wortlaut dieser Bestimmungen sind ebenso Beschränkungen bei der Festsetzung der Preisbestandteile und auch der Rabatte erfaßt .
Hintergrund für die jeweils gleiche Beurteilung unter den GFVOen ,sowie die einheitliche Beurteilung der Bestimmungen in der Literatur[494] dürfte die Ausdrückliche Erwähnung von "Vereinbarungen über unmittelbare oder mittelbare Festsetzung der An- und Verkaufspreise" im Katalog des Artikels 85 Absatz 1 EGV sein. Dort sind beispielhaft Vereinbarungen und Absprachen aufgeführt, die als Regelfall unter das Kartellverbot fallen. Insbesondere die Vereinbarung von Mindestpreisen ist ein klassisches Mittel zur Verknappung der Warenmenge. Dies hat eine quantitative Beschränkung der Produktion zur Folge und damit auch eine weniger weite Verbreitung der neuen Technologie. Ein besonderer Anlaß, solche Vereinbarungen als generell freistellungsfähig anzusehen, lag für die Kommission wohl nicht unbedingt auf der Hand. Sie hat außerdem in Sachen Nungesser/Eisele[495] einer Preisbindungsvereinbarung widersprochen.

b. Kritik in der Literatur

In der Literatur[496] sind vorsichtige Zweifel daran geäußert worden, ob im Rahmen von Vereinbarungen mit horizontalem Charakter durch die Vereinbarung von Mindestpreisen eine quantitative Beschränkung der Produktion zu befürchten ist.
Diese Anmerkung kann wie folgt gedeutet werden.
Die Erwähnung der Preisfestsetzungspolitik in der Liste des Artikels 85 Abs.1 EGV dürfte in erster Linie im Hinblick auf die Errichtung eines Kartells zwischen Konkurrenten auf gleicher Ebene, also im Hinblick auf horizontale Vereinbarungen erfolgt sein. Hier werden typischerweise zum Wohle der Partner einer solchen Vereinbarung, aber zum Nachteile des Verbrauchers Preise in die Höhe getrieben. Exclusivlizenzen zwischen Konkurrenten sind aber eher unwahrscheinlich.

---

490 Walz, Schutzinhalt des Patentrechts, S. 229.

491 Zu den verschiedenen Gestaltungsformen siehe Brühl, Preis- und Konditionenbindungsverbot, S. 64.

492 Art.3(6) PLGFVO und Art.3(8) KHGFVO.

493 Art. 3(1) TTGFVO; EG 24 TTGFVO verweist zur Begründung darauf, daß der Lizenznehmer durch Preisfestsetzungen in der Nutzung der Technologie stark beschränkt würde.

494 Albrechtskirchinger, Gruppenfreistellung, GRUR Int. 1984, S. 565 f (570); Axster, Offene Fragen, GRUR 1985, S . 581 f (585 f); Ebel, WRP 1985,387 (392); Gleiss-Hirsch, Art.85 I EGV, Rdnr.402; Groeben/Thiesing/Ehlermann, Art.85, Rdnr. 251.

495 Entscheidung der Kommission, AblEG 1978, Nr. L 286, S. 23 f.

496 Korah, Know-How Licensing, S.158; es wird dort die Vermutung geäußert, daß die Anhänger der "Chicago school" durch die Vereinbarung von Mindestpreisen nicht die Beschränkung der Produktion befürchten, wenn es sich um eine Vereinbarung mit vertikalem Charakter handelt.

Im Gegensatz dazu hat der Lizenzgeber im Rahmen einer vertikalen Vereinbarung ein Interesse daran, die Preise im Gebiet seines Lizenznehmers auf einem angemessenen oder sogar niedrigen Niveau zu halten, um aufgrund eines dadurch erzielten höheren Umsatzes auch einen größeren Betrag an Lizenzgebühren einnehmen zu können. Für die Verbraucher und für das genannte Ziel der GFVOen - der Verbreitung von Technologie - wäre die Zulässigkeit einer solchen Vereinbarung also eher von Vorteil.
Es wird zu untersuchen sein, ob diese Kritik eine hinreichende Grundlage für die konzeptionelle Änderung einer vereinheitlichten GFVO im Hinblick auf diese Klausel bietet.

3. Beschränkungen zur Sicherung der Konkurrezfähigkeit eines neuen Wettbewerbers

a. Die Abnehmerbeschränkung

aa. Regelung unter den GFVOen

Nach beiden GFVOen[497] darf der Lizenzgeber seinen Lizenznehmern keine Beschränkungen hinsichtlich seiner möglichen Abnehmer auferlegen, wenn er nicht Gefahr laufen will, die Freistellung des Vertrages zu verlieren. In beiden Verordnungen sind solche Bestimmungen in die schwarze Liste des Artikels 3 aufgenommen. Die Freistellung ist nach diesen Regelungen aber nur dann ausgeschlossen, wenn Zweck einer solchen Beschränkung die Aufteilung der Abnehmer bzw. Kunden ist.
Als Regelbeispiele für eine Abnehmerbeschränkung sowie auch für eine mit diesen Beschränkungen einhergehende Aufteilung der Kunden nennen die GFVOen übereinstimmend

- das Verbot, bestimmte Abnehmergruppen zu beliefern,
- das Verbot, sich bestimmter Betriebswege zu bedienen,
- das Verbot, bestimmte Arten von Verpackung zu benutzen.

Insbesondere soll mit der Aufnahme der letztgenannten Klausel in die schwarze Liste verhindert werden, daß ein Lizenznehmer aufgrund der Verpackungsgröße nur auf die Lieferung an Großkunden festgelegt ist, ein anderer sich hingegen mit Kleinabnehmern begnügen muß. Es soll verhindert werden, daß durch die Festlegung des Lizenznehmers auf bestimmte Verpackungsgrößen von Vornherein nur ein bestimmter Abnehmerkreis in Frage kommt.

bb. Auslegungsprobleme

Nach der Formulierung der KHGFVO führt die Beschränkung zum Wegfall des Freistellungsprivilegs, wenn sie innerhalb desselben technischen Anwendungsbereiches oder desselben Produktmarktes erfolgt.
Funktion dieser zusätzlichen Formulierung unter der KHGFVO ist es klarzustellen, daß nach Artikel 2(1)8 KHGFVO erlaubte Beschränkungen[498] auf technische Anwendungsbereiche und Produktmärkte durch die Regelung des Artikels 3(6) KHGFVO nicht ausgeschlossen werden. M.a.W sind Kundenaufteilungen erlaubt, soweit sie auf Beschränkungen des Anwendungsbereichs oder des Produktmarktes zurückzuführen sind oder gerade darauf basieren. Es wird festgestellt, daß die Festlegung auf einen Produktmarkt oder einen

497 Art.3(6) KHGFVO und Art.3(7) PLGFVO.
498 Siehe dazu oben Teil II, B I 1.

bestimmten technischen Anwendungsbereich ein erlaubtes Kriterium für die indirekte Aufteilung von Kunden ist.
Zu überlegen ist allerdings, ob durch das Fehlen einer entsprechenden Formulierung in Artikel 3(7) der PLGFVO es ausgeschlossen ist, Kunden aufgrund der Beschränkung auf bestimmte Produktmärkte oder bestimmte technische Anwendungsbereiche aufzuteilen.
Zur Beantwortung der Frage ist das Spannungsverhältnis des Artikel 3(7) PLGFVO zu deren Artikel 2(1)3 zu beachten. In der letztgenannten Vorschrift sind Beschränkungen des Lizenznehmers auf bestimmte technische Anwendungsbereiche ausdrücklich freigestellt. Außerdem ist durch Auslegung dieser Vorschrift ermittelt worden[499], daß auch die Beschränkung auf bestimmte Produktmärkte von ihr erfaßt ist und als nicht wettbewerbsbeschränkend eingestuft wird [500].
Bei der Vereinbarung einer solchen Beschränkung auf bestimmte Produktmärkte und technische Anwendungsbereiche kommt es automatisch zu einer indirekten Beschränkung des Abnehmerkreises, da nur ein Teil der potentiellen Möglichkeiten der Technologie ausgeschöpft werden und für die verbleibende Möglichkeit die Kunden mangels Aufnahme der Produktion gar nicht erst erreicht werden können. In diesem Falle würden sich schwarze und weiße Liste gegenseitig blockieren. Dieses Spannungsverhältnis ist in Artikel 3(7) PLGFVO zugunsten der Bestimmung in der weißen Liste durch die Ergänzung aufgelöst, daß die Bestimmung des Artikels 2(1)3 PLGFVO unbeschadet bleibt.
Damit ist nach beiden GFVOen eine indirekte Kundenaufteilung erlaubt, die aus der Vereinbarung einer als nicht wettbewerbsbeschränkend beurteilten Beschränkung des Lizenznehmer auf einen bestimmten technischen Anwendungsbereich oder einen bestimmten Produktmarkt resultiert. Es sind jedoch zwei unterschiedliche gesetzestechnische Varianten zur Anwendung gekommen [501].

Unbeschadet durch die Aufnahme einer Klausel über das Verbot der Kundenaufteilung in die schwarzen Listen der GFVOen bleiben auch die Bestimmungen ihrer jeweiligen Artikel 1(1)7. Dort ist unter anderem vorgesehen, daß der Lizenznehmer für den Vertrieb der Ware zu einer bestimmten Art der Verpackung bzw. Art der Aufmachung verpflichtet werden kann.
Angesichts der Regelungen der Artikel 3(6) KHGFVO und Artikel 3(7) PLGFVO sind jedoch Kundenaufteilungen durch Vertragsbestimmungen über die Benutzung bestimmter Verpackungen zu vermeiden.
Soweit aber rein dekorative oder gestalterische Elemente der Verpackung durch die Vereinbarung angesprochen sind, die nicht bezwecken und nicht dazu geeignet sind, die Quantitäten im Inneren der Verpackung zu beeinflussen und dadurch die Märkte aufzuteilen, unterfallen sie der Regelung der Artikel 1(1)7 der GFVOen. Diese gehen in einem solchen Fall den Artikeln 3(7) PLGFVO und 3(6) KHGFVO vor.

Fraglich ist, ob eine weitere, in keiner der beiden GFVOen ausdrücklich aufgenommene Ausnahme unbeschadet von den in Artikel 3(6) KHGFVO und 3(7) PLGFVO enthaltenen Regelungen vereinbart werden kann.

---

499 Siehe dazu oben Teil II, B I 1.

500 Es bleibt weiterhin zu hoffen, daß die Kommission und der EuGH sich den angeführten Argumenten nicht verschließen und den weniger weiten Wortlaut der PLGFVO nicht zum Anlaß nehmen, die Vorschrift auch enger auszulegen.

501 Nach dem Wortlaut von Art. 3(7) Satz 2 PLGFVO bleibt unter anderem die Vorschrift des Art. 2(1)3 unbeschadet. An entsprechender Stelle in Art. 3(6) der KHGFVO findet sich kein Hinweis daß Art. 2(1)8 KHGFVO schlechthin unbeschadet bleibt. Dafür schließt Art. 3(6) Satz 1 die Freistellung nur aus, wenn innerhalb eines technischen Anwendungsbereiches oder Produktmarktes Kundenaufteilung stattfindet, nicht jedoch, wenn sie auf Differenzierung nach technischem Anwendungsbereich oder Produktmärkten selber beruht.

Es handelt sich dabei um eine Klausel, nach der der Lizenznehmer nur an Kunden liefern darf, die "hinreichende persönliche und sachliche Garantien" bieten. Dies soll die Forderung des Lizenznehmers sichern und indirekt auch die Durchsetzbarkeit der Lizenzgebührenansprüche des Lizenzgebers.
Die Kommission hat sich in Sachen Nungesser/Eisele[502] dahingehend eingelassen, daß in einem solchen Fall eine Einzelfreistellung in Frage kommen könnte, sofern objektive Kriterien für die Prüfung des Vorliegens der gewünschten Garantien vereinbart würden.
Es ist zu untersuchen, ob eine solche Klausel mittlerweile zumindest unter dem Widerspruchsverfahren Aussicht auf Freistellung hat.
Dies ist jedoch mehr als zweifelhaft, da der Wortlaut des jeweiligen Satzes 1 der Artikel 3(6) KHGFVO und 3(7) PLGFVO offen ist. Er zählt nur Beispiele für eine mögliche Kundenaufteilung auf. Es ist also auch möglich, eine an der Gewährung hinreichender persönlicher und sachlicher Garantien orientierten Kundenaufteilung unter den Wortlaut der Vorschrift zu fassen.
Die in den jeweiligen Sätzen 2 zitierten Bestimmungen, die von der Bestimmung in Satz 1 unberührt bleiben sollen, sind hingegen abschließend und ungeeignet ,weitere Ausnahmebestimmungen aufzunehmen.
Es bleibt nur die Möglichkeit, das Einzelfreistellungsverfahren zu beschreiten.
Angesichts des Bedürfnisses der Absicherung von Forderungen seitens des Lizenznehmers und auch des Lizenzgebers täte die Kommission bei einer Vereinheitlichung der beiden Verordnungen gut daran, dies zu ändern und unter Festlegung bestimmter objektiver Kriterien für die Prüfung des Vorliegens der Sicherheiten eine solche Klausel in die weiße Liste aufnehmen.

Eine Aufteilung von Kunden zwischen Lizenznehmern aufgrund hoher Qualitätstandards zu hohen Preisen ist nicht möglich, da Artikel 2(1)5 die Setzung von Qualitätstandards nur einheitlich zwischen allen Lizenznehmern zuläßt. Davon abweichende Regelungen sind größtenteils von Artikel 3(3) ausgeschlossen.

cc. TTGFVO

Die Regelung der TTGFVO über Abnehmerbeschränkungen[503] entspricht inhaltlich derjenigen unter der TTGFVO, allerdings mit nur beschränktem Anwendungsbereich[504].
Daher stellen sich die gleichen Auslegungsfragen zum Verhältnis der Vorschrift zu den Bestimmungen über die Verwendung bestimmter Verpackungen[505], über die Eröffnung einer zweiten Lieferquelle[506] sowie über „field-of-use“ Klauseln[507]. Gleich ist auch die Beurteilung von Klauseln, die das Erfordernis von persönlichen oder sachlichen Garantien der Abnehmer des Lizenznehmers zum Inhalt haben.

Der Anwendungsbereich der Bestimmung beschränkt sich allerdings auf Vereinbarungen zwischen Vertragsparteien, die von der Gewährung der Lizenz konkurrierende Hersteller

502 Entscheidung der Kommission, AblEG 1978, Nr. L 286, S. 23 f.
503 Art. 3(4) TTGFVO.
504 Die Vorschrift greift nur dann, wenn die Vertragsparteien von der Gewährung der Lizenz konkurrierende Hersteller waren.
505 Art. 1(1)7 TTGFVO.
506 Art. 2(1) Nr. 13 TTGFVO.
507 Art. 2(1) Nr. 8. Bedauerlich ist, daß die TTGFVO nicht klarstellt, daß die indirekte Beschränkung auf Abnehmergruppen durch eine solche Klausel die Gruppenfreistellung nicht ausschließt.

waren. In der deutschen Übersetzung stellt sich zunächst die Frage, wie der Ausdruck „von" zu verstehen ist. Dies könnte bedeuten, daß Art. 3(1)4 eingreift, wenn die Parteien durch die Erteilung der Lizenz zu Konkurrenten werden, also „von der Gewährung der Lizenz an" in Wettbewerb stehen. Dann wären auch Vereinbarungen zwischen Unternehmen auf unterschiedlichen Vertriebsstufen von der Regelung betroffen. Der Begriff Wettbewerb bezöge sich im Rahmen dieser Auslegung alleine auf den Lizenzgegenstand und auf substituierbare Produkte.
EG 23 spricht weder für noch gegen diese Auslegung. Dort wird lediglich erläutert, daß die Freistellung ausgeschlossen bleibt, sofern die Vertragspartner bei den Lizenzerzeugnissen in Wettbewerb miteinander stehen. Über den Zeitpunkt sagt allerdings auch EG 23 nichts.
Entscheidend gegen eine solche Auslegung spricht jedoch die englischsprachige Fassung, in der an der Stelle des deutschen Wortes „von" das Wort „before" benutzt wird. In der deutschen Fassung müßte es daher „vor" statt „von" heißen. Es dürfte sich also um einen Druckfehler handeln.

Zu untersuchen ist, welche Unternehmen als konkurrierende Hersteller im Sinne dieser Vorschrift anzusehen sind. Eine Definition des Begriffs „konkurrierende Hersteller" findet sich in Art. 10 Nr. 17 TTGFVO. Danach bieten konkurrierende Hersteller Produkte an, die vom Verbraucher aufgrund ihrer Eigenschaften und ihres Verwendungszwecks als untereinander austauschbar oder substituierbar angesehen werden[508]. Es wird also vorausgesetzt, daß die Parteien bereits auf demselben Markt operieren. Unproblematisch erfaßt werden Vereinbarungen zwischen Unternehmen, die auf derselben Vertriebsebene und auf demselben Produktmarkt operieren. Diese Vereinbarungen stellen die sogenannten horizontalen Vereinbarungen in ihrer reinen Form dar. Bereits nicht mehr erfaßt werden Vereinbarungen zwischen Unternehmen, die zwar auf derselben Vertriebsebene operieren, aber auf unterschiedlichen Produktmärkten[509]. Man mag sie als unechte horizontale Vereinbarungen bezeichnen. Deshalb wird es der TTGFVO nicht gerecht, wenn verallgemeinert formulieren würde, alle horizontalen Vereinbarungen würden von der Sanktion des Art. 3(1)4 bedroht. Zweifelhaft ist, ob Art. 3(1)4 TTGFVO eingreift, wenn Lizenzgeber und Lizenznehmer auf unterschiedlichen Vertriebsstufen operieren. Diese Vereinbarungen werden als vertikal charakterisiert. Im Rahmen der Beurteilung von Technologielizenzen sind nur solche Konstellationen denkbar, in denen der Lizenzgeber entweder gar nicht oder auf einer anderen, in der Regel niedrigeren Fertigungsstufe im Vergleich zum Lizenzprodukt produziert[510]. Dadurch sind aber in der Regel bereits unterschiedliche Produktmärkte betroffen. Eine Anwendung von Art. 3(1)4 TTGFVO scheidet aus.

---

508 Hinzuweisen ist auf einen Widerspruch der Vorschrift i.V.m. der zitierten Definition zu EG 23. Danach führen Kundenbeschränkungen zum Ausschluß der Gruppenfreistellung, wenn die Parteien „bei den Lizenzerzeugnissen" in Wettbewerb stehen. Lizenzerzeugnisse sind nach Art 10. Nr. 8 TTGFVO „Waren (...), deren Herstellung die Verwendung der überlassenen Technologie erfordert." Nicht erfaßt sind Produkte, die vom Verbraucher als vergleichbar (Vgl. Art. 10 Nr.17 TTGFVO) eingestuft werden. EG 23 scheint entgegen dem Wortlaut von Art. 3(1)4 TTGFVO i.V.m. Art.10 Nr. 8 TTGFVO das Wettbewerbsverhältnis auf das Lizenzprodukt selbst zu beschränken. Dem steht jedoch der eindeutige Wortlaut des Art. 3 entgegen. In der Praxis sind Auslegungsprobleme nicht zu befürchten.

509 Z.B.: Ein Radiohersteller ist Inhaber eines Patents für ein von ihm entwickeltes Mikrochip, welches er für den Bau von Radios nutzt. Er lizenziert es an ein Maschinenbauunternehmen zur Verwendung in der Motorelektonik. Beide Hersteller agieren in ihren jeweiligen Bereichen auf derselben Ebene.

510 In dem o.g. Beispiel handelt es sich um einen einzelnen Erfinder, der gar nicht oder nur den Lizenzgegenstand produziert.

Kundenaufteilungen im Rahmen von „unechten“ horizontalen Vereinbarungen und vertikalen Vereinbarungen werden nach EG 23 im Rahmen des Widerspruchsverfahrens untersucht. Nach EG 25 erfolgt die Beurteilung im allgemeinen anhand einer Schätzung der Marktstruktur und des Marktanteils des Lizenznehmers. Aus den Bestimmungen über die Rücknahmemöglichkeit und aus EG 25 wird deutlich, daß die Kommission grundsätzlich dann nicht geneigt ist, eine Freistellung zu erteilen bzw. aufrechtzuerhalten, wenn der Lizenznehmer über eine starke Marktposition, also über einen hohen Marktanteil verfügt. Die Anwendung dieses Kriteriums auf Klauseln über Abnehmerbeschränkungen ist nur sinnvoll, wenn sich aus den Umständen ergibt, daß der Lizenznehmer seine wirtschaftliche Stellung dazu ausnutzt, um sich die Belieferung von Großkunden vorzubehalten und Lizenzen an Wettbewerber auf seinem Markt auf kleine Kunden zu beschränken.

Im Ergebnis ist jedoch zu begrüßen, daß die Kommission bei der Beurteilung einzelner Vertragsklauseln nach Vereinbarungen zwischen Wettbewerbern und Nichtwettbewerbern differenziert und diese Beurteilung vom Zeitpunkt des Vetragsschlusses, also „ex ante“, vornimmt. Es ist zu hoffen, daß die Kommission dadurch eine Politik einleitet, nach der Technologielizenzen als generell wettbewerbsförderlich eingestuft werden.

b. Die Mengenbeschränkung

Die Verpflichtung des Lizenznehmers, nur eine bestimmte Stückzahl des Lizenzgegenstandes herzustellen oder zu vertreiben, oder die Anwendung der lizenzierten Technologie auf eine bestimmte Anzahl an Benutzungshandlungen zu beschränken, gehören in beiden GFVOen den schwarzen Listen an[511]. Ein Lizenzvertrag, der eine solche Bestimmung enthält, ist demnach nicht freigestellt.
Die Verpflichtung des Lizenznehmers, nur eine bestimmte Stückzahl herzustellen, wurde bereits von der Kommission in Sachen Nungesser/Eisele[512] als wettbewerbsbeschränkend betrachtet.

Als Begründung wird in den EGen beider GVOen ausgeführt[513], das Ausmaß der Verbreitung der Technologie werde gebremst; es entstünden Wirkungen, die denen eines Ausfuhrverbotes gleichkommen würden.
Aus dieser Formulierung geht hervor, daß die Vereinbarung von Minimalmengen nicht unter Artikel 3 fallen kann. Eine solche Vereinbarung könnte einem Ausfuhrverbot nie gleichkommen, sondern würde eher die Ausfuhr begünstigen. Dies wird durch die Möglichkeit der Vereinbarung von Mindestmengenverpflichtungen in Artikel 2(1)2 PLGFVO und Artikel 2(1)9 KHGFVO bestätigt. Auch die sich automatisch aus der Vereinbarung von field-of-use Bestimmungen ergebende Mengenbeschränkung (Beschränkung der Menge auf dasjenige, was im Höchstfall im Rahmen eines bestimmten Anwendungsbereiches auf dem Markt abgesetzt werden kann) bleibt durch die spezielle Bestimmung über die Möglichkeit der Aufnahme solcher Klauseln geschützt.

Es bleiben also fest bestimmte Mengen oder Höchstmengen zu betrachten.

---

511 Art.3(5) PLGFVO und Art.3(7) KHGFVO.

512 Entscheidung der Kommission, AblEG 1978, Nr. L 286, S. 23 f.

513 EG 23 PLGFVO und EG 19 KHGFVO.

Für die Lizenzierung von Patenten ist geltend gemacht worden, daß durch Artikel 3(5) PLGFVO das Recht des Patentinhabers eingeschränkt würde, sein Schutzrecht so auszunutzen, wie er es für richtig hält [514].
Auf die Lizenzierung von Know-How ist dieser Gedanke angesichts seines mangelnden absoluten Schutzrechtscharakters nicht ohne weiteres zu übertragen. Dennoch kann es auch gerade in diesem Bereich dazu kommen, daß durch die entsprechende Vorschrift unter der KHGFVO die Verbreitung der Technologie eher gehemmt wird, weil der Know-How-Geber durch die vertragliche Aufnahme einer Mengenbeschränkung den Geheimnischarakter des Know-How schützen will.

Angesichts dieser Lage ist entgegen dem Wortlaut des Artikel 3(5) PLGFVO versucht worden[515], die Anwendung dieser Vorschrift auf die Fälle zu beschränken, in denen sich tatsächlich herausstellt, daß der Lizenznehmer aufgrund der Mengenbeschränkung das Lizenzprodukt nicht in ausreichender Zahl herstellen kann, um die Nachfrage zu befriedigen. Gestützt wird diese Ansicht auf den Wortlaut des EG 19 KHGFVO. Dort wird einer Mengenbeschränkung potentiell die gleiche Auswirkung, wie einem Exportverbot beigemessen. Zwar stellt es angesichts dieser Begründung einen Wertungswiderspruch dar, wenn Exportbeschränkungen in Artikel 1 der GFVOen freigestellt sind, Mengenbeschränkungen hingegen der schwarzen Liste angehören. Jedoch ist die einschränkende Auslegung angesichts des eindeutigen Wortlautes in den schwarzen Listen und der Erwägung, daß es wenig praxisgerecht ist, die Wirksamkeit eines Vertragsschlusses von erst später festzustellenden Auswirkungen abhängig zu machen, zu Recht abgelehnt worden[516] .

Wenn sich diese Einwände auch grundsätzlich auf beide GFVOen gleichermaßen beziehen, so ist doch zu vermuten, daß die Regelung unter der KHGFVO in einigen Punkten willkommener Weise liberaler geworden ist.
So sind hier Mengenbeschränkungen auf die Eigenbedarfsdeckung für Herstellung und Vertrieb des Lizenzgegenstandes im Rahmen des Artikels 1(1)8 KHGFVO ausdrücklich erlaubt. Dabei ist allerdings die Menge, die den Eigenbedarf ausmacht, nicht absolut festgelegt. Diese kann der Lizenznehmer im Rahmen seiner wirtschaftlichen Leistungsfähigkeit selber bestimmen. Man könnte insofern von einer zulässigen "relativen" Mengenbeschränkung sprechen.
Zudem ist unter der KHGFVO die Beschränkung auf die Mengen zulässig, die nicht dazu dienen, Anlagen für Dritte zu bauen[517]. (Vgl. Artikel 2(1)12)
Zu den Fällen der Schaffung einer zweiten Lieferquelle (second-source-of-supply) soll im Folgenden Stellung genommen werden .

Die Bestimmung der TTGFVO über die Mengenbeschränkung[518] des Lizenznehmers orientiert sich weitgehend an der Regelung der KHGFVO. Der unter der KHGFVO

---

514 Stellungnahme des DVGRUR, GRUR 1979, S. 842 und Stellungnahme des Wirtschafts- und Sozialausschusses AblEG 1984, Nr. C 248, S. 11 (4.1.2.).

515 Axster, Offene Fragen, GRUR 1985,581 f (592); Bunte/Sauter, Kommentar, III 3, Rdnr. 52.

516 Albrechtskirchinger, Gruppenfreistellung, GRUR Int. 1984, S. 565 f (570); Bohlig, GRUR Int.1986, S. 102; Ebel WRP 1985, S. 389; Korah, Patent Licensing, S. 74; Zusammenfassend Wiedemann, Kommentar, GFVO 2349/84, Art.3, Rdnr. 41.

517 So Wiedemann, Kommentar GFVO 2349/84, Art.3, Rdnr. 89; es dürfte sich jedoch tatsächlich um eine Verwendungsbeschränkung handeln ähnlich der einer technichal-field-of-use Beschränkung.

518 Art. 3 Nr. 5 TTGFVO. Zur Begründung vgl. EG 24 der TTGFVO.

verwendete Begriff der Benutzungshandlung ist ersetzt worden durch den Begriff der lizenzpflichtigen Handlung. Im Verhältnis zu den Bestimmung der jeweiligen Art. 1(1)8 ist keine Änderung eingetreten. Auch das Verhältnis zu Vertragsklauseln über eine zweite Lieferquelle[519] hat sich nicht geändert.

Auch unter der TTGFVO[520] darf der Lizenznehmer dazu verpflichtet werden, die Technologie nicht zur Errichtung von Anlagen für Dritte zu nutzen. Die aus dieser Anwendungsbeschränkung resultierenden Mengenbeschränkungen verstoßen nicht gegen Artikel 85 Absatz 1 EGV.

c. Schaffung einer zweiten Lieferquelle ("Second Source of Supply")

In Artikel 4(2) der KHGFVO wird ein Sonderfall der durch Mengenbeschränkung hervorgerufenen Kundenaufteilung ausdrücklich dem Widerspruchsverfahren vorbehalten.
Artikel 4 (2) KHGFVO erfaßt den Fall, daß ein Lizenznehmer vom Lizenzgeber verpflichtet wird, an einen bestimmten Kunden nur eine bestimmte Menge zu liefern, soweit das Know-How auf Verlangen eines solchen Kunden an den Lizenznehmer überlassen worden ist.
Es handelt sich also im Grundsatz um ein Dreipersonenverhältnis. Der Kunde wird in der Regel bereits direkt vom Lizenzgeber ein bestimmtes Produkt fertig beziehen. Er kann aber aus unterschiedlichen Gründen den Wunsch äußern, von einem Lizenznehmer diesen in Lizenz gefertigten Gegenstand daneben zu beziehen.
Nach einem weiteren in Artikel 4(2) erwähnten Modell kann auch die Person des Kunden mit der Person des Lizenznehmers zusammenfallen, wenn der Kunde diesen von ihm gewünschten Gegenstand selber herstellen möchte. Er kann dann auf die Herstellung einer bestimmten Menge beschränkt werden, solange die Kommission im Rahmen des Widerspruchsverfahrens nicht widerspricht.

Hintergrund des Kundenwunsches nach der Vergabe einer Lizenz ist in der Regel in beiden genannten Fällen, nicht von einer einzigen Zulieferquelle abhängig zu sein[521]. Vitales Interesse des Erstlieferanten und des Lizenzgebers wird es sein, sich einen bestimmten Marktanteil zu sichern, und in dem Fall, daß der Kunde selber zum Lizenznehmer werden will, weiterhin eine gewisse Stückzahl des Fertigproduktes an ihn vertreiben zu können, bevor er eine Lizenz vergibt. Diesen Bedürfnissen trägt die Regelung des Artikel 4(2) Rechnung.

Es sind mehrere Gestaltungsmöglichkeiten denkbar, um unter Umständen Nutzen aus dieser Regelung zu ziehen.
Zum einen ist ein Lizenznehmer vorstellbar, der frei ist, an alle Kunden soviel zu verkaufen wie er möchte und dazu auch in der Lage ist, nur im Hinblick auf einen Kunden nicht.
Das wäre der klassische Fall, der von Artikel 4(2) erfaßt ist.
Zum anderen ist ein Lizenznehmer vorstellbar[522], der den Lizenzgegenstand ausschließlich in einer bestimmten Stückzahl für einen Abnehmer herstellt. Dann wäre der Weg frei, daß in

---

519 Die Bestimmungen dazu sind allerdings geändert worden. Vgl. dazu die nachstehenden Ausführungen.

520 Art. 2(1) Nr.12 TTGFVO. Zur Begründung vergleiche EG 24 TTGFVO.

521 EG 11 KHGFVO erläutert dazu:"... Hier mag ein Verbot für den Know-How-Nehmer, andere als den betreffenden Kunden zu beliefern, für die Erteilung einer Lizenz an einen zweiten Lieferanten eine unerläßliche Voraussetzung sein, da durch diese Überlassung kein unabhängiger Lieferant geschaffen werden soll.

522 Nach EG 18 KHGFVO kann dies sogar als beabsichtigt angesehen werden: "... Man könnte auch vernünftigerweise annehmen, daß derartige Beschränkungen durch eine verstärkte Steuerung der Technologie zur Verbesserung der Warenproduktion und zur Förderung des technischen Fortschritts beitragen."

einem anderen Gebiet ein anderer Lizenznehmer für einen anderen Kunden herstellt. Dies wäre systematisch gesehen nicht in erster Linie eine Mengenbeschränkung, sondern eine Abnehmerbeschränkung. Auch diese fällt unter den Wortlaut des Artikel 4(2) KHGFVO.

In Satz 2 des Artikels 4(2) KHGFVO ist dagegen der Fall geregelt, daß der Kunde, der den benötigten Gegenstand selber herstellt, dabei auf einen bestimmten Prozentsatz seines Eigenbedarfes beschränkt werden darf.
Es handelt sich also dabei lediglich um einen bestimmten Unterfall der in Artikel 1(1)8 KHGFVO freigestellten relativen Mengenbeschränkung. Es ist nicht ersichtlich, warum diese Ausnahme nicht direkt mit freigestellt wurde. Es ist für die wettbewerbspolitische Beurteilung ohne Belang, ob der sowieso auf die Herstellung für den Eigenbedarf beschränkte Lizenznehmer diesen vollständig selber produziert, oder einen Teil weiterhin beim Lizenzgeber bezieht. Dadurch wird die Verbreitung der Technologie nicht beeinflußt.

Es bleibt aber zu untersuchen, ob der selbstherstellende Kunde auch eine bestimmte vereinbarte Menge herstellen kann, die über den Eigenbedarf hinausgeht. Kann mit anderen Worten in einer solchen Konstellation das Verbot der Mengenbeschränkung umgangen werden?
Dies ist wohl angesichts des Sinns und Zwecks der Regelung zu verneinen : Es soll damit lediglich die Möglichkeit einer zweiten Lieferquelle geschaffen werden können, nicht aber etwa eine zweite, selbständige "Einnahmequelle", die durch den bloßen Weiterverkauf erschlossen werden könnte[523].

Die dargestellten Regelungen werden unter der KHGFVO lediglich für das Widerspruchsverfahren vorgesehen. EG 18 der KHGFVO erläutert dazu, es sei angebracht, "nach dem gegenwärtigen Stand der Erfahrungen der Kommission mit derartigen Klauseln und angesichts des besonderen Risikos, daß diese dem Zweitlieferanten die Möglichkeit nehmen, in den der Vereinbarung unterliegenden Bereichen sein eigenes Geschäft aufzubauen, (...),für diese Klausel das Widerspruchsverfahren vorzusehen."
Die Kommission führt also hauptsächlich den Schutz des Zweitlieferanten ins Feld.
Ob der Zweitlieferant sich auf diese Beschränkung einläßt, wird im Grundsatz davon abhängen, ob der Zweitlieferant auf dem Markt fußfassen will oder nicht. Wenn er sich nicht auf eine Aushilfsfunktion beschränken lassen will, wird er die Klausel nicht akzeptieren. Für den umgekehrten Fall ist eine Freistellung das angemessene Mittel. Sollte sich später eine Änderung der Lage herausstellen, kann die Kommission die Freistellung immer noch nach Artikel 7 der KHGFVO entziehen.

Zu betonen ist, daß diese Regelung nur unter der KHGFVO gilt. Unter der PLGFVO war eine parallele Regelung noch nicht vorgesehen. Sie erörtert Bestimmungen über Mengenbeschränkungen und Kundenaufteilungen abschließend in ihrer schwarzen Liste des Artikel 3. Daher kann für diese Fragenkreise auch nicht das ansonsten im Verhältnis zur KHGFVO gleichartig ausgestattete Widerspruchsverfahren herangezogen, oder die Regelung der KHGFVO gar übertragen werden. Es bleibt dort nur das Einzelfreistellungsverfahren.
Die KHGFVO bietet hier insoweit die größere Gestaltungsmöglichkeit.

Bei einer Vereinheitlichung der beiden Verordnungen sollte die Kommission sich an der Regelung unter der KHGFVO orientieren. Allerdings sollte die Regelung in Satz 2 des Artikel

---

523 So auch EG 18 der KHGFVO . Art.3(6) "... gilt nicht in den Fällen, wo die Know-How-Lizenz erteilt wird, um einem einzelnen Kunden eine zweite Lieferquelle zu verschaffen."

4 KHGFVO nicht übernommen werden. Dort ist dem Widerspruchsverfahren der Fall zugeordnet, daß der Kunde, der eine zweite Lieferquelle wünscht, den benötigten Lizenzgegenstand selber herstellt und dabei auf einen bestimmten Prozentsatz es Eigenbedarfes beschränkt wird. Wie bereits ausgeführt wurde, handelt es sich dabei lediglich um eine bestimmten Unterfall der in Artikel 1 Absatz 1 Nr. 8 der KHGFVO freigestellten relativen Mengenbeschränkung. Die derzeitige Regelung des Artikels 4 Absatz 2 Satz 2 KHGFVO sollte unter einer vereinheitlichten GFVO in die Freistellung als Unterfall der relativen Mengenbeschränkung einbezogen werden.

Die Beschränkung des Lizenznehmers auf eine zweite Lieferquelle ist in die weiße Liste der TTGFVO[524] eingearbeitet worden. Zur Begründung führt die Kommission aus[525], daß das dem zweiten Lizenznehmer auferlegte Verbot, andere als den betreffenden Kunden zu beliefern, eine unerläßliche Voraussetzung für die Erteilung der zweiten Lizenz ist, weil hierdurch keine unabhängige Versorgungsquelle geschaffen werden soll.
Im Unterschied zu der Bestimmung unter der KHGFVO ist das Erfordernis weggefallen, daß die Technologie auf Verlangen eines (dritten) Kunden überlassen worden ist. Diese Voraussetzung mußte unter der KHGFVO noch erfüllt sein, damit sich der Vertrag überhaupt für das Widerspruchsverfahren qualifizierte. Darin ist eine weitere Erleichterung für die vertragsschließenden Parteien zu sehen.

Diese Entwicklung zeigt eine deutliche Änderung der Ansicht der Kommission zur Frage des „second sourcing“ vom Erlaß der PLGFVO bis heute. Mittlerweile wird eine solche Klausel ausdrücklich als wettbewerbsfreundlich beurteilt. Diese Beurteilung ist zu begrüßen. Sie entspricht insbesondere praktischen Bedürfnissen.

II. Die Gegenleistung des Lizenznehmers

Im Folgenden soll dargestellt werden, welche kartellrechtlichen Fragestellungen bei der Gestaltung von Gegenleistungen des Lizenznehmers beachtet werden müssen.

1. Gemeinsame Erwägungen

a. Einleitung

Lizenzverträge sind mit wenigen Ausnahmen entgeltliche Verträge. Die Lizenzgebühr wird entrichtet als Gegenleistung für die Gestattung der Nutzung eines Patentes oder die Überlassung von Technologie und Assistenz sowie dem daraus resultierenden Wettbewerbsvorteil.
Aus diesem Wesen des Vertrages ist der Schluß zu ziehen, daß Gegenleistungen zumindest während der Laufzeit des Vertrages aus der Perspektive des Wettbewerbsschutzes neutral sind und daher zulässig sein müssen. Bedenklich wird die Vereinbarung, wenn der Lizenznehmer durch Zahlungsverpflichtungen über die Vertragsdauer hinaus an den Lizenzgeber gebunden ist.
Wenn auch die Vereinbarung einer Gegenleistung grundsätzlich der Privatautonomie unterliegt, so müssen die daraus resultierenden Auswirkungen auf die Vertragspartner doch im Hinblick auf ihre Wettbewerbsverträglichkeit beurteilt werden.

---

524 Art. 2(1) Nr. 13.
525 EG 23 TTGFVO.

b. Formen von Lizenzgebühren und Bemessungsgrundlagen bei reinen und gemischten Vertragsformen

aa. Umsatzbezogene oder erfolgsabhängige Lizenzgebühren

α. Grundsatz

Bei umsatzbezogenen bzw. erfolgsabhängigen Lizenzgebühren kommt es für deren Berechnung auf den wirtschaftlichen Erfolg des Lizenznehmers an. Der Lizenznehmer kann damit seine Gebührenverpflichtung der wirtschaftlichen Rentabilität des Lizenzgegenstandes anpassen.
Für eine prozentuale Bemessungsgrundlage anhand von Verkaufspreisen sind zwei Ansatzpunkte denkbar.
Die Artikel 3(4) PLGFVO und 3(5) KHGFVO der schwarzen Liste erfassen und verbieten nur die Berechnung von Lizenzgebühren für gar nicht durch Patente oder Know-How geschützte Lizenzgegenstände .Ist der gesamte Lizenzgegenstand durch Patente oder Know-How geschützt, so können Grundlage der Berechnung die Herstellungskosten oder der Preis des Lizenzgegenstandes sein. Eine prozentuale Beteiligung des Lizenzgeber am Vertragserlös ist denkbar.
Sind nur Teile des Lizenzgegenstandes durch Patente oder Know-How geschützt, so ist es weder nach Artikel 3(4) PLGFVO, noch nach Artikel 3(5) KHGFVO ausgeschlossen, daß die Lizenzgebühren auch prozentual auf der Grundlage des Preises für den Lizenzgegenstand berechnet werden. Ebensowenig wird es für ausgeschlossen erachtet, daß die Berechnung der Gebührenzahlungsverpflichtung anhand eines marktfähigen Gesamtproduktes erfolgt[526].

In diesem Zusammenhang ist der Fall Windsurfing International[527] zu erwähnen. Es ging in diesem Fall um die Vereinbarung, daß der Lizenznehmer nur berechtigt sein sollte, komplette Stehsegler (Surfbretter) zu verkaufen und nicht ihre Komponenten getrennt davon. Zu solchen Einzelteilen gehören auch sogenannte Riggs. In diesem Fall war das Rigg das einzige Teil des Stehseglers, für das Patentschutz bestand. Die Lizenzgebühr sollte nach dem Preis für den kompletten Stehsegler berechnet werden.

Die Kommission räumt ein, daß es aus praktischen Gründen oftmals unerläßlich erscheint, für die Berechnung der Lizenzgebühr nicht allein auf das patentierte und lizenzierte Teil, sondern auf das Produkt der höheren Fertigungsstufe[528] abzustellen, wenn der Wert des lizenzierten Teils schwer zu ermitteln ist. Hier bestehe aber dazu keine Notwendigkeit, da für Riggs und Bretter ein getrennter Markt bestehe.

Die Kommission verwechselt hier zwei unterschiedliche Fallgestaltungen.
Rigg und Brett werden vom Kunden entweder getrennt gekauft oder als Einheit. Bei losem Verkauf des Riggs dient dessen Einzelpreis als Bemessungsgrundlage. Bei komplettem Verkauf von einem Stehsegler ist dessen Komplettpreis Bemessungsgrundlage. Es ist dann allerdings lediglich der Wertanteil des Riggs am kompletten Stehsegler zugrunde zu legen. Es besteht zwar hier kein Produkt der höheren Fertigungsstufe, wie es die Kommission erwähnt, jedoch schadet die Zugrundelegung des Komplettpreises der gesamten Zusammensetzung unter der genannten Maßgabe nicht.

---

526 Axster, Offenen Fragen, GRUR 1985, S. 591.

527 Entscheidung der Kommission, AblEG 1983, Nr. L 229, S. 1 f.

528 Dies entspricht dem Begriff des "marktfähigen Gesamtproduktes".

Dies verkennt auch der EuGH[529], wenn er pauschal behauptet, die Berechnung der Lizenzgebühr auf der Grundlage des kompletten Stehseglers beschränke grundsätzlich den Wettbewerb. Diese Erwägung wäre richtig, wenn der Prozentsatz, der als Gebühr berechnet wird, für den Vertrieb von Einzelriggs derselbe wäre, wie der für den Vertrieb von kompletten Stehseglern. Bei der anteiligen Berechnung anhand des Gesamtbetrages besteht diese Gefahr hingegen nicht.
Der von der Kommission erwähnte Fall der höheren Fertigungsstufe ist ein anderer. Er betrifft das Problem, daß ein von dem Endprodukt nicht mehr trennbarer Teil dem Patent oder Know-How-Schutz unterliegt. Es wird sich dabei meist um Teile handeln, die einzeln nicht anders, als in der im Endprodukt verarbeiteten Weise verwertbar sind. Um bei dem anschaulichen Beispiel des Riggs zu bleiben, ist davon auszugehen, daß nur dessen Mastgelenk - als fester Bestandteil des Riggs - Patentschutz genießt. Für diesen Bestandteil soll eine prozentual zu berechnende Lizenzgebühr entrichtet werden. Es besteht jedoch kein Einzelpreis für das Mastgelenk, der zur Berechnung herangezogen werden könnte. Insoweit muß hier der Wert der "verkaufbaren Einheit Rigg" herangezogen werden, und zwar in etwa in Höhe des Anteils der Fertigungskosten für das Mastgelenk. Werden Rigg und Stehsegler nur zusammen verkauft, ist der Komplettpreis heranzuziehen, jedoch mit entsprechenden prozentualen Abschlägen[530].
Allen diesen Gegenleistungsvereinbarungen steht nach den GFVOen nichts im Wege.

Zu Erwägungen über die Höhe der zulässigen Gebühren geben die Formulierungen der Artikel 3(4) PLGFVO und 3(5) KHGFVO Anlaß.
Danach ist eine Lizenzgebührenpflicht unter der PLGFVO wettbewerbsbeschränkend, wenn keines der lizenzierten Patente mehr in Kraft ist, oder - im Falle des Vorliegens eines gemischten Patent- und Know-How-Vertrages - das technische Wissen offenkundig geworden ist. Unter der KHGFVO in Verbindung mit deren EG 15 sind Gebührenverpflichtungen wettbewerbsbeschränkend, die keinen Bezug zur Nutzung der lizenzierten Technologie aufweisen, wenn bei der Herstellung in keiner Phase irgendein vom Lizenzgeber lizenziertes Patent oder geheimes Know-How verwendet wurde.
Im Grundsatz bedeutet dies, daß die Regelungen der Artikel 3(4) PLGFVO und 3(5) KHGFVO nicht eingreifen, auch wenn sich der Schutzrechtsbestand bis auf ein Patent von ursprünglich mehreren verringert oder andererseits sich der Geheimnischarakter des Know-How verringert. Die Höhe der Lizenzgebühr braucht demnach bis dahin nicht dem Wert des noch geschützten oder geheimen Wissens angepaßt zu werden, um die Wirkung der Artikel 3(4) PLGFVO und 3(5) KHGFVO zu vermeiden. Die Gebühr kann auf der Grundlage der gesamten, ursprünglich lizenzierten Technologie, die das marktfähige Produkt ausmacht, bis zum Erlöschen des letzten Patentes oder des Offenkundigwerdens des Know-Hows berechnet werden, und zwar in der ursprünglich vereinbarten Höhe. Grenze ist allerdings die Laufzeit des Vertrages. Diese wird maßgeblich von der Dauer der Freistellung abhängen.

β. Mindestlizenzgebühren

---

529 EuGH, Slg. 1986, S. 683 f (Tz. 64); der EuGH hält eine solche Beschränkung allerdings (lediglich) für gerechtfertigt, wenn die hergestellten Stückzahlen oder ihr Wert im Einzelnen sich nur schwer erfassen lassen, oder wenn für den einzelnen patentgeschützten Gegenstand kein Markt besteht. (EuGH, aaO, Tz. 65).

530 Im konkreten Fall verneinte auch der EuGH bereits die Wettbewerbsbeschränkung mit der Begründung, daß die Lizenzgebühr im Ergebnis nicht höher ist, als beim getrennten Verkauf von Riggs.

In diesem Zusammenhang ist zu erwähnen, daß die Verpflichtung des Lizenznehmers zur Zahlung von Mindestlizenzgebühren nach beiden GFVOen ausdrücklich freigestellt ist. (Artikel 2(1)2 PLGFVO und Artikel 2(1)9 KHGFVO)
Die Freistellung dieser Bestimmung schützt das Interesse des Lizenzgebers an einer effektiven Ausnutzung der Technologie. Der Lizenznehmer soll dazu angehalten werden, die ihm überlassene Technologie nicht brach liegen zu lassen.
Dabei kann auch eine Pauschalzahlung für jeweils bestimmte Zeiträume vereinbart werden.

bb. Einmalige Gebührenzahlung (lump-sum-payment)

Denkbar ist auch die einmalige Entrichtung einer Lizenzgebühr als Gegenleistung für die Überlassung des technischen Wissens unabhängig von der vertriebenen Stückzahl. (lump-sum-payment)
Eine solche Gegenleistung deutet eher auf eine Abtretung oder die Übernahme des technischen Wissens hin; zumindest scheint dem Lizenznehmer damit das volle Risiko der wirtschaftlichen Verwertung aufgebürdet zu werden, und der Lizenzgeber unabhängig vom Erfolg des Produktes den wirtschaftliche Vorteil zu ziehen. Insofern könnte man einem in der Literatur geäußerten Vorschlag zufolge einen Vertrag mit einer derart ausgestalteten Gegenleistung als "transactional contract"[531] bezeichnen im Gegensatz zum für den Know-How-Vertrag als typisch bezeichneten "relational contract"[532].
Dennoch wird auch diese Form als grundsätzlich kartellrechtlich zulässig zu behandeln sein, da der Lizenznehmer die Zahlung im Ergebnis für die bessere Ausgangssituation am Markt leistet. Voraussetzung sollte allerdings die gesonderte Behandlung der Gegenleistung für die in vielen Lizenzverträgen typischen Vereinbarungen über gegenseitige Assistenz sein, da die einmalige Summe eben nur für die Überlassung und die daraus folgende bessere Stellung am Markt erfolgt. Alle weiteren Klauseln, mit denen dann doch noch eine Risikoaufteilung bewirkt wird, sollten dann entsprechend durch getrennte Entlohnung gekennzeichnet sein.

2. Dauer der Gegenleistungsvereinbarung

Bezüglich der zulässigen Dauer ist zwischen reinen Patentlizenzen, reinen Know-How-Lizenzen und gemischten Vereinbarungen zu unterscheiden .

a. Reine Patentlizenzen

Zur Zulässigkeit der Gegenleistungspflicht während der Gültigkeit der Patente äußert sich die GFVO nicht ausdrücklich.
Allerdings sind Mindestgebühren ausdrücklich in der weißen Liste erwähnt[533]; zudem sind produktionsabhängige Gebühren erlaubt. Auf der anderen Seite ist es gemäß Artikel 3(4) lediglich untersagt, Vereinbarungen von Gegenleistungen über die Patentlaufzeit hinaus zu treffen.
Es ist zu überlegen, ob nicht die Vereinbarung einer Gegenleistung in die weiße Liste aufzunehmen ist. Grundsätzlich ist ja ihre Ergänzung über den Wortlaut hinaus gemäß EG 18 PLGFVO grundsätzlich möglich.
Die Gegenleistungspflicht dürfte ein klassischer Fall dafür sein. Sie ist typischer Bestandteil einer jeden Technologielizenz und wettbewerbsrechtlich neutral. Ihr die Aufnahme in die

---

531 Kiortsoglou, Know-How-Vertrag, S. 247.
532 Kiortsoglou, aaO, S. 247.
533 Artikel 2(1)3 PLGFVO.

weiße Liste zu verweigern bedeutete, fast jede Lizenzvereinbarung dem Widerspruchsverfahren zuzuführen, was im Widerspruch zu den Entstehungsgründen stünde. Eine parallele Dauer von Gebührenzahlungspflichten des Lizenznehmers zur Laufzeit des Vertrages ist also als grundsätzlich nicht wettbewerbsbeschränkend anzusehen.

Artikel 3(4) PLGFVO enthält jedoch auch eine Ausnahme zu dieser Regel. Danach ist die Freistellung ausgeschlossen, wenn Lizenzgebühren für Produkte erhoben werden, die nicht zumindest teilweise vom Patent geschützt sind. Diese Einschränkung enthält neben einer inhaltlichen Komponente zu der Frage, was im einzelnen geschützt wird, auch eine zeitliche Komponente.
Danach führt eine Gebührenzahlungspflicht über die Laufzeit des letztlaufenden Patentes hinaus zur Unwirksamkeit des Vertrages.
Nach dem Wortlaut des Artikels 3(4),2. Halbsatz ist es hingegen nicht ausgeschlossen, daß die Lizenzgebührenzahlungen für die lizenzierte Erfindung aus Gründen der Zahlungserleichterung über einen Zeitraum erstreckt werden, der über die Dauer der lizenzierten Patente hinausgeht. Damit kann angesichts der deutlichen Beschränkung in Satz 1 nur gemeint sein, daß die Zahlungstermine für Lizenzgebühren der während der Vertragszeit hergestellten Produkte unabhängig von der Vertragslaufzeit geregelt werden können. (Zahlung nach Vertrieb, Stundung, Ratenzahlung)

Diese Regelung ist lediglich als Ausnahmevorschrift in der schwarzen Liste aufzufinden. Für sie gibt es keine komplementäre Vorschrift in der weißen Liste. Da es sich hierbei aber lediglich um eine bestimmte Modalität für die nach der hier vertretenen Auffassung der weißen Liste zuzuordnenden Gebührenzahlungspflicht handelt, wäre es widersinnig, diese Klausel dem Widerspruchsverfahren zu unterstellen. Auch sie ist als nicht wettbewerbsbeschränkende Klausel der weißen Liste zuzuordnen.

Nach der hier aufgezeigten Konzeption des Artikels 3 Absatz 4 PLGFVO sind auch solche Vereinbarungen von der Freistellung ausgeschlossen, in denen nicht ausdrücklich sichergestellt ist, daß die Verpflichtung zur Zahlung von Lizenzgebühren zumindest teilweise in dem Moment entfällt, in dem die Wirksamkeit der lizenzierten Patenten von dritter Seite oder vom Lizenznehmer erfolgreich angegriffen worden ist. Ob nationale Gerichte und die Kommission den Vertragswortlaut umdeuten, daß in einem solchen Fall die Gebührenzahlungsverpflichtung mit dem Zeitpunkt des erfolgreichen Angriffs entfällt, ist gänzlich ungewiß. Eine Klausel, die den Wegfall der Gebührenzahlungsverpflichtung für diesen Fall vorsieht, sollte vorsichtshalber in einen Lizenzvertrag aufgenommen werden, um nicht den Verlust der Freistellung zu riskieren.

b .Reine Know-How-Lizenzen

aa. Die Regelung nach der KHGFVO

Für reine Know-How-Lizenzen gilt angesichts ihres Artikels 3(5) im Grundsatz das zur PLGFVO Ausgeführte. Danach ist grundsätzlich die Gebührenzahlungspflicht während der Vertragsdauer zulässig, auch wenn dies nicht ausdrücklich in der weißen Liste steht. Diese ist insoweit zu ergänzen.
Jedoch muß der folgenden Tatsache Rechnung getragen werden. Know-How kann vor Vertragsende seinen Geheimnischarakter verlieren. Es ist dann dem beliebigen Zugriff Dritter preisgegeben. Der Lizenznehmer ist u.U. dann vertraglich gehalten, Gebühren zu zahlen,

obwohl Dritte dieser Beschränkung bei er Nutzung des Know-How nicht unterliegen. Der Lizenzgeber wäre in dieser Situation daran interessiert, den Vertrag samt Gebührenverpflichtung aufrechtzuerhalten, während der Lizenznehmer daran interessiert sein dürfte, aus dem Vertrag gelöst zu sein.
Diesem Interessenkonflikt hat sich die KHGFVO angenommen, indem sie darauf abstellt, wer das Offenkundigwerden des Know-How zu vertreten hat.
Nach Artikel 2(1)7 wird unter der KHGFVO eine Gebührenzahlungspflicht über die Offenkundigkeit hinaus bis zum Vertagsende als nicht wettbewerbsbeschränkend bewertet, wenn die Offenkundigkeit nicht auf das Verhalten des Know-How-Gebers zurückzuführen ist. Dies bedeutet, daß die Zahlungsverpflichtungen des Lizenznehmers zumindest dann weiterbestehen, wenn die Offenkundigkeit durch ihn selber herbeigeführt worden ist. Für diesen Fall ordnet Satz 2 der Vorschrift zudem an, daß weitergehende Schadenersatzansprüche des Lizenzgebers unberührt bleiben.
Zweifelhaft ist allerdings, ob die Zahlungsverpflichtung auch bestehen bleibt, wenn die Offenkundigkeit durch Dritte herbeigeführt wurde.
Der Wortlaut der Vorschrift grenzt nur dahin ab, daß das Know-How auf anderem Wege als durch den Know-How-Geber offenkundig wurde. Die Herbeiführung der Offenkundigkeit durch Dritte ist nicht erwähnt, zumindest nicht ausdrücklich.
Dies schließt jedoch nicht aus, daß die Offenkundigkeit auch durch Dritte herbeigeführt werden kann, die z.B. ebenfalls das gleiche Know-How entwickelt haben.
Der Wortlaut ist insofern offen.
Für die These, daß die Herstellung der Offenkundigkeit durch Dritte nicht ausreicht, um die Zahlungspflicht fortbestehen zu lassen, könnte sprechen, daß die GFVO nur auf das Verhältnis der Vertragsparteien und somit nur auf den Geheimnischarakter des durch den konkreten Know-How-Geber entwickelten Know-Hows abstellt. Die durch dritte Entwickler herbeigeführte Offenkundigkeit wäre danach nicht in die weiße Liste einbezogen.
Danach wären die Parteien aber der Möglichkeit beraubt, die Risikoverteilung so vorzunehmen, wie sie es für richtig halten. Genau diese Möglichkeit möchte die KHGFVO aber gerade fördern. Sie formuliert in EG 15, daß die Beteiligten in der Regel nicht vor den finanziellen Folgen einer nach freiem Ermessen abgeschlossenen Vereinbarung geschützt werden sollen. EG 15 bezieht demzufolge auch die Fallgestaltung ein, daß das mitgeteilte Know-How durch die Handlungen Dritter an die Öffentlichkeit gelangt ist.
Damit ist nach Artikel 2(1)7 KHGFVO eine Gebührenzahlungspflicht auch über die durch den Lizenznehmer oder aber auch durch Dritte herbeigeführte Offenkundigkeit hinaus freigestellt.
Nach Auffassung der Kommission soll die Gebührenzahlungspflicht auch dann über die Offenkundigkeit hinaus bestehen, wenn beide Parteien davon ausgehen, daß das Know-How "durch den ersten Verkauf des Produktes zwangsläufig an die Öffentlichkeit gelangt"[534].

Verursacht demgegenüber der Know-How-Geber oder eines der mit ihm verbundenen Unternehmen die Offenkundigkeit des Know-How, so wird eine Zahlungsverpflichtung des Lizenznehmers über dieses Ereignis hinaus in Artikel 3(5) als wettbewerbsbeschränkend angesehen, und der Vertrag wird nicht freigestellt. Dabei ist der reine Vertrieb des Lizenzgegenstandes durch den Lizenzgeber nicht als Herbeiführung der Offenkundigkeit anzusehen.

Ausnahmsweise kann die Kommission einer grundsätzlich nach Artikel 2(1)7 zu bewertenden Klausel die Freistellung nach Artikel 7(7) entziehen. Voraussetzung ist, daß der Know-How-Nehmer das Know-How innerhalb kurzer Zeit selber

534 EG 15 KHGFVO.

hätte entwickeln können und wollen, und im Vergleich dazu der Zeitraum der fortgesetzten Zahlung übermäßig lang ist .

In all diesen Fällen muß aber auch - wie unter der PLGFVO - die Ausnahme vom Verbot des Artikels 3(5) KHGFVO gelten, die Gebührenzahlungspflicht zum Zwecke der Zahlungserleichterung über den Zeitpunkt der Offenkundigkeit hinaus zu erstrecken.

bb. Bewertung

Dieser Regelung liegt eine Risikoverteilung durch die Kommission zugrunde. Es kann vereinbart werden, daß der Lizenznehmer das Risiko des Offenkundigwerdens durch ihn selber und durch Dritte zu tragen hat. Der Lizenzgeber muß dann lediglich sein Verhalten in dieser Hinsicht verantworten.
Das Konzept des Entzuges der Freistellung unter Art 7(7) KHGFVO sollte restriktiv gehandhabt werden, und zwar aus zwei Gründen. Zum einen ist die Regelung im Zusammenhang mit der Erwägung genannt, daß die Parteien nicht vor den finanziellen Folgen ihrer Vereinbarung zu schützen sind.(EG 15 Absatz 1, letzter Satz) Zum anderen ist bereits ausgeführt worden, daß Know-How-Verträge oftmals geschlossen werden, um "aus berufenem Munde die Funktionsfähigkeit" des Vorhabens bestätigt zu bekommen[535] und technische Assistenz von erfahrener Seite erhalten zu können, wobei die Technologie dem Lizenznehmer oftmals schon bekannt vorkommen wird.

cc. Weiterführende Überlegung

Das beschriebene Konzept der zulässigen Dauer von Zahlungsverpflichtungen des Lizenznehmers wurde offensichtlich ausgearbeitet für erfolgsabhängige, umsatzbezogene Zahlungsvereinbarungen.
Zu fragen ist, in wie weit und in welcher Weise diese Wertung auch auf einmalige Gebührenzahlungen zu übertragen ist. Soweit ersichtlich, liegt dazu noch keine Stellungnahme vor.
Zu überlegen ist, ob nicht ein Rückzahlungsanspruch des Lizenznehmers gegen den Lizenzgeber in den Vertrag aufzunehmen ist für den Fall, daß der Lizenzgeber die Offenkundigkeit herbeiführt.
Ohne eine solche Verpflichtung liefe der Lizenznehmer Gefahr, daß auch andere neben ihm die Technologie nutzen könnten, ohne Gebühren zahlen zu müssen oder gezahlt zu haben. Dem Lizenzgeber wäre ohne diese Klausel jedes Risiko genommen, finanzielle Einbußen im Falle der durch ihn herbeigeführten Offenkundigkeit hinnehmen zu müssen. Er hätte ja bereits den einmaligen Betrag erhalten, ohne ihn oder Teile von ihm zurückzahlen zu müssen. Ein solches Ergebnis widerspräche der Wertung des Artikel 3(5) KHGFVO. Ohne eine entsprechende Rückzahlungsklausel bei der Vereinbarung einer "lump-sum" erscheint der Vertrag nach Artikel 3(5) nicht freistellungsfähig.
Hiergegen mag eingewendet werden, daß die einmalige Zahlung lediglich den Wettbewerbsvorsprung abgelten soll, der durch im Vergleich zur Konkurrenz frühere Kenntnis des Know-How entsteht und eine günstigere Ausgangsposition am Markt sichert.
Diese Erwägung geht aber insoweit fehl, als der Lizenznehmer in aller Regel einkalkuliert, daß die anfänglich hohe Zahlung sich während der gesamten vereinbarten Vertragszeit aromatisiert. Dabei wird er in nicht unerheblichem Maße einerseits auf die Exclusivität der

---

535 Hesse, GRUR 1985, S. 661 f (664 f); Schultz-Süchting, WuW 1987, S. 482 f(498); oben, Teil I, C I 3 b.

Vereinbarung, die ihn vor Konkurrenz schützen soll, und die Loyalität des Lizenzgebers bauen, die im Falle der durch diesen verursachten Offenkundigkeit verletzt wäre.
Diese Wertung wird durch eine parallele Erwägung in der KHGFVO selber gestützt. So kann die Kommission die Freistellung gemäß Artikel 7(7) wieder entziehen, wenn der Know-How-Nehmer selber innerhalb absehbarer Zeit entwickeln konnte und wollte.
Der Vertrag wird in einem solchen Fall auch aus dem Grund geschlossen, sich einen Marktanteil zu sichern. Der Lizenznehmer will nicht warten, bis er das Know-How selber entwickelt hat .
Insofern wird hier derselbe Zweck verfolgt, wie er bei einer einmaligen Gebührenzahlung als Grundlage dienen mag.
In beiden Fällen geht aber zuletzt aus der Sicht des Lizenznehmers "die Rechnung nicht auf".
In dem einen Fall läßt sich der Lizenznehmer auf den Vertrag ein, um sich frühzeitig einen Marktanteil zu sichern, und zwar in der sicheren Kenntnis des Umstandes, daß er das Know-How in seinem Betrieb selber entwickeln könnte. Er wird aber mit aus wettbewerbsrechtlicher Sicht übermäßig hohen Zahlungsverpflichtungen belastet. Obwohl der Lizenznehmer sehenden Auges diesen Nachteil in Kauf nimmt, kann die Kommission das Verhältnis als wettbewerbsbeschränkend beurteilen.
Die Beurteilung der Kommission darf aber nicht anders ausfallen, wenn dem Lizenznehmer die Rückzahlung eines Betrages verwehrt würde, den er zu demselben Zweck geleistet hat. Die Beurteilung der Kommission darf hier um so weniger anders ausfallen, als der Lizenznehmer im Gegensatz zum erstgenannten Fall keinen Einfluß darauf hat, wann der erkaufte Vorteil wegfällt oder potentiell wegfallen könnte. (Anders im Falle der potentiellen Eigenentwicklung der Technologie in absehbarer Zukunft).
Nach der hier vertretenen Auffassung ist es als wettbewerbsbeschränkend zu beurteilen, wenn bei der Vereinbarung einer einmaligen Zahlung (Lump sum) bei Technologieüberlassung eine - zumindest anteilige - Rückerstattung ausgeschlossen ist für den fall, daß der Lizenzgeber die Offenkundigkeit des Know-How zu vertreten hat. Eine entsprechende Rückzahlungspflicht sollte vertraglich vereinbart sein, um die Wirksamkeit des Vertrages nicht vom etwaigen Bestehen oder Nichtbestehen gesetzlicher Rückzahlungsansprüche nach dem Recht, unter dem der Vertrag geschlossen wurde, abhängig zu machen.

c. Gemischte Patent- und Know-How-Lizenzverträge

Für gemischete Patent- und Know-How-Lizenzverträge ist für die Zulässigkeit der Dauer zu unterscheiden, welcher GFVO sie unterfallen.
Im Grundsatz gelten die Darlegungen zu den reinen Vertragsformen.
Es sind jedoch die in den GFVOen eingearbeiteten Hinweise auf die gemischten Vertragsformen gesondert zusammenzustellen und zu analysieren.

aa. Gemischte Vertragsformen unter der PLGFVO

Grundsätzlich dürfen gemäß Artikel 3(4) Satz 1 PLGFVO dem Lizenznehmer für die Benutzung von mitlizenziertem technischem Wissen nach dessen Offenkundigkeit keine Lizenzgebühren berechnet werden, wenn der Vertrag nicht als wettbewerbsbeschränkend beurteilt werden soll.
Nach Artikel 3(4) Satz 2 ist die Berechnung von Lizenzgebühren jedoch nicht ausgeschlossen, wenn das Know-How durch das Verschulden des Lizenznehmers oder eines mit ihm verbundenen Unternehmens herbeigeführt wurde.

Nach Artikel 3(2),2. Halbsatz PLGFVO ist von der schwarzen Liste weiterhin die Bestimmung ausgeschlossen, Lizenzgebühren für mitlizenziertes, nicht offenkundiges Know-How auch über die Dauer der Patente hinaus zu berechnen.
Daraus ist zu schließen, daß auch hier Vereinbarungen , die die Zahlung zum Zwecke der Zahlungserleichterung über die Laufzeit der Patente und den Geheimnischarakter des Know-How hinaus erstrecken, nicht ausgeschlossen sind.

bb. Gemischte Verträge unter der KHGFVO

Für gemischte Vertragsformen unter der KHGFVO gelten die für reine Vertragsformen vorgesehenen Regelungen. Insbesondere nach Artikel 3(5) in Verbindung mit EG 15 der KHGFVO sind Gebührenzahlungen untersagt, die keinerlei Bezug zur Nutzung des Technologiepaketes aufweisen. Dies bedeutet, daß eine Vertragsklausel stets dann als wettbewerbsbeschränkend zu bewerten ist, wenn bei der Herstellung in keiner Phase irgendein lizenziertes Patent oder geheimes Know-How verwendet wird.

cc. Vergleich

Für gemischte Vertragsformen, die unter die KHGFVO fallen, bedeutet deren weite Fassung, daß die Sperrwirkung des Artikels 3(5) nicht eintritt, auch wenn nur noch ein Bestandteil der lizenzierten Technologie als Patent in Kraft oder als Know-How geheim ist. Bis zu diesem Zeitpunkt führt die Gebührenberechnung - auch in voller ursprünglich vereinbarter Höhe - nicht zu einer Sanktion über Artikel 3(5).
Unter der PLGFVO fallen drei Gestaltungsmöglichkeiten nicht unter die Sperrklausel der schwarzen Liste :

- Patente bestehen, und das Know-How ist noch geheim
- Patente bestehen, das Know-How ist aufgrund des Verschuldens des Lizenznehmers offenkundig
- Patente bestehen nicht mehr, aber das Know-How ist noch geheim.

Zweifelhaft ist allerdings schon, ob der Fall, daß zwar noch Patentschutz besteht, aber das mitlizenzierte Know-How offenkundig geworden ist unter die Sperrwirkung des Artikels 3(4) PLGFVO fällt.
Der Wortlaut stellt als alternativ anheim, ob Patente nicht mehr existieren, *oder* das miltizenzierte Know-How offenkundig ist.
Es wäre allerdings nicht sinnvoll, die Gebührenzahlungspflicht zu unterbinden, wenn alle "notwendigen Patente" noch in Kraft sind, und lediglich das vergleichsweise weniger bedeutende Know-How offenkundig würde. Dieses Ergebnis wird auch von EG 22 bestätigt.
Zweifelhaft ist ebenfalls, ob von der Sperrwirkung des Artikel 3(4) auch Fälle erfaßt werden, bei denen zwar keine Patente mehr bestehen, aber die wesentlichen Teile des Know-How noch geheim sind. Dieses Problem kann aber in der Praxis angesichts der eindeutigen Regelung in Artikel 3(2) dahinstehen. Dort werden solche Fälle gerade von der schwarzen Liste ausgenommen.

dd. Erweiterung der weißen Liste?

Abschließend ist auf die Frage einzugehen, ob die nicht der Sperrwirkung der schwarzen Liste unterfallenden Bestimmungen gleichzeitig auch freigestellt sind.

Hier gilt das zu den reinen Vertragsformen Ausgeführte. Will man nicht jede gängige Gestaltungsvariante der für einen Lizenzvertrag typischen Gegenleistungsvereinbarungen dem Widerspruchsverfahren zuleiten, so sind die hier erwähnten Kombinationen, die nicht der Wirkung der schwarzen Listen unterfallen, als nicht wettbewerbsbeschränkend anzusehen. Die weißen Listen sind insoweit erweiterungsfähig.

3. Vergleich

Die Freistellungen gelten nach beiden GFVOen nicht, wenn Gebühren für Technologielizenzierung bezahlt werden müssen, deren Freistellungsgrundlage jeweils entfallen ist. Unter der PLGFVO ist dies die Existenz des Patentes, im Falle der KHGFVO der Geheimnischarakter des Know-Hows.
Unter beiden GFVOen haben alle Absprachen bezüglich der Gebührenzahlung, die nicht unter die schwarze Liste fallen, als typische lizenzvertragliche Regelungen der weißen Liste zugeordnet zu werden und nicht dem Widerspruchsverfahren. Allerdings enthält die KHGFVO bereits eine Regelung in der weißen Liste, (Artikel 2(1)7), die größtenteils als Komplementärbestimmung zu der in die schwarze Liste aufgenommenen Klauseln ausgestaltet ist. Die PLGFVO enthält eine solche Regelung nicht.

4. Folgerung

Gebührenzahlungsverpflichtungen über die Laufzeit des Patentes oder über die Dauer des Geheimnischarakters des Know-Hows hinaus sollten nicht als generell wettbewerbswidrig angesehen werden. Aufgabe der Wettbewerbspolitik ist es nicht, die Wettbewerbsfähigkeit einzelner Marktteilnehmer zu schützen, sondern es ist vielmehr ihre Aufgabe, für die Aufrechterhaltung des Wettbewerbes an sich zu sorgen. Deshalb sollten die von den Parteien frei vereinbarten Gebührenzahlungsverpflichtungen, die auch über die von den Verordnungen genannten Grenzen hinausgehen, freigestellt werden. Die Parteien, insbesondere der Lizenznehmer, können selber am besten abschätzen, ob der Vertrag trotz einer langlaufenden Gebührenzahlungspflicht wirtschaftlich von Vorteil ist und ihre Marktposition stärkt. Der Wettbewerb selber auf dem von den Parteien bestellten Markt wird nicht beeinträchtigt. Die Kommission sollte bei einer Vereinheitlichung der GFVOen diesem Gedanken Rechnung tragen und Gebührenvereinbarungen gänzlich den Parteien überlassen.
Diese Forderung erscheint um so mehr gerechtfertigt, wenn man bedenkt, daß sich die Kommission unter der KHGFVO[536] die Möglichkeit des Widerrufs der Freistellung für den Fall offengehalten hat, daß der Zeitraum, für den der Know-How-Nehmer verpflichtet ist, nach Offenkundigwerden des Know-How durch das Verhalten Dritter weiterhin Gebühren zu zahlen, den durch die frühzeitige Aufnahme der Produktion und der Vermarktung erworbenen Vorsprung erheblich überschreitet und diese Verpflichtung sich nachteilig auf den Wettbewerb auswirkt.
Die Anwendung dieser Bestimmung auf alle hier diskutierten Gebührenzahlungsverpflichtung, die über die Laufzeit des Patentes oder das Offenkundigwerdendes Know-How hinausgehen, erscheint einen wesentlich angemesseneren Ausgleich zwischen der Vertragsfreiheit der Parteien und dem Schutz des Wettbewerbes darzustellen, als die gegenwärtige Regelung. Indirekt wird dies in der genannten Vorschrift dadurch anerkannt, daß sie als Widerrufsvoraussetzung explizit das Vorliegen von nachteiligen Wirkungen auf den Wettbewerb vorsieht. Dadurch bringt sie zum Ausdruck, daß

536 Art. 7 Nr. 7 KHGFVO.

sie der Vertragsfreiheit der Parteien solange den Vorrang einräumt, bis die Grenze der nachteiligen Auswirkung auf den Wettbewerb überschritten wird.

5. TTGFVO

Anders als PLGFVO und KHGFVO enthält die TTGFVO keine Bestimmung in der schwarzen Liste mehr, wonach die Freistellung ausgeschlossen ist, wenn Gebühren auch dann gezahlt werden müssen für Erzeugnisse, die weder ganz noch teilweise mit Hilfe der überlassenen Technologie hergestellt oder erbracht werden oder für Know-How, das durch das Verhalten des Lizenzgebers offenkundig geworden ist.

Demgegenüber ist in die weiße Liste[537] aufgenommen worden, daß die Zahlung von Lizenzgebühren infolge einer Zahlungserleichterung über die Geltungsdauer der lizenzierten Patente hinaus fortgesetzt werden darf. Die Bestimmung der KHGFVO, wonach Lizenzgebühren verlangt werden können, auch wenn das Know-How auf andere Weise als durch das Verhalten des Lizenzgebers offenkundig geworden ist, wurde in die weiße Liste der TTGFVO übernommen.

Der Wortlaut läßt offen, ob sich Art. 2(1)7 b TTGFVO nur auf reine Patentlizenzen bezieht, oder auch gemischte Lizenzen einbezogen sind, ob also auch zum Zwecke der Zahlungserleichterung Gebührenverpflichtungen für gemischte Verträge erfaßt sind. Dies muß angenommen werden, da in Art. 2(1)7 TTGFVO nicht zwischen den einzelnen Vertragsarten differenziert wird. Aufgrund der Zielsetzung der TTGFVO, ein einheitliches Freistellungsinstrument für alle Vertragsarten zu schaffen, gelten allgemein formulierte Bestimmungen auch für gemischte Verträge.

Dem Wortlaut der TTGFVO nach sind längerfristige Gebührenzahlungsverpflichtungen für Know-How im Rahmen einer Zahlungserleichterung nicht in Art. 2 vorgesehen. Vorgesehen sind nur Zahlungsverpflichtungen, die über den Zeitpunkt der Offenkundigkeit des Know-How hinausgehen. Allerdings ist zu berücksichtigen, daß es für das Offenkundigwerden des Know-How nicht einen so exakten Zeitpunkt gibt, wie für die Geltungsdauer eines Patentes. Nach der Konzeption der TTGFVO wird die Schutzdauer des Know-How durch die Zeit seines Geheimnischarakters bestimmt, beim Patent hingegen durch seine Laufzeit. Es wäre daher also systemfremd, für Know-How an ein anderes Kriterium - wie etwa die Vertragslaufzeit - anzuknüpfen.

Ferner ist die in Art. 7(7) KHGFVO vorgesehene Widerrufsmöglichkeit der Kommission nicht mehr ausdrücklich in die TTGFVO übernommen worden.

Mit diesen Änderungen überläßt die Kommission weitgehend den Vertragsparteien die Beurteilung der Wettbewerbsfreundlichkeit ihrer jeweiligen Gebührenvereinbarungen. Allerdings hat sie die ehemals in der schwarzen Liste enthaltenen Vertragsbestimmungen nicht in die weiße Liste übernommen. So sind z.B. Patentlizenzgebühren nicht von Art. 2(1) Nr. 7 TTGFVO erfaßt, wenn sie generell über die Patentlaufzeit hinausgehen, also nicht nur eine Zahlungserleichterung Ziel der Absprache ist.

Es muß davon ausgegangen werden daß diese Vereinbarungen nunmehr dem Widerspruchsverfahren zugewiesen sind. Dafür spricht jedenfalls auch, daß die unter der KHGFVO vorgesehene Widerrufsmöglichkeit nicht in die TTGFVO übernommen wurde. Die Widerrufsvoraussetzungen der KHGFVO dürften nunmehr Gegenstand des Widerspruchsverfahrens unter der TTGFVO sein.

---

537 Art.2(1) Nr. 7 b TTGFVO.

III. Nachvertragliches Nutzungsverbot (post-term-use-ban)

1. Die Regelungen nach den GFVOen

Unter der PLGFVO[538] ist die Verpflichtung des Lizenznehmers, die lizenzierten Patente nach Ablauf der Vertragszeit nicht weiter zu benutzen, soweit sie noch in Kraft sind, als nicht wettbewebsbeschränkend beurteilt.
Die KHGFVO[539] beurteilt in gleicher Weise die Verpflichtung des Lizenznehmers, das überlassene Know-How nach Vertragsablauf nicht mehr zu nutzen, soweit es noch geheim ist. Nicht freistellungsfähig ist die Vereinbarung unter der KHGFVO[540] allerdings dann, wenn dem Know-How Nehmer verboten wird, das überlassene Know-How nach Ablauf der Vereinbarung weiter zu benutzen, falls es auf andere Weise, als durch einen Vertragsbruch des Know-How Nehmers offenkundig geworden ist.

Der praktische Nutzen der Freistellungsklauseln unter beiden GFVOen besteht darin, daß kleinere Firmen zeitlich beschränkte Lizenzen erteilen können, bis sie beispielsweise selber finanzkräftig genug sind, die Technologie alleine auszunutzen. Bei Patentlizenzierungen hat der Lizenzgeber dann neben gesetzlichen Patentverletzungsansprüchen noch vertragliche Unterlassungsansprüche.

Die Regelung der PLGFVO ist aus sich heraus angesichts des Hintergrundes verständlich. Patente haben eine bestimmte Laufzeit, und es gehört zum Privileg des Schutzrechtsinhabers, in wie weit und wie lange er es durch Lizenzierung ausnutzen will.
Ein Nutzungsverbot, das über die Patentlaufzeit hinausgeht, ist weder in Artikel 1, noch in Artikel 2 oder 3 erwähnt. Es ist dem Widerspruchsverfahren zugewiesen. Es hat jedoch dort keine Aussicht freigestellt zu werden, da der nunmehr ehemalige Rechtsinhaber keine Verfügungsgewalt mehr über das Patent hat und durch das Verbot der Nutzung der dann allgemein zugänglichen Technologie Wettbewerbsverzerrungen insbesondere zu Lasten des Lizenznehmers herbeiführen würde.

Die Regelungen unter der KHGFVO, insbesondere die des Artikels 3(1), verdienen eine etwas nähere Betrachtung.
Grundsätzlich gilt die Wertung des Artikels 2(1)3 nur, wenn das Nutzungsverbot für den Zeitraum vereinbart wurde, in dem das Know-How noch geheim ist. Artikel 3(1) bestätigt dies dadurch, daß er die Vereinbarung für grundsätzlich nicht freistellungsfähig erklärt, wenn sie sich auch auf den Zeitraum erstreckt, nach dem das Know-How offenkundig geworden ist. Artikel 3(1) nimmt aber auch Bezug auf die Frage, durch wen die Offenkundigkeit herbeigeführt worden sein kann, um seine Sperrwirkung auszulösen. Es müssen andere Umstände sein, als ein Vertragsbruch des Lizenznehmers. Diese können bestehen in einem Verschulden des Lizenzgebers, oder in der Entwicklung des gleichen Know-Hows durch Dritte[541], auch auf dem Weg des "reverse engineering". Für diese Fälle ist die Vereinbarung eines "post-term-use-ban" ausgeschlossen.
Artikel 3(1) KHGFVO schließt hingegen nicht aus, daß ein nachvertragliches Nutzungsverbot für den Fall vereinbart werden darf, in dem der Lizenznehmer die Offenkundigkeit herbeigeführt hat. Diese Ausnahme wiederum ist nicht in die Vorschrift des Artikels 2(1)3

---

538 Art.2(1)4 PLGFVO.

539 Art.2(1)3 KHGFVO.

540 Art.3(1) KHGFVO.

541 So auch die Kommission in Sachen Rich Products/Jus Rol, AblEG 1988, Nr. L 69, S. 21 f, Tz.34.

aufgenommen. Dort wird lediglich auf den Bestand des Geheimnischarakters an sich als Voraussetzung für die positive Wertung abgestellt. Dieses Erfordernis ist aber auch in dem Falle nicht mehr gegeben, daß der Lizenznehmer die Offenkundigkeit herbeiführt. Die Vorschriften der Artikel 2(1)3 und 3(1) sind insoweit nicht komplementär. Die Ausnahme vom Verbot unter der schwarzen Liste geht über die Gewährung in der weißen Liste hinaus. Es ist daher zu überlegen, ob hier das Widerspruchsverfahren anzuwenden ist, oder ob die weiße Liste zu ergänzen ist.
Gegen die Anwendung des Widerspruchsverfarhens spricht folgendes. Der hier in Rede stehende "post-term-use-ban" könnte nicht vereinbart werden, ohne daß die Gefahr bestünde, daß die Wertung des EG 14 der KHGFVO gefährdet würde. Danach könnte der Lizenzgeber nicht davor geschützt werden, sein Know-How zeitlich unbegrenzt zu lizenzieren[542]. Darüber hinaus könnte der Lizenznehmer bei Fehlen einer solche Klausel durch die Offenlegung des Know-How unter Verletzung des Vertrages die zeitlich unbegrenzte Nutzungsmöglichkeit herbeiführen und sich von den freigestellten Territorialbindungen lösen, wenn er dies für angebracht hält.
Angesichts der Erwägung in EG 14 KHGFVO kann es von der Kommission nicht beabsichtigt gewesen sein, ein entsprechendes Verbot im Widerspruchsverfahren zu überprüfen und dadurch den Lizenzgeber zu veranlassen, eine solche Klausel im Zweifel erst gar nicht in den Vertrag aufzunehmen.
Es ist insoweit von einer Ergänzung der weißen Liste des Artikel 2(1)3 KHGFVO auszugehen.

Es fällt auf, daß die PLGFVO keinerlei Bezug zu mitlizenziertem Know-How aufweist. Auch enthält Artikel 3 der PLGFVO in diesem Zusammenhang keinerlei Hinweis auf die Behandlung nachvertraglicher Nutzungsverbote, weder in bezug auf Patente, noch in bezug auf Know-How. Entsprechende Vereinbarungen, die nicht unmittelbar der weißen Liste unterfallen, sind damit dem Widerspruchsverfahren zugewiesen.
Dies würde für gemischte Verträge, die unter die PLGFVO fallen, bedeuten, daß der Lizenzgeber sein technisches Wissen auf Dauer an den Lizenznehmer lizenzieren würde und weder eine vertragliche, noch eine gesetzliche Handhabe hätte, die nachvertragliche Nutzung zu unterbinden.
Umgekehrt werden von den Regelungen der KHGFVO auch Patente im Rahmen gemischter Verträge erfaßt. Zwar hätte es dann streng genommen in Artikel 2(1)3 und Artikel 3(1) KHGFVO aufgrund der Definition in Artikel 1(1)7 "überlassene Technologie" anstatt "überlassenes Know-How" heißen müssen, da nur in der erstgenannten Variante die Patente erfaßt sind. Es wird jedoch insoweit von einem Redaktionsversehen ausgegangen[543], da ansonsten die Regelung des Artikel 7(6) keinen Sinn mache[544]. Dies bedeutet, daß unter der KHGFVO auch ein nachvertragliches Nutzungsverbot für Patente im Rahmen eines gemischten Vertrages vereinbart werden darf.
Das nachvertragliche Nutzungsverbot steht in Artikel 2(1)3 der KHGFVO generell unter dem Vorbehalt des Geheimnischarakters.
Zu überlegen ist, ob und in wie weit dieses Merkmal tatsächlich auch auf Patente im Rahmen gemischter Vereinbarungen zu beziehen ist, oder ob es sich nur auf das mitlizenzierte Know-How bezieht.

---

542 Siehe zu diesem Zweck der Vorschrift auch Guttuso, FIW Schriftenreiehe, Heft 118, S.12

543 Wiedemann , Kommentar GFVO 556/89, Art.2 , Rdnr. 11.

544 Dort ist die Möglichkeit des Entzuges der Freistellung durch die Kommission vorgesehen , wenn das Nutzungsverbot den Know-How-Nehmer daran hindern würde , ein abgelaufenes Patent wie jeder Dritte zu nutzen .

Unproblematisch erscheint der Fall, in dem das im Rahmen eines gemischten Vertrages lizenzierte Know-How am Ende der Vertragszeit noch geheim ist und die Patente noch in Kraft sind. Dann kann sowohl für das Know-How als auch für die Patente ein Nutzungsverbot vereinbart werden .
Problematischer sind die Fälle in denen entweder die Patente außer Kraft sind, oder das Know-How seinen Geheimnischarakter verloren hat.
Verliert nur das Know-How seinen Geheimnischarakter nach Beendigung des Vertrages und bleiben die Patente in Kraft, so kann dem Lizenznehmer bezüglich der Patente ein nachvertragliches Nutzungsverbot auferlegt werden. Dies muß alleine aus der Erwägung möglich sein, daß ansonsten ein Wertungswiderspruch zum gesetzlichen Patentschutz bestehen würde.

Verlieren hingegen die Patente ihre Gültigkeit, so ist zweifelhaft, ob bezüglich der ehemals durch sie geschützten Technologie ein nachvertragliches Nutzungsverbot über den Zeitpunkt der Gültigkeit der Patente möglich ist. Dagegen spricht, daß das durch Patente geschützte Wissen nicht geheim ist. Es ist ausführlich in der Offenlegungsschrift des Patentamtes beschrieben. So ist unter der PLGFVO auch die Zulässigkeit des Nutzungsverbotes an die Gültigkeit des Patentes geknüpft.

Dafür spricht, daß unter der KHGFVO lediglich vorgesehen ist, daß die Kommission die Freistellung widerrufen kann, wenn der Lizenznehmer durch ein nachvertragliches Nutzungsverbot daran gehindert würde, die Technologie eines abgelaufenen Patentes zu nutzen, wie jeder Dritte es könnte. Dies schließt die Bewertung des Artikel 2(1)3 KHGFVO offensichtlich von vornherein nicht aus. Damit sind auch nachvertragliche Nutzungsverbote für abgelaufene Patente im Gegensatz zur PLGFVO erfaßt, auch wenn die damit einstmals geschützte Technologie nicht geheim ist.

Es ist aber im Anschluß der Frage nachzugehen, ob für die Zulässigkeit des nachvertraglichen Nutzungsverbotes bezüglich des Patentes das ehemals lizenzierte, nicht patentierte technische Wissen noch geheim sein muß. Die Frage ist zu bejahen, da der Lizenzgeber den Lizenznehmer ansonsten willkürlich benachteiligen könnte, indem er ihn von der Nutzung der Technologie ausschließt, ohne ein Interesse am Schutz des eben nicht mehr geheimen technischen Wissens zu haben.

2. Vergleich

Für gemischte Verträge bietet die KHGFVO insofern eine großzügigere Lösung an, als sie das nachvertragliche Nutzungsverbot für das mitlizenzierte technische Wissen als nicht wettbewerbsbeschränkend bewertet, wohingegen die PLGFVO eine solche Vereinbarung bezüglich des Know-How dem Widerspruchsverfahren zuweist.
Die KHGFVO erlaubt im Gegensatz zur PLGFVO grundsätzlich auch einen Post-term-use-ban für abgelaufene Patente im Rahmen gemischter Vereinbarungen. Die PLGFVO erlaubt eine solche Verpflichtung bezüglich abgelaufener Patente schlechthin nicht.
Unter einer vereinheitlichten GFVO für Patentlizenz- und Know-How-Verträge sollte die Verpflichtung des Lizenznehmers freigestellt sein, die lizenzierten Patente oder das lizenzierte Know-How nach Ablauf des Vertrages nicht mehr zu benutzen, wenn das Know-How noch geheim ist und die lizenzierten Patente noch in Kraft sind.

3. TTGFVO

Auch unter der TTGFVO sind nachvertragliche Nutzungsverbote in der weißen Liste enthalten und zwar sowohl für noch gültige Patente als auch für noch geheimes Know-How[545]. Allerdings ist - anders als unter der KHGFVO - in der schwarzen Liste der TTGFVO die Klausel nicht mehr enthalten, wonach die Freistellung ausgeschlossen ist, wenn der Lizenznehmer das (nicht mehr geheime) Know-How nach Ablauf des Vertrages nicht mehr nutzen darf, wenn es auf andere Weise, als durch einen Vertragsbruch des Lizenznehmers offenkundig geworden ist.
Da die Klausel jedoch nicht in die weiße Liste eingearbeitet worden ist, kommt das Widerspruchsverfahren zur Anwendung. Dies ist jedenfalls insoweit der Fall, als der Anwendungsbereich der Vorschrift unter der KHGFVO reichte. Er erfaßte das Nutzungsverbot dann, wenn die Offenkundigkeit des Know-How nicht durch den Lizenznehmer herbeigeführt wurde. Fraglich ist, ob unter der TTGFVO auch ein Nutzungsverbot vom Widerspruchsverfahren erfaßt ist, wenn es unter der Voraussetzung vereinbart wurde, daß der Lizenznehmer die Offenkundigkeit des Know-How herbeigeführt hat.
Durch Auslegung wurde ermittelt, daß eine solche Klausel unter der KHGFVO in die weiße Liste einzubeziehen war und zwar über deren Wortlaut hinaus. Dieses Ergebnis wurde aufgrund der Wertung des EG 14 KHGFVO gewonnen.
Unter der TTGFVO ist wie unter der KHGFVO nur ein nachvertragliches Nutzungsverbot für noch geheimes Know-How von der weißen Liste erfaßt. Ein solches für nicht mehr geheimes Know-How ist nicht einbezogen. Dies hätte jedoch um der Klarheit Willen geschehen können, wenn die Unbedenklichkeit der Klausel hätte bescheinigt werden sollen. Trotz dieses sollte jedoch nicht davon ausgegangen werden, daß die Kommission die Klausel grundsätzlich dem Widerspruchsverfahren zuführen wollte. Die Motive, aus denen die Einbeziehung der Klausel unter die weiße Liste der KHGFVO hergeleitet wurde, haben auch unter der TTGFVO bestand und sind in EG 20 niedergelegt. Daher ist auch unter der TTGFVO davon auszugehen, daß dem Lizenznehmer als Sanktion für das Herbeiführen der Offenkundigkeit des Know-How ein nachvertragliches Nutzungsverbot auferlegt werden kann, ohne daß das Widerspruchsverfahren bemüht werden müßte.

IV. Die Verpflichtung zum Erfahrungsaustausch und zur Rücklizenzierung von Verbesserungen (Grant-Back)

Der Gebrauch der Technologie - sei sie patentiert oder unpatentiert - durch die Vertragspartner führt zu ständigen Verbesserungen. Dies geschieht nicht nur durch die gewonnenen Erfahrungen mit der lizenzierten Technologie alleine, sondern auch und gerade im Zusammenspiel mit und in Ergänzung zu bereits praktizierten Fertigungsmethoden[546].
Es entspricht also dem Interesse der Parteien, ihre Erfahrungen zum Zwecke der fortschreitenden Optimierung eigener Produktion auszutauschen und Erfindungen zurückzulizenzieren. Dies geschieht letztendlich auch zum Wohle des Verbrauchers[547] und des gesamten Marktes.
Diese Art der Kooperation wird z.T. als Vertrauensgrundlage für die gesamte langzeitliche Vertragsbeziehung eingeschätzt[548]. In der Tat, so ist zu ergänzen, hat sich dieses System bei

545 Art. 2 Nr. 3 TTGFVO.
546 Winn, ECLR 1990, S. 135 f (141).
547 Winn, ECLR 1990, S. 135 f (141).
548 Kiortsoglou, Know-How-Vertrag, S. 223/224.

der Ausführung von Franchise-Vereinbarungen bewährt, wenn es auch für den Franchisenehmer strengere Regelungen vorsieht[549].
Dieses Vertrauensverhältnis sowie in der Folge auch die positiven Auswirkungen auf den Wettbewerb können von Anfang an zerstört sein, wenn der Lizenzgeber aus seiner Position der relativen Stärke Nutzungsbeschränkungen bezüglich der vom Lizenznehmer entwickelten Innovationen diktieren würde, um u.U. alleine alle Wettbewerbsvorteile zu erhalten. Der Lizenznehmer würde dann keinerlei Anstrengungen unternehmen, in die Innovation der Technologie zu investieren.
Im Ergebnis ist es im öffentlichen Interesse und damit wünschenswert[550], daß Neuerungen soweit und so effektiv wie möglich verbreitet werden, um dem gesamten Markt zugute zu kommen. Dies schließt sowohl die gegenseitige Weitergabe zwischen Lizenzgeber und Lizenznehmer, als auch die Weitergabe an andere Lizenznehmer ein.
Auf der anderen Seite[551] darf der Lizenzgeber nicht gezwungen werden, seine eigene - die ursprüngliche - Erfindung preiszugeben. Im Falle der Weitergabe von auf nicht patentiertem Know-How basierenden Verbesserungen muß die Geheimhaltung des technischen Wissens gewährleistet sein.
Es ist darzustellen, in wie weit die GFVOen diesen grundsätzlichen Vorüberlegungen Rechnung getragen haben.

1. Die Regelung nach der PLGFVO

Regelungen über die Frage der Rücklizenzierung von Verbesserungserfindungen finden sich in der PLGFVO unter Artikel 2(1) 10 und Artikel 3 (8). Nach diesen Regelungen trifft die PLGFVO zunächst eine Unterscheidung zwischen Übertragung und sonstigen Arten der Verwertung von Verbesserungen.

a. Schwarze Liste

Nach Artikel 3 (8) PLGFVO ist die Vereinbarung nicht freigestellt, wenn der Lizenznehmer verpflichtet ist, dem Lizenzgeber seine Rechte aus Patenten für Anwendungs- oder Verbesserungserfindungen zu den lizenzierten Patenten oder das Recht auf solche Patente ganz oder teilweise zu übertragen.
Eine solche Verpflichtung wurde bereits 1975 von der Kommission als Verstoß gegen Artikel 85 Absatz 1 EGV gewertet[552]. Die gleiche Wertung traf die Kommission im Jahre 1986 auch für den Fall, daß der Lizenzgeber eine laufende Gebühr an den Lizenznehmer zu zahlen hat[553]. Nach Ansicht der Kommission gilt nichts anderes für den Fall, daß sich diese Verpflichtung auf eine gemeinsam entwickelte Verbesserung bezieht [554].

---

549 Die gegenseitige Konsultation und der Erfahrungsaustausch sowie Weiterbildungsmaßnahmen zur Aufrechterhaltung und Verbesserung eines einheitlichen, hohen Qualitätstandards gehören gerade zum Kern eines jeden Franchise-Vertages. I.d.R. verlangt der Franchisegeber dazu Gebühren .
Ähnlich äußerte sich auch die Kommission in Sachen Delta Chemie/DDD (AblEG 1988, Nr. L 309,S. 34 f (40),Tz.33). Durch eine solche Vereinbarung werde die Qualität der Know-How-Erzeugnisse aufrechterhalten, und es werde erreicht, daß "die Erzeugnisse unabhängig vom Herstellungsort von gleicher Qualität sind".

550 Arbeitspapier der Kommission Nr.86/EM-1,in AblEG 1987, Nr. L 214 S. 2 f (9).

551 Arbeitspapier der Kommission,aaO, vorausgehende Fußnote, S.5, sowie EG 18 KHGFVO, wo die Parteiinteressen gegeneinander abgewogen werden.

552 Entscheidung der Kommission in Sachen Kabelmetall/Luchaire, AblEG 1975, Nr. L 222, S. 34 f (35).

553 Entscheidung der Kommission in Sachen Velcro/Aplix, AblEG 1985, Nr. L233, S. 22 und 31.

Als Grund für dieses Verbot führt die Kommission in EG 24 PLGFVO an, daß der Lizenzgeber keinen ungerechtfertigten Wettbewerbsvorsprung erhalten soll.
Dies erscheint aber nach einer Ansicht in der Literatur[555] nicht als zwingender Grund für eine Nichtfreistellung. Der Vorteil des Lizenzgebers wäre danach insgesamt nur dann ungerechtfertigt, wenn alle Vertragsklauseln gemeinsam diesen Effekt herbeiführen würden, wenn also der Lizenzgeber mehrfach seinen Profit einnehmen könnte. Der durch die Übertragung für den Lizenznehmer entstehende Nachteil könnte z.B. durch niedrigere Lizenzgebührenzahlung ausgeglichen werden, so daß sich ein Wettbewerbsvorsprung des Lizenzgebers insgesamt nicht nachweisen ließe. Zweckmäßigerweise sei die als zwingend erachtete Begründung aus der Kommissionsentscheidung in Sachen Kabelmetall/Luchaire heranzuziehen. Danach wollte die Kommission erreichen, daß der Lizenznehmer nicht nur durch die Möglichkeit eigener Nutzung zur Innovation angereizt würde, sondern auch durch die Möglichkeit, diese Erfindung durch die Lizenzierung an andere Lizenznehmer auszunutzen.
Es wird dabei jedoch übersehen, daß der Lizenznehmer durch die u.U. von ihm wegen der Rückübertragung an den Lizenzgeber zu erzielenden Einsparungen an Lizenzgebühren niemals den Betrag erreichen werden, den der Lizenznehmer als Erfinder der Verbesserung durch eigene Lizenzierung an weitere Lizenznehmer erhalten würde. Ein ungerechtfertigter Wettbewerbsvorteil des Lizenzgebers wäre bei der Übertragung kaum zu vermeiden. Die Begründungen in EG 24 der PLGFVO und aus Kabelmetall/Luchaire stehen also nicht in Konkurrenz miteinander. Vielmehr ist die Begründung der Kommission aus Kabelmetall/Luchaire in EG 24 PLGFVO enthalten.

b. Die weiße Liste

In der Regel nicht wettbewerbsbeschränkend nach Artikel 2(1)10 der PLGFVO sind Vereinbarungen, nach denen die Vertragsparteien verpflichtet sind, sich gegenseitig nicht ausschließlich ihre Erfahrungen über die Benutzung der lizenzierten Patente mitzuteilen und sich Lizenzen an Verbesserungs- und Anwendungspatenten zu gewähren.
Voraussetzung für die Zulässigkeit einer Rückgewährung sind also Gegenseitigkeit und Nicht-Ausschließlichkeit.
Auch hier soll die Nichtexclusivität im Vergleich zur Exclusivität einen größeren Anreiz für den Lizenznehmer bewirken, durch die Möglichkeit der Einnahme zusätzlicher Lizenzgebühren von dritten Lizenznehmern, lizenzierbare Innovationen zu entwickeln.
Es ergibt sich eine Reihe von Auslegungsproblemen.
Zunächst ergibt sich ein Spannungsverhältnis zwischen der Möglichkeit des Lizenzgebers, auch seine neuen Patente und Anwendungsformen zu lizenzieren, und dem Verbot der Paketlizenzierung[556] ("package-licensing") gegen den Willen des Lizenznehmers. Außerdem hat der Lizenzgeber durch die Rücklizenzierung die Möglichkeit, die Vertragsdauer einseitig zu verlängern, wohingegen dem Lizenznehmer die Möglichkeit bleiben muß, im Falle der Vertragsverlängerung durch Einbeziehung neuer Patente des Lizenzgebers - unabhängig davon, ob es sich um Verbesserungspatente handelt - jährlich nach Ablauf der ursprünglichen Vertragsdauer zu kündigen[557].

---

554 Entscheidung der Kommission in Sachen Kabelmetall/Luchaire, AblEG 1975, Nr. L 222, aaO.
555 Korah, Patent Licensing, S. 78.
556 Art.3(9) PLGFVO.
557 Art.3(2) PLGFVO.

Nach einer Ansicht in der Literatur[558] ist Artikel 2 (1) 10 entsprechend einschränkend auszulegen, so daß nur die vom Lizenznehmer gewünschten Verbesserungen lizenziert werden können, ohne die Freistellung des Vertrages zu gefährden. Auch die Kündigungsmöglichkeit des Lizenznehmers muß bei der Rücklizenzierung Berücksichtigung finden.
Weiterhin besteht angesichts unterschiedlich hoher Anforderungen an den Begriff des Verbesserungspatentes unter den nationalen Rechtsordnungen die Gefahr, daß sich aus Rücklizenzierungen Kreuzlizenzen ergeben, die von Artikel 5(2) der GFVO nicht in die Freistellung einbezogen sind.

Die GFVO nimmt weiterhin keine Stellung zu den folgenden Fragen. Sie bleiben dem Widerspruchsverfahren vorbehalten. Eine Beurteilung soll hier versucht werden .

aa. Unterschiedliche räumliche Geltungsbereiche

Es ist die Frage aufzuwerfen, ob die Lizenzen von Lizenzgeber und Lizenznehmer unterschiedliche räumliche Geltungsbereiche haben dürfen. Es ist zu überlegen, ob der Lizenzgeber seine Rücklizenz auf das ursprüngliche Lizenzgebiet beschränken kann und andererseits vom Lizenznehmer eine im Extremfall weltweite Rücklizenz verlangen kann.
Entscheidend dürfte wiederum die Beurteilung sein, ob der Lizenzgeber dadurch einen ungerechtfertigten Wettbewerbsvorteil erlangen würde. Dieser entsteht nicht allein dadurch, daß er die Weitergabe seiner Erfindung auf die Gebiete seiner Lizenznehmer beschränkt. Er will seine Lizenznehmer in die gleiche Position versetzen.
Die Benachteiligung könnte aber in der gleichzeitigen Verpflichtung zur räumlich unbegrenzten Rücklizenzierung liegen. Dabei ist aber der Tatsache Rechnung zu tragen, daß es sich hierbei um eine nicht exclusive Lizenz handelt. Der Lizenznehmer behält damit die Möglichkeit, seine Verbesserung auch neben dem Lizenzgeber auszunutzen. Er wird nicht in seiner Innovationsfreudigkeit gehemmt.

bb. Unterlizenzierung der Verbesserungen des Lizenznehmers durch den Lizenzgeber

Der soeben erörterten Gestaltungsmöglichkeit ist diejenige sehr ähnlich, bei der der Lizenzgeber dem rücklizenzierenden Lizenznehmer das Recht zur Erteilung von Unterlizenzen an den Verbesserungserfindungen abverlangt .
Diese Variante ist, soweit ersichtlich, noch nicht behandelt worden. Allerdings liegen für den Fall der Verpflichtung des Lizenznehmers, Unterlizenzen an Verbesserungserfindungen an die anderen Lizenznehmer zu erteilen, zwei Äußerungen der Kommission vor.
Im ersten Fall[559] sah die Kommission das Interesse des Lizenzgebers, alle seine Lizenznehmer gleichmäßig am neuesten Stand der Technik teilhaben zu lassen, als vordringlich an .
Im zweiten Fall[560] hingegen entschied die Kommission anders. Der Lizenznehmer wurde von seiner Pflicht zur Unterlizenzierung auf nichtexclusiver Basis entbunden. Das Besondere an diesem Fall war, daß die Kommission die anderen Lizenznehmer aufgrund ihres Marktanteils für ernsthafte Wettbewerber hielt, was dem rücklizenzierenden Lizenznehmer die wirtschaftliche Ausnutzung seiner Patente erschweren könnte.

---

558 Korah, Patent Licensing, S. 56.

559 Entscheidung der Kommission in Sachen Davidson Rubber, AblEG 1972, Nr.13, S. 39 f.

560 Entscheidung der Kommission in Sachen Kabelmatall/Luchaire, AblEG 1975, Nr. L 222, S. 34 f.

Aus dieser unterschiedlichen Behandlung ist der Schluß zu ziehen, daß die Beurteilung dieser Klausel von der Gestaltung des Einzelfalles abhängt. Die Nutzungsmöglichkeiten für den Innovationsfreudigen sollen annähernd optimal sein.
Diese Überlegungen sind auch auf die Pflicht des rücklizenziernden Lizenznehmers zur Gestattung von Unterlizenzierungen der Verbesserungspatente seitens Lizenzgebers an seine anderen Lizenznehmer zu übertragen. Es wird im Einzelfall abzuwägen sein, ob das Interesse des Lizenzgebers an einem einheitlichen technischen Standard seiner Lizenznehmer, oder das Interesse des rücklizenzierenden Lizenznehmers am Schutz vor Konkurrenten besteht.

Abgesehen von Einzelfragen, deren Beantwortung dem Widerspruchsverfahren vorbehalten bleiben wird, geht die PLGFVO von einem einfachen System der Zulässigkeit von grant-back-Vereinbarungen aus.
Es ist zulässig, wenn die Voraussetzungen der Gegenseitigkeit und der Nichtausschließlichkeit vorliegen.
Es ist unzulässig, wenn Rechte an Verbesserungen ganz oder teilweise abgetreten werden. Dem dürften alle Klauseln gleichstehen, die abtretungsgleiche Wirkung haben .

2. Die Regelung nach der KHGFVO

Die KHGFVO sieht für den Bereich des grant - back eine wesentlich kompliziertere Lösung vor. Sie ist niedergelegt in den Artikel 2(1)4 und 3(2) KHGFVO. Der Hintergrund der Regelung wird in EG 14 KHGFVO umschrieben.
Um den schwer verständlichen Wortlaut der beiden Artikel besser analysieren zu können, erscheint es hilfreich, zunächst einmal die in diese Regelungen eingegangenen gemeinsamen Unterscheidungskriterien voranzustellen.

- Zunächst wird unterschieden zwischen Übertragung und anderen Formen der Nutzung.
- Sodann kommt es auf die Trennbarkeit oder die Untrennbarkeit der Verbesserung von der ursprünglichen Technologie an (Artikel 2(1)4a -Artikel 3 (2) c).
- Zudem wird unterschieden zwischen der Ausschließlichkeit und der Nichtausschließlichkeit im Rahmen einer bis hierher möglichen Rücklizenzierung.
- Im Rahmen der beiden zuvor genannten Kriterien ist auseinanderzuhalten, ob die Rücklizenzierung auf Gegenseitigkeit beruht oder nicht, und inwieweit ein nachvertragliches Nutzungsverbot Auswirkung auf die Freistellung hat .

a. Übertragung von Know-How

Die KHGFVO legt die generelle Regel fest, daß die Verpflichtung des Lizenznehmers, Verbesserungserfindungen ganz oder Teilweise auf den Lizenzgeber zu übertragen, die Freistellung ausschließt [561].
Andere Fallgestaltungen, die wirtschaftlich die gleiche Auswirkung haben, müssen ebenfalls als nicht freistellungsfähig angesehen werden[562].

---

561 Art.3(2)a KHGFVO.

562 So auch Winn, ECLR 1990, S. 135 f (149), der dies als eines von zwei "fundamental priciples" der KHGFVO zu diesem Thema ansieht .
Vgl. Entscheidung der Kommission in Sachen Kabelmetall/Luchaire; AblEG 1975, Nr. L 222,S. 34 f, wo die Kommission die Streichung einer solchen Klausel verlangte.
Vgl. die Überlegungen der Kommission in Sachen Delta Chemie/DDD, AblEG 1988, Nr. L 309, S. 34 f (40), Rdnr.33, wonach die Vertragsgerechtigkeit durch eine solche Klausel angetastet werde.

Diese Regelung entspricht derjenigen unter der PLGFVO.

b. Trennbarkeit/Untrennbarkeit

Die Hauptunterscheidung für die Beurteilung der Zulässigkeit eines grant-back trifft die KHGFVO jedoch zwischen der Trennbarkeit und der Untrennbarkeit der Verbesserungserfindung vom ursprünglich vermittelten Know-How[563]. Hier entscheidet sich, ob vor allem die Neuentwicklung des Lizenznehmers wegen ihrer unabhängigen Verwendungsmöglichkeit seine Position stärkt. Seine Schutzbedürftigkeit wird dadurch bestimmt [564].

aa. Untrennbarkeit

Bei der Untrennbarkeit der Verbesserung ist die Rücklizenzierung oder Mitteilung der Verbesserung gemäß Artikel 2(4)1 unter den folgenden Voraussetzungen als nicht wettbewerbsbeschränkend eingestuft [565].
Zum einen darf die Rücklizenzierung lediglich nicht-ausschließlich sein [566].
Zum anderen muß die Vereinbarung gegenseitig sein, wobei es in diesem Fall im Unterschied zur PLGFVO nicht erheblich ist (Artikel 2(1)4b, 1.Halbsatz), ob diese vom Lizenzgeber stammenden Verbesserungen auf ausschließlicher oder nicht ausschließlicher Basis an den Lizenznehmer weitergegeben werden. Diese zusätzliche Gestaltungsmöglichkeit für die reziproke Verpflichtung des Lizenzgebers erklärt sich daraus, daß es um untrennbare Verbesserungen geht, die der Lizenzgeber ohne Preisgabe des ursprünglich lizenzierten Know-How nicht anderweitig nutzen könnte. Sinnvoll scheint insofern ohnehin nur eine Exclusivlizenz vom Lizenzgeber an den Lizenznehmer, wenn auch die Basislizenz Exclusivcharakter hat [567].
Auch hier gelten die zur PLGFVO dargestellten Erwägungen zum Erfordernis der identischen Ausgestaltung beider Rücklizenzen im Hinblick auf den räumlichen Geltungsbereich und die Unterlizenzierung.
Weiteres Freistellungserfordernis ist, daß der Nutzungszeitraum der Verbesserungserfindungen für den Lizenzgeber nicht über die Dauer des ursprünglichen Vertrages hinausgehen darf. (Artikel 2 (1) 4b, 2.Halbsatz).[568] Diese Regelung wird getragen von der Erwägung, daß der Lizenzgeber nicht über die Vertragsdauer hinaus den Erfindungsreichtum des Lizenznehmers ausnutzen soll, wohingegen der Lizenznehmer nach

---

563 Diese Unterscheidung war noch nicht enthalten in Art. 2(1)Nr.4 des Entwurfes von 1987 (AblEG 1987, Nr. C 214, S. 2 f (8)) . Ihre Aufnahme in die GFVO trägt zur Rechtssicherheit bei .

564 Sucker, CR 1990, S. 369 f (373).

565 Diese Wertung traf die Kommission bereits in Sachen Rich Products/Jus Rol, AblEG 1988, Nr. L 69, S. 21f (26,Tz.36), für alle patentierten und nicht patentierten Verbesserungen, die nicht ausschließlich rücklizenziert waren.

566 Art. 2(1)4, Satz 1, vor a). Es ist nicht eindeutig, ob sich der Wortlaut auch auf das Merkmal der "Mitteilung der Erfahrung" erstreckt. Der Wortlaut ist insoweit offen. Ihn nicht auf dieses Merkmal zu erstrecken bedeutete wohl, nicht wünschenswerte Abgrenzugsprobleme zwischen den Definitionen "Lizenzierung von Verbesserungen" und "Mitteilung von Erfahrung" zu schaffen, die beim Know-How kaum auseinanderzuhalten sind .

567 Vgl. dazu Sucker, CR 1990, S. 369 f (374).

568 So bereits die Kommission in Sachen Boissios/Interpane (AblEG 1987, Nr. L 50, S. 30 f (36), Tz 22a), wo eine nicht ausschließliche, gegenseitige Verpflichtung zur Lizenzierung von Verbesserungserfindungen als nicht wettbewerbsbeschränkend beurteilt wurde, wenn "die Lizenzen für derartige Verbesserungen dieselbe Dauer, wie die Lizenz für das von Interpane ursprünglich mitgeteilte Know-How haben, so daß keine der Parteien beim Ablauf des Vertrages gegenüber der anderen benachteiligt ist."

Ablauf des Vertrages mit seiner Erfindung nichts mehr anfangen kann, da sie ja nur im Zusammenhang mit dem ursprünglichen Know-How genutzt werden kann. Letzteres darf der Lizenznehmer aber i.d.R. nach Vertragsablauf nicht mehr nutzen.

Dies führt zu der Frage, ob und unter welchen Voraussetzungen es für den Lizenzgeber möglich ist, die Verbesserung nach Vertragsende doch zu nutzen.
Die KHGFVO sieht weitere Freistellungsvoraussetzungen für einen solchen Fall vor. Sie folgt dabei dem Prinzip, daß kein Partner durch den Austausch von Verbesserungen und deren spätere Nutzung ungerechtfertigte Wettbewerbsvorteile haben soll. Wenn der Lizenzgeber von den Erfindungen des Lizenznehmers profitieren will, muß der Lizenznehmer etwas als Gegenleistung von ihm erhalten, ein "quid pro quo".[569]
Während der Laufzeit ist das die Zusage der Vermittlung seiner Verbesserungen.
Für die Zeit nach Ablauf der ursprünglich vorgesehenen Vertragsdauer sind unter der KHGFVO mehrere Gestaltungsmöglichkeiten denkbar .
Zum einen könnte der Lizenzgeber auf das in der Regel vereinbarte nachvertragliche Nutzungsverbot (post-term-use-ban) verzichten[570]. Dadurch kann der Lizenznehmer sowohl das ursprünglich lizenzierte Know-How weiternutzen, wie auch seine damit verknüpften Verbesserungen. Sein Lohn wäre zum einen die unentgeltliche Nutzungsmöglichkeit des ursprünglichen Know-Hows, als auch die Nutzung der Möglichkeit, Verbesserungen anhand dessen erfunden zu haben und diese auch unbeschränkt nutzen zu können. Obwohl der Lizenzgeber umgekehrt die gleichen Nutzungsmöglichkeiten hat, dürfte diese Variante oftmals nicht in seinem Interesse liegen, da er sein Know-How auf unbestimmte Zeit preisgeben würde .
Die zweite Möglichkeit unter der KHGFVO ist die Zahlung einer Nutzungsgebühr vom Lizenzgeber an den Lizenznehmer. (Artikel 2 (1) 4b, letzter Halbsatz) Dies ist der einfachste und direkteste Weg, dem Erfordernis des Quid pro Quo auch unter Einbeziehung des post-term-use-ban zu genügen. Kritisch anzumerken bleibt jedoch, daß dies die am wenigsten die Technologieverbreitung fördernde Lösung darstellt.
In der Literatur wird eine dritte Möglichkeit erwogen [571]. Es wird auf einen Satz in EG 14 KHGFVO verwiesen, wonach eine Lizenz für die Verbesserungen am ursprünglich lizenzierten Know-How im allgemeinen nicht wettbewerbsbeschränkend ist, wenn der Know-How-Nehmer befugt ist, an *zukünftigen* Verbesserungen des Lizenzgeber teilzuhaben. Das Wort "zukünftig" verweise auf die Zeit nach Ablauf der Vereinbarung. Von Bedeutung für diese Auslegung sei, daß die Geschäftsbeziehung ende, wenn der Lizenzgeber seine Technologie mit samt den vom Lizenznehmer angebrachten Verbesserungen zurückerhalte. Damit könne der Lizenzgeber sicher sein, am Ende der Vertragszeit eigene wie auch Verbesserungen des Lizenznehmers zurückzuerhalten. Der Lizenznehmer ziehe seinen Vorteil aus dem garantierten Zugang zu den künftigen, weiteren nachvertraglichen Erfindungen des Lizenzgebers.
Aus dieser Auslegung werden weiterhin folgende Schlüsse gezogen :
Aus den beiden zuvor genannten Gestaltungsalternativen sei zumindest die zweite - die Vereinbarung einer Gebühr - nicht als "erste Wahl" der Kommission anzusehen. Sie sei weder in EG 14 erwähnt, noch als Ausnahmebestimmung unter Artikel 3(2), wo es generell

---

569 So Winn, ECLR 1990,S. 135 f (143).

570 In Sachen Boissois/Interpane, AblEG 1987, Nr. L 50, S. 30 f, entschied die Kommission bereits, daß der Lizenznehmer verpflichtet werden durfte, seine Erfindungen an den Lizenzgeber zu lizensieren, da der Lizenzgeber seinerseits zur Überlassung von Verbesserungen verpflichtet war und auch das ursprüngliche Know-How an den Lizenznehmer weiter überlassen mußte. Es bestand keine Gefahr für den Lizenznehmer, seine untrennbaren Verbesserungen nicht nutzen zu können .

571 Winn, ECLR 1990, S. 135 f (143).

um die nachvertragliche Nutzung untrennbarer Verbesserungen gehe. Diese Alternative trage am allerwenigsten zum Wohl des gesamten gemeinsamen Marktes bei; vielmehr werde ausschließlich der Lizenznehmer spürbar bevorteilt.

Diese Auffassung muß in mehrerlei Hinsicht auf Kritik stoßen. In Artikel 2 KHGFVO sind Vertragsklauseln genannt, die generell als nicht wettbewerbsbeschränkend beurteilt werden und vorsorglich freigestellt sind. Dies ist jedoch keinesfalls die Funktion der Entscheidungsgründe, auf die sich die genannte Auffassung ausschließlich stützt. Hätte die Kommission eine Freistellung für diese Gestaltung beabsichtigt, so hätte sie sie neben der Bestimmung über die Vereinbarung einer Gebühr für die nachvertragliche Nutzung der Verbesserungserfindung in Artikel 2 (1) 4b aufgenommen. Die Auffassung ist also aus systematischen Gründen bereits verfehlt. Die Freistellung müßte zumindest dem Widerspruchsverfahren vorbehalten bleiben .
Aber auch hier dürfte eine Freistellung aus den folgenden Gründen zweifelhaft sein .
Zum einen ist die gewählte Auslegung des Begriffs "zukünftig" kaum haltbar. Die zitierte Stelle in EG 14 KHGFVO legt ganz generell das Prinzip der Gegenseitigkeit von Lizenzen für Verbesserungserfindungen fest. Dieses Prinzip wurde im VO-Text selber an den für notwendig erachteten Stellen ausgeführt. Dabei stellt die KHGFVO zunächst auf die Laufzeit des Vertrages ab und nicht direkt auf den nachvertraglichen Zeitraum. Letzterer ist von EG 14 KHGFVO gar nicht erfaßt. Dies wird deutlich durch einen sprachlichen Gegensatz in EG 14 KHGFVO. Zunächst werden dort zwei übliche Elemente eines Lizenzvertrages vorgestellt, nämlich der "post-term-use-ban" und das "grant-back". "Andererseits" - so beginnt EG 14 KHGFVO den folgenden Abschnitt und stellt damit den sprachlichen Gegensatz her - wird die Kombination beider Klauseln als wettbewerbsbeschränkend beurteilt und zwar, wenn sie für die Zeit nach Vertragsablauf vorgesehen sind. Zu der Frage, wie dennoch ein Ausgleich zu nachvertraglicher Zeit geschaffen werden könnte, wird keine Stellung genommen. Der Begriff "zukünftig" kann sich damit nur auf die Dauer der Vereinbarung beziehen und an deren Inkrafttreten anknüpfen.
Zum anderen ist der wirtschaftliche Nutzen, den diese Ansicht dem Lizenznehmer bringen soll, nicht ersichtlich. Er könnte mit der bloßen Kenntnis der nach Vertragsende entstandenen Verbesserungen ohne die ursprünglich lizenzierte Technologie nichts anfangen. Dieses Problem stellt sich nicht bei der von der KHGFVO gewählten Gestaltung. Entweder kann der Lizenznehmer die Technologie insgesamt nutzen, oder er erhält Geld.
Die erweiternde Auslegung ist daher abzulehnen.

Als eindeutig wettbewerbsbeschränkend bei der Rückvermittlung von untrennbaren Verbesserungserfindungen wird unter KHGFVO nur eine Klausel eingestuft und unter Artikel 3 (2) c in die schwarze Liste aufgenommen, und zwar bei Vorliegen der folgenden Vereinbarungen.
Der Lizenznehmer wird daran gehindert, die Technologie nach Ablauf des Vertrages zu nutzen und der Lizenzgeber muß berechtigt sein, die Verbesserungen des Lizenznehmers über den Zeitpunkt hinaus zu benutzen, bis zu dem der Lizenznehmer die gesamte Technologie zu nutzen berechtigt ist. Vom wirtschaftlichen Standpunkt käme eine solche Vereinbarung der streng verbotenen Abtretung von Rechten an Verbesserungen gleich.
EG 14, letzter Satz KHGFVO erläutert dazu, daß der Lizenznehmer in der Position bleiben muß, eine weitere Lizenz aushandeln zu können, wenn seine Verbesserungen von Wert waren.

Nicht geregelt in den schwarzen und weißen Listen sind die Fälle der Verpflichtung des Lizenznehmers zur Erteilung einer exclusiven oder der nicht gegenseitigen Lizenz über

Verbesserungserfindungen oder Rechten daran an den Lizenzgeber. Diese Fälle bleiben dem Widerspruchsverfahren vorbehalten.

bb. Trennbare Verbesserungen

Die Rücklizenzierung von trennbaren Verbesserungen wird bei Vorliegen bestimmter Voraussetzungen des Artikel 2(1)4b KHGFVO als nicht wettbewerbsbeschränkend beurteilt.

Der Lizenznehmer gibt seine Verbesserungen auf nicht-exclusiver Ebene weiter (Artikel 2(1) Nr.4, Satz 1). Der Lizenznehmer kann insofern seine Erfindungen auch an Dritte lizenzieren. Dem Lizenznehmer muß es möglich sein, seine eigenen Verbesserungen während und nach der Vertragsdauer zu verwerten, solange dadurch das ursprünglich lizenzierte Know-How des Lizenzgebers nicht preisgegeben wird. Dies gilt sowohl während der ursprünglich vereinbarten Vertragslaufzeit, als auch für die Zeit danach. Dabei kommt es nicht, wie bei der Rücklizenzierung untrennbarer Verbesserungen, darauf an, ob die Laufzeit für die Nutzungsmöglichkeit auf der Seite des Lizenzgebers für die Verbesserungen vom Lizenznehmer länger bemessen ist, als diejenige auf Seiten des Lizenznehmers.
Der Know-How-Nehmer kann dann seine eigenen Verbesserungen, soweit sie eben von eigenem Wert und trennbar sind, auch nach Vertragsende ohne das ursprünglich lizenzierte Know-How nutzen.

Liegen diese Voraussetzungen nicht vor, so bleibt den Parteien immer noch die Möglichkeit, ihre gesamte Vertragsbeziehung zu verlängern , und zwar unter Einschluß der bislang entstandenen Verbesserungen. Soll eine solche Verlängerung automatisch durch die Lizenzierung von Verbesserungen herbeigeführt werden, so müssen die durch Artikel 3(10) KHGFVO gezogenen Grenzen beachtet werden, wollen die Parteien nicht den Verlust der Freistellung riskieren. Eine automatische Verlängerung ist danach grundsätzlich unzulässig, es sei denn, daß der Lizenznehmer das Recht hat, die Erfindungen des Lizenzgebers zurückzuweisen, oder beide Parteien das Recht haben, den Vertrag nach Ablauf der ursprünglich vereinbarten Zeit, oder mindestens alle drei Jahre danach zu kündigen. Dabei ist es unerheblich, ob der Vertrag vor oder mit Ablauf der in Artikel 1 genannten Höchstfreistellungsfristen endet. EG 20 der KHGFVO erläutert dazu, daß insbesondere der Lizenznehmer nicht dazu gezwungen werden dürfe, sich einer einseitigen Verlängerungsmöglichkeit der frei vereinbarten Vertragsdauer ausgesetzt zu sehen dadurch, daß Verbesserungserfindungen einseitig einbezogen werden.
Angesichts des Wortlautes in EG 7 (letzter Satz) KHGFVO ist es jedoch weiterhin zweifelhaft, ob die Freistellung ohne weiteres bei Vorliegen der in Artikel 3(10) genannten Ausnahmevoraussetzungen gewährt ist. An der genannten Stelle wird eingeführt, daß die Verlängerung des Gebietsschutzes "insbesondere" (!) "dann erfolgen kann, wenn die Verbesserungen (...) nicht von deutlich geringerer Bedeutung sind, als die ursprünglich mitgeteilte Technologie (...)". Es ist aber davon auszugehen, daß bei eigenständiger Verwertbarkeit der Verbesserung ohne die Notwendigkeit der Einbeziehung der ursprünglichen Technologie nicht von einer deutlich geringeren Bedeutung gesprochen werden kann.

Nicht freigestellt ist die Rücklizenzierung trennbarer Verbesserungen nach Artikel 3(2)b, wenn sie ausschließlich ist und dies den Know-How-Nehmer daran hindern würde, während der Laufzeit des Vertrages seine Verbesserungen selbst zu nutzen, oder sie an Dritte zu überlassen, ohne daß dadurch das noch geheime Know-How preisgegeben würde.

Abschließend ist darzustellen, welche Fallgestaltungen bei der Rücklizenzierung trennbarer Verbesserungen von der KHGFVO weder nach der weißen Liste des Artikel 2 erlaubt, noch nach der schwarzen Liste des Artikel 3 verboten und damit dem Widerspruchsverfahren vorbehalten sind .

Es fällt auf, daß nach Artikel 3(2)b Ausschließlichkeitsbindungen von Rücklizenzierungen nur während der ursprünglichen Vertragslaufzeit verboten sind. Hingegen nimmt die KHGFVO keine Stellung zu Exclusivbindungen für die Zeit nach Ablauf der ursprünglichen Vertragsdauer. Bei der Beurteilung einer solchen Klausel im Widerspruchsverfahren ist zu beachten, ob dadurch die Verbreitung der Technologie nicht gehemmt wird und ob andererseits die wirtschaftliche Ausnutzung der Verbesserung für den Lizenznehmer gewährleistet ist. Dabei wird es auf die konkrete Ausgestaltung der Rücklizenzvereinbarung ankommen.

Außerdem könnte der Fall auftreten, daß das grant-back zwar nicht ausschließlich ist, aber der Lizenznehmer auf andere Art daran gehindert wird, seine Erfindung zu nutzen.

Der dritte denkbare Fall, der nicht von den Listen erfaßt ist, ist der des nicht ausschließlichen grant-back, jedoch nicht auf Grundlage der Gegenseitigkeit. Die Gegenseitigkeit ist keine explizite Voraussetzung unter Artikel 2(1)4a. Jedoch soll im Rahmen des Widerspruchsverfahrens davon ausgegangen werden, daß sie alleine dadurch existiert, daß der Lizenznehmer durch die Nutzung des ursprünglichen Know-Hows die Möglichkeit hatte, sich dieses trennbare und eigenständig verwertbare Know-How zu erarbeiten. Diese Sichtweise wird darauf gestützt, daß die Artikel 2(1)4b und 3(2)c die Gegenseitigkeit nur in bezug auf untrennbare Verbesserungen ausdrücklich einbeziehen. Er ist durch die eigenständige Verwertbarkeit hier gegenüber dem Lizenzgeber weniger schutzbedürftig, als bei der Nutzungsmöglichkeit nicht trennbarer Verbesserungen [572].

3. Zusammenfassung und Vergleich

Beide GFVOen unterscheiden zwischen Abtretung bzw. vollständiger Übertragung von Verbesserungen oder Rechten daran und anderen Nutzungsmöglichkeiten. Die Pflicht zur vollständigen Übertragung ist nach beiden GFVOen nicht freistellungsfähig. Die KHGFVO nimmt darüber hinaus generell Bestimmungen in die schwarze Liste auf, die einer Übertragung wirtschaftlich gleichkommen.

Bezüglich anderer Nutzungsrechte bietet sich folgende Gegenüberstellung an.

---

572 In Sachen Deltachemie/DDD, AblEG 1988, Nr. L 309, S. 34 f, stellte die Kommission die Verpflichtung des Lizenznehmers frei, seine Verbesserungen an den Lizenzgeber zu lizensieren, nachdem die Parteien auf Verlangen der Kommission erklärt hatten, daß der Lizenzgeber nicht berechtigt sei, die untrennbaren Verbesserungen nach der Vertragszeit zu nutzen,da dem Lizenznehmer die Nutzung seiner eigenen Verbesserungen versagt sei, wenn er die ursprüngliche Technologie nicht mehr nutzen darf. Es wurde betont, daß dem Lizenznehmer die Möglichkeit bleiben muß, eine neue Lizenz auszuhandeln. Die Verhandlungsposition des Lizenznehmers wird dabei durch den Grad der von ihm eingebrachten Verbesserung maßgeblich bestimmt. Daraus kann weiter geschlossen werden, daß die Kommission ihr stillschweigendes Einverständnis zur nachvertraglichen Nutzungsmöglichkeit für den Lizenzgeber an den trennbaren Verbesserungen erklärt hat, da der Lizenznehmer ebenfalls von den Verbesserungen profitieren kann, ungeachtet seiner Nutzungsmöglichkeit für das ursprünglich lizenzierte Know-How. Seine Verhandlungsposition wird nicht geschwächt .

Die PLGFVO stellt in ihrer weißen Liste nicht exclusive Rücklizenzen frei, soweit sie gegenseitig gewährt werden. Dies gilt auch für mitlizenziertes Know-How.
Die KHGFVO stellt eine solche Verpflichtung ebenfalls frei, unterwirft sie aber den folgenden Beschränkungen :

- Der Lizenznehmer darf nicht daran gehindert werden, seine eigenen trennbaren Verbesserungen zu nutzen, oder sie an Dritte zu lizenzieren, es sei denn, er würde das noch geheime Know-How des Lizenzgebers preisgeben .
- Der Lizenzgeber darf nicht berechtigt sein, die untrennbaren Verbesserungen des Lizenznehmers nach Vertragsende zu nutzen, ohne eine Gegenleistung dafür anzubieten.

In diesem Punkt sieht die KHGFVO ein strengeres und differenzierteres Regelungswerk vor, als die PLGFVO.

Andererseits schließt die KHGFVO die Erteilung eines nicht unmittelbar gegenseitigen grant-back nicht von vornherein aus. Nach der hier gewonnenen Einschätzung dürfte eine solche Verpflichtung im Widerspruchsverfahren unter der KHGFVO Aussicht auf Freistellung haben. Unter der PLGFVO ist dies zweifelhaft.

4. Folgerung

Die differenzierte Regelung unter der KHGFVO ist begrüßenswert. Im Grundsatz sollte eine vereinheitlichte Gruppenfreistellungsverordnung diesem Modell folgen. Jedoch erscheint die Vorschrift des Artikels 2 Absatz 1 Nr. 4 KHGFVO zu kompliziert ausgestaltet. Insbesondere erscheint Unterpunkt a) überflüssig. Dort wird die Voraussetzung aufgestellt, daß der Lizenznehmer nicht daran gehindert werden darf, seine eigenen Verbesserungen zu nutzen oder zu lizenzieren, welche vom Know-How des Lizenzgebers trennbar sind. Diese Beschränkung wird bereits dadurch impliziert, daß die genannte Bestimmung der weißen Liste lediglich die Verpflichtung des Lizenznehmers zuläßt, Rücklizenzen an den Lizenzgeber mit lediglich nicht ausschließlichem Charakter zu gewähren. Bereits dies impliziert, daß der Lizenznehmer frei sein muß, seine Verbesserungen nach seinem Gutdünken zu nutzen. Ebenso selbstverständlich ist es, daß das noch geheime Know-How des Lizenzgebers anläßlich der Verwertung der Verbesserungserfindungen nicht preisgegeben werden darf.

In einer vereinheitlichten GFVO sollte eine entsprechende Vorschrift in der weißen Liste die Rücklizenzierungsverpflichtung lediglich unter die Voraussetzung stellen, daß die Rücklizenz nicht exclusiv, und daß der Lizenzgeber verpflichtet ist, seine eigenen Verbesserungen auf exclusiver oder nicht exclusiver Basis an den Lizenznehmer zu lizenzieren.

Es sollte jedoch die Möglichkeit bestehen bleiben, dem Lizenzgeber einen Genehmigungsvorbehalt einzuräumen für den Fall, daß der Lizenznehmer seine Verbesserungen an Dritte lizenzieren will. Unter der gegenwärtigen KHGFVO darf der Lizenzgeber die Genehmigung nur verweigern, wenn Grund zu der Annahme besteht, daß durch die Mitteilung des von Verbesserungen an Dritte das noch geheime Know-How preisgegeben wird. Diese Möglichkeit erscheint angesichts der schwachen Schutzposition des geheimen technischen Wissens erforderlich.

Ebenfalls überflüssig oder zumindest tautologisch erscheint es, wenn hinsichtlich der Nutzung untrennbarer Verbesserungen zum einen auf die Dauer das Nutzungsrechtes an dem ursprünglichen Know-How und zum anderen auf die Existenz eines nachvertraglichen Nutzungsverbotes abgestellt wird.

Sofern die Verbesserungserfindungen vom ursprünglichen Know-How untrennbar sind, werden sie gewissermaßen Teil des ursprünglichen Know-Hows. Dann erlischt aber auch das Recht zur Nutzung dieser untrennbaren Verbesserungen genau zu dem Zeitpunkt, zu dem auch das Recht an der Nutzung des ursprünglich lizenzierten Know-How erlischt. Sofern dann noch ein nachvertragliches Nutzungsverbot vereinbart ist, werden auch die untrennbaren Verbesserungen von diesem Verbot erfaßt. Ist ein solches nachvertragliches Nutzungsverbot nicht vereinbart oder wird es nachträglich aufgehoben, so sind auch die untrennbaren Verbesserungserfindungen als automatisch von dieser Vereinbarung erfaßt anzusehen.
Die Aufrechterhaltung dieser Vorschrift führt lediglich zu unnötigen Auslegungsproblemen.

Es ist allerdings darauf aufmerksam zu machen, daß eine nach der KHGFVO mögliche exclusive Rücklizenzierung von Verbesserungserfindungen seitens des Know-How-Gebers nicht als Gegenleistung für die Verpflichtung des Lizenznehmers zur Rücklizenzierung seiner Verbesserungen zu werten ist. Vielmehr ist die Lizenzierung von Verbesserungserfindungen als Teil der in Artikel 1 Absatz 7 Nr.5 der KHGFVO erwähnten zukünftigen Erfindungen anzusehen. Unter der PLGFVO gibt es eine solche Regelung jedoch nicht.

5. TTGFVO

Auch unter der TTGFVO ist es nicht möglich, die vollständige oder teilweise Übertragung von Verbesserungserfindungen des Lizenznehmers an den Lizenzgeber zu vereinbaren[573]. Demgegenüber darf der Lizenznehmer nach der Regelung der TTGFVO[574] verpflichtet werden, dem Lizenzgeber eine nicht exclusive Rücklizenz über von der ursprünglich lizenzierten Technologie abtrennbare Verbesserungserfindungen einzuräumen, wenn sich auch der Lizenzgeber verpflichtet[575] hat, dem Lizenznehmer Lizenzen an Verbesserungen einzuräumen[576].

Diese Regelung orientiert sich an der differenzierten Fassung der KHGFVO. Sie weist jedoch Unterschiede auf.
Zum einen sind Gegenstand der Rücklizenzierung die Verbesserungen der überlassenen Technologie. Gemäß Art. 10 Nr. 7 TTGFVO sind Know-How und Patente gleichermaßen vom Begriff der überlassen Technologie erfaßt. Demzufolge können Verbesserungs-Know-How und Verbesserungspatente gleichermaßen Gegenstand der Rücklizenzierung sein.
Zum anderen sind in diejenigen Bestimmungen der weißen Liste nicht mit in die TTGFVO übernommen worden, soweit sie - zusammengefaßt - untrennbare Verbesserungserfindungen betreffen. Auch die Verpflichtung des Lizenznehmers, vor der Weitergabe trennbarer Verbesserungen an Dritte die Genehmigung des Lizenzgebers einzuholen, ist aus der weißen Liste gestrichen worden. Aus der schwarzen Liste der KHGFVO sind nicht in die TTGFVO

573 Art. 3 Nr. 6 TTGFVO.

574 Art. 2(1) Nr. 4 TTGFVO.

575 Wie unter KHGFVO handelt es sich auch unter der TTGFVO bei dieser Bedingung nicht um eine unmittelbare Gegenleistung für die Rücklizenz des Lizenznehmers, sondern um zukünftige Erfindungen i. S. v. Art. 1 (7) Nr. 5 KHGFVO bzw. um spätere Verbesserungen, die Teil der lizenzierten Technologie i. S. v. Art. 10 Nr. 7 TTGFVO sind.

576 Zur - äußerst knappen - Kommentierung der Regelungen zum „grant-back" von Seiten der Kommission siehe EG 20 TTGFVO.

übernommen worden die Bestimmungen über die ausschließliche Nutzung trennbarer Verbesserungen des Lizenznehmers durch den Lizenzgeber und über die Nutzung untrennbarer Verbesserungen des Lizenznehmers durch den Lizenzgeber auch Vertragsablauf bei Vorliegen eines nachvertraglichen Nutzungsverbotes zu Lasten des Lizenznehmers.

Wenn man davon ausgeht, daß diese Neufassung mit den oben unter 4. dargelegten Folgerungen zu den Regeln der KHGFVO erklärt werden kann, so handelt es sich um redaktionelle Änderungen, die in erster Linie der Übersichtlichkeit dienen. Die Konsequenz ist jedoch, daß die unter der KHGFVO noch vorhandenen Bestimmungen über das „grant-back“ unter der TTGFVO streng genommen alle im Widerspruchsverfahren behandelt werden müssen. Dies ist weniger problematisch für die Bestimmungen, die aus der weißen Liste gestrichen wurden. Die Vertragsparteien werden in der Regel nicht Gefahr laufen, daß sie die Nichtigkeit ihres Vertrages riskieren, wenn sie ihn nicht zum Widerspruchsverfahren anmelden. Die weiße Liste gilt nach wie vor als nicht abschließend. Die Haltung der Kommission zu diesen Klauseln hat sich nicht grundlegend geändert. Die aus der schwarzen Liste gestrichenen Klauseln hingegen dürften sich im Widerspruchsverfahren auch weiterhin als regelmäßig nicht freistellungsfähig erweisen.

Trotz der erfreulich klaren Fassung der Vorschriften über das „grant-back“ bleibt als nachteilig festzuhalten, daß aus der TTGFVO alleine nicht ersichtlich ist, welche Klauseln dem Widerspruchsverfahren unterworfen sind und welche von ihnen dort keine Aussicht auf Freistellung haben. Es fehlen entscheidend erläuternde Hinweise in den EG. Für den Anwender wird es am praktischsten sein, die alte Fassung der Vorschriften aus der KHGFVO parat zu haben, um die Erfolgsaussichten im Widerspruchsverfahren beurteilen zu können.

V. Zeitliche Ausdehnung des Vertrages

1. Grundsatz

Nach beiden GFVOen ist die Freistellung der Vereinbarung im Grundsatz ausgeschlossen, wenn für den Lizenzgeber die Möglichkeit besteht, die Dauer der Lizenzvereinbarung durch die Einbeziehung neuer Technologie einseitig und automatisch zu verlängern[577].
Als Mittel zur Verlängerung nennt die KHGFVO in diesem Zusammenhang die Mitteilung von Verbesserungen seitens des Know-How-Gebers.
Die PLGFVO nennt als Mittel die Einbeziehung eines neuen Patentes des Lizenzgebers, wenn sich dadurch die Vertragsdauer über die Laufzeit der bei Abschluß der Vereinbarung bestehenden lizenzierten Patente verlängern soll.
Nach den EGen 20 beider GFVOen ist Sinn der Vorschrift, daß die Parteien davor geschützt werden, durch einen ununterbrochenen Fluß von Verbesserungen automatisch über die anfänglich vereinbarte Vertragslaufzeit aneinander gebunden zu sein. Die Vorschrift soll also die wirtschaftliche Bewegungsfreiheit der Parteien schützen, die durch die in einem solchen Fall nicht mehr beeinflußbare oder verhinderbare Vertragsverlängerung beeinträchtigt wäre. Dieses Schutzgut gilt nach dem Wortlaut der EGen 20 beider GFVOen für beide Parteien. Auch der Lizenzgeber soll vor unüberlegten Bindungen geschützt werden.
Allerdings geht der Wortlaut der GFVO-Texte davon aus, daß eine Verlängerung nur dann ausgeschlossen ist, wenn sie durch Lizenzierung vom Lizenzgeber an den Lizenznehmer ausgelöst werden soll. Dies mag zwar der typische Gestaltungswunsch des Lizenzgebers sein, vernachlässigt aber die in möglichen Konstellationen notwendige Einbeziehung des

577 Artikel 3 (2) PLGFVO; Artikel 3 (10) KHGFVO.

Lizenzgebers unter den Schutzbereich, wie es die Entscheidung in Sachen Velcro/Aplix[578] verdeutlicht.
Der Lizenzgeber war hier verpflichtet, Verbesserungen an den Lizenznehmer zu lizenzieren.Der Lizenznehmer war verpflichtet, in seinem Vertragsgebiet den Patentschutz selber aufrecht zu erhalten, jedoch nur für solche Patente, die er selber nutzen wollte. Dadurch konnte die Laufzeit des Vertrages über die Laufzeit der ursprünglich lizenzierten Patente hinaus verlängert werden. Der Lizenzgeber war verpflichtet, keinerlei Technologie eines Patentes zu nutzen, nachdem es abgelaufen war.
Wohl angesichts dieses Falles ist der Schutzzweck in den EGen 20 der GFVOen auch auf den Lizenzgeber ausgedehnt worden.

Unter der KHGFVO ist die Grenze für die Nutzung von nach Vertragsabschluß vom Lizenzgeber an den Lizenznehmer überlassener Technologie das Ende der ursprünglich vereinbarten Vertragslaufzeit. Unter der PLGFVO wird diese Grenze durch die Laufzeit der ursprünglich lizenzierten Patente bestimmt. Die ursprünglich vereinbarte Vertragslaufzeit kann aber vor Ablauf der Patente zu Ende sein. Insofern ist eine einseitige Vertragsverlängerung durch Lizenzierung weiterer Patente bis zum Ablauf des jüngsten , ursprünglich lizenzierten Patentes möglich. Dieser Zeitpunkt muß dann aber unmißverständlich im Vertrag vorgesehen sein.

2. Die Behandlung von Verbesserungserfindungen in Form von Patenten unter der KHGFVO und von unpatentiertem Know-How unter der PLGFVO

Unter der KHGFVO greift das Verbot automatischer Vertragsverlängerung nicht, wenn die einseitige Einbeziehung von patentierten Verbesserungserfindungen die Verlängerung herbeiführen soll. Patente sind in der Verbotsnorm nicht erwähnt.
Es ist zu überlegen, für welche Dauer diese Verlängerung zulässig ist. Es ist vorgeschlagen worden[579], die Laufzeit auf die gesetzliche Laufzeit des Patentes zu erstrecken, wobei in diesem Zusammenhang pauschal auf die Regelung unter der PLGFVO verwiesen wird. Dies kann im Rahmen von reinen Know-How-Vereinbarungen, die ursprünglich also keine Patente enthielten, dazu führen, daß eine gegen Ende der Vereinbarung aus dem Know-How hervorgehende und patentierte Verbesserungserfindung[580] den Vertrag um die gesamte Patentlaufzeit verlängert. Ein ursprünglich auf 10 Jahre projizierter Vertrag könnte unter Zugrundelegung einer Patentlaufzeit von 30 Jahren also auf knapp 40 Jahre verlängert werden. Dies kann nicht Sinn der Vorschrift sein.
Für gemischte Verträge ergibt sich die gleiche Situation, wenn man auf die Laufzeit des neu lizenzierten Patentes abstellt. Es bietet sich hier jedoch die Möglichkeit an, sich auf die Laufzeit des ursprünglich mitlizenzierten , längstlaufenden Patentes zu beziehen. Dann läge es nahe, die in der PLGFVO vorgesehene Regelung anzuwenden.
Davon ist aber unter der KHGFVO mit keinem Wort die Rede. Es ist also alles andere als klar, ob damit eine einseitige Verlängerung eines gemischten Vertrages, der unter die KHGFVO fällt, durch die einseitige Einbeziehung eines Patentes möglich ist.
Eine entsprechende Bestimmung sollte angesichts der geschilderten Auslegungsprobleme sowohl für reine Know-How-Vereinbarungen, als auch für gemischte Verträge dem

---

578 Entscheidung der Kommission, AblEG 1985, Nr. L 233, S. 22 und 31.

579 Wiedemann, Kommentar, GFVO 556/89, Art.3, Rdnr .49; völlig unklar ist, ob sich dieser Satz ausschließlich auf die im vorausgehenden Satz angesprochene reine Know-How-Vereinbarung bezieht, oder ob er auch gemischte Vereinbarungen einbezieht .

580 Oder Patentierung von Teilen des ursprünglich lizenzierten Know-How, von denen der Lizenzgeber z.B. befürchtet, daß sie offenkundig werden könnten.

Widerspruchsverfahren vorbehalten bleiben. Bei gemischten Verträgen können die Parteien versuchen, sich durch die Beschränkung der verlängerten Laufzeit auf die ursprünglich mitlizenzierten Patente an die PLGFVO anzulehnen in der (wohl nicht ganz unberechtigten) Hoffnung, daß die Kommission die dort getroffene Wertung auch hier anwendet. Sicherer, und im Falle reiner Know-How-Vereinbarungen, die durch die Einbeziehung späterer Patente verlängert werden sollen, ist es jedoch, die unter der KHGFVO vorgesehene Kündigungsmöglichkeit oder die Zurückweisungsmöglichkeit für den Lizenznehmer zu vereinbaren.

Für den umgekehrten Fall enthält die PLGFVO eine zumindest auslegbare Aussage für die Einbeziehung von Know-How. Im zweiten Halbsatz des Artikel 3(2)[581] erklärt sie , daß das Verbot dem Recht des Lizenzgebers nicht entgegenstehe, eine Lizenzgebühr für den gesamten Zeitraum zu erheben, während dessen der Lizenznehmer das mitgeteilte und noch nicht offenkundige Wissen weiterbenutzt, auch wenn dieser Zeitraum über die Laufzeit der Patente hinausgehe. Es ist hier der gesamte Nutzungszeitraum des Know-How einbezogen und zwar unabhängig von der ursprünglichen Vertragslaufzeit und der Laufzeit der Patente.
Die Vorschrift ist auf gemischte Vereinbarungen zugeschnitten. Ihr Wortlaut läßt allerdings offen, ob lediglich das ursprünglich überlassene Know-How erfaßt ist, oder auch nach Vertragsabschluß vom Lizenzgeber an den Lizenznehmer übermitteltes Know-How einbezogen ist. Für die Einbeziehung von späterem Verbesserungs-Know-How spricht, daß der genannte Halbsatz im Grunde eine Regelung über die Gegenleistungspflicht des Lizenznehmers enthält. Sie ist aber nicht eingearbeitet in die Vorschriften der PLGFVO, die sich hauptsächlich mit der Gegenleistung beschäftigen[582], sondern in die Vorschrift über die Vertragsverlängerung. Daraus ist zu schließen, daß auch und gerade Verbesserungserfindungen einbezogen sind. Indiz dafür ist auch die Definition unter Artikel 1(1)7 KHGFVO, wonach unter überlassener Technologie das ursprüngliche, sowie jedes weitere Know-How verstanden wird.

3. Verbotsausnahmen

Das grundsätzliche Verbot gilt jedoch nicht, wenn die Parteien die spätere zusätzliche Einbeziehung von Verbesserungserfindungen frei aushandeln und vereinbaren, um für jeden Einzelfall die Vereinbarung zu verlängern.
Unter der PLGFVO geht dies nur indirekt aus dem Wortlaut des Artikels 3 (2) hervor. Danach greift die Sanktion der schwarzen Liste nur, wenn sich die Laufzeit "von selbst" verlängert durch die Einbeziehung von Patenten. Dies bedeutet, daß bei Zustimmung des Lizenznehmers die Laufzeit verlängert werden kann.
Die KHGFVO ist in diesem Punkt deutlicher. Danach greift Satz 1 des Artikels 3 (10) nicht, wenn der Lizenznehmer berechtigt ist, Verbesserungen abzulehnen. Allerdings stellt die KHGFVO den Lizenznehmer durch diese Regelung vor die Wahl, die Verbesserung inclusive einer vom Lizenzgeber gewünschten Vertragsverlängerung zu akzeptieren, oder auf die Verbesserung ganz zu verzichten.
Das grundsätzliche Verbot automatischer Vertragsverlängerung gilt auch dann nicht, wenn die Parteien die Vereinbarung kündigen können.

581 Siehe im Einzelnen dazu das Kapitel "Gegenleistungspflichten des Lizenznehmers", Teil II, B II, insbesondere 2 c.

582 Siehe Verweis in der vorhergehenden Fußnote.

Die PLGFVO verlangt bei automatischer Vertragsverlängerung durch Einbeziehung weiterer Technologie eine mindestens jährliche Kündigungsmöglichkeit nach Ablauf des letztlaufenden, ursprünglich lizenzierten Patentes.
Die KHGFVO sieht in Artikel 3 (10) insoweit eine dreijährige Kündigungsmöglichkeit nach Ablauf der ursprünglich vereinbarten Vertragsdauer vor.
Es handelt sich dabei nicht um Kündigungsfristen für die Parteien, sondern um effektive Beendigungsmöglichkeiten nach den jeweils genannten Zeiträumen. Die Fristbestimmung ist den Parteien überlassen.
Die KHGFVO sieht darüber hinaus nach ihrem Wortlaut vor, daß das Verbot nicht gilt, wenn der Lizenznehmer die Möglichkeit hat, derartige Verbesserungen abzulehnen. Die Laufzeit kann dann verlängert werden.

Zu überlegen ist, ob auch unter der PLGFVO diese Möglichkeit besteht, obwohl sie nicht in deren Wortlaut aufgenommen ist.
Es ist insoweit dem Gedanken nachzugehen, daß es sich hier um eine spezielle Ausformung des Grundsatzes der freien Vereinbarkeit von Vertragsverlängerungen handeln könnte. Dafür spricht, daß hier lediglich die Möglichkeit in die GFVO aufgenommen wurde, vertraglich das Schweigen des Lizenznehmers auf ein Angebot des Lizenzgebers, durch Aufnahme weiterer Technologie die Vertragsdauer auszudehnen, als Annahme des Angebotes indirekt festzulegen. Will der Lizenznehmer die Verlängerung nicht, muß er ausdrücklich widersprechen. Nur dies ist vertraglich festzulegen. Ist er mit der Verlängerung einverstanden, so gilt sein Schweigen als Zustimmung.
Es handelt sich insoweit nur um die Festlegung einer speziellen Modalität der freien Vereinbarkeit der Vertragsverlängerung für jeden Einzelfall.
Daher ist die Regelung auch als unter der PLGFVO einbezogen anzusehen.

4. Vergleich

Die PLGFVO bietet im Ergebnis im Gegensatz zur KHGFVO die Möglichkeit, die synallagmatischen Hauptverpflichtungen einseitig zu verlängern durch die Weitergabe von Verbesserungs-Know-How, solange dies geheim ist.[583]
Die Einbeziehung von Verbesserungspatenten unter das Verlängerungsverbot der KHGFVO ist hingegen ungewiß.
Die KHGFVO bietet auch insofern eine weniger weite Gestaltungsmöglichkeit, als der Lizenznehmer eine Vertragsverlängerung nicht unabhängig von den an ihn lizenzierten Verbesserungen ablehnen kann.

5. TTGFVO

Im Vergleich zu PLGFVO und KHGFVO ist die wesentliche Bestimmung über die Nichtanwendbarkeit der Gruppenfreistellung bei automatischer Vertragsverlängerung[584] neu gefaßt.
Danach wird die Vereinbarung als nicht freistellungsfähig angesehen, wenn die grundsätzlich freistellungsfähigen Exclusivklauseln und die Verbote des aktiven und passiven Vertriebs des Art. 1 TTGFVO über die danach jeweils zulässige Dauer hinaus vereinbart werden und zwar auch dann, wenn dies in getrennten Vereinbarungen festgelegt ist oder durch die Verlängerung

---

583 siehe auch oben Teil II, A I 3. h, bb, zur Einbeziehung von Verbesserungspatenten unter der PLGFVO.
584 Art. 3 Nr. 7 TTGFVO.

der ursprünglichen Vertragsdauer infolge der Einbeziehung neuer Verbesserungen bedingt ist. Neu an dieser Fassung ist, daß hauptsächlich und generell auf die zulässige Freistellungsdauer abgestellt wird und nicht (nur) auf die Verlängerung der Vertragsdauer durch die Mitteilung von Verbesserungen. Die Freistellungsdauer unter Art.1 wird gleichzeitig äußerste zeitliche Grenze der Gruppenfreistellung durch Art. 3 Nr. 7 festgeschrieben.
Im Gegensatz zur KHGFVO ist auch klargestellt, daß eine Verlängerung durch die Überlassung von Verbesserungen gleich welcher Art nicht erfolgen darf. Einbezogen sind Patente und Know-How für reine und gemischte Vertragsformen.
In der Fassung des Art. 3 TTGFVO ist jedoch nicht mehr die Verbotsausnahme enthalten, die unter der KHGFVO auf detailliert ausgestalteten Kündigungsrechten[585] der Parteien für die Zeit nach Vertragsende basierte. Eine entsprechende Bestimmung ist auch nicht in die weiße Liste eingearbeitet worden. Allerdings enthält Art. 8 allgemeine Vorschriften über die Anwendbarkeit der TTGFVO. Gemäß Absatz 3 dieser Vorschrift findet die TTGFVO auch dann Anwendung, wenn sich die ursprüngliche Dauer der Vereinbarung bei der Lizenzierung von Verbesserungen automatisch verlängert. Voraussetzung ist jedoch, daß der Lizenznehmer berechtigt ist, derartige Verbesserungen abzulehnen oder daß jeder Vertragspartner das Recht hat, die Vereinbarung nach Ablauf der ursprünglichen Laufzeit und mindestens alle drei Jahre danach zu kündigen.
Bedauerlicher Weise läßt diese Bestimmung offen, ob durch eine solche Vereinbarung die Bestimmung des Art. 3 Nr. 7 TTGFVO umgangen werden kann, ob also die Laufzeit der Freistellung verlängert werden kann, oder ob sich Art. 8 (3) TTGFVO nur auf solche Vereinbarungen bezieht, bei denen die ursprüngliche Vertragslaufzeit geringer bemessen ist als die nach der TTGFVO längst mögliche Freistellungsdauer.
Vorsorglich sind daher Vereinbarung, die eine automatische Verlängerungsklausel mit Kündigungsmöglichkeiten enthalten, im Widerspruchsverfahren anzumelden.

Im Ergebnis ist die Regelung der TTGFVO in zwei Punkten strenger, als die KHGFVO. Zum einen ist Art. 3 Nr. 7 allgemeiner und damit weiter gefaßt, als die Regelung unter der KHGFVO. Zum anderen ist die unter der KHGFVO noch vorgesehene Verbotsausnahme für den Fall der Vereinbarung von Kündigungsrechten nicht in vollem Umfang in die TTGFVO übernommen worden. Zweifelhaft ist zumindest, ob die Ausnahmebestimmung unter der KHGFVO in vollem Umfang durch die Regelung über den Anwendungsbereich der TTGFVO kompensiert wurde oder ob Vereinbarungen, die eine solche Klausel enthalten und deren ursprüngliche Laufzeit der höchstzulässigen Freistellungsdauer entspricht, im Widerspruchsverfahren überprüft werden müssen.

VI. Bestimmungen zur effektiven Ausnutzung der Technologie : Qualitätsvorschriften und Bezugsverpflichtungen

Der Lizenzgeber wird in allen Fällen ein starkes Interesse daran haben, daß sein technisches Wissen nicht brach liegt, sondern optimal genutzt wird. Er wird versuchen wollen, die technisch einwandfreie Nutzung seiner Technologie in möglichst hohen Quantitäten und gleichmäßigen Qualitätsstandards sicherzustellen. Dadurch sollen auch möglichst hohe Lizenzgebühren und der "Ruf am Markt" gesichert werden.

---

585 Siehe oben unter 3.

1. Die Regelungen unter den GFVOen

Zur Erreichung des eingangs geschilderten Zwecks wird der Lizenzgeber zum einen Qualitätsstandards setzen wollen und zum anderen den Lizenznehmer zum Bezug bestimmter zu verwendender Komponenten anhalten wollen. Die GFVOen bewerten diesem Zweck dienende Klauseln folgendermaßen.
Nach der PLGFVO liegt gemäß Art 2(1)1 und 2(1)9 keine Wettbewerbsbeschränkung vor, wenn der Vertrag

- Vorschriften über die Mindestbeschaffenheit des Lizenzgegenstandes und die Duldung entsprechender Kontrollen enthält, oder/und
- den Bezug von Erzeugnissen oder die Inanspruchnahme von Dienstleistungen nur vom Lizenzgeber oder nur von solchen dritten Personen gestattet, die vom Lizenzgeber benannt sind,

soweit diese Maßnahmen notwendig sind zur einwandfreien technischen Nutzung des Patentes.

Demgegenüber ist nach Artikel 3(9) der PLGFVO die Freistellung des Vertrages ausgeschlossen, wenn der Lizenznehmer zur Übernahme weiterer von ihm nicht gewünschter Lizenzen, zur Nutzung nicht gewünschter Patente sowie zum Bezug nicht gewünschter Erzeugnisse gezwungen wird, es sei denn, daß dies unerläßlich für die einwandfreie Nutzung der lizenzierten Patente ist.

Nach der KHGFVO liegt gemäß Artikel 2(1)5 keine Wettbewerbsbeschränkung vor, wenn der Vertrag

- Mindestqualitätsvorschriften für den Lizenzgegenstand enthält und
- den Bezug von Erzeugnissen oder die Inanspruchnahme von Dienstleistungen nur von Lizenzgeber oder von Dritten gestattet, die vom Lizenzgeber benannt sind
- sowie die Durchführung diesbezüglicher Kontrollen vorsieht,

soweit diese Maßnahmen für die technisch einwandfreie Nutzung der Technologie oder die Gewährleistung des Qualitätsstandards erforderlich ist.

Demgegenüber ist die Freistellung nach Artikel 3(3) KHGFVO ausgeschlossen, wenn der Lizenznehmer zum Zeitpunkt des Vertragsabschlusses verpflichtet ist, Qualitätsvorschriften oder andere Lizenzen zu akzeptieren oder nicht gewünschte Dienstleistungen zu beziehen, soweit dies nicht notwendig ist zur technisch einwandfreien Nutzung der Technologie, oder soweit dadurch nicht die Angleichung oder Kontrolle der Qualitätsvorschriften bezweckt wird.

2. Gemeinsame Grundsätze

a. Zum Verhältnis der Regelungen in den schwarzen und weißen Listen

aa. Grundsätze

Beide GFVOen stellen für die Bewertung einer Bezugsverpflichtung als wettbewerbsbeschränkend also primär darauf ab, ob der Lizenznehmer die Verpflichtung

gegen seinen Willen annehmen mußte. Will sich der Lizenznehmer in einem späteren Prozeß aus diesem Grund auf Artikel 3 der GFVOen berufen, trägt er die Beweislast für seinen entgegenstehenden Willen bei Vertragsschluß. Ist im Vertrag niedergelegt, daß der Lizenznehmer entsprechende Verpflichtungen eingehen wollte, so kommt es auch nicht mehr auf etwa das Kriterium der Notwendigkeit für die technisch einwandfreie Nutzung an; der Vertrag kann dann aus diesem Grunde nicht mehr unwirksam sein.
Zweifelhaft ist allerdings, ob mit dem nachweislich nicht entgegenstehenden Willen des Lizenznehmers die Verpflichtung ungeachtet der weiteren Voraussetzungen der Artikel 2(1)1/2(1)9 PLGFVO und 2(1)5 KHGFVO in deren positive Bewertung einbezogen sind. Sie stellen ihrem Wortlaut nach nicht auf das Freiwilligkeitskriterium ab. Insoweit stellt sich auch hier wieder die Frage, wie die Ausnahmebestimmung in der schwarzen Liste zu bewerten ist, wenn es für sie keine korrespondierende Regelung in den genannten Bestimmungen der weißen Liste des Artikels 2 gibt.
Die Vereinbarung bei Vorliegen des Einverständnisses nicht freizustellen und sie dem Widerspruchsverfahren zuzuweisen, bedeutete aber, daß man die Parteien daran hindern würde, aus freien Stücken Qualitätstandards zu entwickeln und dadurch die technische Entwicklung voranzutreiben.
Dies wäre nicht im Sinne der GFVOen und würde über den Zweck der Vorschrift, den Lizenznehmer vor der Ausnutzung einer Monopolstellung seitens des Lizenzgeber zu schützen, hinausgehen.

bb. Ausnahme

Eine Ausnahme von den soeben dargelegten Grundsätzen und Erwägungen findet sich in der PLGFVO. Speziell die Vereinbarung von Qualitätsverpflichtungen auch gegen den Willen des Lizenznehmers fallen nicht unter die schwarze Liste der PLGFVO. Dort sind nur Bezugsbindungen erwähnt. Damit führt gerade die Vereinbarung von Qualitätsstandards mit dem Willen und gegen den Willen[586] des Lizenznehmers zur Verweisung der Vereinbarung auf das Widerspruchsverfahren.
Formell ist die PLGFVO in dem Punkt, der die Vereinbarung von Qualitätsstandards gegen den Willen des Lizenznehmer vorsieht, großzügiger, als die KHGFVO, da im Widerspruchsverfahren die Chance der Freistellung auf relativ einfachem Wege enthalten ist. Bei Freiwilligkeit des Lizenznehmers ist der Vertrag nur vorbehaltlich der Voraussetzungen des Artikels 2(1)1 nicht wettbewerbsbeschränkend. Liegt z.B. das Notwendigkeitserfordernis nicht vor, so liegt hier durch die Verweisung auf das Widerspruchsverfahren eine strengere Behandlung als unter der PLGFVO vor.
Dieser Wertungswiderspruch zwischen den GFVOen wird erst im Widerspruchsverfahren selber ausgeglichen, wo vermutlich die unter der KHGFVO festgelegte Differenzierung nach der Freiwilligkeit ausschlaggebend sein wird.

cc. Zulässigkeit von Qualitätsvereinbarungen und Qualitätstandards nach Vertragsabschluß nur unter der KHGFVO ?

Unter der KHGFVO wird zudem Bezug genommen auf einen Zeitpunkt für die Vereinbarung von Qualitäts- und Bezugsbestimmungen. Artikel 3(3) KHGFVO stellt für das Verbot entsprechender Klauseln ausdrücklich auf den Zeitpunkt des Vertragsabschlusses ab.

---

586 Es sei denn , im letztgenannten Fall liegen die weiteren Voraussetzungen des Art.2(1)1 PLGFVO vor, insbesondere das Notwendigkeitserfordernis.

Daraus kann man folgern, daß die Bewertung der schwarzen Liste für solche Vereinbarungen, die nach Abschluß des Lizenzvertrages gesondert zwischen Lizenzgeber und Lizenznehmer getroffen werden, nicht mehr zutrifft.
Auf der anderen Seite ist zu fragen, ob eine entsprechende nachvertragliche Vereinbarung auch freigestellt ist, oder ob sie im Rahmen des Widerspruchsverfahrens zu bewerten ist.
Ausdrücklich aufgenommen ist ein zeitlicher Bezug in die Komplementärvorschrift des Artikels 2(1)5 KHGFVO nicht. Dies legt zunächst die Verweisung an das Widerspruchsverfahren nahe.
Betrachtet man allerdings den Hintergrund der Regelung, so erscheint diese Verweisung zweifelhaft. Der Lizenznehmer kann durch die Auferlegung bestimmter willkürlicher Standards in seiner wirtschaftlichen Entscheidungsfreiheit beeinträchtigt sein, die Lizenz anzunehmen oder nicht. Er könnte sich dem Zwang ausgesetzt sehen, die Lizenz nicht zu erhalten, wenn er Bezugsbindungen und Standards nicht akzeptieren will. Dies soll durch die Regelung vermieden werden. Eine nachvertragliche Vereinbarung würde den Lizenznehmer nicht mehr diesem wirtschaftlichen Zwang unterwerfen, würde somit ohnehin von Seiten des Lizenznehmers freiwillig getroffen und kann damit schon wegen Übereinstimmung mit dem Freiwilligkeitskriterium des Art 2(1)5 KHGFVO die Wirksamkeit der Vereinbarung nicht mehr beeinflussen. Insofern ist eine nachvertragliche Vereinbarungen der hier erörterten Verpflichtungen sogar inzident in Artikel 2(1)5 KHGFVO enthalten. Eine sprachliche Verdeutlichung in einer vereinheitlichten GFVO wäre allerdings wünschenswert.

Auf den ersten Blick erscheint es, daß sich KHGFVO und PLGFVO in diesem Punkt unterscheiden, da die PLGFVO hier in keiner Weise einen zeitlichen Bezug in ihre Regelung aufnimmt. Für sie gelten aber genau die gleichen Erwägungen hinsichtlich des Freiwilligkeitskriteriums. Nachvertragliche Vereinbarungen über Bezugsverpflichtungen können auch hier dem Lizenznehmer nicht mehr aufoktroyiert werden ohne "freiwillige" Zustimmung des Lizenznehmers. Insofern bietet die KHGFVO in diesem Punkt nicht mehr Spielraum, als die PLGFVO.
Es ist allerdings dennoch Vorsicht bei der Vertragsgestaltung bis zur endgültigen Klärung dieser Frage geboten. Keinesfalls darf der Vertrag unter die Bedingung der nachvertraglichen Akzeptierung von durch den Lizenzgeber festzusetztenden Bezugsbindungen und Qualitätsvorschriften gestellt werden. Angesichts des Zwecks dürfte auch für diesen Fall die Sperrwirkung des Artikels 3(3) KHGFVO und des Artikels 3(9) PLGFVO eintreten.

b. Einwandfreie Nutzung der Technologie oder des Patentes

Beide GFVOen machen die Zulässigkeit von Qualitätsvorschriften, Bezugsverpflichtungen, sowie Lizenzübernahmeverpflichtungen vorbehaltlich der unter a. geschilderten Differenzierung davon abhängig, ob diese Maßnahmen notwendig, erforderlich oder unerläßlich[587] für die einwandfreie Nutzung des Patenten oder der Technologie sind.
Darzustellen ist, wie der Begriff der Notwendigkeit einwandfreier Nutzung einzugrenzen ist.
In Anlehnung an § 20 II des Deutschen GWB[588] kann vertreten werden, daß der Begriff eine Abgrenzung zu entsprechenden, rein wirtschaftlich begründeten Klauseln enthalten soll.
In der Praxis dürfte aber immer bei am Markt (anderweitig) substituierbaren Teilen eine wirtschaftlich begründete Beschränkung vorliegen [589].

---

587 Die Begriffe sind inhaltsgleich. Dies geht aus einem Vergleich mit der englischen und französischen Fassung hervor, wo einheitlich die Begriffe "necessary" bzw. "nécessaire" verwendet werden .

588 Gesetz gegen Wettbewerbsbeschränkung in der Fassung vom 20.2.1990 (BGBl. I, S. 25).

Notwendig zur einwandfreien Technologienutzung und damit zulässig seien damit nur Verpflichtungen bezüglich solcher Güter, die am Markt nicht substituierbar sind, für die also eine andere Bezugsquelle als der Lizenzgeber selber nicht besteht.
Dies läuft nach Ansicht des Bundeskartellamtes darauf hinaus, daß nur solche Bindungen erlaubt sind, die den "zentralen Sicherheitsbereich" der Erfindung betreffen. Die Kommission stellt in diesem Zusammenhang auf die grundlegende Bedeutung der Zutat ab[590].
Diese allgemeine Formulierung der Kommission führt jedoch in der Praxis nicht zu handhabbaren Ergebnissen, da ohne Ausnahme alle Teile jedes einzelnen Bestandteils eines Produktes "grundlegende Bedeutung" haben können, und zwar ohne Rücksicht darauf, ob das entsprechende Teil am Markt substituierbar ist oder nicht.
Einen ganz anderen Ansatzpunkt könnte die Fähigkeit des Lizenznehmers für die technisch einwandfreie Benutzung der Technologie bieten. Dann wäre aber die Freistellung von der Überprüfung der technischen Qualifikation des Lizenznehmers abhängig. Nachprüfungen dieser Art widersprechen aber zum einen dem durch die GFVOen verfolgten Zweck der Arbeitserleichterung, zum anderen liegen keine objektiv handhabbaren Kriterien für die Überprüfung vor.
Im Ergebnis sollte die Ansicht des Bundeskartellamtes auf die GFVOen übertragen werden. Teile, die den zentralen Sicherheitsbereich des Produktes betreffen, dürften alleine in der Hand des Lizenzgebers liegen.
Es kann somit ein faktischer Bezugszwang entstehen. Der Lizenzgeber soll in diesen Fällen die Möglichkeit haben, den Zugriff auf seine in der Regel sensible Technologie über Personen seines Vertrauens zu steuern.

Eine Reihe von Kommissionsentscheidungen steht mit diesem Ansatzpunkt in Einklang.
In Sachen Vaessen/Morris[591] war der Lizenznehmer zum Bezug von Wurstdärmen im Rahmen der Nutzung eines patentierten Verfahrens zur Wursthertsellung verpflichtet. Da diese Wurstdärme selber keinem Patentschutz und keinem Know-How-Schutz unterlagen und auch ein getrennter Markt für Wurstdärme bestand, war die Vereinbarung wettbewerbsbeschränkend.
In Sachen Velcro/Aplix[592] war der Lizenznehmer verpflichtet worden, eine nicht patentierte Fertigungseinrichtung für - allerdings patentierte - Hakenbandverschlüsse zu beziehen. Diese Vereinbarung ist als wettbewerbsbeschränkend für den Fall eingestuft worden, daß die Einrichtung auch durch andere Hersteller zu beziehen war.
In der kurz vor Erlaß der KHGFVO ergangenen Entscheidung in Sachen Rich Products/Jus Rol[593] war der Lizenznehmer zum Bezug einer Grundzutat für einen Tiefkühlteig verpflichtet worden. Da diese Zutat nach Ansicht der Kommission auch von grundlegender Bedeutung für die Qualitätssicherung war, wurde die Vereinbarung als nicht wettbewerbsbeschränkend behandelt. Nach der hier vertretenen Ansicht müßte für die Begründung aber entscheidend gewesen sein, daß die Zusammensetzung des Grundstoffes geheim war. Der Geheimnischarakter wurde von der Kommission in der Entscheidung auch festgestellt.
Ohne genauere Begründung beurteilte die Kommission in Sachen Schlegel/CPIO[594] eine Bezugsverpflichtung eines Vorproduktes für Fensterabdichtungen als wettbewerbsbeschränkend. Mutmaßlich war es am Markt erhältlich.

---

589 Auch das Bundeskartellamt sieht bei der Anwendung des § 20 GWB "praktische Schwierigkeiten" (Tätigkeitsbericht 1981/82,S.118 f).

590 Entscheidung der Kommission in Sachen Delta Chemie/DDD AblEG 1988, Nr. L309, S. 34 f.

591 AblEG 1979, Nr. L 19, S. 32.

592 AblEG 1985, Nr. L 233, S. 22 und 31.

593 AblEG 1988, Nr. L 69, S. 21 f.

594 AblEG 1983, Nr. L 351, S. 20 f (Tz.19).

In Sachen Carlsberg[595] war die Verpflichtung des Lizenznehmers, eine bestimmte Menge Bier vom Lizenzgeber zu beziehen und nur den zum Vertrieb benötigten Rest herzustellen, als wettbewerbsbeschränkend beanstandet worden. Nicht beanstandet wurde hingegen die Tatsache, daß der Lizenznehmer die für die Produktion dieses Restes benötigte Menge "Spezialhefe" faktisch nur vom Lizenzgeber beziehen konnte.
Ausschlaggebend für die Freistellung einer Bezugsverpflichtung in Sachen Campari[596] war "das Interesse der Lizenzgeberin an der qualitativen Übereinstimmung der Ursprungsware mit dem in Lizenz hergestellten Erzeugnis, das nur durch den ausschließlichen Kauf bei ihr gewährleistet wird." Es ging also nicht um die technisch einwandfreie Nutzung, sondern um die Wahrung von Qualitätsvorschriften und auch um die Geheimhaltung der Zusammensetzung einer für die Herstellung erforderlichen Kräutermischung.

3. Weitere Fassung der KHGFVO ; Gewährleistung gleicher Qualitätstandards als weiteres Zulässigkeitskriterium

Im Unterschied zur PLGFVO führt die KHGFVO als alternatives oder weiteres Zulässigkeitskriterium zur Notwendigkeit der einwandfreien technischen Nutzung die Angleichung der Qualitätstandards bzw. deren Angleichung und Kontrolle als Grundlage für die Zulässigkeit von Bezugs- und Qualitätsverpflichtungen an.
Die KHGFVO nimmt damit Bezug auf die Qualitätstandards der anderen Lizenznehmer des Lizenzgebers. Der Lizenzgeber soll in die Lage versetzt werden, überall am Markt gleichwertige Produkte anzubieten. Daran wird er ein besonderes Interesse haben, wenn sein Warenzeichen verwendet wird (Artikel 1(1)7 KHGFVO).
Es ist allerdings nicht einsichtig, warum nur der Know-How-Lizenzgeber ein Interesse an einem gleichmäßigen Qualitätstandard innerhalb des gemeinsamen Marktes haben darf, und nicht auch der Patentlizenzgeber.
Die strengere Fassung unter der PLGFVO, die in diesem Fall wohl erst zu einer Freistellung im Widerspruchsverfahren kommen würde, ist insofern nicht gerechtfertigt und bedarf der Änderung.

4. Bewertung und Folgerung

Die unter der KHGFVO getroffene Abgrenzung für die Zulässigkeit von Bezugsverpflichtungen für zusätzliche Waren und Dienstleistungen danach, ob der Lizenznehmer diese will oder nicht, erscheint wenig praktikabel, weil sich bei der nachträglichen Überprüfung eines Vertrages nur schwer beweisen lassen dürfte, ob der Lizenznehmer die Bindungen tatsächlich wollte oder nicht.

Für die Zulässigkeit einer solchen Bindung sollte daher ausschließlich auf objektive Maßstäbe abgestellt werden.

So ist es zum Beispiel denkbar, für die Beurteilung der Zulässigkeit ausschließlich darauf abzustellen, ob die der Bezugspflicht unterfallenden Waren- und Dienstleistungen notwendig sind für eine einwandfreie Nutzung der mitgeteilten Technologie oder dafür, daß die Produktion des Technologienehmers mit den Qualitätsvorschriften übereinstimmt, die vom Lizenzgeber und anderen Lizenznehmern eingehalten werden.

---

595 AblEG 1984, Nr. L 207, S. 26 f. Siehe in diesem Zusammenhang auch die Entscheidung in Sachen Moosehead/Whitbread, AblEG 1990, Nr. L 100, S. 32 f.

596 AblEG 1978, Nr. L 70, S. 69 f.

In den Fällen der sogenannten Paketlizenzierung sind die soeben genannten Kriterien jedoch nicht ausreichend, um die Zulässigkeit einer Bezugsbindung zu beurteilen. In solchen Fällen wird typischerweise ein ganzes Paket an Technologie lizenziert, wobei es dem Lizenznehmer überlassen bleibt, welche Teile der überlassenen Technologie er überhaupt nutzt, wie er sie kombiniert, oder für welche von verschiedenen Lizenzgegenständen er sie einsetzt. Es kann also sein, daß zu dem Technologiepaket auch Elemente patentierter oder unpatentierter Technologie gehören, die der Lizenznehmer gar nicht benutzt.

Dann muß es aber darauf ankommen, ob der Lizenznehmer diese Elemente benutzen könnte. Dies ist nur möglich, wenn sie einen technischen Bezug zu den Lizenzgegenständen haben, auf die sich die Lizenz bezieht. Insofern sollten solche Bezugsbindungen von der Freistellung ausgeschlossen werden, die keinerlei Bezug zu der lizenzierten Technologie aufweisen.

Der Notwendigkeit nach objektiven Kriterien für die Beurteilung der Zulässigkeit von Bezugsbindungen sollte Rechnung getragen werden.

5. TTGFVO

Die Vereinbarung von Mindestqualitätvorschriften ist auch unter der TTGFVO in der weißen Liste enthalten[597]. Die Formulierung entspricht weitgehend derjenigen aus der KHGFVO. Unter der TTGFVO sind neben Qualitätsstandards auch technische Spezifikationen ausdrücklich aufgeführt. Voraussetzung für die Verwendung der Klausel ist auch hier die Notwendigkeit der Vorschriften oder Spezifikationen für die einwandfreie Nutzung der Technologie oder für gleichmäßige Qualitätsstandards. Auch kann sich der Lizenzgeber die dazu notwendigen Kontrollen vorbehalten.

Eine Vorschrift in der schwarzen Liste - wie noch unter Art. 3 Nr.3 der KHGFVO - ist nicht mehr vorgesehen. Dafür wird unter der TTGFVO das Widerspruchsverfahren zur Anwendung kommen, wenn der Lizenznehmer zum Zeitpunkt des Vertragsschlusses verpflichtet ist, Qualitätsvorschriften, andere Lizenzen oder den Bezug von Waren oder Dienstleistungen zu akzeptieren, die nicht notwendig sind, um die einwandfreie Nutzung der Technologie oder gleichmäßige Qualitätsstandards sicherzustellen.
Erfreulich an dieser Regelung ist, daß diese Klausel nicht mehr schlechthin die Freistellung ausschließt. Erfreulich ist weiterhin, daß vom Kriterium der Freiwilligkeit bei der Beurteilung von Bezugsverpflichtungen Abstand genommen wurde.

Fraglich ist aber, welche Kriterien die Kommission bei der Beurteilung solcher Klauseln im Widerspruchsverfahren anwenden will. Nach EG 25 TTGFVO soll in der Regel der Marktanteil des Lizenznehmers entscheidend sein. Anders als bei den Kriterien des EG 26 zur Ausfüllung der Rücknahmevoraussetzungen kann für einen Widerspruch i.S.v. Art. 4(5) TTGFVO und im Ergebnis für die Ablehnung der Freistellung ein hoher Marktanteil des Lizenznehmers nicht ausschlaggebend sein. Hier geht es gerade um den Schutz des Lizenznehmers, der aufgrund seiner relativen wirtschaftlichen Schwäche eine schlechtere Verhandlungsposition zur Abwehr nicht erwünschter Vertragsklauseln - konkret von Bezugsverpflichtungen - hat. Entscheidend dürften auch andere Kriterien sein, wie z.B. das Vorliegen einer Paketlizenz, bei der des dem Lizenznehmer überlassen bleibt, welche Teile der überlassenen Technologie er ungenutzt läßt. In einem solchen Fall erscheint ein Widerspruch seitens der Kommission als unwahrscheinlich. In anderen Fällen mag ein sehr

597 Art. 2(1) Nr.5 TTGFVO.

geringer Marktanteil oder eine schwache Verhandlungsposition des Lizenznehmers ein Grund für einen Widerspruch seitens der Kommission sein.

VII. Ausübungsverpflichtung, Mengenfestsetzungen, Wettbewerbsverbote

1. Einleitung

Die Ausübungsverpflichtung beinhaltet, daß der Lizenznehmer die lizenzierte Technologie nach besten Kräften nutzen muß.(best-endeavours-clause)
Damit wird bezweckt, daß das technische Wissen nicht brach liegt, durch Anwendung verbessert wird und dem Lizenzgeber Lizenzgebühren einbringt. Der Lizenznehmer erweitert damit seinen Tätigkeitsbereich am Markt und verbessert dadurch auch seinen Ruf. Im Rahmen eines Know-How- Vertrages, der dazu exclusiven Charakter hat, wird die Ausübungsverpflichtung sogar als wesentliche Grundlage verstanden, da anders als beim nicht exclusiven Vertrag durch den Nichtgebrauch des technischen Wissens dessen Verlust eintreten könnte. [598]
Ausübungsverpflichtungen sind dabei oftmals verknüpft mit Mengen- Bestimmungen. Dabei ist zu unterscheiden zwischen Höchstmengenbeschränkungen und Mindestmengenbestimmungen.
Höchstmengenbeschränkungen können -zumindest im Falle horizontaler Absprachen- Wettbewerbsvezerrungen hervorrufen. Mindestmengenfestsetzungen sind oftmals Ausdruck der Ausübungsverpflichtung.

2. PLGFVO und KHGFVO (Die GFVOen)

a. Mindestmengenverpflichtungen und "best-endeavours"-Klausel

Als Ausformung der einleitend dargestellten Erwägungen werden in den beiden GFVOen auch Vertragsklauseln freigestellt, nach denen der Lizenznehmer verpflichtet ist, Mindestlizenzgebühren zu zahlen, eine Mindestmenge an Lizenzgegenständen herzustellen oder eine Mindestanzahl an Benutzungshandlungen vorzunehmen [599]. Zumindest bei Know-How-Verträgen wird damit auch das Risiko, den Erfolg der neuen Technologie zu beurteilen, als Ausdruck der Vertrauensbeziehung zwischen Lizenzgeber und Lizenznehmer aufgeteilt. Der Lizenznehmer läuft Gefahr, den Betrag in jedem Fall zahlen zu müssen, der Lizenzgeber dagegen, über den festgelegten Betrag hinaus keine Gebühren zu erhalten. Dies wird bestätigt durch die Nichtübernahme der Vorschrift des Artikel 9(3) aus dem Entwurf der PLGFVO[600]. Dort war ein Recht der Kommission vorgesehen, die Freistellung zu beenden. Voraussetzung war, daß der Lizenznehmer nicht das vertragliche Recht hatte, die best-endeavours-Klausel - allerdings bei gleichzeitiger Aufgabe der Exclusivität der Vereinbarung - nach Ablauf von 5 Jahren, oder nach jedem auf diesen Zeitpunkt folgenden Jahr zu kündigen. Die Streichung dieser Vorschrift macht deutlich, daß auch der Lizenznehmer aufgerufen ist, das Risiko dieser Klausel zu prüfen und mitzutragen.

---

598 Stocker , Benutzungsrechte , S. 186 f; Blum/Pedrazzini, Das Schweizerische Patentrecht, Art.34, Anm. 101; Körner, BB 1980, S. 1262 f (1263); Stumpf , Der Lizenzvertrag, Rdnr.150; Schade, Ausübungspflicht, S. 29 f; Kiortsoglou, Der Know-How-Vertrag, S. 214.

599 Art.2(1)2 PLGFVO; Art.2(1)9 KHGFVO.

600 AblEG 1979, Nr. C 58, S. 12 f.

Lediglich die bis hierher genannten Formen der Verpflichtung, die Technologie nach besten Kräften zu nutzen, sind ausdrücklich freigestellt. Die allgemeinere Formulierung[601] - die Nutzung der Technologie nach besten Kräften - ist lediglich in anderem Zusammenhang als Ausnahmebestimmung von einer der Sperrwirkung der schwarzen Liste unterfallenden Bestimmung aufgeführt. Eine vollständig mit dieser Ausnahmebestimmung korrelierende Vorschrift in der weißen Liste existiert jedoch nicht .
Daraus ergibt sich die Frage, ob für andere Fälle der generellen "best endeavours-Klausel", die ausdrücklich weder in der schwarzen, noch in der weißen Liste aufgeführt sind, lediglich das Widerspruchsverfahren gilt, oder ob sie in die weiße Liste aufzunehmen sind. Dies geht jedoch nicht eindeutig aus dem Wortlaut hervor. Es ist in den genannten Bestimmungen der Artikel 3 beider GFVOen lediglich die Rede davon, daß die Verpflichtung des Lizenznehmers zur Nutzung der Technologie nach besten Kräften lediglich durch die vorgenannten Bestimmungen der schwarzen Liste nicht berührt wird. Dies kann entweder die eine oder die andere der genannten Zuweisungen beinhalten.
Da zumindest in exclusiven Lizenzverträgen solche Klauseln als Grundlage für die Vertrauensbeziehung angesehen werden, muß diese Klausel als unabdingbar für die Förderung des Technologietransfers angesehen werden. Zudem erklären EG 10 PLGVO und EG 10 KHGFVO die weißen Listen des Artikels 2 beider GFVOen für nicht erschöpfend. Angesichts der Bedeutung der Klausel für den Technologietransfer und der grundsätzlichen Bewertung einzelner gängiger und bekannter Fälle dieser generellen Klausel als nicht wettbewerbsbeschränkend ist davon auszugehen, daß die Kommission in dieser Klausel gerade den typischen Fall einer möglichen Ergänzung der weißen Liste des Artikels 2 sehen wollte und sich nicht etwa die Prüfung des Einzelfalles im Widerspruchsverfahren vorbehalten wollte.

b. Wettbewerbsverbot

Beide GFVOen stellen den Vertrag nicht frei[602], wenn ein Verbot vereinbart wurde, nach dem eine Partei nicht mit der anderen Partei bzw. mit verbundenen Unternehmen der anderen Partei innerhalb des gemeinsamen Marktes in Wettbewerb treten darf, und zwar auf den Gebieten Forschung und Entwicklung sowie der Produktion oder der Nutzung und des Vertrieb konkurrierender Produkte.
Unberührt davon bleibt nach den zitierten Vorschriften unter beiden GFVOen die "best endeavours-Kausel ".
Auffällig ist, daß die Formulierung der Nichtfreistellungsvoraussetzungen sehr weit gefaßt ist und damit im Grunde auch alle in Artikel 1 freigestellten Formen des aktiven und passiven Wettbewerbes einbezieht. Wollen die GFVOen sich also nicht selber blockieren, so müssen die Vorschriften der Artikel 3(3) PLGFVO und 3(9) KHGFVO als durch den jeweiligen Artikel 1 der GFVOen begrenzt angesehen werden, auch wenn dies nicht ausdrücklich vorgesehen ist.
Hauptsächlich erfaßt durch das Verbot des Wettbewerbsverbot dürften damit Fälle sein, in denen es um Absprachen über Produkte geht, die nicht von der Lizenz erfaßt sind, bezüglich derer Lizenzgeber und Lizenznehmer in Konkurrenz stehen, oder die Absprachen über Geschäftsbeziehungen zu dritten Unternehmen enthalten, welche mit dem jeweils anderen Teil in Konkurrenz stehen.

---

601 Art.3(3) PLGFVO; Art.3(9) KHGFVO. Die Verpflichtung des Lizenznehmers, „die überlassene Technologie nach besten Kräften zu nutzen, wird" danach (Hinzufügung diesseits) "nicht berührt".

602 Art.3(3) PLGFVO;Art.3(9) KHGFVO.

c. Verhältnis vom Verbot des Wettbewerbsverbots und "best-endeavours-Klauseln"

Ein Spannungsverhältnis zwischen zulässiger Mindestmengenverpflichtung und unzulässigem Wettbewerbsverbot kann dann auftreten, wenn der Lizenznehmer durch die ihm auferlegte Mindestmengenverpflichtung einen großen Teil des Potentials für einen bestimmten Markt bereits abdeckt und ausschöpft. Der Lizenznehmer wird damit zumindest abgeschreckt, auch Technologien von dritten Unternehmen einzubeziehen und auf diesen Gebieten mit dem Lizenzgeber in Konkurrenz zu treten. Es kann also durch entsprechende Ausgestaltung der zulässigen Mindestmengenklausel zu einem faktischen Wettbewerbsverbot kommen.
Dieses Spannungsverhältnis wurde in den GFVOen zugunsten der "best-endeavours-Klausel" aufgelöst, indem sie explizit vom Wettbewerbsverbot ausgenommen wurde.
Anders als in den Fällen "AOIP/Beyrard"[603], "Maissaatgut"[604] und "Velcro/Aplix"[605], wo eindeutig formulierte Wettbewerbsverbote zum Ausschluß der Freistellung führten, wurde in Sachen Delta Chemie / DDD[606] eine Vereinbarung freigestellt, nach der die Produktion oder der Vertrieb ähnlicher Produkte, wie die lizenzierten, von der Genehmigung des Lizenzgebers abhängig gemacht wurden. Letztere konnte jedoch nicht verwehrt werden, wenn der Lizenznehmer seinen vertraglichen Pflichten nachkam. Der Lizenzgeber konnte so kontrollieren, ob der Lizenznehmer die Technologie vertragsgerecht - d.h. für ein bestimmtes Produkt in bestimmter Anzahl - nutzte .

Keinen Nutzen hat diese Ausnahme vom Verbot des Wettbewerbsverbotes allerdings für Vereinbarungen zwischen Parteien, die bei Vertragsschluß bereits auf dem betreffenden Gebiet konkurrierten. Sollte mit einer in hier genannter Art und Weise ausgestalteten "best-endeavours-Klausel" eine Marktaufteilung bewirkt werden, so hat die Kommission die Möglichkeit, die Freistellung nach Artikel 7(8) KHGFVO zu widerrufen.

d. Weitergehende Ausnahmen unter der KHGFVO

Vom grundsätzlichen Verbot des Wettbewerbsverbotes sind unter der KHGFVO im Gegensatz zur PLGFVO zusätzlich folgende Ausnahmen vorgesehen.
Es bleiben die Rechte des Lizenzgebers unberührt,

- die Exclusivität der Vereinbarung zu beenden und
- die Mitteilung von Verbesserungserfindungen zu unterlassen

jeweils für den Fall der tatsächlichen Vornahme von Wettbewerbshandlungen durch den Lizenznehmer, sowie

- dem Lizenznehmer die Pflicht aufzubürden zu beweisen, daß er das Know-How nicht für die Produktion anderer Güter oder für die Erbringung anderer Dienstleistungen, als für die vertraglich vereinbarten nutzt.

Die Kommission trägt damit dem Umstand Rechnung, daß unpatentiertes technisches Wissen im Rahmen seiner Weitervermittlung schutzbedürftiger ist, als patentiertes technisches Wissen. Die KHGFVO ist in diesem Punkt daher großzügiger ausgestaltet, als die PLGFVO.

---

603 AblEG 1976, Nr. L 6, S. 8 f.
604 EuGH Slg.1982, S. 2015 f.
605 AblEG 1985, Nr. L 233,22, S. 31.
606 AblEG 1988, Nr. L 309,S. 34 f.

Insbesondere ist bemerkenswert, daß die Beweislast für die Frage, ob das lizenzierte Know-How vereinbarungsgemäß genutzt wird, umgekehrt und dem Lizenznehmer aufgebürdet wird.

Alle drei genannten Ausnahmen sind zwar von der schwarzen Liste ausdrücklich ausgenommen, weisen jedoch keine korrelierende Vorschrift in der weißen Liste auf. Hier stellt sich wiederum die Frage, ob sie in der weißen Liste zu ergänzen sind, oder dem Widerspruchsverfahren unterfallen.
Was die ersten beiden Klauseln anbelangt, so handelt es sich nur um die Rücknahme dessen, was zwar vereinbart werden darf, aber nicht vereinbart werden muß, um die Freistellung zu erreichen. Die weitere Nichtexistenz von ursprünglich vereinbarter Exclusivität und Rücklizenzierungspflicht ist an sich ohne Einfluß auf den Wettbewerb. Der aktive Akt der Rücknahme bzw. Kündigung der Vertragsklauseln durch den Lizenznehmer könnte aber dennoch eine bereits sicher geglaubte Wettbewerbsposition des Lizenznehmers betreffen, für deren Erarbeiten er Investitionen getroffen hat, auf deren Schutz durch fortwährende Exclusivität er sich verlassen hat. Dennoch muß eine solche Klausel als nicht wettbewerbsbeschränkend angesehen werden, da nur so der Schutz des Know-How gewährleistet und der Lizenzgeber auch weiterhin zur Lizenzierung ermuntert werden kann. Fast ist es ein Problem der inneren Vertragsgerechtigkeit; es ist Sache des Lizenznehmers zu beurteilen, ob er es vorzieht, durch sein Verhalten die Kündigung der Klauseln seitens des Lizenzgebers zu veranlassen und sich aber gleichzeitig neue Kooperationsformen und Märkte zu erschließen, oder ob er es vorzieht, im sicheren Hafen der Exclusivität den ihm zugewiesenen Markt zu bestellen, dafür aber auf Konkurrentenverhalten verzichtet.

Die Verlagerung der Beweislast als dritte hier behandelte Klausel betrifft nicht die Wettbewerbssituation der Parteien unmittelbar. Sie betrifft "lediglich" eine für den Streitfall vorgesehene Verfahrensfrage. Sie paßt insofern nicht eigentlich in eine der Listen.

e . Bewertung und Folgerung

Die Klausel ist zu weit gefaßt.
Die schwarze Klausel ist nur insoweit gerechtfertigt, als der Lizenznehmer im Interesse des technischen Fortschritts nicht daran gehindert werden darf, Forschung und Entwicklung zu betreiben auf der Grundlage seiner eigenen Technologie, der lizenzierten Technologie oder auf der Grundlage frei verfügbarer Technologie. Dies würde nicht nur seine Innovationsfreudigkeit hemmen, sondern es würde auch bedeuten, daß er für die Zeit nach Ablauf der Lizenz keine Vorsorge getroffen haben kann, in Rückstand gerät zu der zwischenzeitlichen technischen Entwicklung und damit weniger wettbewerbsfähig wird.
Auf der anderen Seite hat der Lizenzgeber ein berechtigtes Interesse daran, daß in erster Linie die von ihm lizenzierte Technologie seitens des Lizenznehmers ausgenutzt und durch Forschung und Entwicklung weiterentwickelt wird und nicht etwa die Technologie eines dritten Lizenzgebers, zu dem er unter Umständen noch in Konkurrenz steht. Für diese Fälle sollte es dem Lizenzgeber möglich sein, dem Lizenznehmer ein Wettbewerbsverbot aufzuerlegen. Diese Möglichkeit kann sogar als Ausfluß der in den weißen Listen enthaltenen "best-endeavours" - Klausel angesehen werden.
Allerdings muß auch in diesem Fall sichergestellt sein, daß der Lizenzgeber die Möglichkeit einer entsprechenden Beschränkung nicht mißbräuchlich ausnutzt[607]. Es muß für die Kommission die Möglichkeit einer Mißbrauchsaufsicht bestehen.

---

607 Als Beispiel für eine mißbräuchliche Ausnutzung kann die folgende Fallgestaltung angesehen werden: Der Lizenznehmer steht kurz vor dem Abschluß der Erforschung eines neuartigen

Nicht ausreichend erscheint insoweit die Aufnahme der Klausel in das Widerspruchsverfahren, weil nach Ablauf der Widerspruchsfrist auftretende Entwicklungen, die die Aufrechterhaltung eines Konkurrenzverbotes als mißbräuchlich erscheinen lassen, nicht mehr von der Widerspruchsmöglichkeit erfaßt sind.
Angemessen erscheint es, einen Rücknahmevorbehalt für diese Fälle vorzusehen, jedoch die Klausel vorbehaltlich dessen freizustellen.

3. TTGFVO

a. Mindestmengenverpflichtung und „best endeavours“

Eine Vereinbarung über Midestlizenzgebühren, Mindestmengen oder eine Mindestzahl von lizenzpflichtigen Handlungen wird auch unter der TTGFVO als nicht wettbewerbsbeschränkend beurteilt[608]. Ebenso wird nach dieser Vorschrift ausdrücklich die Verpflichtung des Lizenznehmers behandelt, die bestmöglichen Anstrengungen bei der Herstellung und Vermarktung der Technologie zu unternehmen. Dies war in der Fassung der entsprechenden Vorschrift der KHGFVO nicht ausdrücklich vorgesehen. Damit wird unter der TTGFVO das bereits im Rahmen der Auslegung des Art. 2(1)9 und 3(9) KHGFVO gefundene Ergebnis klargestellt. Die bestmöglichen Anstrengungen des Lizenznehmers bei der Vermarktung gehören zur Vertrauensgrundlage für Vereinbarungen über den Transfer von Technologie.
Daneben wird die Verpflichtung des Lizenznehmers, die überlassene Technologie nach besten Kräften zu nutzen, in dieser allgemeinen Form von der weißen Liste erfaßt[609]. Nach der Definition der TTGFVO[610] umfaßt der Begriff der Nutzung jede Verwendung der überlassenen Technologie, insbesondere bei der Herstellung, beim aktiven oder passiven Verkauf in einem bestimmten Gebiet unabhängig von Produktionsvorgängen in diesem Gebiet oder durch Leasing der Lizenzerzeugnisse. Es darf gerätselt werden, wo genau der Unterschied zur in Art. 2(1)9 TTGFVO erwähnten bestmöglichen Anstrengung bei der Herstellung und Vermarktung des Lizenzerzeugnisses begründet liegt.

b. Wettbewerbsverbote

Auch unter der TTGFVO ist eine Vereinbarung nicht freistellungsfähig, wenn ein Vertragspartner in seiner Freiheit beschränkt wird, innerhalb des gemeinsamen Marktes in den Bereichen Forschung und Entwicklung, Herstellung oder Vertrieb mit dem anderen Vertragspartner oder dessen verbundenen Unternehmen in Wettbewerb zu treten[611]. Allerdings sind im Unterschied zur KHGFVO die Ausnahmetatbestände des Wettbewerbsverbotes nicht als „Anhang“ in die schwarze Liste eingearbeitet worden. Vielmehr sind sie unter der TTGFVO als Rechte des Lizenzgebers in die weiße Liste eingearbeitet worden. Es handelt sich um die bereits oben genannte „best-endeavours“-Klausel in ihrer allgemeinen Form[612] sowie um den Vorbehalt des Lizenzgebers, die dem Lizenznehmer eingeräumte Ausschließlichkeit zu beenden und Verbesserungen nicht mehr zu

---

pharmazeutischen Produktes; er benötigt allerdings noch die Mitarbeit von dritter Seite, um den Durchbruch zu erzielen. Dies wird ihm vom Lizenzgeber verwehrt.

608 Art. 2(1) Nr. 9 TTGFVO.

609 Art. 2(1) Nr. 17 TTGFVO.

610 Art. 10 Nr. 10 TTGFVO.

611 Art. 3 Nr. 2 TTGFVO.

612 Art. 2(1) Nr. 17 TTGFVO.

lizenzieren, falls der Lizenznehmer Wettbewerbshandlungen der oben genannten Art vornimmt[613]. Außerdem kann der Lizenzgeber fordern, daß der Lizenznehmer nachweist,[614] daß die überlassene Technologie nicht für die Herstellung anderer als der Lizenzerzeugnisse verwendet wird.

Die TTGFVO enthält in diesem Punkt eine erfreuliche redaktionelle Klarstellung. Eine inhaltliche Erweiterung der weißen Liste kann darin jedoch nicht gesehen werden.

Abschließend ist zu bemerken, daß sich unter der TTGFVO auch am Verhältnis von Wettbewerbsverbot und „best-endeavours"-Klauseln nichts geändert hat.
Wie bereits unter der KHGFVO[615], so ist auch unter der TTGFVO die Möglichkeit vorgesehen, die Freistellung zu widerrufen, wenn Mindestmengenverpflichtungen, Mindestgebühren oder die „best-endeavours"-Verpflichtung bewirken, daß der Lizenznehmer von der Verwendung konkurrierenden Technologien abgehalten wird und die Parteien bei Vertragsschluß konkurrierende Hersteller waren[616].
Grundsätzlich wird damit der Vorrang von „best-endeavours"-Klauseln vor dem Verbot des Wettbewerbsverbotes bestätigt. Nur in dem ausdrücklich aufgeführten Ausnahmefall soll die Kommission im Rahmen des Rücknahmeverfahrens die Möglichkeit haben, von dem Grundsatz abzuweichen.

VIII. Meistbegünstigungsklauseln

1. Formen

Meistbeguünstigungsklauseln werden üblicherweise in zwei Formen abgeschlossen [617].
Bei der ersten Gestaltungsmöglichkeit erhält der Lizenznehmer sukzessive alle diejenigen für ihn günstigeren Vertragsbedingungen vom Lizenzgeber zugesichert, die letzterer mit zeitlich später folgenden Lizenznehmer aushandelt.
Bei der zweiten Variante verpflichtet sich der Lizenzgeber direkt gegenüber dem ersten Lizenznehmer, keinem anderen Lizenznehmer günstigere Bedingungen einzuräumen, als die mit ihm vereinbarten.

2. Beurteilung unter den GFVOen

In beiden GFVOen[618] ist lediglich die erstgenannte Form ausdrücklich als nicht wettbewerbsbeschränkend eingestuft .

In der Entscheidungspraxis der Kommission[619] genießt ebenfalls nur die erstgenannte Form diese positive Beurteilung. Die zweite Form wurde als grundsätzlich

---

613 Art. 2(1) Nr. 18 TTGFVO:
614 Art. 2(1) Nr. 18 TTGFVO.
615 Art. 7(8) KHGFVO.
616 Art. 7(4) KHGFVO.
617 Brühl, Konditionenbindungsverbot, S. 81; Dreiss, Lizenzvertragssysteme, S.197; Brandi-Dohrn, BB 1982, S. 1082.
618 Art.2(1)11 PLGFVO; Art.2(1)10 KHGFVO.
619 Entscheidung der Kommission in Sachen Raymond/Nagoya, AblEG 1972, Nr. 13/, S. 1 f.

wettbewerbsbeschränkend bewertet[620], wobei jedoch die Kommission im konkreten Fall die Spürbarkeit nicht als feststellbar ansah, da es hier keinen Zwischenhandel und auch keine Zwischenhändler gab, die sich in anderen Teilen des gemeinsamen Marktes zu Lasten des Erstlizenznehmers günstiger bei anderen Lizenznehmern hätten versorgen können.

Dieser grundsätzlichen Einschätzung der Kommission ist in bezug auf die zweitgenannte Fallgestaltung nicht zu folgen.
Muß nach den GFVOen die Möglichkeit offenbleiben, dem nachfolgenden Lizenznehmer günstigere Bedingungen einzuräumen, als dem Erstlizenznehmer, so wird dieser in vielen Fällen nicht dazu bereit sein, eine Lizenz zu übernehmen, für die hohe Eingangsinvestitionen nötig und hohe Lizenzgebühren fällig sind. Folgende Lizenznehmer könnten dann bereits von den an den Lizenzgeber rücklizenzierten Verbesserungserfindungen profitieren und bräuchten zudem nur niedrigere Lizenzgebühren zu zahlen. Es ist sogar denkbar, daß der Erstlizenznehmer als Erstanwender maßgeblich an der Erarbeitung eines neuen Systems beteiligt ist, anhand dessen spätere Lizenznehmer sogar ausgebildet werden sollen. Der Erstlizenznehmer wird dann eine von den Artikel 2(1)11 PLGFVO und 2(1)10 KHGFVO nicht ausdrücklich erfaßte Lizenzgebühr zugesichert erhalten wollen, die sogar unter derjenigen für künftige Lizenznehmer liegt. Eine getrennte Vergütung wäre für diese Sonderleistung bei Beibehaltung der "regulären" Lizenzgebühr ohne weiteres möglich. Es ist daher nicht verständlich, warum nicht von vornherein eine niedrigere Lizenzgebühr vereinbart werden kann, als sie die später folgenden Lizenznehmer zahlen müssen. Erst recht muß unter diesem Aspekt auch eine Vereinbarung möglich sein, wonach sich der Lizenzgeber verpflichtet, anderen Lizenznehmern keine niedrigere Lizenzgebühr zu gewähren, als dem Erstlizenznehmer[621].
Die Haltung der Kommission sollte sich in einer vereinheitlichten GFVO in dem vorstehenden Sinne ändern..

3. TTGFVO

Auch unter der TTGFVO ist nur die erste Form der Meistbegünstigungsklausel in die weiße Liste aufgenommen worden[622].

IX. Angriffsverbote auf den Bestand der Rechte und Beistandsverpflichtungen

1. Angriffsverbote auf den Bestand der Rechte

a. Die Regelung der GFVOen

Beide GFVOen[623] stellen Lizenzvereinbarungen nicht frei, wenn dem Lizenznehmer untersagt wird, die Gültigkeit von Patenten des Lizenzgebers innerhalb des gemeinsamen Marktes anzugreifen. Die PLGFVO stellt insoweit zunächst unmittelbar nur auf die lizenzierten Patente ab.
Unter der PLGFVO sind nach der genannten Vorschrift zusätzlich Klauseln erfaßt, die es dem Lizenznehmer untersagen, gewerbliches und kommerzielles Eigentum des Lizenzgebers

620 Entscheidung der Kommission in Sachen Kabelmetall/Luchaire, AblEG 1975, Nr. L 222, S. 34 f.
621 Vgl. dazu auch Korah, Know-How-Licensing, S. 165.
622 Art. 2(1) Nr.10 TTGFVO.
623 Art.3(1) PLGFVO ; Art.3(4) KHGFVO.

bezüglich seiner Gültigkeit anzugreifen. Davon sind dann auch andere Patente des Lizenzgebers, als die lizenzierten erfaßt. Nicht davon erfaßt ist das Know-How des Lizenzgebers, ob lizenziert oder nicht lizenziert. Es stellt keine eigentumsfähige Rechtsposition gewerblicher oder kommerzieller Natur dar. Eine automatische Nichtfreistellung des Vertrages bei Vereinbarung einer Nichtangriffsverpflichtung bezüglich des Know-How des Lizenzgebers kommt also nicht in Betracht.
Unter der KHGFVO ist " neben" den Patenten - ob sie lizenziert sind oder nicht - naturgemäß auch das Know-How des Lizenzgebers vom Verbot der Nichtangriffsverpflichtung erfaßt. Die KHGFVO stellt auf den Geheimnischarakter des überlassenen Know-Hows ab. Diese Bestimmung ist allerdings im Zusammenhang mit Artikel 2(1)6, zweiter Halbsatz KHGFVO zu lesen, wonach das Recht des Lizenznehmers, den Geheimnischarakter zu bestreiten, nicht gilt, wenn er selber die Offenkundigkeit herbeigeführt hat.
Nicht vom Wortlaut der KHGFVO sind andere Schutzrechte gewerblichen oder kommerziellen Eigentums außer Patenten erfaßt. Es ist dargestellt worden[624], daß der Lizenznehmer kaum ein Interesse daran haben dürfte, ein starkes Warenzeichen anzugreifen (und bei zeichenrechtlichem Schutz kraft Verkehrsgeltung auch gar keine Möglichkeit dazu hat). Ausgeschlossen ist ein möglicher Angriff des Lizenznehmers auf Warenzeichen des Lizenzgeber ebensowenig, wie auf andere denkbare Schutzrechte. Ist eine entsprechende Verbotsklausel vereinbart worden, muß das Widerspruchsverfahren beschritten oder die Vereinbarung im Einzelfreistellungsverfahren angemeldet werden.
Die KHGFVO bestimmt weiterhin in Art. 3(4), daß das Recht des Lizenzgebers, den Vertrag im Falle eines Angriffs auf die Schutzrechte seitens des Lizenznehmers zu kündigen. Allerdings fehlt eine entsprechende Vorschrift in der weißen Liste. Daraus kann jedoch im Ergebnis nicht geschlossen werden, daß diese Kündigungsklausel ins Widerspruchsverfahren verwiesen wird. Art. 3(4) spricht klar von einem Kündigungsrecht des Lizenzgebers. Dies ist systematisch nicht sauber.

b. Gemeinsame Regeln und Auslegungsgrundsätze

Alle Verbote von Nichtangriffsklauseln bezüglich gewerblicher Schutzrechte stellen ab auf die Gültigkeit des Rechtes[625]. Nicht unter die Verbotswirkung hingegen fallen Nichtangriffsklauseln bezüglich der Eigentümerstellung des Lizenzgeber. Dies geht sowohl aus dem Wortlaut der GFVOen hervor, als auch aus der Entscheidung der Kommission in Sachen Moosehead/Whitbread [626]. Hintergrund ist der Verbotszweck der Vorschriften, der in der Offenhaltung der Möglichkeit eines Angriffs auf die Gültigkeit der Schutzrechte besteht, um die allgemeine Zugänglichkeit der Technologie zu sichern und nicht gerechtfertigten Monopolgebrauch des Schutzrechtsinhabers zu verhindern.
Das öffentliche Interesse an der Vernichtung zu Unrecht erteilter Patente überwiegt nach Ansicht der Kommission jedes andere Interesse. Ein Angriff auf die Eigentümerstellung beeinträchtigt hingegen nicht die gesetzliche Ausschlußmöglichkeit Dritter, und zwar durch den rechtmäßigen Eigentümer. Das Recht an sich besteht nicht zu Unrecht, es ist nur dem "falschen" Eigentümer zugesprochen worden.

---

624 Wiedemann , Kommentar GFVO 556/89, Art.3, Rdnr. 17.

625 Nach der Entscheidungspraxis ist dies nicht mehr vom Inhalt des Schutzrechtes erfaßt (Art.36 EGV). Es handelt sich um eine über die Garantie des Art.36 EGV hinausgehende Beschränkung des zwischenstaatliche Handels und des Wettbewerbes. Siehe Entscheidung der Kommission in Sachen AOIP/Beyrard, AblEG 1976, Nr. L 6/8 f. Siehe auch :Frhr.v.Maltzahn, Festschrift für v.Gamm,S. 597 f (606), sowie Venit, IIC 1987, S. 1 f (27 f).

626 AblEG 1990, Nr. L 100, S. 32 f, Tz.15.4.

Angriffsverbote auf Schutzrechte des Lizenzgebers in Drittstaaten sind hingegen nicht von den Verbotsvorschriften erfaßt. Dies geht aus dem Wortlaut der genannten Vorschriften hervor, die sich ausdrücklich auf das Gebiet des gemeinsamen Marktes beziehen.

Gemeinsam ist den Regelungen weiterhin, daß sie das Recht des Lizenzgebers, den Vertrag im Falle eines tatsächlichen Angriffs seitens des Lizenzgebers auf die Schutzrechte zu kündigen, unberührt lassen. Es handelt sich hierbei um eine Gestaltungsmöglichkeit, die nicht ausdrücklich in den weißen Listen vorgesehen ist. Da aber hier vom "Recht" des Lizenzgebers gesprochen wird, ist davon auszugehen, daß die ergänzende Aufnahme der Möglichkeit in die weiße Liste über die Festlegung ihres nicht abschließenden Charakters vorgesehen ist.

c. Die Haltung von Kommission und EuGH zu nicht von den GFVOen erfaßten Fällen und zu Ausnahmefällen.

Für die Beurteilung von gemischten Vereinbarungen, die nicht von den GFVOen oder dem Widerspruchsverfahren erfaßt werden, ist die Beachtung des Beurteilungsmaßstabes der Kommission zweckmäßig. Ebenso sind Ausnahmefällle aufgetreten, in denen die Beurteilung nach der schwarzen Liste nicht haltbar erschien.
Das öffentliche Interesse an der Vernichtung zu Unrecht erteilter Patente überwiegt grundsätzlich nach Ansicht der Kommission jedes andere Interesse auch dann, wenn die Nichtangriffsklausel im Rahmen eines Prozeßvergleiches zur Beilegung eines Rechtsstreites über die Gültigkeit eines Patentes geschlossen wurde[627]. Allerdings wird die Kommission in einer vom EuGH entschiedenen Sache[628] mit der Auffassung zitiert, in einem solchen Fall sei eine Nichtangriffsverpflichtung mit Artikel 85 Absatz 1 EGV vereinbar, wenn ernsthafte Zweifel an der Vernichtbarkeit des Patentes bestünden und der Vertrag keine anderen wettbewerbsbeschränkenden Klauseln enthalte. Die Nichtangriffsverpflichtung darf sich nur auf streitbefangene Patente beziehen [629].
In der genannten Sache stellte der EuGH jedoch für die Beurteilung des Vorliegens einer Wettbewerbsbeschränkung auf den rechtlichen und wirtschaftlichen Zusammenhang ab [630]. Er lehnte damit im vorliegenden Fall das Vorliegen einer Wettbewerbsbeschränkung ab, da die Lizenz kostenlos sei, und der Lizenznehmer keinen Wettbewerbsnachteil durch den Bestand des Patentes erleide. Aber auch bei Vorliegen einer Gebührenzahlungspflicht sei kein Verstoß gegen Artikel 85 Absatz 1 EGV festzustellen, wenn es sich um ein technisch überholtes patentiertes Verfahren handele, von dem der Lizenznehmer keinen Gebrauch gemacht hatte. Außerdem müsse in jedem Falle die Spürbarkeit geprüft werden.
Der EuGH läßt damit eine Anzahl von Fragen zu dem Themenkreis offen, in welchen rechtlichen oder wirtschaftlichen Zusammenhängen im Rahmen eines Prozeßvergleiches die

---

627 Kommission in Sachen Vaessen/Morris, AblEG 1979, L 19/32 ff.

628 EuGH Slg. 1988, S. 5281 f (Bayer/Süllhofer).

629 Siehe zu den vorstehende Erwägungen Frhr.v.Maltzahn, Festschrift für v.Gamm, S.597 f (608 f). Nach den dortigen Darlegungen geht die Kommission davon aus, daß eine rigide Handhabung des Verbotsgrundsatzes im Rahmen von Prozeßvergleichen dazu führt, daß die Parteien bis zum bitteren Ende prozessieren müssen und sich nicht vergleichen können. Es sei unwahrscheinlich, daß sich ein Patentinhaber darauf einlasse, einen Patentverletzungsprozeß vergleichsweise zu beenden, wenn im Rahmen des Vergleiches nicht sichergestellt sei, daß künftige Angriffe auf die streitbefangene Erfindung unterblieben. Eine Nichtangriffsverpflichtung setze ernsthafte Zweifel an der Vernichtbarkeit des Patentes voraus, da es unzulässig sei, einen Rechtsstreit über ein offensichtlich unwirksames Patent zu führen und diesen Rechtsstreit durch die vergleichsweise Teilung eines Patentmonopols zu beenden.

630 In diesem Sinne auch EuGH Slg. 1986, S. 643 f (Windsurfing International).

Verpflichtung zulässig oder verboten ist[631]. Zum einen stellt der EuGH lediglich auf die Position des Lizenznehmers, nicht aber auf die Situation aller anderen Wettbewerber ab, die durch den unter Umständen weiteren ungerechtfertigten Bestand des Patentes beeinträchtigt sein kann. Außerdem bleiben Zeitpunkt und Zeitspanne offen, in denen der Lizenznehmer von der Erfindung keinen Gebrauch gemacht haben darf. Die Wirksamkeit der Vereinbarung wird ohne eine nähere Bestimmung maßgeblich vom Verhalten des Lizenznehmers abhängig gemacht.
Unklar ist weiterhin, ob die Voraussetzungen des technisch überholten Verfahrens und der Nichtbenutzung durch den Lizenznehmer kumulativ vorliegen müssen, oder alternativ[632] vorliegen können.
Offen ist weiterhin, wann ein Verfahren als technisch überholt zu bewerten ist.
Die Kommission dürfte jedenfalls bestrebt sein, die Voraussetzungen restriktiv auszulegen. Sie sollte versuchen, einen Ausgleich zwischen dem Interesse an der Beseitigung zu Unrecht bestehender Schutzrechte und dem Interesse an der Herstellung des Rechtsfriedens im Rahmen von Prozeßvergleichen herbeizuführen.

d. Vergleich der GFVOen und Forderung

Unter PLGFVO sind von der Nichtfreistellung nicht erfaßt Nichtangriffsklauseln über das mitlizenzierte Know-How. Unter der KHGFVO fällt es naturgemäß darunter.
Unter dem Nichtfreistellungstatbestand der KHGFVO sind Nichtangriffsklauseln über andere geistige Schutzrechte als Patente nicht ausdrücklich miterfaßt. Unter der PLGFVO unterfallen sie ausdrücklich dem Verbot[633].
Die KHGFVO eröffnet die Möglichkeit, Nichtangriffsklauseln bezüglich mitlizenzierter geistiger Schutzrechte im Widerspruchsverfahren zu prüfen.

Von Bedeutung ist dieses Verfahren insbesondere für Nichtangriffsklauseln hinsichtlich mitlizenzierter Warenzeichen. In der Entscheidung der Kommission in Sachen Moosehead/Whitbread[634] ist die Tendenz der Kommission deutlich geworden, im Rahmen solcher Vereinbarungen eine wettbewerbsrechtliche Bewertung anhand der wirtschaftlichen Auswirkungen im Einzelfall vorzunehmen.

In diesem Sinne ist z.B. vertreten worden[635], daß die Verpflichtung des Lizenznehmers, Prioritätsansprüche hinsichtlich des Warenzeichens geltend zu machen, keine Wettbewerbsbeschränkung beinhalte. Der Lizenznehmer erscheine kartellrechtlich nicht schutzwürdig. Auch andere potentielle Nutzer des Warenzeichens hätten im Falle eines erfolgreichen, auf Prioritätserwägungen beruhenden Angriffs noch lange nicht die Möglichkeit, das Warenzeichen (unentgeltlich) zu nutzen.

---

631 Zusammenfassend Frhr.v.Maltzahn, Festschrift für v.Gamm, aaO, S.612 f.

632 Nichtvorliegen einer Wettbewerbsbeschränkung bei Nutzung eines überholten Verfahrens durch den Lizenznehmer? Vorliegen einer Wettbewerbsbeschränkung bei Nichtgebrauch eines fortschrittlichen Verfahrens?

633 Allerdings besteht angesichts der von der Kommission und vom EuGH grundsätzliche geäußerten Einschätzung nur eine Chance zur Freistellung der nicht direkt von der schwarzen Liste erfaßten Fälle einer Nichtangriffsklausel unter den dargestellten Ausnahmebedingungen.

634 AblEG 1990, Nr. L 100, S.32 f.

635 Joliet, La Licence de Marque, S. 54.

In Verallgemeinerung dieser Überlegung sollten Nichtangriffsklauseln als nicht wettbewerbsbeschränkend beurteilt werden, sofern sie nicht auf die Vernichtung des Schutzrechtes gerichtet sind[636].

e. TTGFVO

In der TTGFVO ist die Nichtangriffsklausel nicht mehr in der schwarzen Liste aufgeführt. Sie wird vielmehr in Artikel 4 Absatz 2 b TTGFVO als eine Klausel behandelt, die typischer Weise dem Widerspruchsverfahren vorbehalten ist. Eine solche Klausel ist also weder ausdrücklich freigestellt, noch steht sie einer Freistellung ausdrücklich entgegen.
Von Artikel 4 Absatz 2b TTGFVO wird neben dem Angriffsverbot auf die Gültigkeit der lizenzierten Patente und dem Geheimnischarakter des Know-How auch der Wesentlichkeitscharakter des Know-How erfaßt. Insofern ist die Bestimmung unter der TTGFVO weiter gefaßt, als diejenige unter der KHGFVO.
Nicht in die TTGFVO übernommen wurde der Passus aus Artikel 2 Absatz 1 Nr. 6 KHGFVO, wonach das Angriffsrecht des Lizenznehmers nicht gilt, wenn er zur Preisgabe des Geheimnischarakters des Know-How beigetragen hat. Dies ist dadurch zu erklären, daß unter der TTGFVO die Angriffsmöglichkeit des Lizenznehmers nicht mehr ausdrücklich als dessen Recht ausgestaltet ist. Vielmehr ist eine Freistellung eines Angriffsverbots im Widerspruchsverfahren möglich. Sollte die Kommission dort im Einzelfall zu dem Ergebnis kommen, daß das Angriffsverbot grundsätzlich nicht zulässig ist, so wird sie dem Lizenznehmer das daraus folgende Angriffsrecht nur einräumen, wenn er den Verlust des Geheimnis- bzw. Wesentlichkeitscharakters nicht (mit)herbeiführt.

Darüber hinaus enthält Artikel 2 Absatz 1 Nr.15 TTGFVO das Kündigungsrecht des Lizenzgebers für den Fall, daß der Lizenznehmer die Gültigkeit lizenzierter Patente oder den Geheimnis- bzw. Wesentlichkeitscharakter überlassenen Know-Hows angreift. Diese im Verhältnis zur KHGFVO erfolgte Klarstellung wurde notwendig wegen der Streichung der Klausel aus der Schwarzen Liste. Unter der KHGFVO war das Kündigungsrecht systemfremd in der schwarzen Liste mitgeregelt. Insofern handelt es sich um eine lediglich optische Aufbesserung der schwarzen Liste.

Diese Behandlung von Nichtangriffsklauseln im Widerspruchsverfahren erlauben der Kommission, neben den in EG 25 der TTGFVO aufgeführten Bewertungskriterien[637] auch auf die oben unter c. angesprochenen Fragen[638] einzugehen.

2. Beistandsverpflichtungen

a. Die Regelungen der GFVOen

Sowohl die PLGFVO[639], als auch die KHGFVO[640] bestimmen, daß der Lizenznehmer verpflichtet werden kann, den Lizenzgeber bei der Verfolgung von Verletzungen der

636 Eine entsprechende Ergänzung ist auch in TTGFVO nicht erfolgt.

637 Es handelt sich insbesondere um die Schätzung der Marktstruktur und des Marktanteils des Lizenznehmers, die auf sofort erhältlichen Informationen beruhen.

638 Zusammengefaßt handelt es sich um den jeweiligen rechtlichen und wirtschaftlichen Zusammenhang, um die Frage, ob das Verfahren technisch überholt ist und die Zulässigkeit zur Herstellung des Rechtsfriedens im Rahmen eines Prozeßvergleichs.

639 Art.2(1)8 PLGFVO.

640 Art.2(1)6 KHGFVO.

lizenzierten Patente durch Dritte zu unterstützen. Im einzelnen kann der Lizenznehmer verpflichtet werden, Fälle von Verletzungen der lizenzierten Patente dem Lizenzgeber anzuzeigen, gegen eine solche Verletzung direkt gerichtlich vorzugehen, oder den Lizenzgeber bei einem solchen gerichtlichen Vorgehen seitens des Lizenzgebers Beistand zu leisten.
Die KHGFVO bezieht diese mögliche Verpflichtung auch auf die unrechtmäßige Nutzung des überlassenen Know-Hows. Es wird in diesem Zusammenhang vertreten[641], daß die Rechtmäßigkeit der Nutzung von Know-How mangels Schutzrechtseigenschaft alleine durch die Übereinstimmung mit nationalen Schutzmöglichkeiten für Know-How bestimmt wird. Diese Auffassung erscheint jedoch zu eng. Es ist auch daran zu denken, daß der Lizenznehmer ihm bekannt werdende Vertragsverletzungen anderer Lizenznehmer im Hinblick auf deren Geheimhaltungsverpflichtung dem Lizenzgeber anzeigen muß, da Geheimhaltung das einzig wirksame Schutzkonzept für Know-How darstellt.

Damit gewährt die KHGFVO durch die Einbeziehung von Patenten und Know-How für gemischte Verträge die größeren Gestaltungsmöglichkeiten. Angesichts des wettbewerbsneutralen Charakters[642] der Verpflichtung dürfte aber auch eine Freistellung im Rahmen des Widerspruchsverfahrens unter der PLGFVO bei der Einbeziehung von Know-How unproblematisch sein[643].

Die GFVOen beziehen nicht lizenzierte Technologie und andere Schutzrechte nicht mit in die Freistellung ein. Dem Lizenznehmer soll keine generelle "Aufpasserfunktion" aufgebürdet werden.

b. Einschränkung der Gestaltungsmöglichkeit

Beschränkt wird diese Gestaltungsmöglichkeit allerdings durch Artikel 3(11b) PLGFVO bzw. Artikel 3(10) KHGFVO. Danach ist die Freistellung ausgeschlossen, wenn ein Vertragspartner verpflichtet ist, "die Möglichkeit der Verbraucher oder Wiederverkäufer zum Bezug der Erzeugnisse bei anderen Wiederverkaufen innerhalb des gemeinsamen Marktes zu erschweren". In erster Linie bezieht sich diese Vorschrift darauf, daß Parallelimporte auf unteren Vertriebsstufen gewährleistet sein müssen[644]. Der EuGH hat zwar durch ihn entwickelte Erschöpfungslehre[645] den Wert von geistigen Schutzrechten im Hinblick auf den Handel relativiert, nicht jedoch im Hinblick auf die Herstellung von Produkten unter Einbeziehung patentierter Technologie ohne das Einverständnis des Patentinhabers[646]. Eine Verfolgungsmaßnahme darf also nicht mißbräuchlich zur Beschränkung des Handels eingesetzt werden.

Beide GFVOen stellen ihre Gewährungen unter die Voraussetzung, daß das Recht des Lizenznehmers, das lizenzierte Patent anzugreifen, nicht berührt wird. Unter der KHGFVO muß zusätzlich die Möglichkeit gewahrt bleiben, den Geheimnischarakter des überlassenen

---

641 Wiedemann, Kommentar GFVO 2349/84, Art.2, Rdnr. 44.

642 Wiedemann, Kommentar GFVO 2349/84, Art.2, Rdnr. 25.

643 Es ist allerdings eine zeitliche Verzögerung von 6 Monaten bis zum Ausbleiben des Widerspruchs einzukalkulieren.

644 Siehe dazu die in das Kapitel "Exclusivvereinbarungen", Teil II, A I, 2 h und i, eingearbeiteten Erläuterungen.

645 Siehe dazu oben, Teil I, C I, 2 c.

646 Abgesehen von den mittlerweile als überholt anzusehenden Grundsätzen des EuGH in Sachen Van Zuylen/Hag, EuGH Slg. 1974, S. 731 f.

Know-How anzugreifen, es sei denn, daß der Lizenznehmer selber zur Preisgabe des Know-How beigetragen hat. Insoweit ist auf die Ausführungen zu Beginn dieses Abschnittes zu verweisen.

c. Vergleich

Die KHGFVO bezieht im Falle einer gemischten Vereinbarung die Möglichkeit ein, den Lizenznehmer neben der Verfolgung von Patentverletzungen durch Dritte auch zur Verfolgung von nicht rechtmäßig genutzten Know-How zu verpflichten. Die PLGFVO beschränkt sich insofern auf Patentverletzungen.

d. TTGFVO

Die Regelungen der TTGFVO über Beistandsverpflichtungen entsprechen weitgehend denjenigen der KHGFVO. Gemäß Artikel 2 Absatz 1 Nr. 6 TTGFVO kann der Lizenznehmer verpflichtet werden, dem Lizenzgeber Schutzrechtsverletzungen und den unbefugten Gebrauch des Know-How anzuzeigen und ihm bei der Verfolgung seiner Rechte Beistand zu leisten. Allerdings ist die in der KHGFVO enthaltene Einschränkung weggefallen, daß das Recht des Lizenznehmers zum Angriff auf den Bestand der Schutzrechte oder des Geheimnischarakters des Know-How nicht beeinträchtigt werden darf. Es ist bereits ausgeführt worden, aus welchem Grund ein solches Recht unter der TTGFVO nicht ausdrücklich vorgesehen ist.

X. Hinweis auf den Erfinder und Lizenzgeber und Führung von Warenzeichen

1. Hinweispflicht auf den Lizenzgeber und die Technologie

Beide GFVOen enthalten Bestimmungen in ihren weißen Listen zu der Frage, ob der Lizenznehmer verpflichtet werden kann, auf dem lizenzierten Gegenstand einen Hinweis auf den Lizenzgeber anzubringen.
Unter Artikel 2(1)6 der PLGFVO darf der Lizenznehmer verpflichtet werden, auf dem Lizenzprodukt[647] einen Vermerk über den Patentinhaber, das lizenzierte Patent oder die Patentlizenzvereinbarung anzubringen.
Unter Artikel 2(1)11 der KHGFVO kann der Lizenznehmer verpflichtet werden, einen Vermerk auf dem Vertragserzeugnis über den Know-How- Geber anzubringen.

Für gemischte Vereinbarungen ist es interessant zu wissen, ob unter der KHGFVO auch ein Hinweis auf den Patentinhaber, das lizenzierte Patent, oder die Patentvereinbarung und ob unter der PLGFVO ein Hinweis auf den Know-How Geber erlaubt ist.

Unter der KHGFVO ist über den Begriff der Vertragserzeugnisse durch die in Artikel 1(1)9 und 1(1)7 enthaltenen Definitionen zumindest das lizenzierte Patent an sich angesprochen. Das Vertragserzeugnis wird in Art 1(1)9 KHGFVO definiert als Ware oder Dienstleistung, "deren Herstellung oder Erbringung die Verwendung der überlassenen Technologie erfordert". Das Merkmal der überlassenen Technologie wiederum bezieht nach der Definition in Artikel 1(1)7 Satz 2 KHGFVO im Fall gemischter Vereinbarungen sowohl Patente als auch Know-How mit ein. Diese Einbeziehung bleibt nicht ohne Auswirkung auf den Begriff "Know-

647 Eine Definition des Begriffs "Lizenzprodukt" findet sich in EG 10 der PLGFVO und zwar als Erzeugnis, das Gegenstand des lizenzierten Patentes ist oder das unmittelbar aus dem lizenzierten Verfahren hervorgeht .

How- Geber". Insofern ist in der KHGFVO selber das Potential des "reinen" Know-How Gebers zum umfassenden Technologiegeber angelegt, und der Begriff des Know-How Gebers muß insoweit einer weiten Auslegung zugänglich sein. Es ist daher davon auszugehen, daß es sich bei der Verwendung des Begriffs lediglich um eine redaktionelle Vereinfachung handelt, um nicht auf umständliche und tautologische Formulierungen wie "Hinweis auf den Lizenzgeber der überlassenen Technologie" ausweichen zu müssen [648].
Noch nicht geklärt ist damit jedoch, ob auch Hinweise auf die Patente selber oder die Lizenzvereinbarung erlaubt sind. Dafür spricht zum einen der nicht abschließende Charakter der weißen Liste. Hinzu kommt, daß die KHGFVO für gemischte Verträge von dem Bild ausgeht, daß unter anderem auch notwendige Patente lizenziert werden können[649]. Angesichts ihrer Bedeutung für die Technologie hat der Lizenzgeber ein etwa gleich großes Interesse an einem entsprechenden Vermerk, wie bei reinen Patentlizenzvereinbarungen. Damit sind unter der KHGFVO auch Hinweise auf lizenzierte Patente möglich.

Umgekehrt bleibt die Frage, ob dem Lizenznehmer unter der PLGFVO auch ein Hinweis auf den Lizenzgeber in seiner Eigenschaft als Erfinder der mitlizenzierten, nicht patentierten Technologie erlaubt ist. Angesichts des Wortlautes, der ausschließlich auf Patente Bezug nimmt, erscheint dies ausgeschlossen. Es erscheint auch nicht gerechtfertigt, dem Lizenzgeber im Rahmen eines gemischten Vertrages unter der PLGFVO neben den hier zwangsläufig notwendigen Patenten zusätzlich einen Hinweis auf mitlizenziertes Know-How zu ermöglichen. Hält der Lizenzgeber dies für unbedingt erforderlich, so mag er mit dem Widerspruchsverfahren Vorlieb nehmen.
Fällt also eine gemischte Vereinbarung mit notwendigen Patenten unter den Anwendungsbereich der KHGFVO, so erfährt sie hier bezüglich der Möglichkeit, dem Lizenznehmer auch eine Hinweispflicht auf das involvierte Know-How aufzuerlegen, eine größzügigere Behandlung, als unter der PLGFVO.

2. Recht auf Hinweis der Herstellereigenschaft seitens des Lizenznehmers

Soweit unter der PLGFVO die Möglichkeit einer Hinweispflicht auf den Lizenzgeber oder die Patente genutzt wird, muß nach EG 10 der PLGFVO dem Lizenznehmer im Gegenzug die Möglichkeit eingeräumt werden, einen Hinweis auf seine Herstellereigenschaft anzubringen.
Mangels einer entsprechenden Regelung unter der KHGFVO liegt allerdings für den Fall ihrer Anwendbarkeit der Schluß nahe, daß dieses Erfordernis als unabdingbare Voraussetzung für eine positive Bewertung nach Artikel 2(1)11 entfallen ist. Dies mag daran liegen, daß auch der Lizenzgeber ohnehin in aller Regel ein starkes Interesse an der Nennung des Produzenten hat, auf den er im Falle wirtschaftlicher oder technischer Mißerfolge verweisen kann.
Die KHGFVO ist also auch in diesem Punkt großzügiger ausgestaltet.
Allerdings darf der Lizenznehmer im Falle der Bestimmung eines Warenzeichens durch den Lizenzgeber nicht an der Anbringung eines Hinweises auf seine Herstellereigenschaft gehindert werden. (Artikel 1(1)7 KHGFVO). Angesichts dieser Freistellungsregelung bedürfte es außerhalb der Regelung des Artikel 1(1)7 im Zusammenhang mit der hier diskutierten Regelung für ein Verbot des Hinweises auf die Herstellereigenschaft beachtlicher Rechtfertigungsgründe, und zwar im Rahmen des Widerspruchsverfahrens.

---

648 Unscharf insofern Wiedemann, Kommentar, GFVO 566/89, Art.2, Rdnr.62, wo pauschal unter Verweisung auf die Definition des Begriffs "Vertragserzeugnis" die Anwendbarkeit der genannten Vorschrift auch auf Patente bezogen wird .

649 Siehe dazu oben, Teil I, C II, 2 und 4.

3. TTGFVO

Unter der TTGFVO ist nunmehr klargestellt, daß der Lizenznehmer verpflichtet werden kann, den Namen des Lizenzgebers oder die Nummer des lizenzierten Patentes auf dem Lizenzerzeugnis zu vermerken[650]. Auslegungsprobleme, wie unter KHGFVO und PLGFVO gibt es hier nicht mehr.
Bei Verwendung das Warenzeichens des Lizenzgebers darf der Lizenznehmer auch unter der TTGFVO nicht daran gehindert werden, auf seine Herstellereigenschaft hinzuweisen.

XI. Geheimhaltungsverpflichtungen

1. Die GFVOen

In beiden GFVOen[651] ist die Verpflichtung des Lizenznehmers, das vom Lizenzgeber mitgeteilte technische Wissen geheim zu halten, als nicht wettbewerbsbeschränkend beurteilt. Dies gilt sowohl während, als auch nach der Laufzeit des Vertrages.
In erster Linie ist damit das unter beiden GFVOen behandelte nicht patentierte technische Wissen angesprochen[652]. Es ist aber auch vertreten worden[653], rein kommerzielles Know-How unter die Wirkung der zitierten Bestimmungen in den weißen Listen fallen zu lassen. Zum einen sei die Liste des Artikel 2 nicht erschöpfend, zum anderen sei jegliche Bestimmung , die vertrauliche Informationen schütze, nicht vom Anwendungsbereich des Artikels 85 Absatz 1 EGV erfaßt. Das zweitgenannte Argument wird gestützt auf die Gründe der EuGH-Entscheidung in Sachen "Pronuptia"[654], wo generell Klauseln als nicht wettbewerbsbeschränkend angesehen wurden, die den Lizenzgeber unterstützen, das Know-How geheim zu halten und es nicht dem Zugriff von Wettbewerbern preiszugeben.

Daß diese Verpflichtung nur solange gelten darf, wie das Know-How auch tatsächlich geheim ist, geht unter beiden GFVOen aus der Definition des Know-How als -neben anderen Anforderungen- vor allem geheimes Wissen hervor[655]. Auch die Kommission ging in Sachen Kabelmetall/Luchaire[656] davon aus, daß diese Klausel nur für die Zeit des Fortbestandes des Geheimnischarakters der Technologie vereinbart werden darf. Dabei ist für den Geheimnischarakter nicht darauf abzustellen, ob das technische Wissen theoretisch erhältlich ist, sondern ob es als Lösung technischer Problemlagen nicht allgemein bekannt ist und damit einen gewissen kommerziellen Wert hat.

2. TTGFVO

Die Beurteilung der Geheimhaltungsverpflichtung unter der TTGFVO[657] entspricht exakt derjenigen unter der KHGFVO. Der Geheimnischarakter des Know-How darf umfassend geschützt werden, auch nach Vertragsende.

---

650 Art. 2(1) Nr. 11 TTGFVO.

651 Art.2(1)7 PLGFVO/Art.2(1)1 KHGFVO.

652 Siehe EG 9 PLGFVO , wo es als geheimes technisches Wissen bezeichnet wird , das zur besseren Nutzung der Technologie beiträgt. Siehe auch Art. 1(1)7 KHGFVO.

653 Korah, Know-How-Licensing, S.133.

654 EuGH Slg. 1986, S.374 f.

655 EG 9 PLGFVO / Art.1(1)7 KHGFVO.

656 AblEG 1975, Nr. L 222, S. 34.

657 Art. 2(1) Nr. 1 TTGFVO.

XII. Unterlizenzierung

1. Die GFVOen

In beiden GFVOen[658] wird eine dem Lizenznehmer auferlegte Verpflichtung, keine Unterlizenzen zu erteilen und die Lizenz nicht abzutreten, als nicht wettbewerbsbeschränkend behandelt. Ebenso dürfte eine Verpflichtung des Lizenznehmers darunter fallen, eine Unterlizenz nur mit Zustimmung des Lizenzgebers erteilen zu dürfen Es dürfte sich nach Artikel 2(2)2 KHGFVO und Artikel 2(3)9 PLGFVO um eine Verpflichtung mit weniger weitem Umfang handeln.
Unklar und kaum beachtet ist allerdings die Frage, ob die positive Beurteilung an den Zweck gebunden ist, die Vertraulichkeit der Information zu schützen.
Die GFVOen selber enthalten ebensowenig Hinweise dazu, wie ihre EGe.
Dagegen spricht die in Sachen Delta Chemie/DDD[659] ausgedrückte generelle Haltung der Kommission, daß der Inhaber eines Rechtes alleine berechtigt ist zu bestimmen, wem die Technologie zugänglich gemacht werden soll.
Dafür spricht allerdings, daß die Kommission in einer informellen Entscheidung[660] eine solche Vereinbarung als wettbewerbsbeschränkend eingestuft hat, da sie dazu geeignet war, Markt- bzw. Kundenaufteilungen zu bewirken. Es ging darum, daß Unterlizenzen für eine bestimmte Technologie nur zu militärischen Zwecken, nicht aber zu zivilen Zwecken erteilt werden durften. Es ist insoweit zumindest eine Einschränkung der Freiheit zum Verbot oder zur Genehmigung von Unterlizenzen zu erkennen.
Ein weiteres Argument für die restriktive Auslegung dieser Vorschrift bietet ihre systematische Stellung. Sie ist unmittelbar hinter der Klausel angesiedelt, welche die Vertraulichkeit der Information durch Geheimhaltung schützt. Daraus läßt sich zwar direkt keine Beschränkung entnehmen; es spricht jedoch dafür, daß die Vorschriften in einem inneren Zusammenhang stehen und der Schutz der Vertraulichkeit der Information Hauptmotiv für das Verbot oder den Genehmigungsvorbehalt der Unterlizenzierung sind.

Die systematische Einordnung der Vorschrift alleine läßt noch keinen sicheren Rückschluß auf das Gebot ihrer einschränkenden Auslegung zu.
Es ist jedoch auch die Tendenz bei der Kommission erkennbar, daß diese Klausel nicht dazu geeignet sein darf, eklatant wettbewerbsbeschränkende Wirkungen herbeizuführen, oder daß sie dies gerade bezweckt.

2. TTGFVO

Die Beurteilung des Unterlizenzierungsverbotes unter der TTGFVO[661] entspricht exakt derjenigen unter der KHGFVO. Die die unter der KHGFVO aufgetretenen Auslegungsprobleme sind unter der TTGFVO nicht beseitigt worden.

---

658 Art.2(1)5 PLGFVO / Art.2(1)2 KHGFVO.

659 AblEG 1988, Nr. L 309, S. 34 f, Tz.36.

660 Kommission in Sachen "Suralmo" , 9.Wettbewerbsbericht, 1980, Tz..72.

661 Art. 2(1) Nr. 1 TTGFVO.

XIII. Weitere Regelungen unter der TTGFVO

In die weiße Liste der TTGFVO sind zwei in den GFVOen bislang nicht benannte Klauseln eingearbeitet worden. Es handelt sich um die Möglichkeit des Lizenzgebers, sich vorzubehalten,

- Rechte aus dem Patent geltend zu machen, um gegen die Nutzung der Technologie außerhalb des Vertragsgebietes durch den Lizenznehmer vorzugehen[662],
- die Lizenzvereinbarung über ein Patent zu beenden, wenn der Lizenznehmer geltend macht, daß ein Patent nicht notwendig ist[663].

Teil III Ergebnisse und Ausblick

A. Vergleich von PLGFVO und KHGFVO

Zunächst erfolgt eine Zusammenstellung der jeweils großzügigeren Regelungen unter den GFVOen.

I. Großzügigere Regelungen unter der PLGFVO

Die PLGFVO erweist sich in den folgenden Punkten für den Anwender großzügiger als die KHGFVO.

1. Rücklizenzierungsvereinbarungen

Zum einen werden Rücklizenzierungsvereinbarungen über Verbesserungserfindugen unter der PLGFVO großzügiger behandelt, als unter der KHGFVO.
Was die schwarze Liste anbelangt, so ist unter der KHGFVO eine Anzahl von Vertragsklauseln erfaßt, die unter der PLGFVO nicht erfaßt sind. Gemeinsam wird unter den GFVOen lediglich das Verbot der Abtretung von Verbesserungserfindungen vom Lizenznehmer an den Lizenzgeber erfaßt.
Was die weiße Liste anbelangt, wird unter der KHGFVO die Rücklizenzierungspflicht lediglich als nicht wettbewerbsbeschränkend beurteilt, wenn

- bei Trennbarkeit der Verbesserungserfindung vom ursprünglichen Know-How

  -- der Lizenznehmer nicht daran gehindert wird, seine eigenen Erfindungen zu nutzen oder sie an Dritte zu lizenzieren, vorausgesetzt, daß das ursprünglich lizenzierte Know-How geheim bleibt

  und

  -- das Nutzungsrecht des Lizenzgebers an den Verbesserungen nicht über die Dauer der Lizenzierung des ursprünglichen Know-How hinausgeht,

oder wenn

- bei Trennbarkeit der Verbesserungserfindung vom ursprünglichen Know-How

---

662 Art. 2(1) Nr. 14 TTGFVO.
663 Art. 2(1) Nr. 16 TTGFVO.

-- der Lizenznehmer für die nachvertragliche Nutzung der Verbesserung eine Gegenleistung erhält.

2. Verlängerung des Territorialschutzes

Zum anderen kann unter der PLGFVO der Territorialschutz verlängert werden durch die Hinzufügung weiterer Patente im Rahmen eines konstanten Technologieflusses, vorausgesetzt, daß jede Partei das Recht hat, die Vereinbarung mindestens jährlich nach Ablauf der lizenzierten Patente zu kündigen. Ist die Kündigungsmöglichkeit nicht gewährleistet, ist die Vereinbarung allerdings nicht freistellungsfähig.

3. Beginn der Frist für das Verbot passiven Wettbewerbes

Außerdem beginnt die 5-Jahresfrist für die Freistellung des Verbotes des passiven Wettbewerbes bzw. der passiven Verkäufe erst, wenn das Lizenzprodukt das erste Mal innerhalb des gemeinsamen Marktes in Umlauf gebracht wurde. Die PLGFVO bietet Vorteile, wenn der Lizenzgeber das Produkt nicht bereits vor der ersten Lizenzierung selber auf den Markt gebracht hatte.
Die KHGFVO stellt insofern auf den Zeitpunkt des Abschlusses der ersten Lizenzvereinbarung ab.

4. Abgrenzung zur GFVO 1983/83

Es ist zudem einfacher, eine Vereinbarung, nach der der Lizenznehmer noch zu viele weitere Herstellungshandlungen zu erbringen hat, um eine Freistellung noch unter der AlleinvertriebsGFVO 1983/83 zu erhalten, von der PLGFVO zu erfassen als von der KHGFVO. Letztere bezieht nicht eindeutig Stellung zu der Frage, ob alle Verkaufsvereinbarungen, die wegen des zu hohen Weiterverarbeitungsanteils seitens des Lizenznehmers nicht mehr unter die AlleinvertriebsGFVO fallen, automatisch auch unter die KHGFVO fallen können. Die PLGFVO bezieht insofern eindeutig Stellung, daß dies so sein soll.

5. Einseitige Verlängerung durch Weitergabe von Verbesserungs-Know-How

Die PLGFVO bietet im Gegensatz zur KHGFVO im Ergebnis die Möglichkeit, die synallagmatischen Hauptverpflichtungen einseitig zu verlängern durch die Weitergabe von Verbesserungs-Know-How, solange dieses geheim ist.
Die KHGFVO bietet auch insofern gegenüber der PLGFVO eine weniger weite Gestaltungsmöglichkeit, als der Lizenznehmer eine Vertragsverlängerung nicht unabhängig von den an ihn lizenzierten Verbesserungen ablehnen kann.

II. Großzügigere Regelungen unter der KHGFVO

Unter der KHGFVO erfahren die folgenden Regelungen eine für den Anwender großzügigere Regelung im Vergleich zur PLGFVO:

1. Territorialschutz

Nach der KHGFVO braucht in einem Gebiet, bezüglich dessen der Lizenzgeber seine Lizenznehmer hinsichtlich des Vertriebes beschränken will, kein paralleles Schutzrecht zu bestehen. Dies kann angesichts des Charakters von lediglich geheimem technischen Wissen auch gar nicht der Fall sein, gilt aber auch für gemischte Vereinbarungen.
Es reicht für die Zulässigkeit einer Territorialbeschränkung mithin die bloße Tatsache aus, daß für das zu schützende Gebiet ein anderer Lizenznehmer eine Lizenz erhalten oder der Lizenzgeber sich dieses Gebiet ausdrücklich als eigenes vorbehalten hat.
Unter der PLGFVO muß der Lizenzgeber für die Zulässigkeit einer solchen Bestimmung parallele Patentrechte in den geschützten Gebieten vorweisen.

2. Wettbewerbsverbote

Unter der KHGFVO bestehen zwei Bestimmungen, die das in beiden GFVOen grundsätzlich enthaltene Verbot, mit dem Lizenzgeber oder einem seiner verbundenen Unternehmen auf den Gebieten Forschung und Entwicklung in Wettbewerb zu treten, erleichtern oder relativieren.
Der Lizenzgeber darf sich unter der KHGFVO das Recht vorbehalten, die Exclusivität der Vereinbarung zu kündigen, wenn der Lizenznehmer tatsächlich ein konkurrierendes Verhalten an den Tag legt. Außerdem darf der Lizenzgeber vom Lizenznehmer verlangen zu beweisen, daß er die lizenzierte Technologie nicht für andere als die im Vertrag vorausgesetzten Zwecke einsetzt, also keine konkurrierenden Aktivitäten unternimmt.

3. Gebührenvereinbarungen

Im Rahmen gemischter Vereinbarungen, die unter der KHGFVO beurteilt werden, ist es grundsätzlich möglich, Gebührenzahlungsverpflichtungen auch für den Zeitraum nach Offenkundigwerden des Know-Hows zu vereinbaren, es sei denn, das Offenkundigwerden ist auf das Verhalten des Lizenzgebers zurückzuführen.
Unter der PLGFVO besteht diese Möglichkeit weder im Hinblick auf abgelaufene Patente, noch im Hinblick auf mitlizenziertes Know-How.

4. Nachvertragliches Nutzungsverbot

Für gemischte Verträge bietet die KHGFVO insofern eine großzügigere Lösung an, als sie das nachvertragliche Nutzungsverbot für das mitlizenzierte technische Wissen als nicht wettbewerbsbeschränkend bewertet, wohingegen die PLGFVO eine solche Vereinbarung bezüglich des Know-How dem Widerspruchsverfahren zuweist.
Die KHGFVO erlaubt im Gegensatz zur PLGFVO grundsätzlich auch einen post-term-use-ban für abgelaufene Patente im Rahmen gemischter Vereinbarungen. Die PLGFVO erlaubt eine solche Verpflichtung bezüglich abgelaufener Patente schlechthin nicht.

5. Mindestqualitätsverpflichtungen in Verbindung mit Bezugsbindungen

Unter der PLGFVO sind Bezugsbindungen, die vom Lizenznehmer nicht gewollt sind, lediglich erlaubt, wenn sie notwendig sind zur besseren technischen Ausnutzung der Technologie.
Darüber hinaus sind unter der KHGFVO solche Verpflichtungen des Lizenznehmers auch zu dem Zweck der Angleichung der Qualitätsstandards der verschiedenen Lizenznehmer zulässig.

6. Beschränkung des Anwendungsbereiches

Unter der KHGFVO kann der Lizenzgeber dem Lizenznehmer die Verpflichtung auferlegen, das lizenzierte technische Wissen nicht dazu zu verwenden, Anlagen für Dritte zu errichten. Diese Beschränkungsmöglichkeit besteht unter der PLGFVO nicht ausdrücklich.

7. Mengenbeschränkung

Im Gegensatz zur PLGFVO kann der Lizenznehmer unter der KHGFVO den Lizenzgeber auf die Herstellung des zur Deckung der eigenen Produktion notwendigen Bedarfes an Lizenzerzeugnissen beschränken.

8. Geistige Schutzrechte

Die KHGFVO stellt - auch für gemischte Vereinbarungen - zusätzlich zu Patentlizenzen weitere Absprachen über andere geistige Schutzrechte und über die Nutzung von Software ausdrücklich mit frei, soweit diese Rechte zur Verwirklichung des Zwecks der lizenzierten Technologie beitragen.
Unter der PLGFVO findet sich lediglich eine Freistellung von mitlizenzierten Warenzeichen. Andere geistige Schutzrechte und auch Softwarenutzung sind von der ausdrücklichen Freistellung nicht erfaßt.

III. Zusammenfassung der Kritik an PLGFVO und KHGFVO

1. Drittstaatenbezug

Die EGe, die sich Mit der Anwendbarkeit der GFVOen auf Vereinbarungen mit Drittstaatenbezug befassen, stellen nicht klar, daß die Freistellung insbesondere auch für Vereinbarungen gilt, soweit im Rahmen einer Exclusivlizenz innerhalb des gemeinsamen Marktes Vertriebsbeschränkungen nach Drittstaaten erfaßt sind. Dies ist wünschenswert.

2. Definition des "ersten Inverkehrbringens"

Eine spezifisch kartellrechtliche Definition des Begriffs des ersten Inverkehrbringens, die testweise Verkäufe zur Erforschung der Produktakzeptanz beim Verbraucher erfaßt, solange keine kommerziell bedeutsamen Mengen auf den Markt geraten[664], sollte eingeführt werden.

3. Anwendungsvoraussetzungen

Die für die Anwendung der Gruppenfreistellung unter der KHGFVO aufgestellten Voraussetzungen, namentlich der Geheimnis- und Wesentlichkeitscharakter sowie die hinreichende Identifizierbarkeit des technischen Wissens, sind in bezug auf Know-How-Überlassungsverträge und gemischte Patent- und Know-How-Verträge unter einer vereinheitlichten Gruppenfreistellungsverordnung zu modifizieren.

---

664 In diesem Sinne und daher im Ergebnis für die gleiche Auslegung des gleichen, auch in Art. 3(1) der GFVO 418/85 verwendeten Begriffs: Korah, Patent Licensing, S.41/42.

Voraussetzung für die Freistellung der Vereinbarung durch die KHGFVO darf lediglich ein zu erwartender Wettbewerbsvorsprung sein. Dabei ist es der Einschätzung der Parteien zu überlassen, ob ein solcher Vorsprung eintreten wird, was insbesondere daran zu messen ist, ob der Lizenznehmer das überlassene technische Wissen als geheim bewertet. Trifft die Prognose der Parteien hinsichtlich des Wettbewerbsvorsprunges hingegen nicht zu, so darf die Freistellung aber grundsätzlich nicht wegfallen. In einem solchen Fall könnte der ungeschickte und nicht erfolgreiche Lizenznehmer versuchen, sich aus den vertraglichen Verpflichtungen zu lösen mit der Begründung, die Prognose sei nicht eingetreten, und der Vertrag sei daher nicht mehr freigestellt. Etwas anderes kann nur gelten, wenn der Verlust des Geheimnischarakters durch den Vertragsbruch einer Partei verursacht worden ist. Dies würde das für die enge Kooperation erforderliche Vertrauensverhältnis zerstören. Nur dann ist es den Parteien nicht mehr zumutbar, sich gegenseitigen Beschränkungen ausgesetzt zu sehen. Nur in diesem Fall wäre eine künftige getrennte Arbeit der Parteien günstiger für die Wettbewerbssituation.

Zu Recht ist auch gegen das Wesentlichkeitskriterium eingewendet[665] worden, der Lizenznehmer könne die Wirksamkeit des Vertrages unter Hinweis auf die fehlende Wesentlichkeit des Know-How jederzeit in Frage stellen, wenn er merkt, daß der gewünschte technische oder wirtschaftliche Erfolg nicht eintritt.
Zur Wahrung der Anforderungen des Artikels 85 Absatz 3 EGV und deren Überprüfung, sowie zur Beseitigung des soeben dargestellten Einwandes der Nichtigkeit sollte die mangelnde Wesentlichkeit der Technologie eher ein Grund für die Rücknahme der Freistellung sein, als eine Voraussetzung für die Freistellung.

Die mangelnde Identifizierung des Know-Hows sollte als Voraussetzung für die Rücknahme der Freistellung eingesetzt werden und nicht als Anwendungvoraussetzung für die GFVO. Durch diese Möglichkeit wird der Gefahr vorgebeugt, daß der Lizenznehmer sich auf eine unzureichende Identifizierung des Know-Hows und mithin auf die Nichtigkeit des Vertrages berufen wird. Eine Aufrechterhaltung dieses Kriteriums als Anwendungsvoraussetzung für die Gruppenfreistellungsverordnung erscheint nicht notwendig.

4. Dauer der Freistellung von Territorialbeschränkungen

Bei einer Vereinheitlichung der GFVOen sollte die Kommission erwägen, den unterschiedlichen Beginn der Fristen für die Freistellung von Exclusivabsprachen und Territorialbeschränkungen aufzulösen und weitgehend zu vereinheitlichen.
Sie sollte den Beginn der Frist auf den Zeitpunkt des ersten Inverkehrbringens des Lizenzproduktes auf dem gemeinsamen Markt verlegen, und zwar unabhängig davon, ob es sich um Exclusivabsprachen, Beschränkungen zwischen Lizenzgeber und Lizenznehmer oder um Beschränkungen zwischen den Lizenznehmern handelt.
Eine Ausnahme sollte weiterhin für reine Patentlizenzen gelten. Für den Beginn der Frist kann weiterhin auf das Abschlußdatum des Lizenzvertrages abgestellt werden, da sich das Ende der Frist ohnehin nach der Laufzeit des Patentes in dem geschützten Gebiet bemißt. Allein für den Beginn der Frist für das Verbot des passiven Wettbewerbes sollte im Rahmen reiner Patentlizenzen auch wie bisher unter der PLGFVO auf das erste Inverkehrbringen auf dem gemeinsamen Markt abgestellt werden.

---

665 Hoyng/Biesheuvel, CMLR 1989, S. 219 f (225/226).

Für gemischte Vereinbarungen sollte klargestellt werden, daß Beginn und Dauer der Freistellung sich grundsätzlich nach denjenigen für Know-How-Lizenzen richten, solange das Know-How geheim und wesentlich ist.
Zum einen sind damit auch solche gemischten Lizenzen erfaßt, die lediglich nicht notwendige Patente enthalten. Zum anderen sind von diesem Zeitraum gemischte Lizenzen erfaßt, die notwendige Patente enthalten, welche zu einem früheren Zeitpunkt ihre Gültigkeit verlieren, als die Freistellungsfrist abläuft.
Für den Fall, daß die Laufzeit der notwendigen Patente diese Frist überschreitet, sollte klargestellt bleiben, daß die Laufzeit der notwendigen Patente für die Dauer der Freistellung entscheidend ist.

Eine differenzierte Behandlung der Dauer der Freistellung aktiver und passiver Vertriebsverbote erscheint nicht gerechtfertigt.

5. Field of use im Verhältnis zu Mengen- und Kundenbeschränkungen

Eine Klarstellung des Verhältnisses von erlaubten Einschränkungen des technischen Anwendungsbereiches und verbotenen Mengen- und Kundenbeschränkungen ist erforderlich. Insbesondere sollte klargestellt werden, daß Kunden- und Mengenbeschränkungen, die indirekt durch die Beschränkung des technischen Anwendungsbereiches hervorgerufen werden, nicht unter die schwarze Liste fallen. So kann sie z.B. die Klauseln in der schwarzen Liste über die Verbote von Kundenaufteilung und Mengenbeschränkung durch einen Halbsatz einschränken, der die Anwendung der Klausel ausschließt, soweit Kundenaufteilungen und Mengenbeschränkungen indirekt durch eine Einschränkung des Anwendungsbereiches hervorgerufen werden.

6. Kundenbeschränkung

Angesichts des Bedürfnisses der Absicherung von Forderungen seitens des Lizenznehmers nicht zuletzt auch im Interesse des Lizenzgebers wird eine Bestimmung vermißt, die die Verpflichtung des Lizenznehmers zuläßt, das Lizenzprodukt nur an Kunden abzugeben, die hinreichende persönliche und sachliche Garantien bieten. Zu diesem Zweck sollte die Kommission unter Festlegung bestimmter objektiver Kriterien für die Prüfung des Vorliegens der Sicherheiten eine solche Klausel in die weiße Liste aufnehmen.

7. Second sourcing

Unter der KHGFVO ist dem Widerspruchsverfahren ausdrücklich der Fall zugeordnet, daß der Kunde, der eine zweite Lieferquelle wünscht, den benötigten Lizenzgegenstand selber herstellt und dabei auf einen bestimmten Prozentsatz es Eigenbedarfes beschränkt wird. Wie bereits ausgeführt wurde, handelt es sich dabei lediglich um eine bestimmten Unterfall der in Artikel 1 Absatz 1 Nr. 8 der KHGFVO freigestellten relativen Mengenbeschränkung. Die derzeitige Regelung des Artikels 4 Absatz 2 Satz 2 KHGFVO sollte als Unterfall der relativen Mengenbeschränkung in die weiße Liste einbezogen werden

8. Gebührenzahlungsverpflichtung

Gebührenzahlungsverpflichtungen über die Laufzeit des Patentes oder über die Dauer des Geheimnischarakters des Know-Hows hinaus sollten nicht als generell wettbewerbswidrig

angesehen werden. Deshalb sollten die von den Parteien frei vereinbarten Gebührenzahlungsverpflichtungen freigestellt werden. Die Parteien, insbesondere der Lizenznehmer, können selber am besten abschätzen, ob der Vertrag trotz einer langlaufenden Gebührenzahlungspflicht wirtschaftlich von Vorteil ist und ihre Marktposition stärkt. Der Wettbewerb selber auf dem von den Parteien bestellten Markt wird nicht beeinträchtigt. Die Kommission sollte bei einer Vereinheitlichung der GFVOen diesem Gedanken Rechnung tragen und Gebührenvereinbarungen gänzlich den Parteien überlassen.
Die Kommission sollte sich jedoch für alle Fälle die Möglichkeit des Widerrufs der Freistellung offenhalten, vorausgesetzt, daß der Zeitraum, für den der Know-How-Nehmer verpflichtet ist, nach Offenkundigwerden des Know-How durch das Verhalten Dritter weiterhin Gebühren zu zahlen, den durch die frühzeitige Aufnahme der Produktion und der Vermarktung erworbenen Vorsprung erheblich überschreitet und diese Verpflichtung sich nachteilig auf den Wettbewerb auswirkt.
Diese Regelung existiert zum Teil schon unter der KHGFVO. Sie stellt einen angemessenen Ausgleich zwischen der Vertragsfreiheit der Parteien und dem Schutz des Wettbewerbes dar.

9. Rücklizenzierung

Die differenzierte Regelung unter der KHGFVO über die Verpflichtung zur Rücklizenzierung ist begrüßenswert. Jedoch erscheint die Vorschrift des Artikels 2 Absatz 1 Nr. 4 KHGFVO zu kompliziert ausgestaltet. Insbesondere erscheint Unterpunkt a) überflüssig. Dort wird die Voraussetzung aufgestellt, daß der Lizenznehmer nicht daran gehindert werden darf, seine eigenen Verbesserungen zu nutzen oder zu lizenzieren, welche vom Know-How des Lizenzgebers trennbar sind. Diese Beschränkung wird bereits dadurch impliziert, daß die genannte Bestimmung der weißen Liste lediglich die Verpflichtung des Lizenznehmers zuläßt, Rücklizenzen an den Lizenzgeber mit lediglich nicht ausschließlichem Charakter zu gewähren. Bereits dies impliziert, daß der Lizenznehmer frei sein muß, seine Verbesserungen nach seinem Gutdünken zu nutzen. Ebenso selbstverständlich ist es, daß das noch geheime Know-How des Lizenzgebers anläßlich der Verwertung der Verbesserungserfindungen nicht preisgegeben werden darf.

Ausreichend wäre es, wenn eine entsprechende Vorschrift eine entsprechende Vorschrift in der weißen Liste die Rücklizenzierungsverpflichtung lediglich unter die Voraussetzung stellen, daß die Rücklizenz nicht exclusiv, und daß der Lizenzgeber verpflichtet ist, seine eigenen Verbesserungen auf exclusiver oder nicht exclusiver Basis an den Lizenznehmer zu lizenzieren.

Es sollte jedoch die Möglichkeit bestehen bleiben, dem Lizenzgeber einen Genehmigungsvorbehalt einzuräumen für den Fall, daß der Lizenznehmer seine Verbesserungen an Dritte lizenzieren will. Unter der gegenwärtigen KHGFVO darf der Lizenzgeber die Genehmigung nur verweigern, wenn Grund zu der Annahme besteht, daß durch die Mitteilung des von Verbesserungen an Dritte das noch geheime Know-How preisgegeben wird. Diese Möglichkeit erscheint angesichts der schwachen Schutzposition des geheimen technischen Wissens erforderlich.

Ebenfalls überflüssig, oder zumindest tautologisch erscheint es, wenn hinsichtlich der Nutzung untrennbarer Verbesserungen zum einen auf die Dauer das Nutzungsrechtes an dem ursprünglichen Know-How und zum anderen auf die Existenz eines nachvertraglichen Nutzungsverbotes abgestellt wird.

Sofern die Verbesserungserfindungen vom ursprünglichen Know-How untrennbar sind, werden sie gewissermaßen Teil des ursprünglichen Know-Hows. Dann erlischt aber auch das Recht zur Nutzung dieser untrennbaren Verbesserungen genau zu dem Zeitpunkt, zu dem auch das Recht an der Nutzung des ursprünglich lizenzierten Know-Hows erlischt. Sofern dann noch ein nachvertragliches Nutzungsverbot vereinbart ist, werden auch die untrennbaren Verbesserungen von diesem Verbot erfaßt. Ist ein solches nachvertragliches Nutzungsverbot nicht vereinbart oder wird es nachträglich aufgehoben, so sind auch die untrennbaren Verbesserungserfindungen als automatisch von dieser Vereinbarung erfaßt anzusehen.
Die Aufrechterhaltung dieser Vorschrift führt lediglich zu unnötigen Auslegungsproblemen.

10. Bezugsbindungen

Die unter der KHGFVO getroffene Abgrenzung für die Zulässigkeit von Bezugsverpflichtungen für zusätzliche Waren und Dienstleistungen danach, ob der Lizenznehmer diese will oder nicht, erscheint wenig praktikabel, weil sich bei der nachträglichen Überprüfung eines Vertrages nur schwer beweisen lassen dürfte, ob der Lizenznehmer die Bindungen tatsächlich wollte oder nicht.

Für die Zulässigkeit einer solchen Bindung sollte daher ausschließlich auf objektive Maßstäbe abgestellt werden.

So ist es zum Beispiel denkbar, für die Beurteilung der Zulässigkeit ausschließlich darauf abzustellen, ob die der Bezugspflicht unterfallenden Waren- und Dienstleistungen notwendig sind für eine einwandfreie Nutzung der mitgeteilten Technologie oder dafür, daß die Produktion des Technologienehmers mit den Qualitätsvorschriften übereinstimmt, die vom Lizenzgeber und anderen Lizenznehmern eingehalten werden.

In den Fällen der sogenannten Paketlizenzierung sind die soeben genannten Kriterien jedoch nicht ausreichend, um die Zulässigkeit einer Bezugsbindung zu beurteilen. In solchen Fällen wird typischerweise ein ganzes Paket an Technologie lizenziert, wobei es dem Lizenznehmer überlassen bleibt, welche Teile der überlassenen Technologie er überhaupt nutzt, wie er sie kombiniert, oder für welche von verschiedenen Lizenzgegenständen er sie einsetzt. Es kann also sein, daß zu dem Technologiepaket auch Elemente patentierter oder unpatentierter Technologie gehören, die der Lizenznehmer gar nicht benutzt.

Dann muß es aber darauf ankommen, ob der Lizenznehmer diese Elemente benutzen könnte. Dies ist nur möglich, wenn sie einen technischen Bezug zu den Lizenzgegenständen haben, auf die sich die Lizenz bezieht. Insofern sollten solche Bezugsbindungen von der Freistellung ausgeschlossen werden, die keinerlei Bezug zu der lizenzierten Technologie aufweisen.

Allein objektive Kriterien für die Beurteilung der Zulässigkeit von Bezugsbindungen sind notwendig.

11. Wettbewerbsverbot

Die Klausel über Wettbewerbsverbote ist unter der KHGFVO zu weit gefaßt.
Die schwarze Klausel ist insoweit gerechtfertigt, als der Lizenznehmer im Interesse des technischen Fortschritts nicht daran gehindert werden darf, Forschung und Entwicklung zu betreiben auf der Grundlage seiner eigenen Technologie, der lizenzierten Technologie oder

auf der Grundlage frei verfügbarer Technologie. Dies würde nicht nur seine Innovationsfreudigkeit hemmen, sondern es würde auch bedeuten, daß er für die Zeit nach Ablauf der Lizenz keine Vorsorge getroffen haben kann, daß er in Rückstand gerät zu der zwischenzeitlichen technischen Entwicklung und damit weniger wettbewerbsfähig wird.
Auf der anderen Seite hat der Lizenzgeber ein berechtigtes Interesse daran, daß in erster Linie die von ihm lizenzierte Technologie seitens des Lizenznehmers ausgenutzt und durch Forschung und Entwicklung weiterentwickelt wird, und nicht etwa die Technologie eines dritten Lizenzgebers, zu dem er unter Umständen noch in Konkurrenz steht. Für diese Fälle sollte es dem Lizenzgeber möglich sein, dem Lizenznehmer ein Wettbewerbsverbot aufzuerlegen. Diese Möglichkeit kann sogar als Ausfluß der in den weißen Listen enthaltenen "best-endeavours" - Klausel angesehen werden.
Allerdings muß auch in diesem Fall sichergestellt sein, daß der Lizenzgeber die Möglichkeit einer entsprechenden Beschränkung nicht mißbräuchlich ausnutzt. Es muß für die Kommission die Möglichkeit einer Mißbrauchsaufsicht bestehen.
Nicht ausreichend erscheint insoweit die Aufnahme der Klausel in das Widerspruchsverfahren, weil nach Ablauf der Widerspruchsfrist auftretende Entwicklungen, die die Aufrechterhaltung eines Konkurrenzverbotes als mißbräuchlich erscheinen lassen, nicht mehr von der Widerspruchsmöglichkeit erfaßt sind.
Angemessen erscheint es, einen Rücknahmevorbehalt für diese Fälle vorzusehen, jedoch die Klausel vorbehaltlich dessen freizustellen.

B. Entscheidende Veränderungen unter der TTGFVO

Im Folgenden sollen die wesentlichen Änderungen zusammenfassend dargestellt werden, die die TTGFVO im Vergleich zur PLGFVO und zur KHGFVO mit sich gebracht hat. Dabei soll unterschieden werden zwischen allgemeinen Vorschriften und der Behandlung von einzelnen Vertragsklauseln.

I. Allgemeine Vorschriften

Nennenswerte Änderungen im Rahmen der Allgemeinen Vorschriften befinden sich im Widerspruchsverfahren sowie bei den Rücknahmevoraussetzungen.

1. Widerspruchsverfahren

Anders als im Entwurf zur TTGFVO ist unter der nunmehr seit dem 01. April 1996 gültigen Fassung ein Widerspruchsverfahren vorgesehen. Ein solches gab es bereits unter der PLGFVO und unter der KHGFVO. Allerdings ist das Widerspruchsverfahren unter der TTGFVO in Einzelheiten neu geregelt:

a. Widerspruchsfrist

Die Frist, innerhalb derer die Kommission Widerspruch einlegen kann, ist im Vergleich zur PLGFVO und zur KHGFVO um 2 Monate verkürzt worden. Sie beträgt unter der TTGFVO 4 Monate.

b. Beginn der Widerspruchsfrist für die Kommission

Der Beginn der oben unter a. genannten viermonatigen Widerspruchsfrist ist unter der TTGFVO an die Verordnung (EG) Nr. 3385/94 ausdrücklich angeglichen worden. Die

Widerspruchsfrist beginnt mit dem Tag, an dem die Anmeldung gemäß der Verordnung Nr. 3385/94 wirksam wird.

c. Bewertungskriterien

Die Kommission hat angekündigt,[666] daß sie sich zur Erfüllung der Anmeldungsformalitäten im Rahmen des Widerspruchsverfahrens grundsätzlich mit der Übermittlung des vollständigen Wortlauts, des Lizenzvertrages sowie mit einer Schätzung der Marktstruktur und des Marktanteils des Lizenznehmers begnügen werde. Daraus ist zu schließen, daß die Kommission gerade auf die beiden letztgenannten Kriterien entscheidenden Wert legen wird. Dies muß als Hinweis darauf verstanden werden, daß die Kommission ausdrücklich eine neue Verwaltungspraxis im Rahmen des Widerspruchsverfahrens verfolgen wird, die sich vorwiegend an wirtschaftlichen Erwägungen ausrichtet, nämlich der Einschätzung der Marktanteile und der Marktstruktur.

2.Rücknahmevoraussetzungen

Bemerkenswerte Veränderungen im Rahmen der Rücknahmevoraussetzungen haben sich durch die Verringerung der Anzahl beispielhaft aufgezählter Rücknahmetatbestände sowie durch die inhaltliche Ergänzung bzw. Präzisierung eines Beispieltatbestandes ergeben:

a. Kürzung der beispielhaften Rücknahmetatbestände

Im Vergleich zur KHGFVO ist die Anzahl der beispielhaft aufgezählten Rücknahmetatbestände von 8 auf 4 reduziert worden. Einzelheiten dazu befinden sich im Kapitel über die Rücknahme der Freistellung.[667] Ob sich dadurch die Rücknahmemöglichkeiten für die Kommission verkürzt haben, darf bezweifelt werden, da die Aufzählung ohnehin nur Beispieltatbestände enthält. Die Kommission ist weiterhin berechtigt, die Freistellung zu entziehen, wenn sie im Einzelfall feststellt, daß eine nach dieser Verordnung freigestellte Vereinbarung gleichwohl Wirkungen hat, die mit den Voraussetzungen des Art. 85 Abs. 3 EGV unvereinbar sind.

b. Marktanteilstest

Wie bereits unter der KHGFVO, kann die Kommission die Freistellung insbesondere dann widerrufen, wenn die Lizenzerzeugnisse im Lizenzgebiet nicht mit gleichen Erzeugnissen oder Dienstleistungen oder solchen, die vom Verbraucher aufgrund ihrer Eigenschaften, ihres Preises und ihres Verwendungszwecks als austauschbar oder substituierbar angesehen werden, in wirksamem Wettbewerb stehen. Nach der unter der TTGFVO vorgenommenen Erweiterung dieses Tatbestandes kann dies insbesondere dann eintreten, wenn der Lizenznehmer einen Marktanteil von mehr als 40 % hält.
Die Kommission hat durch diese Regelung den unter dem Entwurf zur TTGFVO als Freistellungsvoraussetzung vorgesehenen Marktanteilstest teilweise in die Rücknahmevoraussetzungen übernommen. Allerdings hat sie den im Entwurf zur TTGFVO vorgesehenen Oligopoltatbestand nicht mehr zum Gegenstand des Marktanteilstests gemacht.

---

666 Erwägungsgrund Nr. 25 der TTGFVO.

667 Teil 1, B. II. 2. b. bb.

Mit dem Marktanteilstest verfolgt die Kommission einen doppelten Zweck. Zum einen soll der wirtschaftlich schwache Lizenzgeber - zu dem auch der Einzelerfinder gehört - vor der mit unter übermächtigen Verhandlungsposition eines wirtschaftlich starken Lizenznehmers geschützt werden. Zum anderen soll diese Regelung Schutz davor bieten, daß der Markt künstlich aufgeteilt wird durch die Vereinbarung von Exklusivlizenzen zwischen wirtschaftlich starken Vertragsparteien.

II. Einzelne Vertragsklauseln

Im Rahmen der zusammenfassenden Darstellung von Veränderungen in der Bewertung einzelner Vertragsklauseln soll getrennt eingegangen werden auf freistellungsfähige Klauseln, Klauseln der Weißen Liste, Klauseln der Schwarzen Liste und sogenannte. Graue Klauseln. Abschließend soll eine wertende Gegenüberstellung mit den Klauseln der KHGFVO und PLGFVO erfolgen.

1. Freistellung

Änderungen bei der Bewertung freistellungsfähiger Klauseln haben sich faktisch bei den Freistellungsvoraussetzungen ergeben sowie beim Beginn der Fristen.

a. Freistellungsvoraussetzungen

Dem Wortlaut der TTGFVO nach hat sich an den Voraussetzungen für eine gruppenweise Freistellung von Exklusivklauseln sowie von Vertriebsbeschränkungen im Vergleich zur KHGFVO nichts geändert. Auffallend ist jedoch in diesem Zusammenhang der Hinweis der Kommission im Erwägungsgrund Nr. 27 TTGFVO, daß die Unternehmen weiterhin berechtigt sind, im Einzelfall ihre Vereinbarungen anzumelden, und zwar insbesondere dann, wenn es sich um Vereinbarungen handelt, in denen der Lizenzgeber sich verpflichtet, im Lizenzgebiet keine weiteren Lizenzen zu erteilen und der Marktanteil des Lizenznehmers tatsächlich oder möglicherweise oberhalb von 40 % liegt.
Die dort angesprochnenen Exklusivklauseln sind in der TTGFVO grundsätzlich ohne Rücksicht auf die Marktanteile der Parteien freigestellt.[668] Verlassen sich die Parteien auf diese Freistellung, so müssen sie damit rechnen, daß die Kommission im Einzelfall bei Überschreiten der 40 %-Grenze die Freistellung zurücknimmt. Dieser Rücknahme können die Parteien durch die Anmeldung der Vereinbarung im Einzelfreistellungsverfahren - und nicht etwa im Widerspruchsverfahren - zuvor kommen. Faktisch besteht damit Rechtssicherheit im Hinblick auf die Freistellung für die Parteien nur dann, wenn der Marktanteil des Lizenznehmers nicht oberhalb von 40 % liegt. Dies gilt um so mehr, als der Vorteil der Gruppenfreistellung mit rückwirkender Kraft, also auf den Zeitpunkt des Vertragsschlusses bezogen, entzogen werden kann. Der Vertrag hat dann nicht einmal Gültigkeit bis zum Zeitpunkt der Rücknahmeerklärung.
Damit ist der Sache nach ein Teil der Freistellungsvoraussetzungen, die im Entwurf zur TTGFVO geplant waren, durch die Hintertüre in die gültige Fassung der TTGFVO eingearbeitet worden.

Die insbesondere für die Vereinbarung von Territorialschutzklauseln wichtige Definition des dem Lizenzgeber vorbehaltenen Gebietes ist unter der TTGFVO weiter gefaßt als noch unter

---

668 Vergleiche Art. 1 TTGFVO.

der KHGFVO. Es sind alle diejenigen Gebiete davon erfaßt, für die der Lizenzgeber keine Lizenzen erteilt hat. Es kommt nicht mehr - wie unter der KHGFVO - auf den ausdrücklichen Vorbehalt im Vertrag an.

b. Beginn und Dauer der Freistellung

aa. Beginn der Freistellung

Die TTGFVO stellt durchgehend auf zwei unterschiedliche Zeitpunkte für den Beginn der Freistellung ab. Bei reinen Lizenzpatenten ist dies in bezug auf Exklusivklauseln und alle Vertriebsbeschränkungen, bis auf das Verbot des passiven Wettbewerbs, der Zeitpunkt des Vertragsschlusses. Für alle übrigen von der TTGFVO erfaßten Vertragsarten sowie für das Verbot des passiven Wettbewerbs im Rahmen reiner Patentlizenzen ist dies der Zeitpunkt des ersten Inverkehrbringens des Lizenzerzeugnisses.
Die KHGFVO stellte zum Teil noch auf den Abschluß der ersten Lizenzvereinbarung innerhalb der Europäischen Gemeinschaft ab. Diese weitere Unterscheidung ist unter der TTGFVO nicht mehr vorgesehen.

bb. Dauer der Freistellung

An der Dauer der Freistellung hat sich im Vergleich zur KHGFVO und zur PLGFVO nichts geändert. Exklusivklauseln und Vertriebsbeschränkungen, bis auf das Verbot des passiven Wettbewerbs, sind im Falle reiner Patentlizenzverträge für die Laufzeit der Patente freigestellt, im Falle reiner Know-How-Verträge für die Dauer von 10 Jahren. Für gemischte Verträge gilt grundsätzlich die 10-jährige Freistellungsdauer; gilt die Laufzeit lizenzierter notwendiger Patente über diese Frist hinaus, so ist deren Geltungsdauer entscheidend. Es kommt also darauf an, welcher Zeitraum länger ist.

Die Dauer der Freistellung für das Verbot passiven Wettbewerbs ist entgegen der geäußerten Erwartung nicht von 5 auf 10 Jahren heraufgesetzt worden.

2. Die Bestimmungen der Weißen, Schwarzen und Grauen Liste

a. Gesamtschau

Bei formaler Betrachtung ist die Weiße Liste der TTGFVO von 12 auf 18, also um 6 Klauseln, erweitert worden. Im Vergleich zur PLGFVO ergibt sich ein Unterschied von 7 Klauseln. Dort sind nur 11 Klauseln in der Weißen Liste aufgeführt.
Im Vergleich zur KHGFVO ist die Schwarze Liste der TTGFVO von 12 auf 7, also um 5 Klauseln, reduziert worden.
Für die vertragsgestaltende Praxis ist es insbesondere sinnvoll aufzuzeigen, welche Klauseln der Schwarzen Liste nicht von der KHGFVO in die TTGFVO übernommen wurden. Es sind dies:

- das Verbot zu Lasten des Lizenznehmers das überlassene Know-How nach Ablauf der Vereinbarung weiter zu benutzen, falls es auf andere Weise als durch einen Vertragsbruch des Know-How-Nehmers offenkundig geworden ist;

- die Verpflichtung des Lizenznehmers, im Zeitpunkt des Vertragsschlusses Qualitätsvorschriften oder andere Lizenzen akzeptieren oder Waren bzw. Dienstleistungen beziehen zu müssen die er nicht will, sofern derartige Lizenzen,

Qualitätsvorschriften, Waren bzw. Dienstleistungen weder für eine technisch einwandfreie Nutzung der Technologie noch für die Angleichung von Qualitätsstandards notwendig sind;

- das Verbot zu Lasten des Know-How-Nehmers, den geheimen Charakter des überlassenen Know-Hows bzw. die Gültigkeit von lizenzierten Patenten anzugreifen, wobei das Recht des Know-How-Gebers, im Falle eines solchen Angriffs die Know-How-Vereinbarung zu kündigen, unberührt bleibt;

- die Pflicht des Lizenznehmers, Gebühren zu zahlen für Erzeugnisse oder Dienstleistungen, die weder ganz noch teilweise mit Hilfe der überlassenen Technologie hergestellt oder erbracht werden, oder für die Nutzung von Know-How, das durch das Verhalten des Know-How-Gebers (....) offenkundig geworden ist;

- die Pflicht des Know-How-Gebers, anderen Unternehmen für einen längeren als den nach Art. 1 zulässigen Zeitraum keine Lizenz zu erteilen, um dieselbe Technologie in dem Vertragsgebiet zu nutzen oder die Verpflichtung eines Vertragspartners, die Technologie im Gebiet des anderen Vertragspartners oder im Gebiet anderer Know-How-Nehmers über die nach Art. 1 zulässigen Zeiträume hinaus nicht zu nutzen.

Die restlichen Klauseln der Schwarzen Liste sind teilweise unverändert geblieben, teilweise sind sie drastisch gekürzt worden. Letzteres gilt insbesondere für Bestimmungen über die Rücklizenzierung von Verbesserungen und für die Vorschrift über das Wettbewerbsverbot.

Eine zusammenfassende Darstellung der Untersuchungsergebnisse soll veranschaulichen, wie sich die numerische Veränderung der Schwarzen und Weißen Liste erklärt, wie sich sie auswirkt und insbesondere wie die nicht mehr in der Schwarzen Liste enthaltenen Klauseln nach der TTGFVO zu behandeln sind.

b. Einzelheiten

Das Ergebnis dieser Darstellung, und damit auch der Untersuchung, läßt sich wie folgt skizzieren:

aa. Technical Field of Use

Die TTGFVO hat in Art. 2 Abs. 1 Nr. 8 die Regelung über die Beschränkung des Anwendungsbereichs aus der KHGFVO übernommen. Damit kann auch unter der TTGFVO der Lizenznehmer bei der Nutzung der Technologie entweder auf einen technischen Anwendungsbereich oder auf einen bestimmten Produktmarkt beschränkt werden.
Allerdings sind die Auslegungsprobleme zum Verhältnis der weißen zur schwarzen Liste nur zum Teil beseitigt worden. Artikel 3 Nr. 5[669] TTGFVO enthält nicht den oben geforderten ausdrücklichen Hinweis darauf, daß die Bestimmung des Artikels 2 Absatz 1 Nr. 8 anwendbar bleibt, auch wenn diese Bestimmung mittelbar Mengenbeschränkungen bewirkt.
Ein entsprechender Hinweis fehlt auch in Art. 3 Absatz 4 TTGFVO[670]. Hier besteht jedoch die Besonderheit, daß das Verbot der Vereinbarung von Abnehmerbeschränkungen - anders als noch unter der KHGFVO - nur noch für horizontale Vereinbarungen zwischen

669 Diese Bestimmung enthält das Verbot, Mengenbeschränkungen zu vereinbaren.
670 Diese Bestimmung enthält das Verbot, Abnehmerbeschränkungen zu vereinbaren.

Wettbewerbern gilt. Folgt man der oben genannten Auffassung in der Literatur[671], wonach nur im Rahmen horizontaler Vereinbarungen die Gefahr der Kundenaufteilung durch „field of use“ - Klauseln besteht, so stellt sich die Frage nach dem Verhältnis von schwarzer und weißer Liste in der Praxis nicht mehr, soweit es sich um vertikale Vereinbarungen handelt. Das Problem bleibt grundsätzlich bei der Bewertung horizontaler Verträge. Hier ist für die Beurteilung allerdings entscheidend, daß in EG 22 der TTGFVO, der die „field of use“ Klausel erläutert, kein Hinweis darauf zu finden ist, daß eine Beschränkung des Anwendungsbereichs kein verschleiertes Mittel zur Aufteilung der Kunden darstellen darf. Ein solcher Hinweis ist in Artikel 16 der KHGFVO noch enthalten. Aus der Streichung ist zu schließen, daß die Kommission den Vorrang der weißen Liste endgültig anerkannt hat. Eine entsprechende Tendenz ist bereits oben[672] dargestellt worden.

bb. Abnehmerbeschränkung

Die Regelung der TTGFVO über Abnehmerbeschränkungen[673] entspricht inhaltlich derjenigen unter der KHGFVO, allerdings mit nur beschränktem Anwendungsbereich[674]. Daher stellen sich die gleichen Auslegungsfragen zum Verhältnis der Vorschrift zu den Bestimmungen über die Verwendung bestimmter Verpackungen[675], über die Eröffnung einer zweiten Lieferquelle[676] sowie über „field-of-use“ Klauseln[677]. Gleich ist auch die Beurteilung von Klauseln, die das Erfordernis von persönlichen oder sachlichen Garantien der Abnehmer des Lizenznehmers zum Inhalt haben.

Der Anwendungsbereich der Bestimmung beschränkt sich allerdings auf Vereinbarungen zwischen Vertragsparteien, die von der Gewährung der Lizenz konkurrierende Hersteller waren. In der deutschen Übersetzung stellt sich zunächst die Frage, wie der Ausdruck „von“ zu verstehen ist. Entscheidend die Auslegung ist die englischsprachige Fassung, in der an der Stelle des deutschen Wortes „von“ das Wort „before“ benutzt wird. In der deutschen Fassung müßte es daher „vor“ statt „von“ heißen. Es dürfte sich also um einen Druckfehler handeln.

Für den praktischen Umgang mit der Vorschrift ist entscheidend, welche Unternehmen als konkurrierende Hersteller im Sinne dieser Vorschrift anzusehen sind. Eine Definition des Begriffs „konkurrierende Hersteller“ findet sich in Art. 10 Nr. 17 TTGFVO. Danach bieten konkurrierende Hersteller Produkte an, die vom Verbraucher aufgrund ihrer Eigenschaften und ihres Verwendungszwecks als untereinander austauschbar oder substituierbar angesehen werden[678]. Es wird also vorausgesetzt, daß die Parteien bereits auf demselben Markt

---

671 Korah, Know-How-Licensing, S.155.

672 Gliederungspunkt 2b.

673 Art. 3(4) TTGFVO.

674 Die Vorschrift greift nur dann, wenn die Vertragsparteien von der Gewährung der Lizenz konkurrierende Hersteller waren.

675 Art. 1(1)7 TTGFVO.

676 Art. 2(1) Nr. 13 TTGFVO.

677 Art. 2(1) Nr. 8. Bedauerlich ist, daß die TTGFVO nicht klarstellt, daß die indirekte Beschränkung auf Abnehmergruppen durch eine solche Klausel die Gruppenfreistellung nicht ausschließt.

678 Hinzuweisen ist auf einen Widerspruch der Vorschrift i.V.m. der zitierten Definition zu EG 23. Danach führen Kundenbeschränkungen zum Ausschluß der Gruppenfreistellung, wenn die Parteien „bei den Lizenzerzeugnissen“ in Wettbewerb stehen. Lizenzerzeugnisse sind nach Art 10. Nr. 8 TTGFVO „Waren (...), deren Herstellung die Verwendung der überlassenen Technologie erfordert.“ Nicht erfaßt sind Produkte, die vom Verbraucher als vergleichbar (Vgl. Art. 10 Nr.17 TTGFVO) eingestuft werden. EG 23 scheint entgegen dem Wortlaut von Art. 3(1)4 TTGFVO i.V.m. Art.10 Nr. 8 TTGFVO das Wettbewerbsverhältnis auf das

operieren. Unproblematisch erfaßt werden Vereinbarungen zwischen Unternehmen, die auf derselben Vertriebsebene und auf demselben Produktmarkt operieren. Diese Vereinbarungen stellen die sogenannten horizontalen Vereinbarungen in ihrer reinen Form dar. Bereits nicht mehr erfaßt werden Vereinbarungen zwischen Unternehmen, die zwar auf derselben Vertriebsebene operieren, aber auf unterschiedlichen Produktmärkten[679]. Man mag sie als unechte horizontale Vereinbarungen bezeichnen. Deshalb wird es der TTGFVO nicht gerecht, wenn verallgemeinert formulieren würde, alle horizontalen Vereinbarungen würden von der Sanktion des Art. 3(1)4 bedroht. Zweifelhaft ist, ob Art. 3(1)4 TTGFVO eingreift, wenn Lizenzgeber und Lizenznehmer auf unterschiedlichen Vertriebsstufen operieren. Diese Vereinbarungen werden als vertikal charakterisiert. Im Rahmen der Beurteilung von Technologielizenzen sind nur solche Konstellationen denkbar, in denen der Lizenzgeber entweder gar nicht oder auf einer anderen, in der Regel niedrigeren Fertigungsstufe im Vergleich zum Lizenzprodukt produziert[680]. Dadurch sind aber in der Regel bereits unterschiedliche Produktmärkte betroffen. Eine Anwendung von Art. 3(1)4 TTGFVO scheidet aus.

Kundenaufteilungen im Rahmen von „unechten" horizontalen Vereinbarungen und vertikalen Vereinbarungen werden nach EG 23 im Rahmen des Widerspruchsverfahrens untersucht. Nach EG 25 erfolgt die Beurteilung im allgemeinen anhand einer Schätzung der Marktstruktur und des Marktanteils des Lizenznehmers. Aus den Bestimmungen über die Rücknahmemöglichkeit und aus EG 25 wird deutlich, daß die Kommission grundsätzlich dann nicht geneigt ist, eine Freistellung zu erteilen bzw. aufrechtzuerhalten, wenn der Lizenznehmer über eine starke Marktposition, also über einen hohen Marktanteil verfügt. Die Anwendung dieses Kriteriums auf Klauseln über Abnehmerbeschränkungen ist nur sinnvoll, wenn sich aus den Umständen ergibt, daß der Lizenznehmer seine wirtschaftliche Stellung dazu ausnutzt, um sich die Belieferung von Großkunden vorzubehalten und Lizenzen an Wettbewerber auf seinem Markt auf kleine Kunden zu beschränken.

cc. Mengenbeschränkung

Die Bestimmung der TTGFVO über die Mengenbeschränkung[681] des Lizenznehmers orientiert sich weitgehend an der Regelung der KHGFVO. Der unter der KHGFVO verwendete Begriff der Benutzungshandlung ist ersetzt worden durch den Begriff der lizenzpflichtigen Handlung. Im Verhältnis zu den Bestimmung der jeweiligen Art. 1(1)8 ist keine Änderung eingetreten. Auch das Verhältnis zu Vertragsklauseln über eine zweite Lieferquelle[682] hat sich nicht geändert.

Auch unter der TTGFVO[683] darf der Lizenznehmer dazu verpflichtet werden, die Technologie nicht zur Errichtung von Anlagen für Dritte zu nutzen. Die aus dieser

Lizenzprodukt selbst zu beschränken. Dem steht jedoch der eindeutige Wortlaut des Art. 3 entgegen. In der Praxis sind Auslegungsprobleme nicht zu befürchten.

679 Z.B.: Ein Radiohersteller ist Inhaber eines Patents für ein von ihm entwickeltes Mikrochip, welches er für den Bau von Radios nutzt. Er lizenziert es an ein Maschinenbauunternehmen zur Verwendung in der Motorelektonik. Beide Hersteller agieren in ihren jeweiligen Bereichen auf derselben Ebene.

680 In dem o.g. Beispiel handelt es sich um einen einzelnen Erfinder, der gar nicht oder nur den Lizenzgegenstand produziert.

681 Art. 3 Nr. 5 TTGFVO. Zur Begründung vgl. EG 24 der TTGFVO.

682 Die Bestimmungen dazu sind allerdings geändert worden. Vgl. dazu die nachstehenden Ausführungen.

683 Art. 2(1) Nr.12 TTGFVO. Zur Begründung vergleiche EG 24 TTGFVO.

Anwendungsbeschränkung resultierenden Mengenbeschränkungen verstoßen nicht gegen Artikel 85 Absatz 1 EGV.

Second Sourcing

Die Beschränkung des Lizenznehmers auf eine zweite Lieferquelle ist in die weiße Liste der TTGFVO[684] eingearbeitet worden. Zur Begründung führt die Kommission aus[685], daß das dem zweiten Lizenznehmer auferlegte Verbot, andere als den betreffenden Kunden zu beliefern, eine unerläßliche Voraussetzung für die Erteilung der zweiten Lizenz ist, weil hierdurch keine unabhängige Versorgungsquelle geschaffen werden soll.
Im Unterschied zu der Bestimmung unter der KHGFVO ist das Erfordernis weggefallen, daß die Technologie auf Verlangen eines (dritten) Kunden überlassen worden ist. Diese Voraussetzung mußte unter der KHGFVO noch erfüllt sein, damit sich der Vertrag überhaupt für das Widerspruchsverfahren qualifizierte. Darin ist eine weitere Erleichterung für die vertragsschließenden Parteien zu sehen.

Diese Entwicklung zeigt eine deutliche Änderung der Ansicht der Kommission zur Frage des „second sourcing" vom Erlaß der PLGFVO bis heute. Mittlerweile wird eine solche Klausel ausdrücklich als wettbewerbsfreundlich beurteilt. Diese Beurteilung ist zu begrüßen. Sie entspricht insbesondere praktischen Bedürfnissen.

dd. Gebührenverpflichtungen

Anders als PLGFVO und KHGFVO enthält die TTGFVO keine Bestimmung in der schwarzen Liste mehr, wonach die Freistellung ausgeschlossen ist, wenn Gebühren auch dann gezahlt werden müssen für Erzeugnisse, die weder ganz noch teilweise mit Hilfe der überlassenen Technologie hergestellt oder erbracht werden oder für Know-How, das durch das Verhalten des Lizenzgebers offenkundig geworden ist.
Demgegenüber ist in die weiße Liste[686] aufgenommen worden, daß die Zahlung von Lizenzgebühren infolge einer Zahlungserleichterung über die Geltungsdauer der lizenzierten Patente hinaus fortgesetzt werden darf. Die Bestimmung der KHGFVO, wonach Lizenzgebühren verlangt werden können, auch wenn das Know-How auf andere Weise als durch das Verhalten des Lizenzgebers offenkundig geworden ist, wurde in die weiße Liste der TTGFVO übernommen.
Der Wortlaut läßt offen, ob sich Art. 2(1)7 b TTGFVO nur auf reine Patentlizenzen bezieht, oder auch gemischte Lizenzen einbezogen sind, ob also auch zum Zwecke der Zahlungserleichterung Gebührenverpflichtungen für gemischte Verträge erfaßt sind. Dies muß angenommen werden, da in Art. 2(1)7 TTGFVO nicht zwischen den einzelnen Vertragsarten differenziert wird. Aufgrund der Zielsetzung der TTGFVO, ein einheitliches Freistellungsinstrument für alle Vertragsarten zu schaffen, gelten allgemein formulierte Bestimmungen auch für gemischte Verträge.
Dem Wortlaut der TTGFVO nach sind längerfristige Gebührenzahlungsverpflichtungen für Know-How im Rahmen einer Zahlungserleichterung nicht in Art. 2 vorgesehen. Vorgesehen sind nur Zahlungsverpflichtungen, die über den Zeitpunkt der Offenkundigkeit des Know-How hinausgehen. Allerdings ist zu berücksichtigen, daß es für das Offenkundigwerden des Know-How nicht einen so exakten Zeitpunkt gibt, wie für die Geltungsdauer eines Patentes.

---

684 Art. 2(1) Nr. 13.

685 EG 23 TTGFVO.

686 Art.2(1) Nr. 7 b TTGFVO.

Nach der Konzeption der TTGFVO wird die Schutzdauer des Know-How durch die Zeit seines Geheimnischarakters bestimmt, beim Patent hingegen durch seine Laufzeit. Es wäre daher also systemfremd, für Know-How an ein anderes Kriterium - wie etwa die Vertragslaufzeit - anzuknüpfen.

Ferner ist die in Art. 7(7) KHGFVO vorgesehene Widerrufsmöglichkeit der Kommission nicht mehr ausdrücklich in die TTGFVO übernommen worden.

Mit diesen Änderungen überläßt die Kommission weitgehend den Vertragsparteien die Beurteilung der Wettbewerbsfreundlichkeit ihrer jeweiligen Gebührenvereinbarungen. Allerdings hat sie die ehemals in der schwarzen Liste enthaltenen Vertragsbestimmungen nicht in die weiße Liste übernommen. So sind z.B. Patentlizenzgebühren nicht von Art. 2(1) Nr. 7 TTGFVO erfaßt, wenn sie generell über die Patentlaufzeit hinausgehen, also nicht nur eine Zahlungserleichterung Ziel der Absprache ist.
Es muß davon ausgegangen werden daß diese Vereinbarungen nunmehr dem Widerspruchsverfahren zugewiesen sind. Dafür spricht jedenfalls auch, daß die unter der KHGFVO vorgesehene Widerrufsmöglichkeit nicht in die TTGFVO übernommen wurde. Die Widerrufsvoraussetzungen der KHGFVO dürften nunmehr Gegenstand des Widerspruchsverfahrens unter der TTGFVO sein.

ee. Nachvertragliches Nutzungsverbot

Auch unter der TTGFVO sind nachvertragliche Nutzungsverbote in der weißen Liste enthalten und zwar sowohl für noch gültige Patente als auch für noch geheimes Know-How[687]. Allerdings ist - anders als unter der KHGFVO - in der schwarzen Liste der TTGFVO die Klausel nicht mehr enthalten, wonach die Freistellung ausgeschlossen ist, wenn der Lizenznehmer das (nicht mehr geheime) Know-How nach Ablauf des Vertrages nicht mehr nutzen darf, wenn es auf andere Weise, als durch einen Vertragsbruch des Lizenznehmers offenkundig geworden ist.
Da die Klausel jedoch nicht in die weiße Liste eingearbeitet worden ist, kommt das Widerspruchsverfahren zur Anwendung. Dies ist jedenfalls insoweit der Fall, als der Anwendungsbereich der Vorschrift unter der KHGFVO reichte. Er erfaßte das Nutzungsverbot dann, wenn die Offenkundigkeit des Know-How nicht durch den Lizenznehmer herbeigeführt wurde. Fraglich ist, ob unter der TTGFVO auch ein Nutzungsverbot vom Widerspruchsverfahren erfaßt ist, wenn es unter der Voraussetzung vereinbart wurde, daß der Lizenznehmer die Offenkundigkeit des Know-How herbeigeführt hat.
Durch Auslegung wurde ermittelt, daß eine solche Klausel unter der KHGFVO in die weiße Liste einzubeziehen war und zwar über deren Wortlaut hinaus. Dieses Ergebnis wurde aufgrund der Wertung des EG 14 KHGFVO gewonnen.
Unter der TTGFVO ist wie unter der KHGFVO nur ein nachvertragliches Nutzungsverbot für noch geheimes Know-How von der weißen Liste erfaßt. Ein solches für nicht mehr geheimes Know-How ist nicht einbezogen. Dies hätte jedoch um der Klarheit Willen geschehen können, wenn die Unbedenklichkeit der Klausel hätte bescheinigt werden sollen. Trotz dieses sollte jedoch nicht davon ausgegangen werden, daß die Kommission die Klausel grundsätzlich dem Widerspruchsverfahren zuführen wollte. Die Motive, aus denen die Einbeziehung der Klausel unter die weiße Liste der KHGFVO hergeleitet wurde, haben auch unter der TTGFVO bestand und sind in EG 20 niedergelegt. Daher ist auch unter der TTGFVO davon auszugehen, daß

---

687 Art. 2 Nr. 3 TTGFVO.

dem Lizenznehmer als Sanktion für das Herbeiführen der Offenkundigkeit des Know-How ein nachvertragliches Nutzungsverbot auferlegt werden kann, ohne daß das Widerspruchsverfahren bemüht werden müßte.

ff. Rücklizenzierung von Verbesserungen

Auch unter der TTGFVO ist es nicht möglich, die vollständige oder teilweise Übertragung von Verbesserungserfindungen des Lizenznehmers an den Lizenzgeber zu vereinbaren[688]. Demgegenüber darf der Lizenznehmer nach der Regelung der TTGFVO[689] verpflichtet werden, dem Lizenzgeber eine nicht exclusive Rücklizenz über von der ursprünglich lizenzierten Technologie abtrennbare Verbesserungserfindungen einzuräumen, wenn sich auch der Lizenzgeber verpflichtet[690] hat, dem Lizenznehmer Lizenzen an Verbesserungen einzuräumen[691].

Diese Regelung orientiert sich an der differenzierten Fassung der KHGFVO. Sie weist jedoch Unterschiede auf.
Zum einen sind Gegenstand der Rücklizenzierung die Verbesserungen der überlassenen Technologie. Gemäß Art. 10 Nr. 7 TTGFVO sind Know-How und Patente gleichermaßen vom Begriff der überlassen Technologie erfaßt. Demzufolge können Verbesserungs-Know-How und Verbesserungspatente gleichermaßen Gegenstand der Rücklizenzierung sein.
Zum anderen sind in diejenigen Bestimmungen der weißen Liste nicht mit in die TTGFVO übernommen worden, soweit sie - zusammengefaßt - untrennbare Verbesserungserfindungen betreffen. Auch die Verpflichtung des Lizenznehmers, vor der Weitergabe trennbarer Verbesserungen an Dritte die Genehmigung des Lizenzgebers einzuholen, ist aus der weißen Liste gestrichen worden. Aus der schwarzen Liste der KHGFVO sind nicht in die TTGFVO übernommen worden die Bestimmungen über die ausschließliche Nutzung trennbarer Verbesserungen des Lizenznehmers durch den Lizenzgeber und über die Nutzung untrennbarer Verbesserungen des Lizenznehmers durch den Lizenzgeber auch Vertragsablauf bei Vorliegen eines nachvertraglichen Nutzungsverbotes zu Lasten des Lizenznehmers.

Wenn man davon ausgeht, daß diese Neufassung mit den oben unter 4. dargelegten Folgerungen zu den Regeln der KHGFVO erklärt werden kann, so handelt es sich um redaktionelle Änderungen, die in erster Linie der Übersichtlichkeit dienen. Die Konsequenz ist jedoch, daß die unter der KHGFVO noch vorhandenen Bestimmungen über das „grant-back“ unter der TTGFVO streng genommen alle im Widerspruchsverfahren behandelt werden müssen. Dies ist weniger problematisch für die Bestimmungen, die aus der weißen Liste gestrichen wurden. Die Vertragsparteien werden in der Regel nicht Gefahr laufen, daß sie die Nichtigkeit ihres Vertrages riskieren, wenn sie ihn nicht zum Widerspruchsverfahren anmelden. Die weiße Liste gilt nach wie vor als nicht abschließend. Die Haltung der Kommission zu diesen Klauseln hat sich nicht grundlegend geändert. Die aus der schwarzen

---

688 Art. 3 Nr. 6 TTGFVO.

689 Art. 2(1) Nr. 4 TTGFVO.

690 Wie unter KHGFVO handelt es sich auch unter der TTGFVO bei dieser Bedingung nicht um eine unmittelbare Gegenleistung für die Rücklizenz des Lizenznehmers, sondern um zukünftige Erfindungen i. S. v. Art. 1 (7) Nr. 5 KHGFVO bzw. um spätere Verbesserungen, die Teil der lizenzierten Technologie i. S. v. Art. 10 Nr. 7 TTGFVO sind.

691 Zur - äußerst knappen - Kommentierung der Regelungen zum „grant-back“ von Seiten der Kommission siehe EG 20 TTGFVO.

Liste gestrichenen Klauseln hingegen dürften sich im Widerspruchsverfahren auch weiterhin als regelmäßig nicht freistellungsfähig erweisen.

Trotz der erfreulich klaren Fassung der Vorschriften über das „grant-back" bleibt als nachteilig festzuhalten, daß aus der TTGFVO alleine nicht ersichtlich ist, welche Klauseln dem Widerspruchsverfahren unterworfen sind und welche von ihnen dort keine Aussicht auf Freistellung haben. Es fehlen entscheidend erläuternde Hinweise in den EG. Für den Anwender wird es am praktischsten sein, die alte Fassung der Vorschriften aus der KHGFVO parat zu haben, um die Erfolgsaussichten im Widerspruchsverfahren beurteilen zu können.

gg. Zeitliche Ausdehnung

Im Vergleich zu PLGFVO und KHGFVO ist die wesentliche Bestimmung über die Nichtanwendbarkeit der Gruppenfreistellung bei automatischer Vertragsverlängerung[692] neu gefaßt.
Danach wird die Vereinbarung als nicht freistellungsfähig angesehen, wenn die grundsätzlich freistellungsfähigen Exclusivklauseln und die Verbote des aktiven und passiven Vertriebs des Art. 1 TTGFVO über die danach jeweils zulässige Dauer hinaus vereinbart werden und zwar auch dann, wenn dies in getrennten Vereinbarungen festgelegt ist oder durch die Verlängerung der ursprünglichen Vertragsdauer infolge der Einbeziehung neuer Verbesserungen bedingt ist. Neu an dieser Fassung ist, daß hauptsächlich und generell auf die zulässige Freistellungsdauer abgestellt wird und nicht (nur) auf die Verlängerung der Vertragsdauer durch die Mitteilung von Verbesserungen. Die Freistellungsdauer unter Art.1 wird gleichzeitig äußerste zeitliche Grenze der Gruppenfreistellung durch Art. 3 Nr. 7 festgeschrieben.
Im Gegensatz zur KHGFVO ist auch klargestellt, daß eine Verlängerung durch die Überlassung von Verbesserungen gleich welcher Art nicht erfolgen darf. Einbezogen sind Patente und Know-How für reine und gemischte Vertragsformen.
In der Fassung des Art. 3 TTGFVO ist jedoch nicht mehr die Verbotsausnahme enthalten, die unter der KHGFVO auf detailliert ausgestalteten Kündigungsrechten[693] der Parteien für die Zeit nach Vertragsende basierte. Eine entsprechende Bestimmung ist auch nicht in die weiße Liste eingearbeitet worden. Allerdings enthält Art. 8 allgemeine Vorschriften über die Anwendbarkeit der TTGFVO. Gemäß Absatz 3 dieser Vorschrift findet die TTGFVO auch dann Anwendung, wenn sich die ursprüngliche Dauer der Vereinbarung bei der Lizenzierung von Verbesserungen automatisch verlängert. Voraussetzung ist jedoch, daß der Lizenznehmer berechtigt ist, derartige Verbesserungen abzulehnen oder daß jeder Vertragspartner das Recht hat, die Vereinbarung nach Ablauf der ursprünglichen Laufzeit und mindestens alle drei Jahre danach zu kündigen.
Bedauerlicher Weise läßt diese Bestimmung offen, ob durch eine solche Vereinbarung die Bestimmung des Art. 3 Nr. 7 TTGFVO umgangen werden kann, ob also die Laufzeit der Freistellung verlängert werden kann, oder ob sich Art. 8 (3) TTGFVO nur auf solche Vereinbarungen bezieht, bei denen die ursprüngliche Vertragslaufzeit geringer bemessen ist als die nach der TTGFVO längst mögliche Freistellungsdauer.
Vorsorglich sind daher Vereinbarung, die eine automatische Verlängerungsklausel mit Kündigungsmöglichkeiten enthalten, im Widerspruchsverfahren anzumelden.

Im Ergebnis ist die Regelung der TTGFVO in zwei Punkten strenger, als die KHGFVO. Zum einen ist Art. 3 Nr. 7 allgemeiner und damit weiter gefaßt, als die Regelung unter der

---

692 Art. 3 Nr. 7 TTGFVO.

693 Siehe oben unter 3.

KHGFVO. Zum anderen ist die unter der KHGFVO noch vorgesehene Verbotsausnahme für den Fall der Vereinbarung von Kündigungsrechten nicht in vollem Umfang in die TTGFVO übernommen worden. Zweifelhaft ist zumindest, ob die Ausnahmebestimmung unter der KHGFVO in vollem Umfang durch die Regelung über den Anwendungsbereich der TTGFVO kompensiert wurde oder ob Vereinbarungen, die eine solche Klausel enthalten und deren ursprüngliche Laufzeit der höchstzulässigen Freistellungsdauer entspricht, im Widerspruchsverfahren überprüft werden müssen.

hh. Qualitätsvorschriften und Bezugsverpflichtungen

Die Vereinbarung von Mindestqualitätvorschriften ist auch unter der TTGFVO in der weißen Liste enthalten[694]. Die Formulierung entspricht weitgehend derjenigen aus der KHGFVO. Unter der TTGFVO sind neben Qualitätsstandards auch technische Spezifikationen ausdrücklich aufgeführt. Voraussetzung für die Verwendung der Klausel ist auch hier die Notwendigkeit der Vorschriften oder Spezifikationen für die einwandfreie Nutzung der Technologie oder für gleichmäßige Qualitätsstandards. Auch kann sich der Lizenzgeber die dazu notwendigen Kontrollen vorbehalten.

Eine Vorschrift in der schwarzen Liste - wie noch unter Art. 3 Nr.3 der KHGFVO - ist nicht mehr vorgesehen. Dafür wird unter der TTGFVO das Widerspruchsverfahren zur Anwendung kommen, wenn der Lizenznehmer zum Zeitpunkt des Vertragsschlusses verpflichtet ist, Qualitätsvorschriften, andere Lizenzen oder den Bezug von Waren oder Dienstleistungen zu akzeptieren, die nicht notwendig sind, um die einwandfreie Nutzung der Technologie oder gleichmäßige Qualitätsstandards sicherzustellen.
Erfreulich an dieser Regelung ist, daß diese Klausel nicht mehr schlechthin die Freistellung ausschließt. Erfreulich ist weiterhin, daß vom Kriterium der Freiwilligkeit bei der Beurteilung von Bezugsverpflichtungen Abstand genommen wurde.

Fraglich ist aber, welche Kriterien die Kommission bei der Beurteilung solcher Klauseln im Widerspruchsverfahren anwenden will. Nach EG 25 TTGFVO soll in der Regel der Marktanteil des Lizenznehmers entscheidend sein. Anders als bei den Kriterien des EG 26 zur Ausfüllung der Rücknahmevoraussetzungen kann für einen Widerspruch i.S.v. Art. 4(5) TTGFVO und im Ergebnis für die Ablehnung der Freistellung ein hoher Marktanteil des Lizenznehmers nicht ausschlaggebend sein. Hier geht es gerade um den Schutz des Lizenznehmers, der aufgrund seiner relativen wirtschaftlichen Schwäche eine schlechtere Verhandlungsposition zur Abwehr nicht erwünschter Vertragsklauseln - konkret von Bezugsverpflichtungen - hat. Entscheidend dürften auch andere Kriterien sein, wie z.B. das Vorliegen einer Paketlizenz, bei der des dem Lizenznehmer überlassen bleibt, welche Teile der überlassenen Technologie er ungenutzt läßt. In einem solchen Fall erscheint ein Widerspruch seitens der Kommission als unwahrscheinlich. In anderen Fällen mag ein sehr geringer Marktanteil oder eine schwache Verhandlungsposition des Lizenznehmers ein Grund für einen Widerspruch seitens der Kommission sein.

ii. Ausübungsverpflichtung

Mindestmengenverpflichtung und „best endeavours“

694 Art. 2(1) Nr.5 TTGFVO.

Eine Vereinbarung über Midestlizenzgebühren, Mindestmengen oder eine Mindestzahl von lizenzpflichtigen Handlungen wird auch unter der TTGFVO als nicht wettbewerbsbeschränkend beurteilt[695]. Ebenso wird nach dieser Vorschrift ausdrücklich die Verpflichtung des Lizenznehmers behandelt, die bestmöglichen Anstrengungen bei der Herstellung und Vermarktung der Technologie zu unternehmen. Dies war in der Fassung der entsprechenden Vorschrift der KHGFVO nicht ausdrücklich vorgesehen. Damit wird unter der TTGFVO das bereits im Rahmen der Auslegung des Art. 2(1)9 und 3(9) KHGFVO gefundene Ergebnis klargestellt. Die bestmöglichen Anstrengungen des Lizenznehmers bei der Vermarktung gehören zur Vertrauensgrundlage für Vereinbarungen über den Transfer von Technologie.
Daneben wird die Verpflichtung des Lizenznehmers, die überlassene Technologie nach besten Kräften zu nutzen, in dieser allgemeinen Form von der weißen Liste erfaßt[696]. Nach der Definition der TTGFVO[697] umfaßt der Begriff der Nutzung jede Verwendung der überlassenen Technologie, insbesondere bei der Herstellung, beim aktiven oder passiven Verkauf in einem bestimmten Gebiet unabhängig von Produktionsvorgängen in diesem Gebiet oder durch Leasing der Lizenzerzeugnisse. Es darf gerätselt werden, wo genau der Unterschied zur in Art. 2(1)9 TTGFVO erwähnten bestmöglichen Anstrengung bei der Herstellung und Vermarktung des Lizenzerzeugnisses begründet liegt.

Wettbewerbsverbote

Auch unter der TTGFVO ist eine Vereinbarung nicht freistellungsfähig, wenn ein Vertragspartner in seiner Freiheit beschränkt wird, innerhalb des gemeinsamen Marktes in den Bereichen Forschung und Entwicklung, Herstellung oder Vertrieb mit dem anderen Vertragspartner oder dessen verbundenen Unternehmen in Wettbewerb zu treten[698]. Allerdings sind im Unterschied zur KHGFVO die Ausnahmetatbestände des Wettbewerbsverbotes nicht als „Anhang“ in die schwarze Liste eingearbeitet worden. Vielmehr sind sie unter der TTGFVO als Rechte des Lizenzgebers in die weiße Liste eingearbeitet worden. Es handelt sich um die bereits oben genannte „best-endeavours“-Klausel in ihrer allgemeinen Form[699] sowie um den Vorbehalt des Lizenzgebers, die dem Lizenznehmer eingeräumte Ausschließlichkeit zu beenden und Verbesserungen nicht mehr zu lizenzieren, falls der Lizenznehmer Wettbewerbshandlungen der oben genannten Art vornimmt[700]. Außerdem kann der Lizenzgeber fordern, daß der Lizenznehmer nachweist,[701] daß die überlassene Technologie nicht für die Herstellung anderer als der Lizenzerzeugnisse verwendet wird.

Die TTGFVO enthält in diesem Punkt eine erfreuliche redaktionelle Klarstellung. Eine inhaltliche Erweiterung der weißen Liste kann darin jedoch nicht gesehen werden.

Abschließend ist zu bemerken, daß sich unter der TTGFVO auch am Verhältnis von Wettbewerbsverbot und „best-endeavours“-Klauseln nichts geändert hat.

---

695 Art. 2(1) Nr. 9 TTGFVO.
696 Art. 2(1) Nr. 17 TTGFVO.
697 Art. 10 Nr. 10 TTGFVO.
698 Art. 3 Nr. 2 TTGFVO.
699 Art. 2(1) Nr. 17 TTGFVO.
700 Art. 2(1) Nr. 18 TTGFVO:
701 Art. 2(1) Nr. 18 TTGFVO.

Wie bereits unter der KHGFVO[702], so ist auch unter der TTGFVO die Möglichkeit vorgesehen, die Freistellung zu widerrufen, wenn Mindestmengenverpflichtungen, Mindestgebühren oder die „best-endeavours"-Verpflichtung bewirken, daß der Lizenznehmer von der Verwendung konkurrierenden Technologien abgehalten wird und die Parteien bei Vertragsschluß konkurrierende Hersteller waren[703].
Grundsätzlich wird damit der Vorrang von „best-endeavours"-Klauseln vor dem Verbot des Wettbewerbsverbotes bestätigt. Nur in dem ausdrücklich aufgeführten Ausnahmefall soll die Kommission im Rahmen des Rücknahmeverfahrens die Möglichkeit haben, von dem Grundsatz abzuweichen.

jj. Angriffsverbote auf den Bestand der Rechte

In der TTGFVO ist die Nichtangriffsklausel nicht mehr in der schwarzen Liste aufgeführt. Sie wird vielmehr in Artikel 4 Absatz 2 b TTGFVO als eine Klausel behandelt, die typischer Weise dem Widerspruchsverfahren vorbehalten ist. Eine solche Klausel ist also weder ausdrücklich freigestellt, noch steht sie einer Freistellung ausdrücklich entgegen.
Von Artikel 4 Absatz 2b TTGFVO wird neben dem Angriffsverbot auf die Gültigkeit der lizenzierten Patente und dem Geheimnischarakter des Know-How auch der Wesentlichkeitscharakter des Know-How erfaßt. Insofern ist die Bestimmung unter der TTGFVO weiter gefaßt, als diejenige unter der KHGFVO.
Nicht in die TTGFVO übernommen wurde der Passus aus Artikel 2 Absatz 1 Nr. 6 KHGFVO, wonach das Angriffsrecht des Lizenznehmers nicht gilt, wenn er zur Preisgabe des Geheimnischarakters des Know-How beigetragen hat. Dies ist dadurch zu erklären, daß unter der TTGFVO die Angriffsmöglichkeit des Lizenznehmers nicht mehr ausdrücklich als dessen Recht ausgestaltet ist. Vielmehr ist eine Freistellung eines Angriffsverbots im Widerspruchsverfahren möglich. Sollte die Kommission dort im Einzelfall zu dem Ergebnis kommen, daß das Angriffsverbot grundsätzlich nicht zulässig ist, so wird sie dem Lizenznehmer das daraus folgende Angriffsrecht nur einräumen, wenn er den Verlust des Geheimnis- bzw. Wesentlichkeitscharakters nicht (mit)herbeiführt.

Darüber hinaus enthält Artikel 2 Absatz 1 Nr.15 TTGFVO das Kündigungsrecht des Lizenzgebers für den Fall, daß der Lizenznehmer die Gültigkeit lizenzierter Patente oder den Geheimnis- bzw. Wesentlichkeitscharakter überlassenen Know-Hows angreift. Diese im Verhältnis zur KHGFVO erfolgte Klarstellung wurde notwendig wegen der Streichung der Klausel aus der Schwarzen Liste. Unter der KHGFVO war das Kündigungsrecht systemfremd in der schwarzen Liste mitgeregelt. Insofern handelt es sich um eine lediglich optische Aufbesserung der schwarzen Liste.

Diese Behandlung von Nichtangriffsklauseln im Widerspruchsverfahren erlauben der Kommission, neben den in EG 25 der TTGFVO aufgeführten Bewertungskriterien[704] auch auf die oben unter c. angesprochenen Fragen[705] einzugehen.

---

702 Art. 7(8) KHGFVO.

703 Art. 7(4) KHGFVO.

704 Es handelt sich insbesondere um die Schätzung der Marktstruktur und des Marktanteils des Lizenznehmers, die auf sofort erhältlichen Informationen beruhen.

705 Zusammengefaßt handelt es sich um den jeweiligen rechtlichen und wirtschaftlichen Zusammenhang, um die Frage, ob das Verfahren technisch überholt ist und die Zulässigkeit zur Herstellung des Rechtsfriedens im Rahmen eines Prozeßvergleichs.

Beistandsverpflichtungen

Die Regelungen der TTGFVO über Beistandsverpflichtungen entsprechen weitgehend denjenigen der KHGFVO. Gemäß Artikel 2 Absatz 1 Nr. 6 TTGFVO kann der Lizenznehmer verpflichtet werden, dem Lizenzgeber Schutzrechtsverletzungen und den unbefugten Gebrauch des Know-How anzuzeigen und ihm bei der Verfolgung seiner Rechte Beistand zu leisten. Allerdings ist die in der KHGFVO enthaltene Einschränkung weggefallen, daß das Recht des Lizenznehmers zum Angriff auf den Bestand der Schutzrechte oder des Geheimnischarakters des Know-How nicht beeinträchtigt werden darf. Es ist bereits ausgeführt worden, aus welchem Grund ein solches Recht unter der TTGFVO nicht ausdrücklich vorgesehen ist.

kk. Name / Label

Unter der TTGFVO ist nunmehr klargestellt, daß der Lizenznehmer verpflichtet werden kann, den Namen des Lizenzgebers oder die Nummer des lizenzierten Patentes auf dem Lizenzerzeugnis zu vermerken[706]. Auslegungsprobleme, wie unter KHGFVO und PLGFVO gibt es hier nicht mehr.
Bei Verwendung das Warenzeichens des Lizenzgebers darf der Lizenznehmer auch unter der TTGFVO nicht daran gehindert werden, auf seine Herstellereigenschaft hinzuweisen.

ll. Unterlizenzierung

Die Beurteilung des Unterlizenzierungsverbotes unter der TTGFVO[707] entspricht exakt derjenigen unter der KHGFVO. Die unter der KHGFVO aufgetretenen Auslegungsprobleme sind unter der TTGFVO nicht beseitigt worden.

mm. Vorbehalte des Lizenzgebers

In die weiße Liste der TTGFVO sind zwei in den GFVOen bislang nicht benannte Klauseln eingearbeitet worden. Es handelt sich um die Möglichkeit des Lizenzgebers, sich vorzubehalten,

- Rechte aus dem Patent geltend zu machen, um gegen die Nutzung der Technologie außerhalb des Vertragsgebietes durch den Lizenznehmer vorzugehen[708],

- die Lizenzvereinbarung über ein Patent zu beenden, wenn der Lizenznehmer geltend macht, saß ein Patent nicht notwendig ist[709].

nn. Ausschluß absoluter zeitlicher Grenzen

Anders als unter der KHGFVO ist unter der TTGFVO ist die Bestimmung der schwarzen Liste nicht mehr vorhanden, wonach die Freistellung der Vereinbarung von vornherein ausgeschlossen ist, wenn die Laufzeit von Exclusivvereinbarungen und

706 Art. 2(1) Nr. 11 TTGFVO.
707 Art. 2(1) Nr. 1 TTGFVO.
708 Art. 2(1) Nr. 14 TTGFVO.
709 Art. 2(1) Nr. 16 TTGFVO.

Gebietsbeschränkungen über die nach Art. 1 zu bestimmende höchstzulässige Freistellungsdauer hinausgehen.
Dies bedeutet, daß unter der TTGFVO ein solcher Vertrag grundsätzlich freigestellt und wirksam ist, jedoch nur für die höchstzulässige Freistellungsdauer. Allerdings ist zu beachten, daß ein Vertrag bereits nach 5 Jahren seine Freistellung und damit seine Wirksamkeit verlieren kann, wenn dem Lizenznehmer ein Verbot des passiven Vertriebes für eine längere Dauer als 5 Jahre auferlegt wurde. Die Höchstfreistellungsdauer für diese Klausel beträgt 5 Jahre.

c. Zusammenfassung

Ersatzlos gestrichen worden ist der Tatbestand, welcher die Freistellung ausschließt, wenn die Zahlung von Lizenzgebühren vereinbart war für Lizenzprodukte, die ohne die überlassenen Technologien hergestellt wurden. Vereinbarungen über Lizenzgebühren sind fast vollständig den Parteien überlassen.
Ebenfalls ersatzlos ist der Tatbestand gestrichen worden, wonach die Freistellung ausgeschlossen war, wenn länger dauernde Exklusiv- oder Gebietsschutzklauseln vereinbart waren, als dies nach Art. 1 der Verordnung zulässig war. Darauf ist an anderer Stelle bereits hingewiesen worden.
Andere Bestimmungen der Schwarzen Listen sind teilweise ausdrücklich und teilweise stillschweigend ins Widerspruchsverfahren übertragen worden. Darauf wird noch zurückzukommen sein.
Die unter der Schwarzen Liste der KHGFVO enthaltenen Ausnahmebestimmungen sind gestrichen und in die Weiße Liste eingearbeitet worden.
Durch diese Maßnahmen hat die Schwarze Liste wesentlich an Übersichtlichkeit gewonnen.

Die Erweiterung der Weißen Liste ist im wesentlichen auf drei Umstände zurückzuführen.
Zwei Klauseln, die unter der KHGFVO keine Erwähnung fanden, sind neu aufgenommen worden. Es handelt sich um mögliche Vorbehalte des Lizenzgebers, die Lizenzvereinbarung zu kündigen, wenn der Lizenzgeber die Notwendigkeit eines Patents bestreitet, und bei Patentverletzungen des Lizenznehmers gegen ihn aus dem Patent vorgeht.
Die Klausel über die Schaffung einer zweiten Lieferquelle ist ebenfalls neu unter der Weißen Liste der TTGFVO. Sie war unter der KHGFVO im Widerspruchsverfahren enthalten.
Schließlich sind die in der Schwarzen Liste der KHGFVO als Ausnahmen vorgesehenen Klauseln in die Weiße Liste der TTGFVO übertragen worden. Es sind dies insbesondere das Kündigungsrecht des Lizenzgebers beim Angriff des Lizenznehmers auf den Bestand der Schutzrechte, die Verpflichtung des Lizenznehmers, die Technologie nach besten Kräften zu nutzen sowie das Recht des Lizenznehmers, die Ausschließlichkeit zu beenden und Verbesserungen nicht mehr zu lizenzieren, falls der Lizenznehmer auf den Bereichen Forschung und Entwicklung Wettbewerbshandlungen vornimmt.

Unter der TTGFVO sind nur zwei Klauseln ausdrücklich im Widerspruchsverfahren vorgesehen. Es handelt sich um die sogenannte. Nichtangriffsklausel und die Klausel über nicht notwendige Qualitätsvorschriften und Bezugsverpflichtungen. Darüber hinaus sind im Widerspruchsverfahren stillschweigend die folgenden Klauseln zugewiesen:

- Die Vereinbarung eines nachvertraglichen Nutzungsverbotes, wenn die Offenkundigkeit des Know-Hows nicht vom Lizenznehmer herbeigeführt worden ist;

- die Vereinbarung einer Abnehmerbeschränkung, wenn die Parteien bei Vertragsschluß keine konkurrierenden Hersteller sind;

- die Vereinbarung von Zahlungsverpflichtungen, wenn diese generell über die Laufzeit hinaus gehen, also nicht nur als Zahlungserleichterung dienen;

- die Vereinbarung einer automatischen Vertragsverlängerung unter Einbeziehung von beiderseitigen Kündigungsmöglichkeiten über den in Art. 3 Nr. 7 TTGFVO genannten Zeitpunkt hinaus.

3. Wertende Gegenüberstellung

Die TTGFVO hat von der PLGFVO die Regelung über den Beginn der Frist für das Verbot des passiven Wettbewerbs übernommen. Ansonsten hat sich die TTGFVO stark an der KHGFVO orientiert und zum großen Teil diejenigen Regelungen übernommen, die dort im Vergleich zur PLGFVO großzügiger ausgestaltet waren.

Die im Rahmen der vergleichenden Untersuchungen zwischen KHGFVO und PLGFVO kritisierten Punkte sind von der Kommission nur zum Teil überarbeitet und in die TTGFVO eingefügt worden.
Neu und im Sinne der Kritik sind geändert worden die Klauseln über die Schaffung einer zweiten Lieferquelle, über Gebührenzahlungsverpflichtungen über Rücklizenzierungsvereinbarungen und über Bezugsbindungen. Andere Klauseln sind nur teilweise im Sinne der Kritik geändert worden. So fehlt im Rahmen der Regelung über die Dauer der Freistellung von Territorialbeschränkungen die Angleichung der Freistellungsdauer für das Verbot des passiven Vertriebes auf mindestens 10 Jahre. Die Abgrenzung der "Field of use"-Klausel im Verhältnis zu den Vorschriften über Mengen- und Kundenbeschränkungen bieten weiter Auslegungsprobleme. Wünschenswert wäre weiterhin, daß die Vereinbarung eines Wettbewerbsverbotes auf den Bereich Forschung und Entwicklung ausdrücklich in die Weiße Liste aufgenommen wird, soweit es sich dabei um eine Konkretisierung der Verpflichtung handelt, die Technologie nach besten Kräften zu nutzen.
Wieder andere Klauseln enthalten keinerlei Änderungen im Hinblick auf die geäußerte Kritik. So fehlt es weiterhin an einer praxistauglichen Definition des "ersten Inverkehrbringens des Lizenzerzeugnisses". Außerdem hält die Kommission weiterhin an den Anforderungen für die Freistellung von Know-How-Überlassungsvereinbarungen fest. Insbesondere hat sie nicht auf die Merkmale der Wesentlichkeit des Know-Hows sowie der hinreichenden Identifizierbarkeit als Freistellungsvoraussetzungen verzichtet. Insoweit besteht Nachbesserungsbedarf.

C. Kritik und Ausblick

I. Starrheit der GFVOen durch typisierende Bewertungen

Die Bewertung einzelner Vertragsklauseln unter den GFVOen ist vorwiegend typisierender Natur[710]. Damit erfolgt zumindest auf dem Gebiet der Freistellung eine per se Freistellung, die den Charakter einer Legalausnahme aufweist[711], und es erfolgt auf dem Gebiet der als nicht wettbewerbsbeschränkend beurteilten Klauseln eine per se Nichteinbeziehung unter das

710 Müller-Graff, EuR 1992, S.1.ff (39).
711 Müller-Graff, aaO, S.29.

Verbot des Art.85 Abs.1. Bei den Klauseln, die nach der Bewertung der Art.3 der GFVOen wettbewerbsbeschränkend und grundsätzlich nicht freistellungsfähig sind, wird die per-se-Wirkung dadurch abgemildert, daß für sie das Widerspruchsverfahren und das Einzelfreistellungsverfahren anwendbar bleiben sollen.
Auch wenn diese typisierend-summierenden Bewertungen unter den GFVOen auf eine Reihe von Einzelentscheidungen der Kommission zurückzuführen sind, in denen jeweils die Wertungen des Art. 85 EGV, insbesondere die des Art. 85 Abs.3 EGV berücksichtigt wurden, so ist es doch zweifelhaft, ob dies auch für jeden weiteren Einzelfall gilt, der nach den typisierenden Wertungen der GFVOen zu beurteilen ist. Die Einsicht, Wettbewerbsfragen seien situationsabhängige Maß- und Gradfragen[712], steht in Frage,wenn man die starren Voraussetzungen der GFVOen in jedem Fall anwendet, auch wenn sich die einzelnen Klauseln abstrakt - aus einer ex-post Sicht - an die Vorgaben des Art. 85 EGV, insbesondere des Art. 85 Abs.3 EGV halten. Die Gesamtsituation im Einzelfall bleibt so unberücksichtigt. Außerdem ist die Befürchtung ausgesprochen worden, daß die Standardisierung der Vereinbarungen nach Maßgabe der GFVOen zum Verzicht auf die Suche nach weniger beschränkenden Klauseln führen könne[713] und damit die GFVOen keine mittelbaren Eingriffe zur Förderung einer harmonischen Entwicklung des Wirtschaftslebens im Sinne von Art.2 EGV (und des Fäbestoffe-Urteils) mehr darstellen.

Insbesondere ist kritisiert worden, daß einige Vorschriften unter den GFVOen auf die wohl immer noch unentschlossene Haltung der Kommission zu der Frage zurückzuführen sind, ob Lizenzen als horizontal zu bewerten sind, sobald sowohl der Lizenzgeber als auch der Lizenznehmer in der Lage sind, den produzierten Lizenzgegenstand zu vertreiben.[714] Die Kommission neigte dazu, die Beurteilung der Vereinbarung vom Zeitpunkt ihrer Befassung aus vorzunehmen, nicht jedoch vom Zeitpunkt der Verhandlung der Lizenz zwischen den Parteien, zu dem der Lizenznehmer u.U. noch gar nicht als Wettbewerber einzustufen war.[715]
Die GFVOen differenzieren demzufolge bezüglich der hier erörterten Regelungen nicht zwischen horizontalen und vertikalen Vereinbarungen.
Des weiteren fällt die starre Regelung der 5-Jahres Frist im Rahmen der Verbotsmöglichkeit des passiven Wettbewerbes auf. Es ist darauf hingewiesen worden[716], daß eine Beschränkung, die nur einen Tag länger dauert, die Unwirksamkeit der Vereinbarung herbeiführt, oder nur im Einzelfreistellungsverfahren behandelt werden kann.
Außerdem kann die Freistellung von gegenseitigen Beschränkungen von direkten Importen zwischen Lizenzgeber und Lizenznehmer zu absolutem Gebietsschutz und zur Marktaufteilung entlang nationaler Grenzen führen. Dies kann in Konstellationen auftreten, in denen kein Zwischenhandel mehr stattfindet und der Lizenznehmer also direkt an den Endverbraucher verkauft (z.B. Zulieferindustrien) und demzufolge auch der Parallelhandel auf einer niedrigeren Vertriebsstufe ausgeschlossen ist. Aber auch im Normalfall kann - sofern eine Zwischenhandelsstufe besteht - das Importverbot durch eine dritte Partei, die dem Zwischenhandel zustimmt, umgangen werden.

II. Änderungen des Ansatzes der GFVOen

---

712 Müller-Graff, aaO , S.29.

713 Müller-Graff, aaO, 33 f .

714 Dazu Venit, Fordham Corporate Law Institute, 1986/87, 517 ff; Johannes, Fordham Corporate Law Institute 1982, chapter 4, 65 ff (83/84).

715 Siehe zusammenfassend sogleich unten, Teil III, B II, 2.

716 Jeanrenaud, Swiss Review of International Competition Law , 1985, S. 21 ff (34/35).

Wie bereits gezeigt wurde, hat die TTGFVO im Vergleich zu ihren Vorgängern erhebliche Veränderungen erfahren. Hintergrund sind im Wesentlichen zwei Ansätze vertreten, die hier dargestellt und diskutiert werden sollen. Vor diesem Hintergrund soll beurteilt werden, ob die TTGFVO eine praktikable Lösung zur Auflösung der starren Gruppenfreistellungssystematik bietet.

1. Einfügung der Unterscheidung zwischen horizontalen und vertikalen Vereinbarung unter der Gruppenfreistellungsverordnung

a. Einleitung

Der erste Ansatzpunkt basiert auf der in der Literatur entwickelten und bereits mehrfach angesprochenen Kritik an einer unter den GFVOen nicht vorhandenen Trennung zwischen Vereinbarungen mit horizontalem und vertikalem Charakter.

Nach der bei der Besprechung der den schwarzen Listen unterfallenden Klauseln erwähnten Kritik aus der Literatur sind einige dieser Vorschriften auf die unentschlossene Haltung der Kommission zu der Frage zurückzuführen, ob Lizenzen als horizontal zu bewerten sind, sobald sowohl der Lizenzgeber als auch der Lizenznehmer in der Lage sind, den produzierten Lizenzgegenstand zu vertreiben.[717] Die Kommission neigte dazu, die Beurteilung der Vereinbarung vom Zeitpunkt ihrer Befassung aus vorzunehmen, nicht jedoch vom Zeitpunkt der Verhandlung der Lizenz zwischen den Parteien, zu dem der Lizenznehmer u.U. noch gar nicht als Wettbewerber einzustufen war.[718]
Die GFVOen differenzieren demzufolge bezüglich der hier erörterten Regelungen nicht zwischen horizontalen und vertikalen Vereinbarungen. Dies tun sie grundsätzlich nicht, soweit sie angesichts der Regelungen in Art. 5 überhaupt auf Vereinbarungen dieser Natur anwendbar sind.

Des weiteren fällt die starre Regelung der 5-Jahres Frist im Rahmen der Verbotsmöglichkeit des passiven Wettbewerbes auf. Es ist darauf hingewiesen worden[719], daß eine Beschränkung, die nur einen Tag länger dauert, die Unwirksamkeit der Vereinbarung herbeiführt, oder nur im Einzelfreistellungsverfahren behandelt werden kann.
Außerdem kann die Freistellung von gegenseitigen Beschränkungen von direkten Importen zwischen Lizenzgeber und Lizenznehmer zu absolutem Gebietsschutz und zur Marktaufteilung entlang nationaler Grenzen führen. Dies kann in Konstellationen auftreten, in denen kein Zwischenhandel mehr stattfindet und der Lizenznehmer also direkt an den Endverbraucher verkauft (z.B.Zulieferindustrien) und demzufolge auch der Parallelhandel auf einer niedrigeren Vertriebsstufe ausgeschlossen ist. Aber auch im Normalfall kann - sofern eine Zwischenhandelsstufe besteht - das Importverbot durch eine dritte Partei, die dem Zwischenhandel zustimmt, umgangen werden.

b. Anwendung der "Rule of Reason" auf Art. 85 EGV

Seit einiger Zeit wird diskutiert, ob nicht die im amerikanischen antitrust Recht gebräuchliche "Rule of Reason" auch unter Art. 85 EGV anzuwenden sei. Dabei konzentriert sich die

717 Dazu Venit, Fordham Corporate Law Institute, 1986/87, 517 ff; Johannes, Fordham Corporate Law Institute 1982, chapter 4, 65 ff (83/84).

718 Siehe zusammenfassend sogleich unten, Teil III, B II, 2.

719 Jeanrenaud, Swiss Review of International Competition Law , 1985, S. 21 ff (34/35).

Diskussion auf eine Anwendung im Rahmen des Art. 85 Abs.1 EGV. Die Anwendung der Rule of Reason unter Art. 85 Abs.3 - wie sie vereinzelt vorgeschlagen wurde - wird größtenteils mit dem Hinweis abgelehnt, daß Art..85 Abs.3 eher eine wettbewerbspolitische Ausnahmeregelung enthält, als eine strenge wirtschaftlich Bewertung.[720]

Zu überlegen ist, ob nicht dennoch die GFVOen Möglichkeit bieten, zumindest bestimmte Aspekte der Rule of Reason aufzunehmen.

Dazu ist es notwendig, kurz Inhalt und Aspekte der Rule of Reason darzulegen. Sodann wird zu zeigen sein, in wie weit sie bereits durch die Kommission oder den EuGH in wettbewerbsrechtliche Bewertungen einbezogen worden ist. Schließlich wird zu überlegen sein, welche Aspekte unter den GFVOen Berücksichtigung finden könnten.

aa. Amerikanisches Antitrust- Recht

Die Rule of Reason in ihrer heutigen Form dient im U.S. - amerikanischen Recht dazu, das im Grundsatz sehr weit gefaßte Kartellverbot der section 1 des Sherman Act zu begrenzen.[721]
In ihrer heutigen modernen Form stellt sie eine Bewertung von Vertragsklauseln anhand einer umfassenden Analyse der wirtschaftlichen Auswirkungen dar.
Bis zu dieser modernen Entwicklungsstufe waren von einer Abwägung der positiven und negativen Wirkungen einer Absprache auf den Wettbewerb bestimmte Vertragsklauseln von vornherein ausgenommen und einem "per- se" Verbot unterstellt.
Diese starre Trennung ist gelockert worden. Die Klauseln werden zunächst danach eingestuft, mit welcher Wahrscheinlichkeit sie negative Marktwirkungen herbeiführen können.Dabei sind Vereinbarungen, die mit hoher Wahrscheinlichkeit negative Wirkungen zeigen werden, nur in beschränktem Maße der Überprüfung auf positive Auswirkungen zugänglich. Es müssen dort Tatsachen von besonderer Qualität vorliegen, um den Verbotstatbestand der Sec.1 Sherman Act einzugrenzen.
Unter diese Art von Vereinbarungen fällt ein großer Teil der horizontalen Absprachen.
Hingegen müssen bei Vereinbarungen, die negative Wirkungen weniger wahrscheinlich erscheinen lassen, umfassende Tatsachenfeststellungen für das Eingreifen von Sec. 1 Sherman Act erfolgen.
Unter diese Art von Vereinbarungen fallen in der Regel Lizenz- oder Vertriebsabsprachen vertikaler Natur.
Die Gerichte in den Vereinigten Staaten von Amerika sind zuständig, die entsprechenden Tatsachenfeststellungen für die Anwendung oder Nichtanwendung der Sec.1 Sherman Act zu treffen.[722] Das Department of Justice hat dagegen lediglich Untersuchungsbefugnisse im Rahmen des Verwaltungsverfahrens.

Auf der anderen Seite brachte die Rule of Reason bereits zu ihren Anfangszeiten die Lehre von den sogenannten "ancillary restraints" hervor.
Dies sind solche Beschränkungen, die als unabdingbar angesehen werden, um eine Vereinbarung nicht ihrer wirtschaftlichen Zielsetzung zu berauben.. Entwickelt wurde dies anhand der Vereinbarung zeitlich befristeter Wettbewerbsverbote bei Unternehmenskäufen.

---

720 Jeanrenaud, aaO, S.38.

721 Siehe zusammenfassend zum folgenden Ulmer,RIW 1985, S.517 ff (519).

722 Jeanrenaud, aaO, S.36.

Entsprechende Beschränkungen waren dort notwendig, um die Erreichung des wettbewerbsneutralen Hauptzwecks, des Unternehmenskaufes an sich, nicht zu gefährden. Die Beschränkungen mußten sich aber auf das dem Umfang nach und zeitlich vernünftigerweise Notwendige beschränken.

Die Rule of Reason ist also eine von den amerikanischen Gerichten anzuwendende Doktrin, um innerhalb der Sec.1 Sherman Act eine Grenzziehung zwischen wettbewerbsbeschränkenden und solchen Vereinbarungen festzulegen, die entweder an sich untergeordneter Natur, also "ancillary" sind, oder die im Rahmen einer Gesamtbetrachtung der Auswirkungen als wettbewerbsfördernd bewertet werden.

Etwas genauere Betrachtung verdient die in dieser Doktrin angelegte Unterscheidung zwischen Vereinbarungen horizontaler und vertikaler Natur.
Nach dem bisher Gesagten sind horizontale Vereinbarungen lediglich unter engen Voraussetzungen vom Verbotstatbestand ausgenommen, namentlich dann, wenn es um untergeordnete (ancillary) Beschränkungen geht, die vernünftigerweise notwendig sind, um einer grundsätzlich wettbewerbsfreundlichen Vereinbarung zur praktischen Durchsetzbarkeit zu verhelfen.
Vertikale Vereinbarungen hingegen sind geeignet, Technologie zu verbreiten und neue Märkte zu eröffnen. Beschränkungen mehrerer Lizenznehmer untereinander dienen dazu, deren Investitionsbereitschaft zu fördern, um - geschützt vor Konkurrenz - diese Investitionen amortisieren zu können. Der Lizenzgeber selber hat kein gesteigertes Interesse an wettbewerbsfreien Gebieten seiner Lizenznehmer. Wettbewerb seiner Lizenznehmer untereinander würde über Preissenkungen erhöhten Umsatz schaffen und damit dem Lizenzgeber höhere Lizenzgebühren bescheren. Es kann also keine Rede davon sein, daß Lizenzgeber und Lizenznehmer zum Nachteil der Verbraucher künstlich den Markt beschränken und die Preise auf einem hohen Niveau hielten. Hauptzweck ist die Verbreitung neuer Waren oder neuer Technologie und damit die Eröffnung eines neuen Marktes, oder die Steigerung von inter-brand Wettbewerb. Dazu kann es unabdingbar erscheinen, den intra-brand Wettbewerb zu beschränken.
Die Vereinbarung von Schutzklauseln für das Verhältnis der Lizenznehmer untereinander läßt sich dahin präzisieren, daß es kaum einen Lizenznehmer geben dürfte, der sich bereit findet, für die Verbreitung neuer Technologie Investitionen zu treffen, um einen neuen Markt zu erschließen oder in einen bestehenden Markt einzudringen., wenn er damit rechnen muß, daß ein weiterer Lizenznehmer mit dem gleichen Produkt diese mühevollen und kostspieligen Vorarbeiten ausnutzt. Er brauchte sich dann nicht mehr selber um die Erschließung des Marktes zu kümmern. In der englischsprachigen Literatur wird dieses Phänomen als "free-rider"- Argument bezeichnet. Bemühte man sich um einen ähnlich bildhaften Ausdruck im Deutschen, könnte man auf die Bezeichnung "Trittbrettfahrer" zurückgreifen.
Zum Ausschluß dieses Effektes kann der Lizenzgeber dem Lizenznehmer Schutz gewähren durch Exclusivabsprachen oder Preisbindungen.
So ist als Konsequenz gefordert worden, für vertikale Vereinbarungen eine Vermutung der Illegalität aufzustellen, die aber durch das "free-rider" Argument auf dem betreffenden Markt widerlegt werden kann[723].
Allgemeinere Formulierungen[724] gehen dahin, die Gültigkeit einer vertikalen Vereinbarung davon abhängig zu machen, daß eine Markterweiterung aufgrund der durch die Beschränkungen herbeigeführte Investitionsbereitschaft zu erwarten ist.

---

723 Hawk, ECLR 1988, 53; Korah,ELR 1972,62 ; diess., ELR 1978, 62 ff; Chard, ELR 1982, 83 ; van Bael, RSDIC 1980,39 ff.

Es ist darüber hinaus vertreten worden, daß vertikale Vereinbarungen "per se" nicht unter das Verbot fallen.[725]

Bezüglich des Zeitpunktes für die Beurteilung, ob eine Vereinbarung horizontalen oder vertikalen Charakter hat, wird durchweg auf den Moment des Vertragsschlusses abgestellt. Es wird gefragt, ob der Lizenznehmer zu diesem Zeitpunkt ohne die Lizenz des Lizenzgebers in der Lage gewesen wäre, das Produkt herzustellen.

Vor diesem Hintergrund sind im August 1994 Richtlinien des Department of Justice (DOJ) ergangen, die sich mit der Behandlung von Technologielizenzen befassen. Eine administrative Überprüfung erfolgt danach in der Regel nur dann, wenn die Vereinbarung von dritter Seite angegriffen wird. Insofern sind die Untersuchungskompetenzen des DOJ bereits begrenzt. Lizenzvereinbarungen werden nach dem amerikanischen System grundsätzlich als wettbewerbsfreundlich beurteilt. Nur ausnahmsweise sind sie wettbewerbswidrig. Die Richtlinien des DOJ legen eine Marktanteilsgrenze von 20% fest. Der Marktanteil setzt sich zusammen aus den Anteilen des Lizenzgebers und den Anteilen aller seiner Lizenznehmer. Vereinbarungen zwischen Parteien, deren Marktanteile zusammen die 20%-Grenze nicht überschreiten, werden nicht einmal detailliert analysiert; auch insoweit ist die Kompetenz des DOJ zur Untersuchung und zur Verhängung von Sanktionen beschränkt. Man kann insofern von einer „20% - Sicherheitszone“ sprechen.
Bei Überschreiten des Marktanteils besteht immer noch eine starke Vermutung für die Wettbewerbsfreundlichkeit der Vereinbarung. Jedoch können in einzelnen Fällen Sanktionen ergehen aufgrund einer detaillierten „Rule of Reason“- Analyse. Diese richtet sich im Wesentlichen nach zwei Kriterien. Zum einen wird untersucht, ob es sich um horizontale oder vertikale Vereinbarungen handelt. Zum anderen wird untersucht, ob die Analyse des Produktmarktes ausreichend ist, oder ob eine genauere Analyse des Technologie- und Innovationsmarktes erforderlich ist.

bb. Aspekte der Rule of Reason in der Praxis von Kommission und EuGH

Es ist im Folgenden darzustellen, ob und in wie weit einzelne Aspekte der Rule of Reason in die Beurteilung von Vereinbarungen unter Art. 85 EGV durch die Kommission und den EuGH eingeflossen sind, und in wie weit die Einbeziehung Niederschlag in den GFVOen gefunden hat.

Die Unterscheidung zwischen einem positiven Hauptzweck "untergeordneten" Beschränkungen und "reinen" Wettbewerbsbeschränkungen hat wie folgt in die Beurteilung Eingang gefunden.
Ein Widersprüchliches Bild zur Frage der Einbeziehung zeigte sich zunächst in der Mitte der sechziger Jahre.
Ausdrücklich nicht einbezogen wurden entsprechende Erwägungen durch den EuGH in Sachen Grundig/Consten.[726] In Sachen "la Technique Minère/Maschinenbau Ulm"[727] entschied der EuGH, daß die Vereinbarung einer exclusiven Vertriebslizenz nicht gegen

---

724 Scherer, Antitrust Law Journal 1982,687 ; Hay, Antitrust Law Journal 1987,27; Williamson, Penn.L.Rev. 1979, 953 ff.
725 Posner, U.Chicago Law Review 1981,22 ff ; Easterbrook, Antitrust Law Journal 1984,135 ff; Telser, L.G.; Journal of Law and Economy, 1960, 86 ff.
726 EuGH,AblEG 1966,Nr.170/3015.
727 EuGH, AblEG 1966Nr.170/3013.

Art.85.Abs.1 verstoße, wenn sich der französische Hersteller ohne diese Vereinbarung keinen Marktanteil in der Bundesrepublik erarbeiten könne.
In Sachen Maissaatgut beanstandete der EuGH[728] die Praxis der Kommission, jede von den Parteien als wirtschaftlich notwendig erachtete Beschränkung - es ging um eine offene Exclusivlizenz - als automatisch wettbewerbsbeschränkend anzusehen. Es müsse geprüft werden, ob eine solche Klausel notwendig sei für die Investitionsbereitschaft.
Die weitestgehenden Aussagen finden sich jedoch in den Entscheidungen in Sachen "Coditel/Ciné Vog Films"[729] und "Lois Erauw-Jaquery/La Hesbignonne"[730].
Im erstgenannten Fall ging es darum, daß durch die Erteilung einer exclusiven Filmvorführungslizenz absoluter Territorialschutz ausgelöst werden könnte. Filmvorführungen fielen unter die Dienstleistungsfreiheit, in deren Rahmen die Erschöpfungslehre des EuGH nicht anzuwenden sei. Damit könnten Urheberrechte neben der Exclusivlizenz geltend gemacht werden. Dies führte sogar zu absolutem Territorialschutz. Dennoch wurde eine Exclusivvereinbarung nicht als wettbewerbsbeschränkend eingestuft, wenn sich ohne sie kein Lizenznehmer finden würde.
In er zweitgenannten Entscheidung stellte die Kommission nicht nur auf den Investitionsschutz des Lizenznehmers ab, sondern in entscheidendem Maße auch auf den des Lizenzgebers. Es ging um die Entwicklung von Saatgut für Pflanzenzüchtungen. Aufgrund der hohen Entwicklungskosten sollte die Verbreitung kontrolliert von statten gehen, um Mißbrauch vorzubeugen. Der EuGH ließ diese Begründung ausreichen, um Kundenbeschränkungen und Exportverbote als nicht wettbewerbsbeschränkend zu beurteilen.
Es ist also erkennbar, daß der EuGH abwägt, ob für die Parteien genügend Anreize wettbewerbsrechtlicher Natur zu Investitionen bestehen. Dadurch wird nicht nur die Theorie der "ancillary restraints" gestärkt, sondern indirekt auch das "free-rider" Argument.
In der Entscheidung des EuGH in Sachen AEG/Telefunken findet sich sogar eine Erwägung, die eine Einschränkung des Preiswettbewerbes zugunsten anderer Bedürfnisse im Rahmen des Art.85 Abs.1 EGV, wie die Aufrechterhaltung eines qualifizierten Fachhandels für bestimmte Dienstleistungen, rechtfertigt.

Daneben wird unter Art. 85 EGV ebenfalls unterschieden zwischen horizontalen und vertikalen Vereinbarungen. Es stellt sich hier insbesondere die Frage, in wie weit das "free-rider" Argument Aufnahme in die Bewertung der Wettbewerbswirkungen gefunden hat. Insofern ist zunächst auf die soeben angesprochene Rechtsprechung des EuGH zu verweisen. Im Rahmen von vertikalen Vereinbarungen stellt das "free-rider" Argument zugleich auch einen "ancillary restraint" dar. Es ist nicht davon auszugehen, daß der Lizenznehmer unter hohen Investitionen einen neuen Markt erschließen wird oder sich in den inter-brand Wettbewerb stürzen wird, wenn er befürchten muß, daß ohne intra-brand Beschränkungen die gleiche Ware auf seinem Markt von einem anderen Lizenznehmer vertrieben wird. Insofern hat diese Erwägung die gleiche Bedeutung, wie die Lehre von den ancillary restraints.

In der englischsprachigen Literatur ist für das amerikanische System eine widerlegbare Vermutung der Wettbewerbswidrigkeit vertikaler Vereinbarungen gefordert worden.[731] Dies entspräche dann dem System des Art.85 EGV mit Verbot und Freistellung. Vorwiegend wird

728 EuGH, Slg.1982,2015.
729 EuGH, Slg 1982, 3318 ff.
730 EuGH, Slg 1988,1935 ff.
731 Hawk, ECLR 1988, 53 ff.

aber eine Einbeziehung einer umfassenden und realistischen Marktanalyse unter Art.85 Abs.1 vertreten[732].

Ein entscheidender Unterschied bestand aber lange Zeit bezüglich der Frage, in welchem Zeitpunkt und für welche Zeitspanne eine Vereinbarung als vertikal zu beurteilen war.
Nach dem amerikanischen System wurde auf den Zeitpunkt des Vertragsabschlusses abgestellt.
Die Kommission beurteilte jedoch das Verhältnis zwischen Lizenzgeber und Lizenznehmer dann wieder als horizontal, sobald der Lizenznehmer die Produktion aufgenommen hatte, auch wenn beide Vertragspartner in unterschiedlichen Teilen des gemeinsamen Marktes produzierten.[733]
Seit der Entscheidung des EuGH in Sachen Maissaatgut[734] und eindringlicher Kritik aus der Literatur[735] ist die Kommission eher geneigt, das Verhältnis insgesamt aus der Ausgangsperspektive des Lizenznehmers zu beurteilen.[736] Sie zeigt ebenso die Tendenz anzuerkennen, daß die Ausgangspositionen beider Partner sehr unterschiedlicher Natur sein können, wenn der Lizenznehmer gerade den Versuch unternehmen will, auf dem Markt Fuß zu fassen.

cc. Elemente der Rule of Reason in den GFVOen

Es ist im Folgenden darauf einzugehen, in wie weit sich Elemente dieser Überlegungen in den GFVOen wiederfinden lassen.

Als Anerkenntnis sogenannter "ancillary restraints" durch die Kommission können einige Bestimmungen in der weißen Liste verstanden werden, wie die Beschränkungen des Lizenznehmers, die Verpflichtungen zur Zahlung von Mindestlizenzen, zur Geheimhaltung technischen Wissens, zur Beachtung von Nutzungsbeschränkungen und durch das Verbot zur Unterlizenzierung entstehen können.[737] Ohne die Möglichkeit der Auferlegung dieser Pflichten wäre ein Lizenzgeber kaum zur Durchführung des wettbewerbsneutralen Hauptzweckes - der Lizenzierung - bereit.
Die Möglichkeit unter der KHGFVO, eine Gebührenzahlungspflicht des Lizenznehmers zu vereinbaren, die über den Zeitpunkt des Offenkundigwerdens des Know-How hinausgeht, zeuge davon, daß die Kommission doch zum Teil die wirtschaftliche Betrachtung der Vereinbarung der Parteien zum Zeitpunkt des Vertragsschlusses mit einbezieht[738]. Dem Lizenznehmer reicht es für den Ausbau seiner Position oftmals aus, wenn er einen beschränkten zeitlichen Vorsprung vor seinen Konkurrenten durch den Geheimnischarakter des Know- How gewinnen kann. Das zu beurteilen hat die Kommission nunmehr den Parteien, insbesondere dem Lizenznehmer überlassen[739].

---

732 Joliet, Rule of Reason in Antitrust Law, The Hague 1967; ders. , Northwestern Journal of Int'l. Law and Business 1987, 755 ff (773 ff); Faull, ECLR 1984, 358 ff (362); Forrester/Norall, CMLR 1984, 11 ff; Gyselen, CMLR 1984, 647 ff; Korah, Northwestern Journal of Int'l. Law and Business 1981, 320 ff (340 ff), diess., Current Legal Problems 1986, 85 ff; diess. Antitrust Bulletin 1990, 1009 ff; Scheckter, LIEI 1982, 1 ff.

733 Vergleiche die informellen Entscheidungen im 10 Wettbewerbsbericht der Kommission.

734 EuGH Slg.1982,2015 ff.

735 Venit, Fordham Corporate Law Institute 1986, S. 517 ff (522).

736 Kommission in Sachen Delta Chemie/DDD,Abl 1988,Nr.L309/34(Tz 24/41).

737 Vgl.Ulmer, RIW 1985,517 ff (521).

738 Siehe ausführlich dazu Korah, ELR 1987, 18 ff.

739 Siehe oben, Teil I, C I 3 b.

dd. Ansätze zur Reformierung unter einer vereinheitlichten GFVO

Abschließend sind einige Überlegungen zu der Frage angebracht, welche Punkte auf der Grundlage der vorstehend genannten Kritik und den vorstehenden Darlegungen die Neugestaltung einer vereinheitlichten GFVO berücksichtigen könnte.

α. Differenzierter Anwendungsbereich der schwarzen Liste

Es bietet sich insofern zunächst an, Wertungen der Rule of Reason unter entsprechenden Voraussetzungen in die weiße Liste aufzunehmen und den Anwendungsbereich der GFVO, insbesondere den Anwendungsbereich der schwarzen Liste differenziert auszugestalten.
Im Rahmen horizontaler Vereinbarungen müßte die schwarze Liste in vollem Umfang anwendbar bleiben. Im Rahmen vertikaler Vereinbarungen könnten diejenigen Klauseln der schwarzen Liste vereinbart werden, deren Existenz in der schwarzen Liste in bezug horizontale Vereinbarungen zurückzuführen ist.
Nach der erwähnten Kritik handelt es sich dabei insbesondere um die folgenden Klauseln
Es wären allerdings allgemeine Kriterien zu entwickeln und in Art. 5 der GFVOen aufzunehmen. Diese Kriterien sollten daran anknüpfen, ob der Lizenznehmer ein Neueinsteiger am Markt ist. Hier ist die Frage entscheidend, ob der Lizenznehmer auch ohne die Lizenz mit dem Lizenzgeber in Wettbewerb auf dem Markt des Lizenzgegenstandes hätte (be)stehen können.
Es sollten daher im Einzelfall gegenübergestellt werden
- die Märkte, auf denen die Parteien jeweils aktiv sind
- die Marktanteile des Lizenzgebers und des Lizenznehmers.

Bei einem hohen Marktanteil des Lizenzgebers auf dem Gebiet des Lizenznehmers liegt die Vermutung nahe, daß hier nicht ein neuer Wettbewerber geschaffen werden soll, der zudem den Markt effektiv versorgen kann, sondern daß es einzig Zweck der Vereinbarung sein soll, Produktmärkte entlang nationaler Grenzen aufzuteilen.
Ungenauigkeiten, Zweifel oder Unkorrektheiten gehen dabei zu Lasten der Parteien. Die Kommission muß zudem die Möglichkeit haben, die Freistellung zu widerrufen.

β. Erweiterung der weißen Liste

Eine Erweiterung der weißen Liste bedürfte es im Hinblick auf die EuGH- Rechtsprechung in Sachen Maissaatgut. Ziel dabei ist es insbesondere, über die Formulierungen des EG 6 der KHGFVO hinaus, Kriterien für das Merkmal der Neuheit der Technologie festzulegen, um klarzustellen, welche offenen Exclusivlizenzen nicht unter das Verbot des Art. 85 EGV fallen.
Zu berücksichtigen ist insoweit, daß die Kommission ihr Konzept hinsichtlich einer als nicht wettbewerbsbeschränkend zu beurteilenden offenen Exclusivabsprache gegenüber ihrer früheren Entscheidungspraxis erweitert hat und als Kriterium die gesteigerte Wettbewerbsfähigkeit der beteiligten Unternehmen in EG 6 der KHGFVO aufgenommen hat.
Insofern müßten auch alle technischen Verbesserungen oder neue Anwendungsformen an sich bekannter Technologien mit in diese Definition einzubeziehen sein, sofern sie Investitionen erfordern, die die Wettbewerbsfähigkeit der beteiligten Unternehmen verbessern, indem sie z.B. eine Vergrößerung der Produktpalette nach sich ziehen oder das Herstellungsverfahren optimieren und verbilligen.
Eine rein zeitlich Beschränkung für die Bestimmung der Neuheit der Technologie erscheint angesichts der unterschiedlichen Entwicklungsgeschwindigkeiten auf unterschiedlichen technischen Gebieten nicht hilfreich.

χ. Importverbote bei Märkten ohne Zwischenhandel

Bezüglich der Frage, wie mit Vereinbarungen verfahren werden soll, in denen dem Lizenznehmer ein Importverbot für das Gebiet des Lizenzgebers auferlegt wurde, jedoch kein Zwischenhandel für das Produkt existiert und folglich auch kein Parallelhandel stattfinden kann, ist folgender Lösungsvorschlag entwickelt worden[740]:
Zunächst soll bestimmt werden, ob der Lizenzgeber ein neuer Wettbewerber auf dem Markt ist.
Ist er dies nicht, so soll das Verbot des Art.85 Abs.1 gelten.
Ist er als Neueinsteiger bzw. neuer Wettbewerber einzustufen, so ist im folgenden eine Gewichtung zwischen der Bedeutung der Aufrechterhaltung des freien Warenverkehrs und dem "Trittbrettfahrerargument" zu treffen. Diese Gewichtung wird abhängig gemacht vom Marktanteil des Lizenzgebers. Als unvernünftig und damit als Verstoß gegen Art. 85 Abs.1 EGV wird beispielhaft ein Marktanteil von 70% aufgeführt.
Wo hingegen der Lizenzgeber kaum einen Marktanteil besitzt, sollte die_Kommission eine solche Beschränkung nicht als Verstoß gegen Art.85 Abs.1 werten.
Im Rahmen der GFVOen wäre eine Aufnahme der entsprechenden Wertungen in die schwarzen und weißen Listen denkbar.
Grundgedanke dabei ist, daß die Position eines Lizenzgebers mit geringem Marktanteil gestärkt wird und somit ein weiterer Wettbewerber auf dem gemeinsamen Markt geschaffen und auf dieser Ebene der inter-brand Wettbewerb gestärkt wird. Bei hohem Marktanteil muß die Exportbeschränkung als gänzlich unzulässig behandelt werden. Der Lizenzgeber kann sich dann nicht einmal vor direkten Importen des Lizenznehmers in sein Gebiet schützen.

δ. Beschränkungen des Parallelimportes

Der EuGH hat in Sachen Maissaatgut entschieden, daß der Handel auf der Ebene der Abnehmer nicht beschränkt werden darf. Infolge dessen dürfen auch keine Verpflichtungen zwischen Lizenzgeber und Lizenznehmer eingegangen werden, die darauf gerichtet sind, entsprechende Beschränkungen mit ihren Abnehmern zu vereinbaren.
Diese Rechtsprechung und die sich darauf gründende Ansicht der Kommission erscheint aber nicht für alle Fallgruppen zwingend.
Es ist vorstellbar, daß ein Lizenznehmer, der bislang keinen Marktanteil hatte und nun angesichts der Lizenz umfangreiche und risikoreiche Investitionen durchführt, um ein Produkt am Markt einzuführen, auch Schutz vor Parallelimporten benötigt, um seinen Namen auf dem anvisierten Produktmarkt bekannt zu machen. Dann bedarf er zumindest eines möglichst hohen Schutzes vor Wettbewerb, der aus dem intra-brand Bereich herrührt und insofern beeinflußbar ist.[741]
Eine Unterscheidung zwischen direkten und parallelen Importen wäre nicht zweckmäßig,[742] da Parallel-Importeure einen "unbestellten" Markt vorfinden würden, den sie auf die gleiche Weise bewirtschaften könnten, wie ein direkter Importeur. Es würde dann die Möglichkeit für einen neuen Wettbewerber in dem Gebiet eingeschränkt oder praktisch ausgeschlossen, auf dem Markt fußzufassen. Mehr Markteinsteiger bedeuten aber insgesamt mehr Wettbewerb. Insofern ist hier das Neueinsteigerargument gegenüber dem Grundsatz des freien Warenverkehrs stärker zu bewerten.

---

740 Jeanrenaud, aaO, S 42.

741 Er hat ja u.U. schon dem inter-brand Wettbewerb standzuhalten.

742 Jeanrenaud, aaO,S.43.

Zur Handhabung dieses Ansatzes sind zwei Ansichten vertreten worden, die bislang weitgehend unbeachtet blieben.
Nach einer Ansicht sollen die Parteien dartun, daß ein Ausschluß des Parallelhandels eine vernünftigerweise unbedeutende Beschränkung des freien Warenverkehrs ist, um eine Freistellung zu erzielen. Dies setze die Aufnahme einer widerlegbaren Vermutung voraus, daß absoluter Territorialschutz Art.85 Abs.1 verletzt.[743]
Einem weitergehenden Ansatz zufolge[744] soll die Kommission nicht von vornherein die Möglichkeit des Gebietsschutzes einschränken, sondern sich auf das Urteil des Lizenzgebers verlassen. Es soll einschätzen, welches Maß an Gebietsschutz der Lizenznehmer benötigt, um zu Investitionen ermutigt zu werden. Der Lizenzgeber selber habe dabei kein Interesse daran, den Schutz weiter als unbedingt notwendig auszudehnen.

Beide Ansichten dürften zu denselben Ergebnissen führen. Dabei erfordert die zweite Ansicht einen wesentlich geringeren Erklärungsaufwand.
Es müßte aber auf jeden Fall eine zeitliche Begrenzung vorgesehen werden, die den absoluten Territorialschutz nicht über den Zeitraum zuläßt, der nötig ist, um das Produkt durch den Lizenznehmer am Markt einzuführen. Außerdem müßte die Kommission die ausdrückliche Möglichkeit erhalten, die Freistellung zu widerrufen, falls die Beschränkung über den Zeitraum hinaus eingesetzt wird oder sich eine mißbräuchliche Handhabung herausstellt.
Im Ergebnis wären damit die Verbote der Art.3(10/11) PLGFVO und 3(11/12) KHGFVO dadurch bedingt, daß es für den Lizenznehmer aufgrund seiner bisherigen Marktstellung nicht notwendig ist, Investitionsschutz auch vor Parallelhändlern zu erlangen. Diese Einschränkung müßte an die zuvor genannten Kriterien geknüpft sein.

ee. Verfahren

Fraglich ist aber, in wie weit eine flexible Gestaltung der GFVOen, wie sie hier befürwortet wird, justitiabel ist. Die Einhaltung der Vorgaben muß kontrollierbar bleiben.
Eine Lösung könnte darin zu sehen sein, das Widerspruchsverfahren für alle Vereinbarungen vorzusehen.[745] Aufgrund der in den GFVOen vorgegebenen Rahmenbedingungen und Marktdaten könnte aufgrund eines formularmäßig durch die Parteien vorbereitetes Verfahren über die genannten Maß- und Gradfragen entschieden werden. Davon wäre dann die Freistellung oder Nichtfreistellung abhängig.
Wenn aber die Durchführung des Widerspruchsverfahrens zum Regelfall wird, entfällt ein erheblicher Teil der durch die GFVOen bezweckten Arbeitserleichterung der Kommission und der Verwaltungsvereinfachung.[746]
Eine andere Lösung besteht darin, das Risiko der richtigen Subsumption bei den Parteien zu belassen.
Dies führte im Ergebnis dazu, daß die von der Kommission in die GFVOen eingearbeiteten Rule of Reason Erwägungen von den nationalen Gerichten überprüft würden.
Eine Anwendung der Rule of Reason Doktrin durch die nationalen Gerichte im Rahmen des Art.85 Abs.1 EGV ist bereits einmal vertreten worden.[747]

---

743 Jeanrenaud, aaO,S.43.

744 Korah, Know-How Licensing, S.105.

745 In diesem Sinne eine Beamtin aus der Grundsatzabteilung für die Regelung unter der weißen Liste der Franchise-GFVO Nr. 4087/88, die unter dem Vorbehalt einer Erforderlichkeitsprüfung im Hinblick auf einen in der weißen Liste der Franchise GFVO näher bestimmten Zweck stehen. Siehe Jakob-Siebert, CR 1990,241ff (244).

746 In diesem Sinne Wiedemann, GRUR Int.1990,807 ff(809).

747 Kon,CMLR 1982, 541 ff (514).

Dieser Ansatz ist zu recht auf heftige Kritik gestoßen[748], da durch die unterschiedliche gerichtliche Praxis trotz möglicher Einbeziehung des Vorlageverfahrens nach Art.177 EGV ein hohes Maß an Disintegration zu befürchten war.

2. Die Gruppenfreistellung nach wirtschaftlicher Betrachtungsweise

Einem zweiten Ansatzpunkt zur konzeptionellen Erneuerung einer vereinheitlichten GFVO liegt eine wirtschaftliche Betrachtungsweise zugrunde. Entscheidend für die Freistellung sind danach die Marktdaten der beteiligten Unternehmen.
Ziel dieser Betrachtungsweise ist es, vertragliche Bindungen, die in den schwarzen Listen der GFVOen enthalten sind, unter bestimmten Voraussetzungen gar nicht erst unter den Anwendungsbereich des Artikel 85 Absatz 1 fallen zu lassen.

Entsprechende Überlegungen sind erstmals von einem Beamten der Generaldirektion Wettbewerb vorgetragen worden[749]. Es ist jedoch zu betonen, daß diese Überlegungen lediglich die privaten Rechtsansichten des betreffenden Beamten widerspiegeln und nicht offizielle Politik der Kommission sind. Heute läßt sich sagen, daß diese Überlegungen die Grundlage für die Entwicklung des Entwurfs der TTGFVO und der TTGFVO selber bilden.

a. Hintergrund der Überlegungen

Den Vorschlägen liegen folgende grundsätzliche Überlegungen zugrunde. Der Integrationsprozeß im gemeinsamen Markt sei innerhalb der letzten zwei Jahrzehnte bedeutend vorangetrieben worden. Das erfolgreiche Inwerksetzten der einheitlichen europäischen Akte führe zusammen mit der Globalisierung der Märkte zu sich immer weiter verstärkendem inter-brand-Wettbewerb. Vor diesem Hintergrund sei zu untersuchen, ob der interventionistische Ansatz, der derzeit unter den GFVOen verfolgt werde, weiterhin Gültigkeit beanspruchen könne.

Eine solche Abweichung werde außerdem von allgemeinen Entwicklungen der Wettbewerbspolitik, die seitens der Kommission in den letzten Jahren verfolgt worden sei, getragen. Einfache vertragliche Beschränkungen der Parteien führten nach Einschätzung der Kommission nicht mehr immer notwendigerweise zu einer spürbaren Wettbewerbsbeschränkung. Die Kommission achte neuerdings wesentlich genauer auf die konkreten Auswirkungen auf dem betroffenen Markt um zu beurteilen, ob die fragliche Vereinbarung den Wettbewerb spürbar beschränke, insbesondere Märkte verschließe. Ein gutes Beispiel für diese Entwicklung sei die Entscheidung der Kommission in Sachen Moosehead/Whitbread, wo die Kommission zu dem Schluß kam, daß eine Nichtangriffsklausel nicht unter den Anwendungsbereich von Art. 85 Absatz 1 EGV falle, da das Warenzeichen, um dessen Lizenzierung es in dem Falle ging, keine Bedeutende Zugangsbeschränkung zu dem betreffenden Markt darstellte.

---

748 Steindorff, CMLR 1983,125 ff (127).

749 Christopher Jones, Rede vor dem IBA, New Orleans, 14. Oktober 1993.

b. Kriterien für die Beurteilung der wettbewerbsbeschränkenden Wirkung einer Klausel

Vor diesem Hintergrund solle die Frage, ob eine Vertragsklausel eine wettbewerbsbeschränkende Wirkung habe, danach beurteilt werden, ob der Markt, auf dem die Parteien aktiv sind, wettbewerbsintensiv oder wettbewerbsarm ist.

Soweit der Markt des Lizenzproduktes wettbewerbsintensiv sei, solle eine Technologielizenz nicht von vornherein als wettbewerbsbeschränkend angesehen werden.

Wo hingegen der Markt als wenig wettbewerbsintensiv oder wettbewerbsarm einzustufen sei, solle ein Marktanteilstest eingeführt werden, der gekoppelt werden solle an die Unternehmenskonzentration am Markt. Als Grenzwerte für den Marktanteilstest wurden vorgeschlagen ein 25%iger alleiniger Marktanteil, ein 50%iger Marktanteil für die vier größten Unternehmen, sowie ein 60%iger Marktanteil für die sechs größten Unternehmen.

Nicht wettbewerbsbeschränkend seien danach Verträge zwischen Unternehmen, die diese Grenzwerte nicht überschreiten.

Wettbewerbsbeschränkend seien dagegen Verträge zwischen Unternehmen, die diese Grenzwerte überschreiten, oder bei denen es wahrscheinlich ist, daß sie auf andere Art und Weise den Marktzugang für andere Unternehmen erschweren.

Soweit ersichtlich ist, liegen zu diesem Vorschlag keine Stellungnahmen vor.

Es soll auf einige Auslegungsprobleme hingewiesen werden.

Im Hinblick auf den Marktanteilstest ergeben sich die Fragen,

- welche Unternehmen in den Marktanteilstest einbezogen werden sollen,
- wie der Marktanteil des Lizenznehmers zu bestimmen ist, weil er bei Abschluß des Vertrages noch gar nicht über die neue Technologie verfügt,
- wie das Schicksal der Freistellung aussieht für den Fall, daß der Marktanteil des Lizenznehmers nach Aufnahme der Produktion die oben genannten Schwellenwerte überschreitet.

Daneben ergeben sich Probleme gesetzestechnischer Natur.

Die vorgeschlagene Regelung wäre angesichts der Vorgaben der Verordnung 19 / 65 kaum als Gruppenfreistellungsverordnung zu gestalten. Die Kommission würde in sehr weitem Umfange "Gruppennegativatteste" erteilen. So spricht auch der eingangs zitierte Beamte der Generaldirektion Wettbewerb nicht von einer Gruppenfreistellungsverordnung, sondern von einem "regulatory instrument". Dies dürfte in der Erkenntnis begründet liegen, daß "Gruppennegativatteste" in der genannten Ermächtigungsverordnung nicht vorgesehen sind.
Zudem ergeben sich weitere Zweifel an der Kompetenz der Kommission, einen solchen Rechtsakt zu erlassen. Voraussetzung für den Erlaß einer GFVO durch die Kommission ist eine ausreichende Erfahrung mit Einzelfällen. Die Kommission hat aber bislang ihre

Einzelfallentscheidungen hinsichtlich der Beurteilung von Lizenzverträgen nicht grundlegend auf wirtschaftliche Erwägungen der hier genannten Art gestützt.

Es ergeben sich auch Probleme praktischer Natur.

Für die Parteien, die ihren Lizenzvertrag gestalten, stellte sich das Problem, den Markt des Lizenzproduktes und seine geographische Ausdehnung exakt darzustellen. Definieren sie dabei den Produktmarkt zu groß, sei es in sachlicher oder geographischer Hinsicht, so laufen sie Gefahr, einen zu geringen Marktanteil zu errechnen. Sie liefen dann Gefahr, nicht in den Genuß der für sie positiven Regelung unter dem wie oben dargestellt konzipierten Regelwerk zu kommen. Sie liefen Gefahr, die Nichtigkeit ihrer Vereinbarung herbeizuführen.

3. Analyse und Ergebnisse

Der erstgenannte Vorschlag zur Veränderung der Struktur einer vereinheitlichten GFVO orientiert sich an der US-Amerikanischen Doktrin. In erster Linie unterscheidet er zwischen Vereinbarungen mit horizontalem Charakter und solchen mit vertikalem Charakter. Elemente dieses Ansatzes finden sich in der seit dem 1. April 1996 gültigen TTGFVO wieder.

Der zweite Vorschlag unterscheidet nicht zwischen horizontalen und vertikalen Vereinbarungen. Er trifft die Unterscheidung für die Zulässigkeit der Vereinbarung von schwarzen Klauseln danach, ob der Produktmarkt für das Lizenzprodukt wettbewerbsintensiv ist oder nicht.
Wenn er wettbewerbsintensiv ist, ist die Vereinbarung schwarzer Klauseln ohne weiteres zulässig. Ist er wettbewerbsarm, so kommt es auf den Marktanteil der beteiligten Unternehmen, insbesondere auf den Marktanteil des Lizenznehmers an. Es werden sowohl horizontale, als auch vertikale Vereinbarungen erfaßt. Der Marktanteilstest erscheint als grundlegenden Freistellungsvoraussetzung im Entwurf zur TTGFVO in bezug auf Exclusivklauseln und Gebietsschutzklauseln. Aber auch nach den „guidelines" des DOJ spielen Marktschwellen eine Rolle für die Bewertung von Technologielizenzen nach US-Amerikanischem Antitrustrecht.

Beide Modelle haben gemeinsam, daß sie für die vertragsgestaltenden Parteien eine Reihe von Unsicherheiten enthalten, wenn Klauseln aus der schwarzen Liste in den Lizenzvertrag aufgenommen werden sollen.
Bei der ersten Variante müssen die Parteien bestimmen, ob sie Wettbewerber sind oder nicht. Das bedeutet, daß sie den Produktmarkt für das Lizenzprodukt genau bestimmen müssen. Diese Schwierigkeit trifft sowohl Unternehmen mit einem hohen Marktanteil, als auch Unternehmen mit einem geringen Marktanteil.

Diese Schwierigkeit trifft die Parteien auch nach dem zweitgenannten Vorschlag, und zwar dann, wenn sie auf einem wettbewerbsarmen Markt operieren und für sie Zweifel bestehen, ob sie die vorgegebenen Marktschwellen überschreiten.

4. Bewertung

Wie zu Beginn dieses Kapitels erwähnt wurde, sind Wettbewerbsfragen situationsabhängige Maß- und Gradfragen.
Die vergleichende Beurteilung der verschiedenen grundlegenden Konzepte im Entwurf zur TTGFVO und in der vereinheitlichten GFVO soll danach erfolgen, welche Fassung die Ziele

des Wettbewerbsschutzes und der Förderung des Technologietransfers besser in Ausgleich zu bringen vermag.

a. Beurteilung der Freistellungsregelung des Entwurfs zur TTGFVO

Der Entwurf zur TTGFVO weist drei wesentliche strukturelle Änderungen auf. Dies ist zum einen die Einführung des Marktanteilstests, zum zweiten ist es die Abkehr vom Prinzip der Totalnichtigkeit des Lizenzvertrages bei teilweiser Nichteinhaltung der Vorgaben des Entwurfs der TTGFVO in Verbindung mit der unmittelbaren Anwendung von Art. 85 (I) und (III) auf die nicht von der Gruppenfreistellung erfaßten Vertragsteile und es ist zum dritten die Kürzung der schwarzen Liste.
Alle drei Elemente stehen in engem Zusammenhang. Nach Einschätzung der Kommission sind die Auswirkungen einer wettbewerbswidrigen schwarzen Klausel in Exclusivvereinbarungen nicht so gravierend, daß der gesamte Vertrag dem Verdikt der Nichtigkeit anheimfallen müßte, wenn der Marktanteil des Lizenznehmers bestimmte Grenzen nicht übersteigt. Die schwarzen Klauseln werden einzeln an Art. 85 EGV gemessen. Die Kürzung der schwarzen Liste erfolgte aufgrund der Einschätzung, daß nur noch Klauseln aufgelistet werden müßten, die auch im Rahmen von Vereinbarungen zwischen Parteien mit geringem Marktanteil wettbewerbsbeschränkende Wirkung aufweisen.

Wie bereits ausgeführt wurde, verfolgt die Kommission mit dem Entwurf eine wirtschaftliche Betrachtungsweise, indem sie Exclusivvereinbarungen als wettbewerbsbeschränkend und nicht von Natur aus als freistellungsfähig einstuft, wenn der Marktanteil des Lizenznehmers bestimmte Schwellenwerte überschreitet. Vereinbarungen zwischen Parteien, deren Marktanteil nicht im Rahmen der Grenzwerte bleibt, müssen bei der Kommission notifiziert werden. Kommissionsbeamte der Generaldirektion IV neigen zu der Sichtweise, daß diese Regelung ein flexibles Instrument darstelle, welches die Kommission befähige,

- dem Artikel 85 Absatz 3 b EGV zur Wirksamkeit zu verhelfen, indem das Entstehen von marktbeherrschenden Stellungen und von Marktzugangsschranken vermieden werde und dadurch eine „Tetra-Pak-Situation“ verhindert werde, auf die dann nur durch die Anwendung von Artikel 86 EGV reagiert werden könne

und

- den Anwendungsbereich der schwarzen Liste zu verkleinern und den der weißen Liste zu erweitern in der Annahme, daß die Klauseln, welche in der schwarzen Liste enthalten sind, spürbare Wettbewerbsbeschränkungen nur verursachten, wenn die Marktanteile der Parteien bestimmte Grenzwerte überschritten.

Zwei Aspekte dieser Regelung erscheinen begrüßenswert. Zum einen soll durch dieses Instrument der Zugang eines neuen Wettbewerbers zum Markt erleichtert und sichergestellt werden. Zum anderen hat die Kommission der Ansicht zum Durchbruch verholfen, daß Lizenzvereinbarungen aus einer „ ex ante -Sicht“ beurteilt werden müssen, also vom Zeitpunkt des Vertragsschlusses aus[750].

Gleichwohl ist die Konzeption des Entwurfes der TTGFVO scharf zu kritisieren:

---

750 Erwägungsgrund 11 des Entwurfs der TTGFVO.

Durch eine solche Regelung würde Artikel 86 EGV durch die Hintertüre zum Gegenstand der Prüfung im Rahmen des Art. 85 (III) gemacht. Dies ist nicht notwendig. Zum einen wird eine marktbeherrschende Stellung an sich nicht von den Wettbewerbsvorschriften des EGV verboten oder gar sanktioniert. Zum anderen ist spätestens seit der Entscheidung des Gerichtshofs in Sachen „Tetra-Pak“ anerkannt, daß bei Mißbrauch einer marktbeherrschenden Stellung die Sanktion des Artikels 86 EGV auch dann Anwendung finden kann, wenn zuvor eine Freistellung nach Artikel 85 gewährt wurde.
Vertreter der Kommission haben im Rahmen des Anhörungsverfahrens zum Entwurf der TTGFVO, welches am 31. Januar 1995 stattfand, zu verstehen gegeben, daß durch die Einführung der Marktanteilsschwellen über die Einhaltung der Voraussetzung der Artikels 85 (III) b[751] gewacht werden müsse. Diesem Argument muß entgegen gehalten werden, daß zur Sicherung dieses Zieles das Instrument der Rücknahme der Freistellung vorgesehen ist. Wäre die Argumentation der Kommission zutreffend, so würde rückwirkend die Wirksamkeit aller GFVOen, die keinen Marktanteilstest enthalten, in Frage gestellt. Dies beträfe u.a. die PLGFVO und die KHGFVO. Konsequenz wäre, daß kein einziger Exclusivlizenzvertrag nach einer der GFVOen freigestellt wäre. Alle diese Verträge fielen dem Verdikt der Nichtigkeit anheim. Wenn die Kommission die Voraussetzungen des Artikels 85 (III) b in bezug auf Vereinbarungen, die die im Entwurf der TTGFVO niedergelegten Marktanteile überschreiten, für generell nicht erfüllt erachtete, so hätte sie nie eine Gruppenfreistellungsverordnung ohne Marktanteilstest erlassen dürfen. Es ist daher davon auszugehen, daß auch in den bisher gültigen GFVOen das Rücknahmeverfahren als Instrument für den Umgang mit marktbeherrschenden Stellungen konzipiert war, welche bei der Lizenzierung von Technologie entstehen können. Jedenfalls wurde im Rahmen der Anhörung zum Entwurf der PLGFVO im Jahre 1979 seitens der Kommission eine Untersuchung vorgelegt, wonach die Einführung von Marktanteilstests strikt zurückgewiesen wurde[752].
Dem kann auch nicht entgegengehalten werden - wie die Kommission dies im Rahmen des Anhörungsverfahrens getan hat - daß durch die Einführung des Marktanteilstests dem Ausschluß dritter Parteien und potentieller Wettbewerber vom Markt durch Vertragsbedingungen eines wirtschaftlich mächtigen Lizenznehmers entgegengewirkt werden müsse. Zu diesem Zweck wäre zum einen das Widerspruchsverfahren oder das Rücknahmeverfahren ausreichend. Es ist damit die Frage der Verhältnismäßigkeit angesprochen. Zum anderen würden die betroffenen Unternehmen sofort Beschwerde bei der Kommission einlegen.
Eine Notwendigkeit für die Einführung eines Marktanteilstests aus wettbewerbspolitischer Sicht besteht mithin nicht.

Gegen die Einführung eines Marktanteilstests als Freistellungsvoraussetzung für exclusive Technologielizenzen spricht ein weiter Grund dogmatischer Natur. Es liegt die Vermutung nahe, daß Hintergrund für die Einführung des Tests die im August 1994 veröffentlichten des US-amerkanischen DOJ zur Behandlung von Technologielizenzen nach amerikanischem Antitrustrecht waren.

---

751 Es handelt sich um die negative Freistellungsvoraussetzung, der zufolge den beteiligten Unternehmen nicht die Möglichkeit eröffnet werden darf, für einen wesentlichen Teil der betreffenden Waren den Wettbewerb auszuschalten.

752 So die Ausführungen des für die Erarbeitung des Entwurfs zur PLGFVO verantwortlichen Kommissionsbeamten, Dr. Johannes, im Rahmen des Anhörungsverfahrens im Jahre 1979. Während des Anhörungsverfahrens zum Entwurf der TTGFVO gehörte Dr. Johannes zum Kreis der Kommissionsvertreter, schwieg allerdings beharrlich zur Frage des Marktanteiltests.

Eine Übertragung des amerikanischen Systems auf die EG-Gesetzgebung erscheint jedoch nicht statthaft. Dies ergibt sich aus den grundlegenden strukturellen Unterschieden beider Systeme.
Nach US-amerikanischem Recht werden Unternehmensabsprachen durch das DOJ nach der „Rule of Reason" bewertet[753]. Eine Überprüfung erfolgt in der Regel jedoch nur dann, wenn die Vereinbarung von dritter Seite angegriffen wird. Insofern sind die Untersuchungskompetenzen des DOJ bereits begrenzt. Lizenzvereinbarungen werden nach dem amerikanischen System grundsätzlich als wettbewerbsfreundlich beurteilt. Nur ausnahmsweise sind sie wettbewerbswidrig. Die Richtlinien des DOJ legen eine Marktanteilsgrenze von 20% fest. Der Marktanteil setzt sich zusammen aus den Anteilen des Lizenzgebers und den Anteilen aller seiner Lizenznehmer. Vereinbarungen zwischen Parteien, deren Marktanteile zusammen die 20%-Grenze nicht überschreiten, werden nicht einmal detailliert analysiert; auch insoweit ist die Kompetenz des DOJ zur Untersuchung und zur Verhängung von Sanktionen beschränkt. Man kann insofern von einer „20% - Sicherheitszone" sprechen.
Bei Überschreiten des Marktanteils besteht immer noch eine starke Vermutung für die Wettbewerbsfreundlichkeit der Vereinbarung. Jedoch können in einzelnen Fällen Sanktionen ergehen aufgrund einer detaillierten „Rule of Reason"- Analyse. Diese richtet sich im Wesentlichen nach zwei Kriterien. Zum einen wird untersucht, ob es sich um horizontale oder vertikale Vereinbarungen handelt. Zum anderen wird untersucht, ob die Analyse des Produktmarktes ausreichend ist, oder ob eine genauere Analyse des Technologie- und Innovationsmarktes erforderlich ist.
Aus diesen Gründen kann das amerikanische System als „gewährend" charakterisiert werden. Demgegenüber ist das System des EGV restriktiv ausgestaltet[754]. Dies gilt insbesondere in bezug auf Vereinbarungen zwischen Parteien, deren Marktanteile die jeweiligen Schwellenwerte überschreiten. Das amerikanische System hat eine Sicherheitszone eingeführt. Das System nach dem Entwurf der TTGFVO beinhaltet demgegenüber eine Gefahrenzone. Mit den Marktanteilsschwellen werden also verschiedene Ziele verfolgt. Die Einführung eines Marktanteilstests als Freistellungsvoraussetzung kann somit nicht unter Berufung auf das US-amerikanische Vorbild erfolgen. Ein Marktanteilstest könnte allenfalls als Voraussetzung für die Eröffnung eines Widerspruchsverfahrens herangezogen werden. Aus dogmatischer Sicht wäre er im Rahmen einer GFVO am besten im Rücknahmeverfahren untergebracht. Zweifelhaft ist aber, ob er dort überhaupt noch notwendig ist.

Die Kommission hätte durch die Einführung des Marktanteilstests ihre Haltung gegenüber vertikalen Vereinbarungen erheblich verschärft. Vertikale Vereinbarungen genossen bislang einen hohen Grad an Schutz. Sie fördern die Verbreitung von Technologie auf verschiedenen Produktions- und Vertriebsstufen. Nach dem Entwurf ist jedoch auch ein Lizenznehmer, der sich auf einer niedrigeren Vertriebsstufe als der Lizenzgeber befindet, an den Marktanteilstest gebunden. Für eine solche Regelung ist eine wettbewerbspolitische Notwendigkeit nicht ersichtlich.

Zweifelhaft erscheint zudem, ob die Kommission überhaupt ermächtigt ist, eine Freistellung auf Marktanteilskriterien zu stützten. Die Ermächtigungs-VO 19/65 knüpft in ihrem Erwägungsgrund 5 an eine ausreichende Erfahrung mit Einzelentscheidungen für den Erlaß einer GFVO an. Es ist jedoch nicht ersichtlich, daß die Kommission in ihren zahlreichen

---

753 Siehe oben, Teil III, C II 1 b aa.

754 Die Regelung der Wettbewerbsregeln unter dem EGV ist bereits in Teil I als Verbotssystem mit Erlaubnisvorbehalt bewertet worden.

Einzelfreistellungsentscheidungen von Technologielizenzen entscheidend auf die Einhaltung von Marktanteilen der Parteien abgestellt hat.

Gegen die Einführung des Marktanteilstests sprechen letztendlich auch die zu erwartenden erheblichen Probleme bei dessen Anwendung. Ein Zustand der Verwirrung würde die wettbewerbsrechtlichen Grenzen des Technologietransfers regieren. Die Bestimmung des Marktanteils hängt entscheidend von der Definition des Marktes, insbesondere des Produktmarktes ab. Auf einem weit definierten Produktmarkt werden die Parteien über einen kleineren Marktanteil verfügen, als auf einem kleiner definierten Produktmarkt. Marktanteile können daher nur eine vage Orientierung bieten. Verbindlicher rechtlicher Rat könnte nur erteilt werden, wenn die Parteien ihre Marktposition klar und eindeutig definieren können. Die Annahme eines zu weit definierten Produktmarktes kann die Unwirksamkeit des Vertrages zur Folge haben, wenn die Kommission oder schließlich der Gerichtshof den Markt wesentlich enger definieren. Anlaß zu dieser Sorge ist das weite Ermessen, das insbesondere dem Gerichtshof bei der Auslegung der Bestimmungen des EGV und der Sekundärrechtsakte zukommt. Insofern soll hier auf zwei Entscheidungen verwiesen werden. Im Fall „United Brands“[755] ging es um die Frage, ob es sich bei dem relevanten Produktmarkt um den für Bananen oder den für frisches Obst handelte. Im Fall Hoffmann-La Roche[756] ging der Streit um die Frage, ob der relevante Produktmarkt derjenige für Vitamine im allgemeinen sein sollte oder derjenige für einzelnen Vitamine, wie die Vitamine C und D, sein sollte oder gar nur derjenige für einzelne Vitamine in einer bestimmten Anwendung sein sollte, wie z.B. Vitamin C zum menschlichen Konsum oder Vitamin C für die industrielle Verarbeitung. Zusätzlich soll in diesem Zusammenhang hingewiesen werden auf die Behandlung von Patentlizenzen durch die Kommission auf der Grundlage von Artikel 86 EGV. In Sachen „Hilti“[757] hat die Kommission den Produktmarkt mit dem Markt für den Lizenzgegenstand gleichgesetzt. Begründet wurde dies mit den einzigartigen Merkmalen des Lizenzgegenstandes und mit dem Fehlen eines gleichartigen Produktes.
Angesichts dieser Entscheidungspraxis wäre es für rechtliche Berater in vielen Fällen höchst unverantwortlich, auf die eigene Marktdefinition oder auf die der Vertragsparteien zu vertrauen und eine Anmeldung der Vereinbarung bei der Kommission zu unterlassen. Dies wiederum bedeutet, daß eine Vielzahl von Verträgen bei der Kommission notifiziert würde, und zwar auch dann, wenn es sich um Vereinbarungen mit geringer wirtschaftlicher Bedeutung handelte und keine eindeutig wettbewerbswidrigen Klauseln enthalten wären. Würde dies nicht geschehen, so wäre es höchst wahrscheinlich, daß eine Flut von Rechtsstreitigkeiten vor nationalen Gerichten ausgelöst würde, in denen sich diejenigen Parteien, die sich von einem Lizenzvertrag lösen wollen, auf die Nichtigkeit des Vertrages berufen würden mit der Begründung, der Marktanteil des Lizenznehmers überschreite den Schwellenwert. Dies hätte eine ebenso große Flut an Anfragen der Gerichte an die Kommission oder an Vorlageverfahren gemäß Artikel 177 EGV an den Gerichtshof zur Folge, in denen die Marktdefinition geklärt werden müßte. Das Ziel der Arbeitserleichterung für die Kommission würde ins Gegenteil verkehrt.

b. Bewertung der Freistellungsregelung unter der TTGFVO

Die TTGFVO ist - wie dargestellt wurde - von der Einführung eines Marktanteilstests als Voraussetzung für die gruppenweise Freistellung von Vereinbarungen abgerückt. Dies dürfte auf die oben erwähnte Kritik zurückzuführen sein.

---

755 EuGH Slg. 1978, S. 207 f. (United Brands vs. Kommission, Rs. C-27/76).

756 EuGH Slg. 1979, S. 461 f. (Hoffmann-La Roche vs. Kommission, Rs. C-85/76).

757 Kommissionsentscheidung 88/138 EEC vom 22.12.1987, AblEG 1988, Nr. L 65, S.19 f. (S.34).

Allerdings hat sie einen Marktanteilstest als ein wesentliches Kriterium im Rahmen der Rücknahmevoraussetzung eingeführt.[758] Darüber hinaus hat die Kommission im Erwägungsgrund Nr. 27 der TTGFVO eindringlich darauf hingewiesen, daß die Parteien ihre Vereinbarungen auch bei Vorliegen der formellen Freistellungsvoraussetzungen im Einzelfreistellungsverfahren anwenden können, und zwar insbesondere dann, wenn nicht sicher ist, ob der Marktanteil des Lizenznehmers größer als 40 % ist. Ferner sollen die Marktanteile der Parteien bei der Bewertung im Rahmen des Widerspruchsverfahrens eine entscheidende Rolle spielen.

Die Einführung des Marktanteilstests in die Rücknahmevorschrift verdeutlicht zum einen, daß die Kommission die Möglichkeit der Rücknahme als ausreichend ansieht zur Wahrung der Voraussetzungen des Art. 85 Abs. 3 b EGV. Zum anderen begegnet diese Regelung nicht mehr den dogmatischen Bedenken, wie die Einführung eines Marktanteilstests als Voraussetzung für die Freistellung. Insbesondere stellt sich nicht mehr das Problem, ob die Voraussetzungen der VO 19/65 zum Erlaß einer Gruppenfreistellungsverordnung eingehalten worden sind. Außerdem zeigt die Regelung, daß die Kommission bemüht war, sich nicht zu sehr an der US-amerikanischen Regelung zu orientieren und Wertungswidersprüche zu vermeiden, wie sie noch im Entwurf zur TTGFVO zu finden waren. Insoweit wird auf die Ausführungen oben unter a. verwiesen.

Trotz dieser Regelung hat es die Kommission nicht geschafft, die entscheidenden Bedenken auszuräumen, die gegen die Regelung des Entwurfs der TTGFVO vorgebracht worden sind. Durch die ausdrückliche Erwähnung des Marktanteilstests im Rahmen des Rücknahmeverfahrens will die Kommission offensichtlich ankündigen, daß sie eine neue Verwaltungspraxis einleitet. Ansonsten bliebe diese Regelung ein wettbewerbspolitisches Placebo, denn die Rücknahme wäre auch möglich nach den allgemeinen Rücknahmevoraussetzungen, ohne daß es der Erwähnung eines Marktanteilstests bedürfte. In der Praxis bedeutet dieses, daß die Kommission alle Lizenzvereinbarungen, bei denen der Marktanteil überschritten wird, argwöhnisch betrachten wird. Der o.g. Hinweis in den Erwägungsgründen ist also als Warnung an die Parteien zu verstehen. Die 40 %-Marke bleibt weiterhin eine Gefahrenzone, denn die Kommission wird bestrebt sein, die Freistellung zurückzunehmen, wenn der Grenzwert überschritten wird. Für die Vertragsparteien stellen sich hier die gleichen praktischen Probleme wie unter der im Entwurf der TTGFVO geplanten Regelung; sie können sich nur auf die Freistellung verlassen, wenn sie sicher sind, daß der Marktanteil des Lizenznehmers geringer ist als 40 %. Sie tragen insofern auch weiterhin die erheblichen Bewertungskriterien. Auch insoweit sei auf die Kritik am Entwurf der TTGFVO verwiesen. Den Risiken können die Parteien nur dadurch begegnen, daß sie die Vereinbarung im Einzelfreistellungsverfahren anmelden. Dies zieht einen erheblichen Verwaltungsaufwand sowohl auf seiten der Kommission als auch auf seiten der Parteien nach sich. Der vertragsgestaltenden Praxis kann nur geraten werden, ihre Vereinbarungen bei der Kommission anzumelden, wenn sie sichergehen will, daß die Freistellung ihrer Vereinbarung Bestand hat. Dies widerspricht dem mit dem Erlaß der Gruppenfreistellungsverordnung verfolgtem Ziel der Verwaltungserleichterung.

Unklar ist weiterhin, ob von der neuen Verwaltungspraxis der Kommission im Bereich der Rücknahme der Freistellung horizontale wie vertikale Vereinbarungen gleichermaßen betroffen sind. Zwar hat die Kommission die Möglichkeit, im Rahmen ihres Ermessens auch

[758] Der im Entwurf zur TTGFVO vorgesehene Oligopoltatbestand im Rahmen des Marktanteilstests ist allerdings nicht mitübernommen worden.

bei Vorliegen der Rücknahmevoraussetzungen - insbesondere bei Überschreitung der Marktanteilsgrenze - auf die Rücknahme zu verzichten. Dies ist jedoch nicht eindeutig geklärt. Insofern ist die Rechtsunsicherheit größer, als nach der Regelung des Entwurfs der TTGFVO.

Festzuhalten ist, daß die Kommission in formeller Hinsicht die Risiken beseitigt hat, die sich für die vertragsgestaltende Praxis ergeben hätten, wenn die Freistellungsregelung des Entwurfs der TTGFVO umgesetzt worden wäre. Tatsächlich ist dies jedoch nicht der Fall. Vielmehr ist die Regelung unübersichtlicher und für den Anwender unsicherer geworden.

Mit dieser Regelung versucht die Kommission vergeblich, die wirtschaftliche Beurteilung wettbewerbspolitischer Fragen in einer für die Praxis handhabbaren Weise festzuschreiben. Dieser Versuch ist jedoch untauglich, da er die Bedürfnisse der vertragsgestaltenden Praxis bei der Anwendung einer Gruppenfreistellungsverordnung gänzlich unberücksichtigt läßt und letztlich den mit der Technik der gruppenweisen Freistellung von Vereinbarungen verfolgten Zweck vereitelt.

D. Schlußbetrachtung

Im Rahmen der Schlußbetrachtungen sollen die wesentlichen Ergebnisse zusammengetragen werden. Dabei soll unterschieden werden zwischen allgemeinen Bestimmungen der TTGFVO und den bei der Vertragsgestaltung zu beachtenden Klauseln.

I. Bestimmungen allgemeiner Natur

1. Differenzierung zwischen horizontalen und vertikalen Vereinbarungen

Die TTGFVO läßt in einzelnen Punkten eine stärkere Differenzierung danach erkennen, ob es sich um eine Vereinbarung zwischen Parteien handelt, die im Zeitpunkt des Vertragsschlusses im Wettbewerb miteinander stehen oder nicht. Hinzuweisen ist in diesem Zusammenhang auf Art. 3 Nr. 4 TTGFVO, der das Verbot behandelt, Abnehmergruppen aufzuteilen, wenn die vertragsschließenden Parteien im Wettbewerb miteinander stehen. Bedauerlich ist, daß sich diese Differenzierung an einer für die Struktur der TTGFVO entscheidenden Stelle nicht wiederfindet. Die Kommission hätte insoweit die Rücknahmevorschriften differenzierter ausgestalten sollen. So wird eine Rücknahme in der Regel zu erwarten sein, wenn der Marktanteil des Lizenznehmers größer als 40 % ist, und zwar unabhängig davon, ob er im Wettbewerb zum Lizenzgeber steht oder nicht.

2. "Ex-Ante"-Betrachtung

Ferner ist die Tendenz der Kommission zu begrüßen, Lizenzvereinbarungen vom Zeitpunkt des Vertragsschlusses aus zu beurteilen. Es ist ermittelt worden, daß sich dieses Ergebnis aus der Neuregelung der Rücknahmevorschriften in Verbindung mit der Ankündigung in den Erwägungsgründen herleiten läßt, wonach den Parteien bereits im Zeitpunkt des Vertragsschlusses empfohlen wird, die Vereinbarung anzumelden, wenn nicht sicher ist, ob der Marktanteil des Lizenznehmers größer als 40 % ist.
Als Kehrseite dieser Ex-Ante-Betrachtung wird sich jedoch erweisen, daß die Kommission auch im Rücknahmeverfahren auf diesen Zeitpunkt abstellen wird. Die von der Kommission angenommenen Wettbewerbsverstöße dürften dann in der Regel auch von diesem Zeitpunkt

an geahndet werden. Dies wirft die Anschlußfrage auf, ob die Kommission im Regelfall die Wirkung der Freistellung mit rückwirkender Kraft zurücknehmen kann und ggf. wird.

3. Keine Auflösung des "Alles oder Nichts" Prinzips

Anders als noch im Entwurf zur TTGFVO ist in der endgültigen Fassung das Prinzip der Totalnichtigkeit als Folge eines Wettbewerbsverstoßes nicht abgelöst worden durch das Prinzip der getrennten Überprüfung einzelner Vertragsklauseln anhand des Art. 85 Abs. 1 und Abs. 3 EGV. Dies hängt allerdings zusammen mit dem Umstand, daß die TTGFVO im Gegensatz zum Entwurf einen Marktanteilstest nicht als Freistellungsvoraussetzung aufgenommen hat. Insoweit wird auf die Ausführungen in Teil 3, C. II. 4. verwiesen.

4. Marktanteilstests

Als ein wesentliches Kriterium bei der Anwendung des Rücknahmeverfahrens hat die Kommission einen Marktanteilstest in die Liste der Regelbeispiele für eine Rücknahme aufgenommen. Danach kann die Kommission eine nach der TTGFVO gewählte Freistellung insbesondere dann widerrufen, wenn der Marktanteil des Lizenznehmers größer als 40 % ist. Diese Regelung wird verbunden mit der Empfehlung an die Parteien, ihre Vereinbarung im Einzelfreistellungsverfahren anzumelden, wenn sie nicht sicher sind, ob sie eine Rücknahme nach diesem Kriterium befürchten müssen.

II. Einzelne Vertragsklauseln

Eine zusammenfassende Darstellung der Kritik an den unter PLGFVO und KHGFVO aufgeführten einzelnen Vertragsbestimmungen findet sich in Teil 3, A. Dort findet sich auch eine zusammenfassende Beschreibung der Änderungen unter der TTGFVO sowie ein Vergleich zur alten Rechtslage. Auf beides wird hier verwiesen.

Zu den einzelnen Klauseln soll hier nur folgendes festgehalten werden:

In bezug auf die Freistellungsvoraussetzungen für Exklusivklauseln und Gebietsbeschränkungen soll verwiesen werden auf die zusammenfassende Darstellung in II A. I. 2. b. cc. Hier ist nur festzuhalten, daß im Vergleich zur PLGFVO und KHGFVO formell keine zusätzlichen Voraussetzungen aufgenommen worden sind. Allerdings können die Vertragsparteien faktisch nicht mehr auf den Bestand der Freistellung vertrauen, wenn der Marktanteil des Lizenznehmers größer ist als 40 %.

Was die Schwarzen und Weißen Listen anbetrifft, so ist festzuhalten, daß die TTGFVO eine wesentlich übersichtlichere Darstellung dessen enthält, was in einem Lizenzvertrag an Beschränkungen enthalten sein darf, und was nicht. Die Schwarze Liste ist erheblich gekürzt worden. Die Weiße Liste ist erweitert worden. Bei dieser Erweiterung handelt es sich allerdings nur teilweise um neue Regelungen. Vielfach handelt es sich um solche Klauseln, die unter der KHGFVO als Ausnahmebestimmungen in der Schwarzen Liste enthalten waren.

Die Zahl der im Widerspruchsverfahren zu behandelnden sogenannten. grauen Klauseln hat zugenommen. Dies ist im wesentlichen auf die Kürzung der Schwarzen Liste zurückzuführen. Nicht alle Grauen Klauseln sind ausdrücklich in der TTGFVO benannt. Kritisch angemerkt muß in diesem Zusammenhang werden, daß sich die Bewertung der nicht ausdrücklich aufgeführten Grauen Klauseln nicht aus den Wertungen der TTGFVO alleine mit hinreichender Sicherheit bestimmen läßt. Mitunter ist die alte Fassung der KHGFVO zur Einschätzung der Rechtslage heranzuziehen.

Was die Behandlung der einzelnen Vertragsklauseln anbelangt, ist jedoch unter dem Strich eine erfreuliche Klarstellung erfolgt. Einzelne Auslegungsprobleme sind jedoch bedauerlicherweise geblieben oder neu hinzugekommen.

III. Bewertung

Der Erfolg der neuen TTGFVO wird sich daran messen lassen müssen, wieviele Lizenzvereinbarungen bei der Kommission im Einzelfreistellungsverfahren angemeldet werden. Allerdings darf der Erfolg bezweifelt werden. Dies ist auf den Umstand zurückzuführen, daß - wie unter dem Entwurf zur TTGFVO - den Vertragsparteien ein erhebliches Bewertungsrisiko verbleibt, was den Marktanteil des Lizenznehmers betrifft. Im Zweifel werden sie ihre Vereinbarung anmelden. Mit der Regelung versucht die Kommission, die wirtschaftliche Beurteilung wettbewerbspolitischer Fragen in einer für die Praxis handhabbaren Weise festzuschreiben. Dieser Versuch muß als untauglich bewertet werden, da er die Bedürfnisse der vertragsgestaltenden Praxis bei der Anwendung einer Gruppenfreistellungsverordnung gänzlich unberücksichtigt läßt und letztlich den mit der gruppenweisen Freistellung von Vereinbarungen verfolgten Zweck der Arbeitsentlastung vereitelt.

Aus unserem Verlagsprogramm:

Recht

Udo Keil
Die Eignung von Beinahe-Unfällen für die Gefährdungsanalyse
Hamburg 1995 / 208 Seiten / ISBN 3-86ß64-246-4

Jeannette Warschko
Vorbeugende Verbrechensbekämpfung - Prävention oder Repression ?
Hamburg 1994 / 216 Seiten / ISBN 3-86064-276-6

Ernst Ballke
Die Geschichte und Bedeutung der Pommerschen Confirmatio
Hamburg 1994 / 180 Seiten / ISBN 3-86064-252-9

Claudia Annacker
Die Durchsetzung von erga omnes Verpflichtungen vor dem Internationalen Gerichtshof
Hamburg 1994 / 166 Seiten / ISBN 3-86064-154-9

Roger Müller
Der Grundsatz der Normenklarheit im Arbeitsrecht
Hamburg 1993 / 160 Seiten / ISBN 3-86064-120-4

Burkhard Frey
Parlamentarische Kontrolle und Untersuchungsrecht
Hamburg 1993 / 320 Seiten / ISBN 3-86064-056-9

Burkhard Frey
Parlamentarische Kontrolle und Untersuchungsrecht
Hamburg 1993 / 320 Seiten / ISBN 3-86064-056-9

Verlag Dr. Kovač · Postfach 50 08 47 · 22708 Hamburg · Fax: 040 - 389 56 20